马克思主义理论研究
和建设工程重点教材

西方经济学流派评析

《西方经济学流派评析》编写组

主　编　王志伟

副主编　方福前　沈　越

主要成员

（以姓氏笔画为序）

文建东　杜丽群　杨春学

贾根良

高等教育出版社·北京

教学课件下载

本书有配套教学课件,供教师免费下载使用,请访问 xuanshu.hep.com.cn,经注册认证后,搜索书名进入具体图书页面,即可下载。

图书在版编目(CIP)数据

西方经济学流派评析/《西方经济学流派评析》编写组编. -- 北京:高等教育出版社,2019.8(2022.8 重印)
ISBN 978-7-04-052266-2

Ⅰ.①西… Ⅱ.①西… Ⅲ.①经济学派-西方国家-现代-高等学校-教材 Ⅳ.①F091.3

中国版本图书馆 CIP 数据核字(2019)第 162209 号

责任编辑	张 欣	封面设计	王 鹏	版式设计	于 婕	插图绘制	邓 超
责任校对	王 雨	责任印制	刘思涵				

出版发行	高等教育出版社	网 址	http://www.hep.edu.cn
社 址	北京市西城区德外大街 4 号		http://www.hep.com.cn
邮政编码	100120	网上订购	http://www.hepmall.com.cn
印 刷	北京汇林印务有限公司		http://www.hepmall.com
开 本	787mm×1092mm 1/16		http://www.hepmall.cn
印 张	27.25		
字 数	480 千字	版 次	2019 年 8 月第 1 版
购书热线	010-58581118	印 次	2022 年 8 月第 5 次印刷
咨询电话	400-810-0598	定 价	54.00 元

目　录

绪　论

我国 20 世纪 70 年代末开始的改革开放使国家的面貌发生了巨大变化，此前曾经有过的生产效率相对低下、物质匮乏的情况被彻底扭转，代之以社会全面发展、十几亿人的温饱问题得以解决。当前，中国人民正处于一个决胜全面建成小康社会、建设社会主义现代化强国、奋力实现中华民族伟大复兴中国梦的新时代。

为解决新时代我国人民日益增长的美好生活需要和不平衡不充分的发展之间的矛盾，做好经济工作是极其重要的一环。而经济的蓬勃发展则需要继续全面深化改革开放，不断总结经验教训。西方经济发达国家在发展资本主义市场经济的过程中已有不少理论和经验教训，对其进行认真的了解、分析和借鉴，对于我们坚定中国特色社会主义道路自信、理论自信、制度自信和文化自信，具有重要意义。

一、本书的目的和意义

本书的目的在于通过对西方经济学流派的正确了解，加深对西方经济学的正确认识，摒弃其错误和不适合我国国情的内容，借鉴其在一定条件下合理的内容，为新时代中国特色社会主义市场经济建设服务。同时要克服历史虚无主义，一切从中国的实际条件出发，反对借鉴西方经济学方面的盲目性与行动上的生搬硬套。

改革开放以来，在走向市场经济的过程中，鉴于我们缺乏运作市场经济的经验，引进了大量西方经济学的教科书，试图从中借鉴西方经济发达国家运作市场经济的经验和把握市场经济的规律。但是，随着我国市场经济的发展和市场经济体系的构建，我们出现了一些错误倾向：一是忽略或忘记了我国与西方经济发达国家根本不同的社会性质，将社会主义的市场经济混同于资本主义的市场经济；二是忽略了我国与西方经济发达国家的具体国情；三是盲目推崇西方经济发达国家的经济发展模式，认为西方经济发达国家就是我们改革的样板；四是不加鉴别、简单地照搬套用西方经济学的理论、观点和政策。这些错误倾向不仅不能帮助我国的社会主义市场经济健康成长，反而会给我国经济造成损害。为此，我们必须在培养社会主义事业的建设者和接班人时，批判和消除这些错误倾向。

西方经济学各流派（除去有一定马克思主义色彩的激进政治经济学派之外）的共同特征是，他们都认为私有制是天然合理的，在其基础上发展起来的资本主义市场经济是迄今为止最好的经济制度。但西方经济学流派的辩护性与实用性是并存的。其为资本主义私有制和资本主义市场经济制度辩护的性质是庸俗的，但不排除其实用性在一定条件下具有科学性成分。我国老一辈经济学家陈岱孙先生在 20 世纪 80 年代后期曾经指出："我国经济学界经过讨论和研究工作的实践，越来越多的学者赞同这样一个观点，即一方面，当代西方经济学特别是正统派经济学的基本理论体系，是庸俗的，我们应当加以批判。另一方面，当代西方经济学，包括理论经济学和应用经济学，又包含着或多或少的科学成分，对于这些，我们应当加以采择和借鉴。这是马克思主义经典作家对待西方经济学的一贯立场和观点，也是我们研究当代西方经济学的唯一正确的方针"。①

批判和借鉴的根本意义又是什么呢？批判就是要认清西方经济学各流派的资本主义立场和为资产阶级利益服务的本质，也就是说，不能直接将西方经济学的内容拿来为我们服务。批判也要认清西方经济学各流派为资产阶级利益服务的本质和进行辩护的性质，不要被西方经济学各流派表面避而不谈阶级利益的表象所迷惑。借鉴就是鉴别出西方经济学中的科学成分，有条件地为我所用。"我们主张对当代西方经济学采取实事求是的分析态度，主张借鉴其中的科学成分"②，但"这并不意味着我们研究西方经济学的唯一目的是为了借鉴。……在当前的历史条件下，我们研究西方经济学的目的，除了借鉴其中的某些有用成分之外，还出于捍卫马克思主义和国际交往的需要"③。

在某种意义上来说，马克思主义在哲学本质上是从实际出发，尊重并适应历史变化、与时俱进的。因此，马克思关于共产主义和社会主义的理论在本质上也是紧密联系实际的。今天与马克思所处的历史时代相比已经有所变化。如何在坚持马克思主义关于社会主义和共产主义基本理论的基础上，借鉴资本主义市场经济中与我们今天市场经济有共同性的方面，来促进我们的社会主义市场经济健康发展，需要认真研究资本主义市场经济在今天的各种表现（包括西方经济学的理论）。此外，借鉴西方经济学中带有科学性的成分，从根本上说，也是为了发展马克思主义经济学。历史赋予当代马克思主义经济学家的使命基本上有两条，一是

---

① 陈岱孙、杨德明：《关于当代西方经济学评价的几个问题》，《红旗》1987 年第 6 期，第 16 页。
② 陈岱孙、杨德明：《关于当代西方经济学评价的几个问题》，《红旗》1987 年第 6 期，第 16 页。
③ 陈岱孙、杨德明：《关于当代西方经济学评价的几个问题》，《红旗》1987 年第 6 期，第 16 页。

进一步发展由马克思的《资本论》奠定基础的马克思主义经济学；二是创建和发展马克思主义的社会主义经济学。马克思主义经济学这两大组成部分都以辩证唯物主义和历史唯物主义为理论基础，但二者的研究对象不同，所肩负的历史使命有别，其借鉴西方经济学的内容和对象也存在着差异。[①]　就当前而言，首先是第二个历史使命。

二、本书的评析对象

本书主要以 20 世纪 30 年代以来重要的西方经济学流派作为评析对象。这里所说的"西方经济学"是指发达资本主义国家的经济学，是一个政治和意识形态角度的区分，而不是以地域方位区分的。

西方经济学理论流派众多，历史跨度大，因此本书在大学本科有限的教学时间内无法一一介绍与评析，特做了一些筛选。20 世纪 30 年代之前的西方经济学，主要是古典经济学和早期的新古典经济学，这些内容已经包括在我国大学本科经济学专业的"经济思想史"或"经济学说史"的课程之内，这里没有必要重复。本书的评析对象只包括 20 世纪 30 年代以来西方经济学中较为主要和有重要影响的流派。

事实上，具体到每个西方经济学家的理论、方法和政策都包含多方面的内容，一些经济学家是否可以划分到某个流派当中，在经济学界也没有完全一致的看法。一方面，西方经济学流派是否有统一的划分标准尚不明确；另一方面，不能以单一标准对他们进行分类。本书中，为了更好地理解和把握西方经济学的理论，我们需要一个清晰的西方经济学流派脉络。所以，从构成西方经济学"流派"的概念上说，我们将那些大体上在经济理论、研究方法以及政策倾向三个方面（至少是两个方面）基本一致的西方经济学派别作为相同的流派。而对于一些无法归入已有流派，甚至研究方法也有所不同，但又具有重要影响的西方经济学派别，在本书中也进行适当的介绍和评析。

三、本书的评析方法

习近平指出："对人类创造的有益的理论观点和学术成果，我们应该吸收借鉴，但不能把一种理论观点和学术成果当成'唯一准则'，不能企图用一种模式来

[①]　陈岱孙、杨德明：《关于当代西方经济学评价的几个问题》，《红旗》1987 年第 6 期，第16 页。

改造整个世界，否则就容易滑入机械论的泥坑。一些理论观点和学术成果可以用来说明一些国家和民族的发展历程，在一定地域和历史文化中具有合理性，但如果硬要把它们套在各国各民族头上、用它们来对人类生活进行格式化，并以此为裁判，那就是荒谬的了。对国外的理论、概念、话语、方法，要有分析、有鉴别，适用的就拿来用，不适用的就不要生搬硬套。哲学社会科学要有批判精神，这是马克思主义最可贵的精神品质。"①

以马克思主义的基本立场、观点和方法，结合我国社会主义市场经济实践，在准确、深入了解当代西方经济学主要流派的同时，对其进行实事求是的评论和分析，以便去伪存真、明鉴正误、合理扬弃、有所借鉴，这是本书最为基本的评析方法。

马克思的辩证唯物主义和历史唯物主义的世界观和方法论，是指导我们事业的理论基础，是社会主义国家学习经济学的基本理论和方法，是分析和批判西方经济学流派的重要依据。习近平同志指出：马克思主义深刻揭示了自然界、人类社会、人类思维发展的普遍规律，为人类社会发展进步指明了方向；马克思主义坚持实现人民解放、维护人民利益的立场，以实现人的自由而全面的发展和全人类解放为己任，反映了人类对理想社会的美好憧憬；马克思主义揭示了事物的本质、内在联系及发展规律，是"伟大的认识工具"，是人们观察世界、分析问题的有力思想武器；马克思主义具有鲜明的实践品格，不仅致力于科学"解释世界"，而且致力于积极"改变世界"。"我国广大哲学社会科学工作者要自觉坚持以马克思主义为指导，自觉把中国特色社会主义理论体系贯穿研究和教学全过程，转化为清醒的理论自觉、坚定的政治信念、科学的思维方法。"②

马克思主义的基本立场是站在无产阶级和广大劳动人民一边。马克思主义的方法最主要的是历史唯物主义和辩证唯物主义的分析方法。运用马克思主义的分析方法评析西方经济学各流派，就是要分析他们的理论和政策主张，是否为其所在国家的广大劳动人民服务。对于我们来说，就是站在我国广大劳动人民一边来看西方经济学各流派在根本立场上的不同。

马克思主义方法论的本质是革命性的、批判性的。马克思本人对于资产阶级的一切理论和资本主义的现实，都是以彻底审视和批判的态度进行实事求是的科学分析。我们对当代西方经济学各流派的评析，就是要向马克思学习，以历史的、

① 习近平：《在哲学社会科学工作座谈会上的讲话》，人民出版社2016年版。
② 习近平：《在哲学社会科学工作座谈会上的讲话》，人民出版社2016年版。

实践的、辩证的方法进行分析，在了解西方经济学各流派理论、方法、政策主张及其实践后果的基础上，摒弃其错误，鉴别出在一定条件下对我国发展中国特色社会主义市场经济有实际意义的东西。

从本质来看，西方经济学各流派（除激进政治经济学派以外）基本上是在资本主义制度框架内分析经济问题，为维护资产阶级利益而研究和解决问题的。尽管表现形式不同，但它们都是在为资本主义根本经济制度进行辩护。这是西方经济学流派与马克思主义政治经济学的根本区别，也是我们评析西方经济学流派所持的基本立场。对于这一点，我们务必清楚，务必清醒。

西方经济学各流派的理论和政策主张是具体时代的产物，是思考和研究当时当地社会突出矛盾和问题的结果。西方经济学之所以会出现形形色色的流派，其原因在于不同的历史时期西方国家的资本主义市场经济出现了不同的重大问题，为解决这些问题，西方经济学家们从各自的角度提出了各自的理论和政策主张，试图为解决现实问题出谋划策。所以，我们在分析西方经济学各流派时，先要对产生该流派的时代背景、社会环境、重大问题有一个清晰的了解。一切都要从具体的历史现实出发去看待在那个条件和背景下所产生的理论和政策。这就是历史唯物主义的态度。习近平在哲学社会科学工作座谈会上的讲话中提道："20 世纪以来，社会矛盾不断激化，为缓和社会矛盾、修补制度弊端，西方各种各样的学说都在开药方，包括凯恩斯主义、新自由主义、新保守主义、民主社会主义、实用主义、存在主义、结构主义、后现代主义等，这些既是西方社会发展到一定阶段的产物，也深刻影响着西方社会。"①

在看到西方经济学各流派产生的外在环境和历史条件的同时，我们也要对西方经济学具体流派的领袖人物和代表人物的社会地位、思想形成和变化的过程、研究方法等有所了解。只有这样，才能了解其主观因素在该流派理论与政策形成中的作用和影响。这也是唯物主义的态度。

从历史上看，经济学从来都是一门致用之学，是为解决现实经济问题而出现，随着经济发展中新问题的出现而发展的。在具体分析中，我们应该注意西方经济学同时存在的既有辩护性又有实用性的特征。辩护性，不言而喻，指为资本主义经济制度和资本家经济利益辩护的特征。这既有直白的辩护，也有隐晦的辩护。实用性是指西方经济学家为解决具体问题而提出的理论和政策建议，具体而言，像不以社会制度为转移的市场经济运行的基本规律、某些统计分析、数理分析及

---

① 习近平：《在哲学社会科学工作座谈会上的讲话》，人民出版社 2016 年版。

其结论就是具有实用性的。

辩护性与实用性又与规范性和实证性相联系。规范性是指在一定的价值判断（"好"或"坏"）的基础上，提出某些准则作为分析和处理经济问题的标准或理论前提以及政策依据，说明"应该是什么和应该怎么样"的问题。规范性涉及基本的经济制度的性质。实证性指抛开价值判断，只涉及经济活动的规律及其影响，它要回答"是什么"的问题。事实上，在经济分析中，规范性与实证性是联系在一起的。西方经济学家也不会进行一种他本人认为是"坏的"和"不应该"的研究。习近平指出："对现代社会科学积累的有益知识体系，运用的模型推演、数量分析等有效手段，我们也可以用，而且应该好好用。需要注意的是，在采用这些知识和方法时不要忘了老祖宗，不要失去了科学判断力。"①

综上所述，我们主张在了解和借鉴西方经济学理论过程中，如果注意处理好以下问题，就能够较好地了解、研究、评析、借鉴西方经济学流派。

一是在改革开放和建立有中国特色的社会主义市场经济过程中，我们应该认真研究西方经济学关于市场经济的理论，注意借鉴其反映市场经济普遍性的论述，为我们服务。同时，不能仅仅注意西方经济理论对于市场经济的普遍意义和积极意义，而忽略社会主义市场经济与资本主义市场经济之间、不同国情之间的根本区别。

二是在学习和借鉴西方经济学理论时，要注意不同阶级立场对经济理论阶级属性的决定和约束，而不能仅仅注意西方经济学具体理论的客观合理性，而忽略了西方经济学的阶级性质和西方经济学家基本价值判断的阶级属性。

三是在学习和借鉴西方经济学理论时，要在一般形式逻辑和表述方法背后，看到其最终目的，而不能仅仅看到西方经济学在表述语言和研究的逻辑思路、方法上对数学等自然科学的借鉴和运用，便将西方经济学理论看作是纯粹科学和真正科学的理论。

四是在学习和借鉴西方经济学理论时，要看到西方国家任何一项成功的经济政策和理论都有其适用的具体条件。忽略这一点而将西方经济学的理论和政策直接搬来运用，不注意对其加以分析、鉴别以及在不同条件下运用时不加改造就是错误的。

五是在学习和借鉴西方经济学理论时，不仅要在概念和意识形态上认识到西方经济学属于资本主义的意识形态，而且在具体借鉴和运用时也要将其与马克思

① 习近平：《在哲学社会科学工作座谈会上的讲话》，人民出版社 2016 年版。

主义的立场、观点和方法相区别。绝不能一方面承认西方经济学的体系和基本理论范式与马克思主义经济理论不能同等看待，但另一方面又在西方经济学范式中直接加入我国的数据就看作是有效的"创新性"分析。

六是我们借鉴西方经济学中的理论和政策主张时，应该掌握度的问题。过犹不及，再好的理论和政策都不能运用过度，当然也不能浅尝辄止、机械套用。

七是要历史地、辩证地看待西方国家主流和非主流经济学地位的转换和相互关系的问题。西方国家在不同时期的主流经济学占上风，并不等于说非主流经济学就不起作用。非主流经济学的理论和政策主张也有其一定的合理性和参考价值，而且在一些条件下非主流经济学也可能被主流经济学所吸收，甚至在特定条件下变为主流。比如凯恩斯的理论和主张在第二次世界大战前就是非主流，而第二次世界大战后逐渐变成了主流，当时非主流的自由放任原则也没有被彻底摒弃。到20世纪80年代后凯恩斯主义经济学的地位又退居次席，但其政策并未被主流经济学彻底排斥。

总之，对西方经济学流派的各种理论和政策主张，我们既不能采取全盘照搬、直接套用的态度，也不能采取虚无主义的态度一概排斥拒绝。我们应取的态度是历史地、客观地、辩证地看待它们。目前，我国正处于一个向社会主义现代化强国迈进和转型的新时代。从为我国进一步改革开放，为实现中华民族伟大复兴的中国梦，为探索正确的社会主义市场经济道路寻求一些启发和借鉴来说，我们必须保持清醒的头脑，结合我国国情对西方经济学各流派加以认真的分析与鉴别，从我国实际出发，坚持实践的观点、历史的观点、辩证的观点、发展的观点，在实践中认识真理、检验真理、发展真理。唯有如此，才能真正吸收和借鉴西方经济学各流派经济思想的精华，助推我国的经济建设。

四、本书的编写思路

尽管本书侧重于20世纪30年代以来的西方经济学流派，但仍然会面对形形色色的相关问题。究竟应该怎样划分西方经济学流派？本书从什么角度来选择西方经济学流派？这是需要认真考虑的问题。

从思想倾向上看，西方主流的经济学派可以分为政府干预主义经济学流派和经济自由主义经济学流派两类，现代的各种凯恩斯主义经济学流派可以归入前者，而现代货币主义、新古典宏观经济学、供给学派、新制度经济学、弗莱堡学派和新奥地利学派都可以归入后者。经济自由主义主张最大限度地利用市场机制和竞争的力量，由私人来协调一切社会经济活动，只赋予国家市场机制和竞争力量所不能有效发挥作用领域的极少量经济活动。政府干预主义则与之相反，认为市场经济机制并非完美，所以，政府应该积极干预和参与社会经济活动。这两大类经济学流派曾经交替成为西方经济发达国家最有影响的经济学派别。

从意识形态和政策影响角度看，西方经济学可以分为正统经济学派和非正统经济学派。正统经济学派是统治阶级中占支配地位的意识形态。长期以来，资产阶级政府把自己的利益等同于全社会的利益，将自己的经济思想作为正统的经济思想。所以，表面上对立的政府干预主义经济学派别和经济自由主义经济学派别，其本质是相同的，都是不同历史时期和特定条件下资本主义国家的正统经济思想。

正统经济学派别之外还有主流学派和非主流学派之分。主流学派是指大多数经济学家都接受或持有相似基本理论和方法的学派，非主流学派则是少数经济学家所持有的基本理论和方法的学派。主流学派的政策主张往往成为西方国家政府制定经济政策的基本依据。非主流学派的政策主张则极少成为西方国家政府制定经济政策的依据。从历史上看，干预主义流派和经济自由主义流派，曾经随着西方国家在不同时期的经济条件和形势，交替成为主流学派和非主流学派。但在正统学派之外的其他各种非主流经济学派则往往从不同的角度出发，对现有资本主义市场经济的制度、政策提出批评，希望资本主义市场经济能够更好地运转。有些非正统、非主流的经济学流派站在小资产阶级或中产阶级立场上，对资本主义市场经济和正统经济学派的理论、政策、方法提出批评。不过，其影响则小得多。

诚然，对西方经济学的评析要建立在对西方经济学的真正认识和理解的基础上。本书把有关的知识性、学术性与通俗性结合起来，从流派角度帮助学生了解现代西方重大经济思潮和流派的发展与前沿变化，帮助他们更为完整、深刻地了解西方经济理论的内容和体系，了解西方国家各个时期的经济政策，进而对其进行恰当的评析。

根据上述要求和特点，本书在如下三种编写思路的基础上做了适当选择和调整。

第一种思路是按照西方经济思潮的情况将内容分为三大块编写。一是，干预主义思潮下各主要经济学流派的理论、政策主张、研究方法和各流派间的联系与发展；二是，经济自由主义思潮下各主要经济学流派的理论、政策主张、研究方法和各流派间的联系与发展；三是，处于上述两大经济思潮之外，或者处于两大经济思潮之间，倾向并不十分明显的其他相对独立但有重要影响的非正统、非主流经济学的理论、政策主张、研究方法以及它们与其他流派之间的联系和区别。

第二种思路是按照西方各经济学流派产生与活跃的时间顺序来安排编写内容。

第三种思路是按照西方各经济学流派间相互争论的主题安排编写内容。

本书最终选择在第一种思路的基础上兼顾第二种思路，目的是使学生在学习西方经济学的基础上进一步拓展对现代西方经济学的了解，从而在更广阔和深入的层次上，准确地认识和把握现代西方经济学关于市场经济的主要理论、观点和政策见解，更好地学习和借鉴西方经济学对建设中国特色社会主义市场经济有用的内容。

第一章　西方经济学流派概览

本书所涉及的西方经济学流派，指 20 世纪 30 年代以后，主要流行于欧美国家并且一直延续到现在的经济理论与学说的派别和分支。然而，西方经济学说并不是在 20 世纪 30 年代开始产生和出现的。事实上，现代的西方经济学说基本是由西方近代的经济思想和学说发展变化而来的。为了能够更好地了解现代西方经济学的流派，有必要首先从历史的纵向发展角度，概略地了解一下近代欧美经济学说发展和变化概况。这是现代西方经济学说的先导和理论基础。其次，对于现代西方经济学各主要流派相互之间的关联和关系、它们发展变化的特点和规律、它们对于现代经济生活和社会的影响以及今后一个时期的发展变化趋势，也需要有个总体的概括了解。

一、现代西方经济学的历史渊源和发展概况

（一）中世纪欧洲的经济学说（公元 5 世纪至公元 15 世纪中期）

经济思想和经济学说的发展是以一定社会经济实践为基础，又反过来反映某种社会经济实践活动。近代西方经济思想是以相对发展起来的商品经济和市场经济为基础的，但也不排斥早先思想对其后思想和理论的影响。

中世纪欧洲的经济学说是古典经济学产生的理论背景。中世纪的社会经济条件是古典经济学产生的历史条件。中世纪的欧洲，封建庄园经济和领地经济占主要地位，在思想和政治上是与封建王权结合在一起的基督教神学统治。在这种条件下，伴随和反映早期资本主义商品经济和市场经济发展而出现的重商主义经济学说，就成为欧洲古典经济学产生的直接前导。

（二）近代西方经济学理论的初创和形成（公元 15 世纪后期至 19 世纪 60 年代末）

近代西方经济学理论的初创和形成是指资产阶级古典经济学的形成和发展。在它之前重商主义的经济思想和学说的主要特点是，围绕着君主国家如何才能发财致富的问题进行探讨，并在注重发展对外贸易的同时，主张国家对经济活动进行积极保护和干预。重商主义的经济思想和实践为资产阶级古典经济学的产生提供了直接的前提和条件。但是，处于欧洲民族国家形成和发展时期的重商主义的理论观点和政策主张，毕竟显得比较肤浅、粗糙和片面。重商主义的这些缺点与不足，在当时有限的经济条件下显然无法得到进一步发展和改进。这一任务在古

典经济学那里才真正得到了纠正、深化和发展。

古典经济学产生和发展于资本主义社会的初期阶段，即资本主义经济的产生和发展时期。该时期内，资本主义经济得到了较快发展。克服重商主义经济理论和观念缺陷的客观条件已经具备。古典经济学所代表的经济自由主义思想观念和学说与重商主义所代表的政府干预主义思想观念形成了鲜明的对照，其特点是主张实行自由放任的市场经济。这意味着，个人可以在摆脱封建经济制度束缚和重商主义的国家干预政策情况下，实行自由经营；政府则在保证社会基本经济制度的前提下对经济采取自由放任的态度，让市场机制自动地调节经济，配置资源。古典经济学最重要和典型的代表是英国的经济学家亚当·斯密、大卫·李嘉图和约翰·斯图亚特·穆勒。

古典经济学主要的成就是提出了以价值理论为基础的一整套经济理论体系，包含生产理论、资本理论、分配理论、交换理论、货币理论、对外贸易理论等。在政策倾向上，古典经济学家基本都主张国家应当对经济活动采取自由放任的态度，尽量少干预经济活动，或者说，不干预经济活动。

古典经济学家所提出的经济自由主义，反映新兴产业资本家的利益和诉求，并以个人主义①思想为基础，以反对封建制度为基本任务。在古典经济学家的努力下，经济自由主义形成了几个支柱性的信条，其中最重要的是"完全竞争"和"完美市场"的信条。亚当·斯密的"看不见的手"的论述，就是关于"完全竞争"对"完美市场"重要作用的阐释。在此基础上，引申出公私利益自动协调、市场自动协调、生产天然合理以及分配公平合理四大信条，从而构成了古典经济学的整个理论体系。

古典经济学的理论观点从当时的社会经济现实出发，着重阐述了如何发展经济和增加生产的问题，而对于宏观上如何协调经济结构和比例，则很少涉及（法国重农学派除外）；在分析方法上，古典经济学家也显得不够精细。后来，出于对劳动价值论的异议，一些经济学家提出了以主观效用价值论和数学分析方法为主的新理论。这就是相对于古典经济学和现代新古典经济学的早期新古典经济学。

在古典经济学发展的后期，还出现了马克思主义经济学和一些站在工人阶级立场的经济学流派（比如李嘉图社会主义者的经济学、空想社会主义的经济学和穷人的经济学）。由于经济思想史（经济学说史）的课程和马克思主义政治经济学

---

① 个人主义是以个体自我为中心的。其特点：一是利己；二是理智；三是惰性；四是原子主义，即认为个人是基本实体，社会是个人的总和。社会制度、组织和机制只是有用于个人而存在。

的课程对此有专门介绍，这里不再赘述。

（三）早期新古典经济学体系的产生和发展（19世纪70年代至20世纪30年代初期）

19世纪70年代西方经济学界所发生的"边际革命"是早期新古典经济学的起点。英国经济学家威廉·斯坦利·杰文斯和奥地利经济学家卡尔·门格尔在1871年同时各自独立地出版了他们主张主观的边际效用价值论的代表性著作。而1874年，法裔瑞士经济学家莱昂·瓦尔拉斯也在对杰文斯和门格尔一无所知的情况下，独立出版了从不同角度论述与杰文斯和门格尔的基本理论体系和观点大致相同的重要著作。从这三本著作问世开始，直至19世纪末英国经济学家阿尔弗雷德·马歇尔的代表作《经济学原理》出版，早期新古典经济学基本完成了理论体系的构建。

早期新古典经济学和古典经济学相比，其主要变化是将以劳动价值论为主体的客观价值理论改变为主观边际效用价值论，并引进了运用数学的边际分析方法，由强调供给和生产转变为强调需求和消费。英国的马歇尔和庇古将古典经济学和"边际革命"的新古典经济学熔为一炉，形成了早期新古典经济学的完整体系。直到20世纪30年代，早期新古典经济学一直是西方国家中占主要地位的经济思想和学说，被认为是比古典经济学更为合理、也更为精致的经济理论体系。但是，早期新古典经济学在20世纪20—30年代的世界性经济大萧条当中，面对严重的失业和生产过剩问题，却显得一筹莫展、无能为力。

需要指出的是，在早期新古典经济学最终完成的同一个时期，出现了一些与之不同的经济理论。那些理论被看作此后经济学发展的直接理论前驱，为宏观经济学理论和现代各种经济理论的产生奠定了某种直接或间接的基础。从更广泛的角度来说，那些理论和观点的主要代表者是瑞典学派的经济学家。此外，大致同一时期还出现了德国的历史学派和新历史学派、美国的制度学派，以及奥地利的约瑟夫·熊彼特和美国的欧文·费雪等重要且影响广泛的经济学派和经济学家。同样由于经济思想史（经济学说史）课程已经对那些流派进行了介绍，本教材不再单独对其进行专门讲解。

（四）现代西方经济学理论和流派的形成与发展（20世纪30年代中期至今）

20世纪30年代中期以后，西方经济学出现了很大的变化，即发生了西方经济学界所说的"凯恩斯革命"。凯恩斯的经济理论否定了早期新古典经济学的主要思想倾向，即"市场完美"的信条。此后，政府干预主义的经济学派别便在几十年时间里，在主要经济发达国家中，占据了主流地位和统治地位。不过，曾经占据过主流地位但在凯恩斯主义出现后在一个时期暂居次要地位的经济自由主义思潮，并未完全退出理论阵地。到 20 世纪 80 年代后，在反对凯恩斯主义经济学流派的思潮中，新自由主义经济学又占据了主导地位。我们在本书中将着重介绍的现代西方经济学主要流派，就是从 20 世纪 30 年代以来，直到当前先后出现和存在于西方经济发达国家的、主要的西方经济学理论体系与学说。

二、西方经济学流派的变化特点和规律

综观近现代西方经济学的发展历史，都是在特定历史条件和重大社会经济问题出现后发生理论上的重要变化，继而延续一段新理论发展和完善时期，之后，再有新的变化出来，再继续发展。

归纳起来，我们可以看到从近代重商主义学说出现以来，西方经济学在一定程度上显现出所谓"分久必合，合久必分"的分流与综合现象。此外，西方经济学主要流派也经历了两次地位的转换。

（一）亚当·斯密的"综合"与"转换"

在重商主义经济思想的统治下，到 18 世纪时，欧洲的资本主义经济发展遇到了很多困难。而不排除国家干预的经济思想和政策，这些困难就无法克服。1776 年，在总结与综合前人经济思想的基础上，古典经济学的奠基者亚当·斯密出版了他独创性的经典传世之作——《国民财富的性质和原因的研究》（即《国富论》）。在这部划时代的巨著中，斯密既批判了当时居于统治地位的重商主义关于国家干预经济生活的经济思想和政策主张，综合了此前零散的古典经济学思想，主张实行经济自由主义。《国富论》的经济思想为当时重大社会经济问题的解决指明了道路和方法，完全适应了工商业资产阶级发展经济的迫切需要，受到了社会普遍欢迎。《国富论》第一次创立了比较完整的古典政治经济学理论体系，为古典政治经济学从多方面奠定了理论基础，开辟了此后政治经济学进一步研究的方向。斯密的这部巨著正式开启了经济学这个社会科学分支，开创了经济学发展史上一个崭新的时代。所以，亚当·斯密的《国富论》标志着西方经济学发展史上的首次"综合"与"转换"。

（二）约翰·斯图亚特·穆勒的"综合"

亚当·斯密的《国富论》问世后，英国经济在古典政治经济学指引下迅猛发展，经济学理论也在各种现实问题中得到深化。但是，出于对《国富论》的不同理解，以及对经济中新现象、新问题的解释所产生的不同看法，特别是对价值论的不同理解，形成了一些不同的理论派别。李嘉图社会主义者和空想社会主义思

潮的出现，更使得经济理论中的歧见凸显出来。

在这种情况下，约翰·斯图亚特·穆勒对已有的古典政治经济学各个分支进行了具有一定折中色彩的综合。他于 1848 年出版的《政治经济学原理》就是其理论综合的代表作，也是 19 世纪中后期在英国影响最广的经济学脚本和读物。在这本著作中，穆勒总结并综合了 19 世纪上半期各种经济学说，形成了一个以亚当·斯密和大卫·李嘉图的古典经济学为主体的理论体系，但是也吸收了马尔萨斯、萨伊、詹姆斯·穆勒、西尼尔等经济学家的理论和见解。

约翰·斯图亚特·穆勒的理论综合缓和了古典政治经济学各流派之间的理论分歧，促进了资本主义市场经济的持续发展。他的《政治经济学原理》标志着古典政治经济学体系的最终完成。

（三）"边际革命"的"转换"

约翰·斯图亚特·穆勒的古典政治经济学体系，到 19 世纪 70 年代，已经不能适应生产迅速发展和需求有限的形势需要。19 世纪 70 年代初，英国经济学家威廉·斯坦利·杰文斯、法裔瑞士经济学家莱昂·瓦尔拉斯和奥地利经济学家卡尔·门格尔，几乎同时在不同的国家、各自独立地提出了与古典政治经济学完全不同的主观效用价值论和边际分析方法，从而对古典政治经济学的劳动价值论和生产费用价值论提出了质疑和否定。边际效用学派对古典政治经济学基本概念和分析方法的扭转，就是西方经济学说史上所说的"边际革命"。

（四）马歇尔的"综合"

19 世纪末到 20 世纪初，英国面临着新的现象，生产过剩的经济危机频繁爆发，古典政治经济学和边际学派都难以单独解决新的问题。出于新的理论需求，阿尔弗雷德·马歇尔将古典政治经济学和边际学派的理论综合在一起，形成了一个兼容并包的综合性经济学体系，即早期的"新古典经济学体系"，为现代微观经济学和现代新古典经济学奠定了理论和研究方法的基础。

马歇尔在对各种理论进行综合的同时，也包含了自己的特点，比如，对心理分析的重视、对边际分析等数学方法的推崇和运用、对连续渐进变化的社会达尔文主义思想的运用、对均衡概念的强调，甚至还有对不完全竞争问题的注意。马歇尔的理论对现代西方经济学产生了很大的影响，即便在当前，其理论体系和框架依然在经济学界占有重要的基础地位。

（五）"凯恩斯革命"的重要"转换"

1936 年，英国经济学家约翰·梅纳德·凯恩斯出版了他最著名的、也可以称为经典的经济学著作——《就业、利息和货币通论》，引发了经济学说史上再一次重大"转换"。这就是西方经济学家所说的"凯恩斯革命"。"凯恩斯革命"在经济学研究的理论、方法和政策三个方面,对早期新古典经济学传统的理论体系进行了变革。

理论上,凯恩斯反对代表早期新古典经济学传统理论观念的"萨伊定律"(强调生产和供给在经济中的决定性作用),认为总需求对决定国民收入水平具有至关重要的作用。他认为,在三大心理规律(消费倾向规律、流动偏好规律和资本边际效率规律)作用下,有效需求不足将导致大规模失业和生产过剩,而市场自动调节的机制将无法发挥充分有效的作用来纠正这种经济失调。

方法上,凯恩斯采用了宏观经济总量分析方法,克服了早期新古典经济学将货币和实际经济分开的"二分法",将货币经济和实物经济合为一体加以分析和研究。凯恩斯的这一做法开辟了经济学研究方法的一个新时代。

政策上,凯恩斯反对"自由放任"和"无为而治"的早期新古典经济学传统,主张国家要通过财政政策和货币政策对经济生活进行积极干预和调节。特别是,他"创新"性地提出了功能性的财政预算政策,主张以赤字财政政策来解决大的经济萧条和危机问题。

凯恩斯经济理论体系的出现确实使西方经济学理论和政策主张发生了极大的变化,导致了现代宏观经济学的产生和政府干预主义经济政策倾向的复兴。这也正是"凯恩斯革命"的主要"革命性"影响所在。

(六)萨缪尔森的"综合"

第二次世界大战后,凯恩斯理论在美国影响越来越大。由于凯恩斯对付经济大萧条的经济政策与美国"罗斯福新政"的做法不谋而合,这使它在美国经济学界受到了广泛欢迎。不过,第二次世界大战后美国经济早已摆脱经济萧条,原来经济学界存在的新古典经济学依然还有市场,这就出现了凯恩斯的政府干预理论与新古典经济学理论并存的局面。一方面期待经济从此维持平稳,另一方面也期望彻底避免20世纪30年代那样的经济大萧条,成为当时美国经济社会的普遍心态。在这种形势下,出现了凯恩斯经济学与新古典经济学的综合——"新古典综合"。

"新古典综合"的主要奠基者和代表人物是保罗·萨缪尔森,其标志是他于1948年首次出版的《经济学》教科书。"新古典综合"最显著的特征是,主张在"混合经济"背景下,将宏观经济学方面的凯恩斯理论和政策主张与微观经济学方面的新古典经济学理论综合在一起,将政府调节与市场调节结合在一起,将均衡分析方法与非均衡分析方法(也包括数量分析的方法)结合在一起。在萨缪尔森看来，当经济处于非充分就业时，适用于凯恩斯的理论和政府干预政策，而当经济达到充分就业时，则适用于新古典经济学理论和市场自身调节的政策。

萨缪尔森的《经济学》教科书可以说是西方经济学在世界上传播和影响最广泛、最持久，数量最多、最为普及的教科书。在综合性之外，这本书的另一个显著特点，就是其"综合性"延续的开放性，不断将经济学的新理论、新观点纳入其中。正是这一特点，使它成为西方经济学中的"范本"和最有生命力的教科书。从方法论和理论框架角度看，萨缪尔森的"综合"及其发展，至少影响了整整两代西方经济学家。

（七）现代新古典经济学的"转换"

美国新古典综合派进行理论"综合"后，到20世纪70年代，美国经济通货膨胀与经济停滞同时并发的难题促使经济学家进行新的反思。米尔顿·弗里德曼首先带头对凯恩斯主义提出批评。之后，在理性预期学派、新古典宏观经济学派、供给学派等的共同努力下，形成了西方经济学发展过程中的再次"转换"（政府干预主义向经济自由主义的转换），最终造成了现代新古典宏观经济学占据相对统治地位和主流地位的局面。

（八）"新新古典综合"的倾向

美国"新古典综合"派所代表的美国凯恩斯主义在20世纪70年代遭遇理论和政策的双重危机后，反对国家干预的各种新自由主义经济学流派陆续出现，同时也出现了进行某种"修正"的新凯恩斯主义经济学派。从20世纪80年代到90年代，新凯恩斯主义经济学家一直在寻求与新古典宏观经济学的共同点，以便进行新的、适当的综合。这种新的理论综合就是后来的"新新古典综合"。

20世纪末21世纪初，几位美国经济学家在对理性预期的共识、对经济学微观基础的共识以及对货币政策重要性的认同基础上，进行了新新古典综合的尝试。其研究问题集中于经济周期波动。其"综合"工作主要是试图避免"新古典综合"的宏微观理论脱节，打通宏观经济学与微观经济学，形成统一的理论体系。尽管"新新古典综合"是在"新古典综合"基础上的某种发展，但其更多倾向于新古典经济学的特点也是十分明显的。

"新新古典综合"是当前西方经济学界最重要的理论动向之一，其影响尽管也涉及经济政策领域，但主要影响在经济理论界，其后续发展尚待继续观察。

综上所述，西方经济学流派的这些"综合"与"转换"反映了西方经济理论体系在发展过程中的重大变化，反映了现代西方经济学各主要流派产生、发展和变化的重要节点。这些发展变化的特征，是在创新的经济理论或方法背景下的替代，即由非主流转变为主流，而原先的主流则退居次要地位。这方面的典型情况是：亚当·斯密的经济学对当时居于主流地位的重商主义经济学的替代；新古典经济学对古典经济学的替代；凯恩斯主义对新古典经济学的替代；现代货币主义和新古典宏观经济学对凯恩斯主义的替代。

可见，西方经济学流派的地位不是一成不变的，每个流派的出现都有其各自的历史合理性和局限性。我们必须以科学的态度，历史地、客观地、辩证地看待它们，既不一概否定，也不一概肯定，也不折中对待。

三、西方经济学流派间的关系

（一）政府干预主义流派之间的关系

西方经济学在对待经济调节方式上存在着两个基本的阵营：一是政府干预主义阵营，认为市场经济在运行中难以避免大的失衡，而其自身也无法解决问题，因此需要从外部（主要是政府的力量）给予帮助以恢复正常状态；二是经济自由主义①的阵营，认为市场本身具有自动调节恢复均衡的机制和力量，无须外力（政府）介入和干扰。

本书中涉及政府干预主义阵营的西方经济学流派主要有凯恩斯经济学、新古典综合派、后凯恩斯主义学派、新凯恩斯主义学派。这些学派的共同点是，都在不同方式和程度上支持政府在必要时对市场经济进行调节。凯恩斯经济学是他们的共同基础和理念。

这些流派的差别在于：新古典综合派强调凯恩斯主义的理论和政策适用于市场经济处于非充分就业（潜在产出水平以下）均衡的情况，而一旦经济达到充分就业（潜在产出水平），将转而实行对市场放任的态度。该学派在理论上更多强调供求分析，更多运用数理方法。在实践中，新古典综合派则侧重使用凯恩斯主义的理论和干预政策。

后凯恩斯主义学派强调凯恩斯经济学所说的经济不确定性和收入分配问题。他们认为，市场经济的失衡与有效需求不足有关，而有效需求则受到收入分配差距过大的影响，但收入分配问题的解决必须有政府力量的介入。他们还坚持在古

---

① "经济自由主义"和我们一般所说的"自由主义"有所不同。"经济自由主义"范围狭窄，主要强调经济秩序的自由竞争、自由贸易，政府尽量少干预经济活动，属于经济活动中的保守派。而"自由主义"范围更广，尽管与前者有一致性的地方，但更多涉及政治、哲学和法律等方面，其信奉者中一些人更倾向于社会活动中的激进派（比如无政府主义者）。

典的劳动价值论基础上重构经济学体系。这个学派一直激烈地批评新古典综合派曲解了凯恩斯理论，是"冒牌的凯恩斯主义"。

新凯恩斯主义学派仅仅坚持了凯恩斯关于不完全竞争市场和政府干预积极作用的观点。尽管它是在新古典综合派传统上发展起来的，但是，这个学派在理论上和实践中更多侧重微观市场机制不完全性的分析（比如理性预期、价格黏性、工资黏性和信息不对称等）。他们与新古典综合派侧重宏观分析不同。该学派认为政府干预的主要作用是缩短经济调节的进程，而市场自身调节经济失衡则是个缓慢的恢复过程。

（二）新自由主义经济学流派之间的关系

本书涉及的新自由主义经济学流派有：现代货币主义、新古典宏观经济学派、新制度经济学、公共选择学派、新奥地利学派。新自由主义经济学各流派的共同特点是，相信市场自动调节机制可以使经济达到最佳的均衡状态，而各自强调的理论和政策重点则有所不同。

这些流派的差别在于：现代货币主义主要针对 20 世纪 70 年代美国的经济滞胀问题，提出重点治理和解决通货膨胀问题的理论与政策。该学派相信，在正常情况下，价格是市场自动调节机制发挥作用的信号，只要保证价格信号不受货币政策的干扰，经济就会在市场自动调节机制下达到最佳状态。

新古典宏观经济学派则基本接受现代货币主义的理论和观点，但是，更强调经济活动参与者对经济政策和经济变化的理性预期。该学派认为，只要人们的预期是理性的，任何宏观经济政策都会因人们的相应对策而归于无效。所以，该学派反对一切宏观经济政策，主张市场自动调节。

新制度经济学也赞成市场自动调节机制，但是，它更强调市场经济运行的前提条件和环境，强调产权和交易成本的制度状况，认为制度才是影响经济效率的最重要因素。从这一点来看，它在某种角度上与后凯恩斯经济学派有些许相像，而与新古典宏观经济学派、现代货币主义略有不同。

公共选择学派从政治角度入手，强调政府对经济的消极作用，认为即便是民主政府，也不能避免其消极作用。不过，公共选择学派认为民主政府总好过独裁政府，因此，它更强调如何建立一种能够产生有效民主政府的制度。西方经济学界更多是将该学派看作"新政治经济学"。

新奥地利学派则是较为彻底的新经济自由主义者。它继承了老奥地利学派的一些传统，但也承接了米塞斯和哈耶克的基本主张，强调市场运作的过程，强调市场的自发秩序，认为只有不受任何干预的市场才能向经济活动参与者发出正确的决策和调节信号，推动市场的自身调节。

（三）干预主义学派与新自由主义经济学学派之间的关系

干预主义学派与新自由主义经济学学派都属于资产阶级经济学流派，它们的基本动机都是为直接解释和解决资本主义国家现实经济问题，推动资本主义经济顺利发展服务的。它们之间的区别主要是方法和手段的不同。表面上他们之间的关系是相互批评，而实质上是相互依存的关系。我们看待西方经济学各流派需要从这些方面全面地加以认识。

从相互批评关系看，反映了它们在不同情况下所代表的社会阶层利益的差别。中小企业和大企业、垄断企业从自身利益出发，都要求活动的自由，希望减少政府干预的束缚。一般说来，大企业和垄断企业更多希望减少政府干预，而中小企业则希望政府帮助它们减少大企业对它们不利的不公平竞争压力。此外，在大的经济危机到来时，各流派都会在不同程度上接受政府干预，但在一般的经济波动中，新自由主义经济学各派则更多反对政府干预。

从相互依存关系看，各流派之间在理论观点和研究方法上存在着相互吸收与借鉴的情况，同时也正因为对立面的存在，为流派的发展提供了新的研究和批评对象。这是一种相反相成的现象。甚至可以说，一些流派正是在流派之间的论战中产生和发展起来的。

总而言之，西方经济学各流派之间的关系是复杂的，既不是简单的对立和排斥关系，也不是简单的一致与认同关系。对于它们的存在和发展以及相互关系，同样需要客观地、历史地和辩证地认识。西方经济学各主要流派之间的渊源关系，见图1-1。

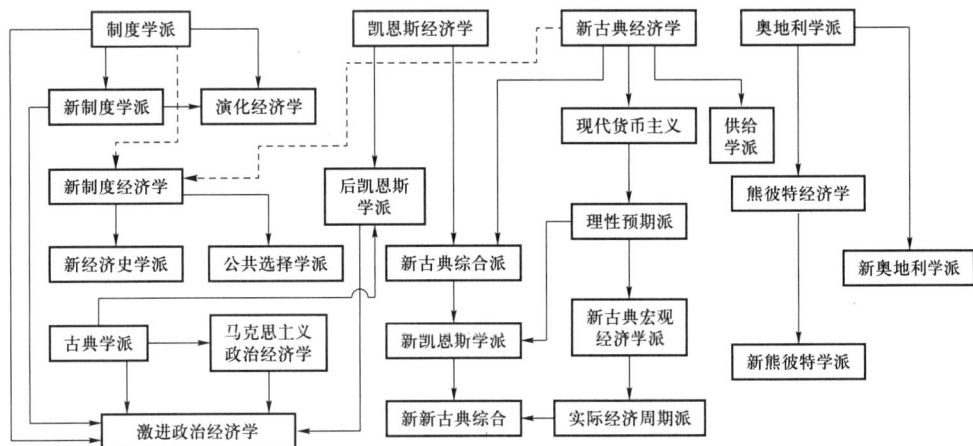

图1-1 现代西方经济学流派关系图

四、西方经济学流派对经济活动的影响

现代西方经济学流派是伴随着现代资本主义国家市场经济的发展进程形成和发展的。特别是在第二次世界大战以后到 21 世纪初这段时间，西方经济学流派（特别是宏观经济学）基本上是适应美国的经济发展情况而发展变化的。虽然在相同的经济思潮之下各流派之间存在理论观点和研究方法的某些传递，但在不同的具体时期，由于经济形势不同（特别是美国存在的经济问题不同），就会有不同的经济学流派居于显要的和主导地位。所以，谈到西方经济学流派的作用和影响，并非认为所有的流派都在同时发生作用和影响，而是某个流派在特定的时间段对经济发展产生影响。比如，美国的新古典综合派在第二次世界大战后的近四分之一世纪时间内，对美国经济发展起到了十分重要的作用。一方面，这个流派的理论和政策的确对第二次世界大战后美国经济的较快发展起到了积极的推动作用，另一方面，该学派也对美国经济造成了负面的作用和影响（20 世纪 70 年代的经济滞胀就与新古典综合派所推行的政策有关，特别是严重的通货膨胀问题与之有关）。

从一般意义上讲，在西方经济学各流派的理论中，符合市场经济运行一般规律的内容在其他国家的市场经济中，都具有一定的普遍意义和积极影响。但是，某些流派的特定经济理论和政策主张一旦脱离了它形成和发展的具体环境，比如运用到另外的时期或者不同的国家，也会产生效果不同的影响。比如，当美国的新自由主义经济学的理论和政策主张（"华盛顿共识"）在 20 世纪 70—80 年代运用到拉丁美洲一些国家时，非但没有产生积极效果，反而导致了严重的通货膨胀和经济衰退。

20 世纪 80 年代之后，社会主义国家原有的计划经济纷纷转型，开始尝试走向市场经济。由于这些转型国家并没有运作市场经济的经验，也没有建立起适应市场经济的体制，西方经济学的理论和政策就成为学习、参照和借鉴的模板。但在借鉴西方经济学关于市场经济运行的理论和政策时，由于不同国家的做法不同，其结果也有很大差异。比如，中国在改革开放进程中，尽管也借鉴了一些西方经济学的东西，多少受到一些新自由主义经济学的影响，但主要以自己的实践探索为主，逐步推进，对西方经济学各流派的理论主要结合自己的国情加以科学地分析、批评、借鉴和超越，因而产生的总体效果也较好，而俄罗斯则重视国情不够，采取新自由主义经济学的"休克疗法"，企图毕改革之功于一役，全盘采纳了新自由主义经济学的理论和政策，导致经济在相当长时间内萎靡不振。

可见，西方经济学流派的理论和政策的影响，在实践上并非完全积极或消极，

是依具体情况而有所不同的。在相同的流派内，在理论上各分支也是先后有所继承、调整和补充的。而且在各流派之间也有一定的吸收和借鉴。

总之，看待西方经济学流派的影响需要具体分析，不可一概而论。

五、发展趋势

在西方经济学流派的发展进程中，除去一些在不同时期新产生的经济理论之外，大致遵循着两种发展形式：一种是，西方经济学整体遵循"发展—分支—综合—新分支—再综合"的进程；另一种是，在不同时期表现出政府干预主义流派与经济自由主义流派轮流作为主导理论与政策倾向的进程。

从发展趋势上看，进入21世纪的西方经济学流派有一定的综合趋势，特别是经济遇到大的波动和危机的情况下，政府干预主义流派的经济学会表现得更加明显。但在西方经济发达国家经济运行平稳的情况下，往往是经济自由主义流派的经济学（主要是新古典宏观经济学派）会占据主导地位，理论流派的综合也会倾向于它。

2008年美国发生的金融危机和其后欧洲发生的主权债务危机，持续了相当长的时间，严重拖累了世界经济的发展。这也导致了难于解释和克服经济困境情况下的主流经济学的危机。这种情况下，一些非主流的经济理论开始受到重视，新的理论探索也活跃起来。西方经济学界的新一次理论变动或许正在展开，对此，我们将密切关注。

关键词　重商主义　古典经济学　新古典经济学　边际主义　凯恩斯主义
新自由主义

思考题：

1. 如何理解西方经济学发展的历史性特点？
2. 怎样看待西方经济学发展变化的进程？
3. 如何看待西方经济学主要流派地位的转换？
4. 怎样理解西方经济学中的"革命"与"综合"？

第二章　凯恩斯经济学

第一节　概　况

一、"凯恩斯革命"的经济社会背景

20 世纪前 20 年，在西方经济学中占据统治地位的是以马歇尔和庇古为代表的新古典经济理论——马歇尔的《经济学原理》是当时经济学教育中的标准教科书。包括凯恩斯本人在内的那一代经济学家，都是在新古典经济理论的熏陶下成长起来的。

凯恩斯出生于英国全盛时期，当时英国号称"日不落帝国"。在繁荣、强大的英国资本主义制度下，凯恩斯目睹着一个全球首屈一指的殖民大国、海军大国和金融贸易大国，这使得凯恩斯坚信只要有正确的理论和经济政策，资本主义即使出了毛病，也可以得到改善或消除。然而，后来资本主义国家的经济发展状况颠覆了凯恩斯原来的看法，促使他放弃了传统的经济理论，形成全新的经济思想体系。这一思想体系从经济理论观点到经济分析方法，再到经济政策主张，都与当时占据主流经济学地位的新古典经济学不同。因此凯恩斯的理论体系，后来被称为经济理论方面的"凯恩斯革命"。

"凯恩斯革命"是由两个经济事件引发的：一是英国经济自 1920 年开始的长达 10 余年的长期慢性萧条；二是 1929 年 10 月 24 日和 10 月 29 日两天时间，美国道琼斯工业股票价格两度大幅下挫，这称为引发世界性经济大衰退的导火索，紧接着大衰退演化成有史以来最严重的世界性经济大危机。从 1929 年 10 月到 1932 年年底，纽约股价下跌 80% 以上，全美证券贬值总计达到 840 亿美元。美国整体经济随之陷入危机之中，面对危机冲击，美国企业大量抽回其在德国的投资，德国经济随之全面崩溃。英国在德国也有大量投资，因而也迅速被卷入危机之中。法国经济的独立性相对高一些，但是也依赖于国际市场，无法逃避危机的冲击，到了 1930 年也被拖入经济危机的漩涡之中。这场危机从当时最大经济体的美国爆发，很快就蔓延到西方主要资本主义国家，就连殖民地和半殖民地的经济也不能幸免，其与世界贸易相联系的涉外经济也被卷入这场大危机之中。

据统计，在这场持续了 4 年的世界经济大危机中，整个资本主义世界工业生产下降了 40% 以上。其中，美国工业生产下降了 46.2%，德国下降了 40.6%，英国

下降了 33.8%，法国下降了 32.9%。世界贸易总额下降了 66%，这造成物价狂跌，失业剧增。主要资本主义国家有 3 000 多万人失业，其中美国有 1 300 多万人失业，德国有 600 多万人失业。

这次经济大危机无论是生产衰退的程度，持续时间的长度，还是失业率的高度，都是前所未有的。残酷的经济事实与新古典经济学坚持的核心命题明显不符[①]，给放任自流的新古典经济理论沉重打击，冲击了主流经济学的理论观点与政策幻想，这促使凯恩斯反思先前信奉的经济理论和政策主张。

此外，在实践层面，1933 年美国罗斯福总统上台推行的"新政"，给凯恩斯另辟蹊径的经济思想提供了更直接的启示。罗斯福执政后，为了尽快恢复经济，安置工人就业，抛弃了新古典经济学的自由放任教条，转而推行了一整套国家出面干预经济的新政策。主要包括：

一是通过颁布《格拉斯·斯蒂格尔法》《存款保险法》，建立"联邦存款保险公司"，重建支离破碎的金融体系。二是通过复兴金融公司对银行进行大规模贷款，使大部分银行在 1934 年后陆续恢复营业。三是 1933 年 4 月签署"黄金法令"，强制私人银行和个人将储备的黄金交给美联储，停止交换黄金，禁止黄金出口；同时增发 30 亿美元货币，主动干预美元大幅度贬值，推动出口产品竞争力上升，进而提升美国企业营利能力。四是颁布《全国产品复兴法》（1933 年 6 月 16 日），通过强制卡特尔化的方法消除生产过剩；通过承认工人阶级的某些基本权利，通过国家层面改善劳资关系。五是颁布了《紧急救助法》（1935 年 5 月）、《社会保险条例》（1935 年），成立"联邦救助署"，逐步建立涵盖失业保险、养老金、对妇女儿童和残疾人实施救助的社会福利制度。

"罗斯福新政"在美国取得了明显效果，这使凯恩斯相信通过国家干预经济的政策，可以拯救英国乃至世界资本主义经济；反之，如果单纯依靠市场机制来调节配置资源，则必将带来危机和灾难。正是在上述大背景下，凯恩斯于 1936 年出版了《就业、利息和货币通论》，这标志着凯恩斯革命的开始。

二、"凯恩斯革命"的理论背景

作为马歇尔的得意门生，凯恩斯最初是一位坚定的新古典经济学家，是自由放任主义的支持者。后来他逐步放弃了新古典经济学的经济教条，成为主张政府

[①]　新古典经济学的核心命题是，经济一旦遭受冲击，市场力量可以迅速而有效地恢复充分就业的均衡。

干预经济的经济学家。这一转变过程不是一蹴而就的，而是在长期艰难的理论探索中逐步形成的。

凯恩斯的这项探索工作的过程主要体现在：1923 年出版的《货币改革论》、1930 年出版的《货币论》以及 1936 年出版的《就业、利息和货币通论》（以下简称《通论》）三部著作中，在经济思想史上称为凯恩斯思想转变的"三部曲"①。

在凯恩斯 1923 年撰写的《货币改革论》中，他以剑桥学派的货币数量论为基础，提出在货币管理本位制下，坚持以市场自动调节为主，辅之以温和的货币金融调节，促进物价稳定，恢复经济均衡。这套理论并没有跳出传统经济学的框架，因而并未受到资本主义政府的认可与采纳。

在《货币改革论》出版后不到半年，凯恩斯就开始着手撰写《货币论》，并于 1930 年出版。在《货币论》中，他对货币数量进行了细分，将产品分为消费品与投资品，将单一均衡条件演化为三：产品价格与生产成本相等、储蓄与投资相等以及自然利率与市场利率相等。但是他依然没有跳出剑桥学派的新古典传统，强调通过市场调节来实现经济均衡的思维。

《货币论》一出版，便在剑桥大学的年轻经济学家中产生了巨大反响，吸引了一批年轻有为的经济学者参与讨论，使得凯恩斯逐渐摆脱了新古典经济学思想的束缚，为《通论》的形成奠定了基础。

正是由于在创作《货币改革论》和《货币论》过程中的理论探索，20 世纪 30 年代大危机爆发后不久，随着"罗斯福新政"实施所提供的经验刚刚浮出水面，凯恩斯就能很快实现经济信条的转变，提出全新的经济理论观点，并采用与传统经济学不同的经济分析方法来解释危机形成的原因，并形成对付危机的一整套政策主张。这一转变集中体现在 1936 年出版的《通论》中。

"凯恩斯革命"的理论来源不仅与他自己的学术积累有密切关系，而且继承了从古典经济学到新古典经济学的学术成就，例如，凯恩斯的有效需求概念就直接来源于马尔萨斯。与此同时，凯恩斯还从同时代的经济学家那里汲取了理论养分。通常人们认为，瑞典学派的宏观经济分析和货币利息理论就对凯恩斯革命有重要影响，马克思主义经济学家、波兰人米哈尔·卡莱斯基的经济理论对凯恩斯理论的形成也有不可忽视的影响。所谓的凯恩斯革命并非是一场突如其来的革命，它既是经济学理论长期积累的产物，又是 20 世纪 30 年代西方世界大危机的时代产物。此外，这次革命之所以以凯恩斯的名字命名，还与当时的英国剑桥大学是西

---

① 刘涤源：《凯恩斯就业一般理论评议》，经济科学出版社 1989 年版，第 118 页。

方经济学界最有影响的经济学阵地有关，也与他本人在当时已经是西方经济学界最有影响的经济学家有密切关系。在时代呼唤经济学革命的时机来临时，凯恩斯抓住机遇，实现了西方经济思想史上的第三次革命。①

三、凯恩斯经济思想的形成

凯恩斯经济学是以解决资本主义失业问题为目的而创造出来的宏观经济理论与政策体系，其核心是有效需求理论。该理论最早源于马尔萨斯的有效需求理论。

凯恩斯提出有效需求原理，并以此为核心建立宏观经济理论体系。所谓国民收入是指以货币衡量一个社会在一定时期内生产的产品与劳务的总量。他认为国民收入主要是由消费与投资两部分构成的，其中，消费的规模取决于消费倾向，投资的规模取决于资本边际效率和利息率；资本的边际效率又取决于预期收益和资本资产的供给价值（或重置成本）；利息率则取决于货币数量与流动性偏好，如图 2-1 所示。

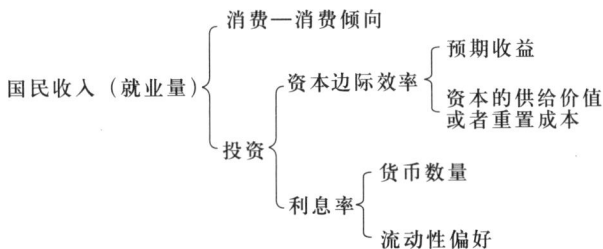

图 2-1　国民收入的构成

凯恩斯认为他的新理论体系的核心是解决就业问题，而就业理论的逻辑起点是有效需求原理。其基本观点是：社会的总就业量取决于有效需求，所谓有效需求，是指商品的总供给价格和总需求价格达到均衡时的总需求。当总需求价格大于总供给价格时，社会对商品的需求超过商品的供给，资本家就会增加雇佣工人，

---

① 经济学家们通常认为，在西方经济学说史上有三场革命：一是 18 世纪后期以亚当·斯密为代表的古典革命，其代表作是他的《国富论》。二是 19 世纪 70 年代出现的新古典革命，瑞士的瓦尔拉斯、英国的杰文斯和奥地利的门格尔几乎同时将边际分析引入经济理论研究之中，他们用主观价值论来描述需求。后来马歇尔将古典经济学的客观价值理论与主观价值论的边际分析结合起来，从供给与需求两个方面来分析价格的确定和形成，从而完成了新古典革命。这场革命奠定了现代西方经济学的微观基础。第三场革命则是所谓的凯恩斯革命，这是因为凯恩斯批评了古典经济学和新古典经济学所信奉的经济自由主义理念，将宏观总量分析方法引入西方经济学，并提出了政府干预经济的一套基本思路，从而形成了现代宏观经济学的基本框架。

扩大生产；反之，总需求价格小于总供给价格时，就会出现供过于求的状况，资本家或者被迫降价出售商品，或坐视一部分商品滞销也不降价，导致无法实现其最低利润而裁减雇员，收缩生产。因此，就业量取决于总供给与总需求的均衡点，由于在短期内，生产成本和正常利润波动不大，因此资本家愿意供给的产量不会有很大变动，总供给基本是稳定的。这样，就业量实际上就取决于总需求，这个与总供给相均衡的总需求就是有效需求。

在《通论》中凯恩斯指出，由于"三大基本心理规律"的存在，会引起消费需求不足与投资需求不足，使得总需求小于总供给，形成有效需求不足，导致生产过剩的经济危机和失业，这是无法通过市场价格机制自发调节的。同时，他进一步否定了通过利率的自动调节必然使储蓄全部转化为投资的理论，认为利率并不是取决于储蓄与投资，而是取决于流动偏好（货币的需求）和货币数量（货币的供给），储蓄与投资只能通过总收入的变化来达到平衡。不仅如此，他还否定了新古典经济学认为可以保证充分就业的工资理论，认为传统理论忽视了实际工资与货币工资的区别，货币工资具有刚性，仅靠伸缩性的工资政策是不可能维持充分就业的。

他承认资本主义社会除了自愿失业和摩擦性失业外，还存在着"非自愿失业"，原因就是有效需求不足，所以资本主义经济经常出现小于充分就业状态下的均衡。这样，凯恩斯在"背叛"传统经济理论的同时，开创了总量分析的宏观经济学。

经过希克斯、汉森、萨缪尔森等人的完善、修正与简化，如 IS—LM 模型的提出①，西方资本主义经济学家们对凯恩斯理论进行形式化和经验验证，如对凯恩斯消费函数理论的检验。尤其是萨缪尔森等人所进行的"新古典综合"，使凯恩斯主义经济学在西方国家迅速流行起来。

凯恩斯的《通论》不但系统地阐述了有效需求原理，而且提出了新的总供给理论。新古典学派假定价格和工资具有完全弹性，从而总供给曲线是垂直的。相反，凯恩斯认为价格和工资是刚性的，总供给曲线是向右上方倾斜的。因此，"供给会创造它自身需求"的萨伊定律不能成立，实际产出通常会低于潜在的产出水平。后来的经济学家们通常只强调凯恩斯在总需求分析上的贡献，实际上，凯恩

---

① 希克斯是第一位（1937 年）采用一般均衡方法来解释凯恩斯体系的经济学家，进而提出了著名的 IS—LM 模型。后来这种做法遭到经济学家的批评，认为不能将凯恩斯的非均衡理念简单地纳入一般均衡思想中。希克斯在经过 20 多年思考后回应了批评，承认自己建立在一般均衡思想基础上的 IS—LM 模型存在问题。

斯关于总供给的理论同样具有"革命"的意义。

第二节 通论的主要内容和政策主张

一、主要内容

（一）有效需求原理

在《通论》中，凯恩斯发展了马尔萨斯的有效需求原理，并作为凯恩斯宏观经济理论体系的核心和逻辑起点。凯恩斯是通过分析决定国民收入水平与就业水平的因素，推导出有效需求理论的。在凯恩斯看来，国民收入由消费与投资组成；一个社会所创造出的国民收入除了用于消费，还有相当于储蓄的一部分产品没有被最终消费，只有当企业将其作为投资购买，才能用于生产性消费，从而开启下一轮生产。这意味着只有储蓄等于投资时的国民收入，才是实现均衡时的国民收入。在凯恩斯的理论中，均衡时的国民收入决定社会总就业量，而国民收入是由储蓄和投资决定的。这意味着总就业量也是由储蓄和投资决定的。

凯恩斯认为在资本主义经济条件下，通常的就业均衡量要小于充分就业均衡量，其根本原因就在于有效需求不足。为了说明这一点，他分析了充分就业与有效需求两个概念。

凯恩斯把失业分为三类。一是摩擦性失业。这是指在生产过程中，由于估计错误、时断时续的需求、专业化的资源比例暂时缺失所导致的失业。例如，在社会经济结构调整过程中，一方面有一些新兴的部门或企业需要增加就业人员，而一些被淘汰的部门或企业则需要裁减大量员工，这些失业员工需要重新学习技能以适应新的工作岗位，这就形成了暂时的或局部的失业。二是自愿失业。这是指劳动者可以找到工作，但是由于种种原因不愿意去工作，而自愿选择的失业。三是非自愿失业。这是指劳动者愿意接受现有的就业条件，而仍然找不到工作的失业。这种失业是凯恩斯关注的重点，因为凯恩斯认为的充分就业不是完全就业，不等于不存在失业。"摩擦性失业和自愿失业"是市场经济中不可避免的现象，所谓的充分就业仅仅是指存在摩擦性失业和自愿失业水平下的就业状况。与新古典经济学相比，凯恩斯的失业观前进了一大步，因为新古典经济学只承认摩擦性失业和自愿失业，没有非自愿失业概念。这实际上是只承认由市场制度引发的失业，而否认还存在因市场周期性波动而引发的非自愿失业。凯恩斯非自愿失业概念的提出，是他实现经济理论革命一个重要的理论前提。从一定意义上讲，凯恩斯的整个宏观经济分析都是围绕说明非自愿失业的原因及机理而展开的，其整个政策主张的要旨就是消除非自愿失业。

在有效需求理论上，凯恩斯认为有效需求是"总需求函数上的一点，该点相当于企业家的预期利润最大化时的就业量"①，也就是总供给曲线（AS 曲线）和总需求曲线（AD 曲线）的交点所决定的社会均衡就业量。有效需求不足，则是指社会总需求小于既定的总供给，或者说是实际总需求曲线（AD' 曲线）的位置低于为满足总供给曲线所对应的需求曲线的位置，见图 2-2。为了进一步说明有效需求不足的原因，凯恩斯阐述了三大心理规律。

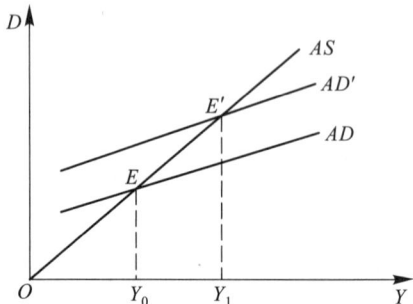

图 2-2　总供给—总需求曲线

1. 边际消费倾向递减规律

消费需求函数是凯恩斯在《通论》一书中提出，用于解释有效需求不足的原因之一。这一思想用函数形式表示为：

$$C = f(Y) \tag{2.1}$$

式中，C 表示总消费，Y 表示总收入。凯恩斯认为，从短期来看，由于人们有爱好储蓄的天性和消费习惯相对稳定的特点，消费增加的幅度要低于收入增加的幅度，即边际消费倾向递减的趋势，也称边际消费倾向递减规律。

凯恩斯认为，在三大心理规律中消费倾向递减规律最为根本。有效需求不足可以归咎于消费和投资不足，但消费不足是有效需求不足的根本原因，而投资不足最终不过是前者引导出来的派生现象。因为"消费是一切经济活动之唯一目的、唯一对象……资本不能离开消费而独立存在，反之，如果消费倾向一经减低，便成为永久习惯，则不仅消费需求将减少，资本需求亦将减少"②。由此可见消费理论在凯恩斯理论体系中的基础性地位。

凯恩斯的边际消费倾向递减规律，也为推翻萨伊定律提供了理论基础。萨伊定律认为总供给恒等于总需求，即"供给会自行创造其需求"。凯恩斯的消费函数理论却表明消费的增减不如收入增减之甚，即随着人们收入的增加，虽然人们的消费总量也会增长，但人们收入中用于消费的比例则会下降。这就会使一部分供

---

① ［英］约翰·梅纳德·凯恩斯：《就业、利率和货币通论》，高鸿业译，商务印书馆 1999 年版，第 62 页。

② ［英］约翰·梅纳德·凯恩斯：《就业、利率和货币通论》，高鸿业译，商务印书馆 1999 年版，第 90—92 页。

给无法实现，供给并不能自行创造需求。这就打破了以萨伊定律为代表的、供给恒等于需求的新古典主义教条。这为经济理论上的革命创造了前提条件，克服了理论观念上的障碍。

2. 资本边际效率递减规律

投资边际效率理论是凯恩斯用于说明有效需求不足原因的又一基本理论，资本的边际效率递减意味着厂商增加投资时预期利润率递减。资本的边际效率是指，使得预期收益现值之和等于资本品价格的贴现率，这种贴现率正好使一项资本物品的使用期内各项预期收益的现值之和等于这项资本物品的供给价格或重置成本，它反映了厂商增加投资的预期利润率。资本边际效率计算公式为：

$$K = \frac{R_1}{(1+R)^1} + \frac{R_2}{(1+R)^2} + \cdots + \frac{R_m}{(1+R)^m} \tag{2.2}$$

式中，K 代表资本物品的供给价格，R_1，R_2，$\cdots$，R_m 代表不同年份的预期净收益，R 代表资本的边际效率。

凯恩斯认为，投资需求取决于资本边际效率与利率的对比关系。对应于既定的利率，只有当资本边际效率高于这一利息率时才会有投资。但是，在凯恩斯看来，由于资本边际效率在长期中是递减的，除非利率可以足够低，否则会导致经济社会中投资需求不足。

引起资本边际效率递减的原因主要有两个：一是投资的不断增加必然会引起资本品供给价格的上升，而资本品供给价格的上升意味着成本增加，从而会使投资的预期利润率下降；二是投资的不断增加会使产品数量增加，而产品数量增加会导致其价格下降，从而投资的预期利润率也会下降。资本边际效率的递减导致资本家往往对未来缺乏信心，从而引起投资需求的不足，或称投资方的有效需求不足。

3. 流动性偏好理论

凯恩斯认为，资本家的投资除了受到资本边际效率的影响外，还受到利率的影响。利率高不利于投资，利率低则有利于投资。利率的高低，取决于货币的需求，而货币的需求则取决于人们对货币流动性的偏好程度。这是因为与其他资产形式相比，货币具有使用方便灵活的特点，所以人们愿意持有不能生息的货币，以满足在经济活动中的三种动机，即交易动机、预防动机和投机动机。

交易动机是指人们为了应付日常交易的需要而持有一部分货币的动机。因为就个人或家庭而言，一般是定期取得收入，但经常需要支出，所以为了购买日常需要的生活资料，他们经常要在手边保留一定数量的货币；就企业而言，它们取得收入也是一次性的，但是为了应付日常零星的开支，如购买原材料，支付工人工资，它们也需要经常保持一定量的货币。整个社会的货币交易需求与收入密切相关，由交易动机引发的货币需求量与社会收入总量成正比例关系，即一个经济体的经济总量越大，其对用于交易的货币需求就越大；反之就越小。

预防动机是人们为了预防意外的支付而持有一部分货币的动机。这是人们需要货币的另一个原因，如家庭为了支付医疗费用、应付失业和各种意外事件等；同理，企业为应付突发事件，也需要持有一定数量货币来保证生产过程稳定。从整个社会来说，货币的预防需求也与收入密切相关，因而由预防动机引发的货币需求量也被认为是收入的函数，与收入同方向变动。

当然，无论是出于交易动机还是出于预防动机的货币需求，在一定程度上还取决于利率的高低。因为持有货币不是生息资产将损失利息收入，利率越高，持有货币牺牲的利息越多，因而货币的需求越少，两者反方向变化。

投机动机是人们为了抓住有利的购买生息资产（如债券等有价证券）的机会而持有一部分货币的动机。一般而言，债券价格与利率之间存在着一种反方向变动的关系，债券价格＝债券固定利息收益/市场利率。这意味着：市场利率上升，债券价格下降；市场利率下降，债券价格上升。凯恩斯指出，在任一时刻，人们心目中有着某种"标准"的利率。如果市场利率高于"标准"的利率，在这种场合下他认为市场利率将会下降，也就是债券的价格将会升高，于是他就会买进债券，以便日后利率下降、债券价格上涨时再卖出债券换回货币。反之，如果市场利率低于"标准"的利率，在这种场合下他认为市场利率将会上升，也就是债券的价格将会下降，于是他就会卖出债券换回货币，以便日后利率上升、债券价格下跌时再买进债券。由此可见，出于投机动机的货币需求是利率的减函数，较低的利率对应着一个较大的投机货币需求量，较高的利率则对应着一个较小的货币需求量。

凯恩斯认为，在资本主义自由竞争条件下，社会经济在发展过程中由于受到边际消费倾向递减、资本边际效率递减和流动性偏好三大基本心理规律的作用，必然会形成有效需求不足，以致出现经济危机和失业。

（二）投资乘数原理

所谓投资乘数原理，是凯恩斯在消费倾向的基础上，建立了一个乘数原理。投资乘数理论是指，在有效需求不足，社会有一定数量的存货可以被利用的情况下，投入一笔投资可以带来数倍于这笔投资的国民收入的增加，因而投资乘数理论是关于投资变化和国民收入变化关系的理论。具体而言，投资的增加（或减少）

可导致国民收入和就业量若干倍的增加（或减少）。收入增量与投资增量之比即为投资乘数。以公式表示为：

$$K = \Delta Y / \Delta I \tag{2.3}$$

式中，K 表示乘数，ΔY 表示收入增量，ΔI 表示投资增量。同时，由于投资增加而引起的总收入增加中还包括由此而间接引起的消费增量（ΔC）在内，这使投资乘数的大小与消费倾向有着密切的关系。

投资乘数原理的经济含义可以归结为：在一定消费倾向下，投资变动给国民收入和就业带来数倍的增加，要比投资变动更大。通过乘数原理，凯恩斯得到了国民收入（Y）与投资量（I）之间的确切关系，将其经济理论导向经济政策，并指导经济实践。

透过投资乘数理论分析表明，收入和就业量增加的多少与边际消费倾向成正比，消费倾向越大，国民收入和就业量就越多——投资乘数理论为凯恩斯鼓励消费的主张提供了重要的理论依据。于是，凯恩斯一反"节俭""储蓄"的传统美德观念，认为社会越是挥霍浪费，就越有利于克服危机，消除失业。他甚至用"蜜蜂的寓言"来说明，"浪费"固然是道德上的"劣行"，但是对社会却大有好处；"节约"固然是一种美德，但却对社会不利。

（三）利息理论

在凯恩斯的经济理论体系中，利息理论占有非常重要的位置，为凯恩斯证明资本主义经济不可能自动实现充分就业提供了理论依据。

凯恩斯的利息理论是以"流动偏好"为基础的。他认为，交易需求与预防性需求对利率影响很小，而投机性需求对利率影响最大。凯恩斯在分析时，以债券作为有价证券的代表。如果市场上的实际利率低于安全利率较多，人们就会认为将来利率上升的可能性比较大，债券的价格就很有可能会下降，于是人们就要求持有较多的货币和较少的债券，等到将来利率上升、债券价格下跌时，再购进债券从中获利；反之，则持有较少的货币和较多的债券，等到利率下降、债券价格上升时，卖出债券从中获利。由此可见，对货币的投机需求是利率的减函数，即当利率下降时，对货币的需求增大；当利率上升时，对货币的需求减少，用公式表示为

$$M_D = L(i) \tag{2.4}$$

式中，M_D 表示由投机动机决定的货币需求，L 表示流动性偏好的函数，i 表示利率。

在讨论凯恩斯关于投机需求和利率的关系时，有观点认为二者之间存在一种

特殊的形式，即"流动性陷阱"。流动性陷阱是指，当实际利率尽管还是正数，但按照历史标准来看，已经达到某一下限，例如1%左右时，对货币的投机需求就会无限增大，增加的货币数量完全被公众所贮存，因而不能再使利率进一步下降，由于利息收入太低，人们宁愿持有现金，也不愿持有债券。

凯恩斯的流动偏好利息论的核心是利率决定于货币的供给量与货币的需求量（流动性偏好）两个因素。凯恩斯假定货币供给是由货币当局控制，是一个外生变量，其大小与利率无关，因此在"利率—货币量"平面，货币供给曲线是一条垂直于横轴的直线，如图2-3中的M直线，货币供给曲线和货币需求曲线L相交的点E决定了利率的均衡水平R_1。均衡利率水平表示，只有当货币供给等于货币需求时，

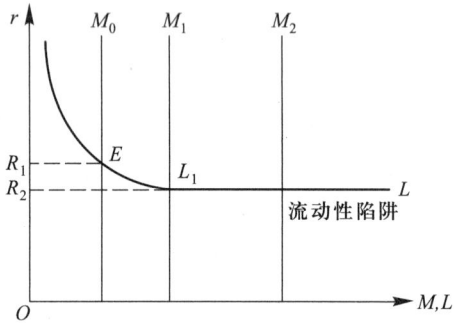

图 2-3 利率—货币量图

货币市场才能达到均衡状态。如果市场利率低于均衡利率，说明货币需求超过货币供给，这时人们感到手中的货币太少，就会卖出债券，债券价格就会下降，利率就会上升，直至回到均衡利率。反之，当利率高于均衡利率时，说明货币供给超过货币需求，这时人们感到手中的货币太多了，就会买进债券，债券价格就会上升，利率随之下降，直至回到均衡利率。只有当货币供求相等时，利率才不再变动。

二、政策主张

（一）国家干预经济的基本思路

凯恩斯从理论上批评了以"供给自行创造需求"的萨伊定律为代表的（新）古典经济学的经济信条，认为市场"看不见的手"不能自行实现充分就业的经济均衡，经济周期波动和危机是资本主义经济的常态。要克服资本主义经济的周期性危机，在危机发生时要使经济迅速地回到均衡状态，就必须放弃传统的自由放任理念，需要扩大政府职能，通过"看得见的手"积极干预经济。

按照凯恩斯的经济理论，危机的根源在于自发的市场经济条件下有效需求不足。政府干预经济的要旨就在于刺激需求，提高有效需求，使需求与市场自发形成的供给保持均衡。社会总需求由消费需求和投资需求组成，有效需求不足既来自消费需求不足，也来自投资需求不足。因此，政府干预经济的主要任务是，调节消费倾向，以刺激消费，扩大消费需求；调节投资引诱，以刺激投资，扩大投资需求。政府刺激消费、刺激投资的主要渠道是，通过扩大公共投资和公共消费

来弥补私人投资和私人消费的不足。凯恩斯还用"乘数效应"来证明扩大政府支出的积极效应，即政府支出有一种大于原始支出数额的连锁效应，一笔政府支出可以取得几倍于原始支出额的收入。

政府扩大公共消费和公共投资主要是通过扩张性的财政和货币政策实现。关于财政政策，凯恩斯不同意传统经济学保持国家预算平衡的观点，认为一定水平的赤字财政对经济不仅无害，而且有益。它有助于把经济运行中"漏出"或"呆滞"的财富重新用于生产和消费，从而可以实现供求关系的平衡，促进经济增长，增加就业。在经济萧条时期，财政政策比货币政策更有效。关于货币政策，凯恩斯不同意新古典经济学保持价格水平稳定的观点，认为温和的通货膨胀对于总体经济是无害的，尤其是在经济萧条时期，适度的通货膨胀有利于刺激经济尽快恢复均衡。

（二）赤字举债的财政政策

凯恩斯的财政政策主张，一般是指政府通过增减税收和预算来调节社会总需求，使之与社会总供给相均衡，使经济既不发生萧条和增减失业，也不会引发通货膨胀；即使经济已经发生了萧条、失业或通货膨胀，也能使之迅速消除，实现国民经济稳定地均衡发展。

由于凯恩斯的财政政策主要是针对 20 世纪二三十年代的大萧条提出来的，因此，他更强调财政政策应该为实现充分就业服务，采取扩张性的财政政策来刺激经济。具体说来，这种扩张性的财政政策主要通过减税和增加政府支出实现：一方面，减税可以增加企业的利润，进而刺激企业投资，扩大投资需求；另一方面，减税可以增加居民可支配收入，进而扩大居民的消费。增加政府支出既可以扩大公共投资，又可以扩大公共消费，二者都有助于提高有效需求，刺激经济，增加就业。

在同时实施减税和扩大政府支出的情况下，势必会扩大政府财政赤字。因为减税会使政府的财政收入减少，即使在财政支出不变的情况下，也会出现财政赤字，如果这时再扩大政府财政支出，势必进一步扩大财政赤字。

如何解决不断扩大的财政赤字呢？凯恩斯反对用增税的办法来减少财政赤字，认为增税会减少企业的利润，不利于投资；增税也会减少居民可支配收入，不利于消费。他主张主要通过举债来弥补财政赤字，认为这种做法不仅是必要的，而且也是可能的。其理由是：第一，债务人是国家，债权人是公众，国家与公众的根本利益是一致的，因此政府的财政赤字是国家欠公众的债务，也就是自己欠自己的债务。第二，政府的政权是稳定的，这就使债务的偿还有保证，不会引起信用危机。第三，债务用于发展经济，使政府有能力偿还债务，弥补财政赤字。这就是所谓的"公债哲学"。

（三）调节利率的货币政策

凯恩斯货币政策的主要内容是，通过中央银行调节货币供应量以影响利率的变动来间接影响社会总需求，使之与社会总供给相均衡，达到宏观经济稳定、均衡增长的目标。

凯恩斯认为，货币政策可以通过中央银行调节货币供应量和利率来实现。在经济衰退时期，实施扩张性的货币政策，即降低存款准备金率、降低再贴现率、买进政府债券，从而促进扩大社会总需求；当经济过热，出现通货膨胀时，则实行紧缩性的货币政策，即提高存款准备金率、提高再贴现率、卖出政府债券，从而缩小扩大社会总需求。鉴于凯恩斯当时面临的是经济衰退，因此他更关注扩张性的货币政策，对于扩张性货币政策可能带来的通货膨胀，他并不十分担心，认为在存在失业的情况下，扩大货币供应量，可以增加有效需求，刺激经济，推动就业。这对稳定社会经济发展是有益的，因而并不可怕。

关于财政政策与货币政策的关系，凯恩斯虽然主张二者相互配合使用，但是，他更倾向于以财政政策为主，货币政策为辅，尤其是在应对经济衰退时，他认为财政政策比货币政策更有效。因为在他看来，财政政策可以直接对有效需求起作用，尤其是扩大政府支出，这可以直接创造需求；而货币政策则需要通过利率变动来影响经济，其对有效需求的作用是间接的。当然这并不等于说，凯恩斯只重视财政政策而轻视货币政策。这是因为凯恩斯本人就是一位货币理论和货币政策学者，他在《通论》出版以前发表的两部重要经济理论著作《货币改革论》和《货币论》都是以研究货币理论和货币政策为重点，因此很难说他不重视货币政策。只是因为《通论》是在20世纪30年代大危机背景下出版的，其重点是分析危机的成因并提出应对危机的政策主张，他才强调财政政策在消除萧条方面，比货币政策更有效。

总之，由于凯恩斯当时处在经济萧条时期，因此他政策主张的基调是扩张性的，这就使赤字举债和通货膨胀成为凯恩斯财政政策与货币政策的主要内容。

第三节   评   析

一、"凯恩斯革命"的意义和作用

凯恩斯经济学因为适应了垄断资本主义特别是国家垄断资本主义发展的需要，

因而在 1936 年《通论》出版后，便在西方学术界引起了强烈反响，得到迅速的传播，并不断被追随者加以补充和发展。在传播和阐释凯恩斯经济学过程中，影响较大的有琼·罗宾逊 1937 年出版的《就业理论导论》和阿尔文·汉森 1953 年出版的《凯恩斯学说指南》。

在第二次世界大战结束后，西方资本主义国家面临战后经济恢复和发展的任务。为了防止重蹈战前大危机的覆辙，各个国家都将凯恩斯提出的财政政策与货币政策奉为基本的经济国策，按照此种方法管理和刺激经济。

此外，凯恩斯的追随者们对凯恩斯经济学的补充和发展主要表现在把凯恩斯的消费函数理论和投资函数理论的短期分析予以长期化与动态化。

二、评凯恩斯理论及其影响

《通论》之所以被视为具有"革命性"，其原因是在理论观点、研究方法和政策主张这三个方面，凯恩斯都提出了不同于西方传统经济学的观点和主张。

在理论上，凯恩斯否定了供给会自己创造需求的"萨伊定律"，他认为，供给是需求的函数，即产出量和就业量的总水平决定于总的有效需求。顾名思义，有效需求是市场中的实际需求，在自发的市场经济中，它通常小于新古典体系中的那种纯粹思维中的需求。由于新古典经济学没有实际有效需求概念，其在纯粹思维状态下的所有推论都可能与现实不符。[①]凯恩斯实际上抛弃了储蓄会自动地转化为投资的传统观点，否定了传统的新古典经济学断定的"充分就业是常态"的信条。

在方法上，凯恩斯否定了传统新古典经济学的假设，即将货币视为实物经济运行中的一层面纱——货币中性论，也就是将商品价格和货币作为两个独立方面过程加以考察，形成所谓的"古典二分法"。与之不同，凯恩斯把就业、收入、货币、消费、储蓄与投资理论纳入统一的宏观经济分析方法论上，使实物经济和货币经济密不可分，坚持了货币非中性的观点，否定传统的新古典经济学。

---

① 后来的经济学家用"名义需求"和"有效需求"这两个概念来解释新古典理论体系与凯恩斯理论体系的区别。新古典体系只考虑了名义需求，而凯恩斯体系既考虑了名义需求又考虑了有效需求。从微观上讲，名义需求是建立在所有厂商的产品都能销售出去的条件下所形成的需求，这时名义需求等于有效需求；如果有的厂商产品不能销售出去或不能全部销售出去，这时有效需求就小于名义需求，这是因为，这时厂商因销售计划落空不得不收缩购买计划，其所形成的实际有效需求势必小于原来计划的需求。从宏观上讲，只有在总需求恒等于总供给的条件下，有效需求才与名义需求一致，新古典体系是建立在这一假设基础上的理论。而凯恩斯却认为，由有效需求决定的实际需求在自发的市场体系中通常小于总供给。

在消费函数理论方面，凯恩斯强调绝对收入假定，认为消费是绝对收入量的函数，随着收入的增加，边际消费倾向递减。而后来凯恩斯理论者，则补充了绝对收入量以外的其他因素。在投资函数理论方面，凯恩斯只分析了增加投资对增加收入的刺激作用，即提出了投资乘数原理。他的后继者则补充分析了收入的增加将引致投资更迅猛的增加，即提出了加速原理，并把乘数原理与加速原理结合起来解释资本主义经济周期波动的原因。在投资与储蓄均衡的问题上，凯恩斯只分析了短期内投资与储蓄如何均衡，而他的追随者们则分析了长期内相互如何均衡的问题，即提出了经济增长的理论与模型。

"凯恩斯革命"创立了现代宏观经济学体系。自此以后，宏观经济学作为与微观经济学并列平行的一门学科发展繁荣起来。他的追随者们基于凯恩斯的研究得以将凯恩斯的思想融入一个简单的一般均衡模型之中，并不断丰富完善。

三、评凯恩斯的经济政策

"凯恩斯革命"大大改写了西方经济学的研究主题和内容体系。凯恩斯用产出和就业理论取代了新古典经济学的价格理论，用非充分就业假设取代了新古典经济学的充分就业假设；用比较静态分析①取代了新古典经济学的静态均衡分析；用货币的生产理论取代了新古典经济学的货币数量论；用政府干预论取代了新古典经济学倡导的自由放任论，强调除了市场这只"看不见的手"以外，还需要政府这只"看得见的手"。

"凯恩斯革命"对西方发达国家的经济绩效、经济体制和社会生活产生了一系列深远的影响，这些影响既有积极的，也有消极的。这些影响主要有：

一是促进了"二战"后发达国家经济的长期繁荣。从第二次世界大战结束到1973年石油危机爆发，英美等主要发达资本主义国家经历了长达27年的高就业率、高增长率和低通货膨胀率的长期繁荣时期。这种长期繁荣虽然不能完全归功于凯恩斯主义，但是其中确有凯恩斯革命的作用。

二是经济周期变形。自从推行凯恩斯主义的政府干预政策以后，经济危机不再周期性地出现，而是呈现不规则变化；经济衰退的深度和破坏程度也大大减弱了。于是，有西方学者建议用"经济波动"来取代"经济周期"或"经济危机"的说法。

---

① 在《通论》中，凯恩斯自认为其分析是动态的，但是后来学者大多认为，他的方法应属于比较静态分析。

三是混合经济的出现。推行凯恩斯公共政策主张的结果使发达国家的经济结构发生了明显变化，这就是公共部门的不断扩大和公共部门在经济生活中发挥越来越大的作用。资本主义经济体制由以私人经济占绝对优势转变到公共（有）经济和私人经济并存的一种"混合经济"体制。

四是美国等一些发达国家的经济在 20 世纪 70 年代陷入滞胀。滞胀虽然不能完全归咎于凯恩斯主义，就像 20 世纪 50—60 年代的长期繁荣不能完全归功于凯恩斯主义一样，但是滞胀肯定与长期推行凯恩斯主义政策有关。

四、凯恩斯理论与政策的局限性及借鉴意义

（一）凯恩斯理论与政策的局限性

尽管凯恩斯在分析方法上、政策主张方面超越了新古典经济学，但是凯恩斯经济理论的局限性也是显而易见的。其根本在于凯恩斯经济学是资本主义社会制度与社会经济制度的产物，是为了维护资本主义社会制度而提供的"锦囊妙计"与"药方子"。正因为如此，凯恩斯经济学的思想理论体系的经济学认识论必然具有片面性、局限性与有限性，并没有认识到经济危机是资本主义经济内在的不可避免的矛盾所致。

凯恩斯用其虚构的三大心理规律，即边际消费倾向递减、资本边际效率递减和流动性偏好，所导致的有效需求不足理论来解释经济危机产生的原因，认为这三者共同导致了社会生活中消费的不足、对经济拉动作用的不足，因而主张采取赤字政策，以国家消费来刺激经济增长。资本主义经济危机的根源在于资本主义经济制度自身不可克服的矛盾，即生产社会化同生产资料资本主义私人占有之间的矛盾。凯恩斯主义掩盖了这一本质，符合资本主义发展的需要，维护了垄断资产阶级的利益，适应了生产社会化的需求，但并不能从本质上解决矛盾。国家对经济的过度干预，压制了市场自身的调节作用，忽视了市场经济规律。这就导致了资本主义世界在 1973 年愈演愈烈的滞胀现象，经济停滞与通货膨胀并存的局面。由于治理经济停滞与治理通货膨胀的手段恰恰相反，所以，治理一个必然导致另一现象更加严重。一直被奉为经典的凯恩斯主义受到了前所未有的挑战。为应对经济滞胀，各资本主义国家开始减少国家对经济的干预。《通论》所阐发的理论和政策的失灵，正是其时资本主义制度危机加深的一个反映。

此外，凯恩斯理论体系缺乏微观理论基础。由于他关注短期的宏观经济问题，缺乏对长期经济问题的分析，因而其分析方法是静态的或比较静态的，而非动态的，这些是凯恩斯经济理论的不足。

（二）凯恩斯经济学的借鉴意义

凯恩斯经济学所建立的现代宏观经济理论体系和政策思想，适应了现代化大生产的需要。尽管当代新自由主义经济学家不断发出反对政府干预的声音，但无论是现代资本主义国家还是社会主义国家，只要实行现代市场经济体制，都或多或少采用国家通过财政政策与货币政策配合使用来干预经济的政策主张。换句话说，凯恩斯的理念和思想事实上已经制度化在现代市场经济体系之中。这表明，生产越社会化，经济越商品化，仅依靠市场这只"看不见的手"实现经济调节与资源配置显然不够，政府调节经济的作用已经不可或缺。

凯恩斯的有效需求理论的确解释了现代市场经济环境中国民收入与就业决定的客观规律。在现代社会化大生产时代，市场经济的基本态势不是供不应求，而是供过于求。这就决定了在现代市场经济中无论是产品市场，还是劳动力市场，短板通常是需求而不是供给。不论凯恩斯提出的三大心理规律是否成立，他提出的需求决定供给，有效需求决定产品和就业的论断，至少在短期内是存在的。这是值得我们借鉴学习的。

诚然，在凯恩斯经济学中，许多论断是粗糙的、模棱两可的，甚至是错误的。但是他毕竟是现代西方宏观经济学理论的奠基人，是国家总需求调控政策的最先系统论证者。

关键词 通论 边际消费倾向 资本边际效率 流动性陷阱 乘数原理 看不见的手 看得见的手

思考题：

1. 简要分析凯恩斯经济学产生的经济社会背景与理论背景。

2. 简要分析影响消费的因素与消费函数理论的发展。

3. 什么是流动性陷阱和资本边际效率递减规律？

4. 简要评述凯恩斯经济学的局限性与借鉴意义。

第三章 新古典综合派

第一节 概 况

一、学派的形成与发展

凯恩斯发表《通论》（1936 年）的第二年，英国牛津大学经济学家希克斯就发表了《凯恩斯先生与古典学派》[①] 一文，主张把新古典经济学中的利率理论和凯恩斯的利率理论综合起来。这篇文章启动了新古典综合的学术运动。此后，汉森、萨缪尔森、莫迪利安尼等人在新古典综合方面做了大量的研究工作，发表了一系列成果。1948 年萨缪尔森的《经济学》教科书正式出版发行，标志着新古典综合理论体系形成，在《经济学》第 3 版（1955 年）中，萨缪尔森把他们这个学派称作"新古典综合"。

新古典综合的发展经历了两个阶段：从 1937 年到 20 世纪 70 年代为第一阶段，这个阶段的综合称作第一次综合或初始的综合。这个阶段的主要成果有 IS—LM 模型、莫迪利安尼的货币与利率的一般模型、菲利普斯曲线、乘数—加速数模型以及新古典增长模型。在《经济学》第 9 版（1973 年）至第 11 版（1980 年）中，萨缪尔森把他们这个学派改称为"后凯恩斯主流经济学"。20 世纪 80 年代至今为第二阶段，这个阶段的综合称作第二次综合或成熟的综合。在这个阶段，萨缪尔森等人把当时主要经济学流派（货币主义、理性预期学派和供给学派）的分析方法和主要观点综合起来，通过构造一个综合性的 AD—AS 模型来解释当时盛行的滞胀；把劳动市场、总量生产函数和 IS—LM 模型结合在一起形成完整的凯恩斯主义模型。因此，自《经济学》第 12 版（1985 年）开始，萨缪尔森又把他们这个学派更名为"现代主流经济学的新综合"。

也有西方学者把 20 世纪中后期产生的新凯恩斯主义（见本书第五章）看作是新古典综合的发展。

二、代表人物

这个学派的主要代表人物除了上面提到的希克斯、汉森、萨缪尔森和莫迪利

---

① John R. Hicks, "Mr Keynes and the Classics：A Suggested Interpretation", *Econometrica*, 1937, 5（2）:pp. 147—159. 该文中所说的"古典学派"大体上就是本书所说的新古典综合派。

安尼，还有美国经济学家哈里斯，詹姆斯·托宾、罗伯特·索洛、克莱因，曾在
1961—1964 年任美国肯尼迪总统经济顾问委员会主席、1965—1969 年和 1974—
1977 年两度任美国总统办公室顾问的沃尔特·W. 海勒，1968—1969 年任美国总
统经济顾问委员会主席的阿瑟·奥肯，英国经济学家詹姆斯·米德等人。汉森被
认为是新古典综合学派的祖师爷，萨缪尔森则是新古典综合学派的领袖。萨缪尔
森编写的流行教科书《经济学》是新古典综合经济学的标志性成果。

三、学派的主要特征

新古典综合派是第二次世界大战结束以后的第一个西方经济学主要流派，它
有以下特征。

第一，新古典综合派继承和发展了凯恩斯《通论》的研究主题和一些基本思
想。新古典综合派认为《通论》的研究主题是失业（或就业）、国民收入决定和经
济波动，基本理论是有效需求原理，基本结论是现代资本主义市场经济的正常情
形是有效需求不足导致非充分就业，政策主张是通过政府干预特别是政府投资来
实现充分就业。如果说凯恩斯的《通论》创建了宏观经济学的体系结构，那么新
古典综合派则丰富了宏观经济学的内容，并把《通论》高度学术化的体系通俗化
为宏观经济学教科书体系。正是通过汉森和萨缪尔森等人的通俗化，《通论》的宏
观经济学体系和思想才流行起来。

第二，新古典综合派的标志性成果或招牌是"综合"。萨缪尔森在其《经济
学》第 3 版中说：我们一直在致力于一种综合性的工作，即把早期经济学中的和
现代的收入决定论中的任何有价值的东西综合起来。这个结果可以称为新古典综
合。并且他认为，新古典综合体系"弥补了总量宏观经济学与传统微观经济学之
间的鸿沟，并使它成为一个整体"[1]。新古典综合包含两个方面的综合：一是理论
上的综合，即把以马歇尔为代表的微观经济学和凯恩斯的宏观经济学综合起来，
使经济学成为既有微观经济学，又有宏观经济学的完整体系。二是政策上的综合，
就是把凯恩斯主张的政府干预和古典学派主张的市场机制自由调节综合起来。在
经济衰退和出现大量失业时，需要政府对经济进行干预，通过扩张性的财政政策
和货币政策来扩大总需求，使经济复苏和恢复充分就业；在经济达到或接近充分
就业以后，让市场机制更多地发挥资源配置的作用和调节经济运行的作用。正是
经过萨缪尔森等人的"综合"，凯恩斯主义最终确立了它在西方经济学中的正统地

---

① 　Paul A. Samuelson, *Economics 3rd*, New York：Mcgraw-Hill Book Company, 1955, p. Ⅵ.

位，成为标准的经济分析范式和经济学教学内容。

第三，对凯恩斯《通论》的一些理论进行长期化和动态化分析。凯恩斯在《通论》中主要关注的是失业和经济波动这样一些短期的宏观经济问题，不太关注长期经济问题。凯恩斯的一句名言是："在长期，我们都会死去。"《通论》使用的分析方法是比较静态分析，也就是某种宏观经济变量的两种静态均衡条件的比较分析，而不是动态分析。新古典综合派提出的"乘数—加速数模型"、哈罗德—多马经济增长模型、新古典增长模型（索洛模型）以及 IS—LM 模型都是一些长期分析和动态分析的成果。

第二节　基本理论

一、"混合经济"论

"混合经济"是一种既含有市场经济成分也含有指令经济成分的经济体制或资源配置机制。萨缪尔森认为，人类社会采用不同的经济体制来解决"生产什么，如何生产和为谁生产"这三大基本经济问题；指令经济和市场经济是两种本质不同的、处于两个极端的经济组织形式；当今世界上各个国家实际上实行的是介于两者之间的经济体制——混合经济。在指令经济中，政府占有大部分生产资料，指挥大多数企业的生产经营，并成为大多数工人的雇主；政府通过它拥有的资源所有权和经济政策决策权来决定生产什么、如何生产和为谁生产。简单地说，在指令经济中，资源配置主要通过计划指令完成。市场经济是一种主要由个人和私人企业决定生产和消费的经济制度，生产什么、如何生产和为谁生产的问题由市场机制来解决。市场经济的极端情形是自由放任经济，即政府不对经济决策施加任何影响。在混合经济中，主要依靠市场机制来配置资源，解决生产什么、如何生产和为谁生产的问题，同时也采取多种形式的政府干预，例如政府支出、税收、货币政策和监管，来解决失业、经济波动和市场失灵等问题。

资本主义市场经济最初是一种近于纯粹的私人经济或生产资料私人所有制经济，公共部门经济所占的比重很小。但是在第二次世界大战结束以后，由于垄断的发展和实施凯恩斯主义的政府干预，公有企业不断增加，公共部门经济或公有经济在国民经济中的比重不断提高，近于纯粹的私人经济演化成私人经济和公共经济的混合体。以萨缪尔森为代表的新古典综合派观察到西方国家经济体制的这种变化，因而把这种变化了的经济体制称为"混合经济"。

混合经济产生于 19 世纪末，当时由于反垄断、提供社会福利和一些国家备战的需要而产生了一些公共企业，政府开始介入经济活动。

混合经济论的思想渊源应当追溯到凯恩斯。凯恩斯从市场机制失灵的视角论证了政府干预经济活动的必要性。凯恩斯在《通论》中认为，现代资本主义市场经济的显著弊端是不能提供充分就业，以及收入和财富分配不公；要解决这两大弊端，必须扩大政府职能，加强中央政府对经济的控制；对经济力量或因素的自由运行有必要加以制止或引导，同时留下广阔的空间让私人发挥他们的动力和职能。

随后，汉森在《财政政策和经济周期》（1941 年）等一系列论著中更系统地阐释了"混合经济"的含义和必要性。他认为，20 世纪以来，大多数资本主义国家的经济事实上已经逐渐变为私人经济部门和公共经济部门并存的"公私混合经济"；公共经济部门的成长和扩大，有助于缓解私人经济的不稳定，并提供更多的社会保障和社会福利。

萨缪尔森则把混合经济看作是不同于指令经济和自由市场经济的第三种经济体制，是一种混合型的资源配置方式，是现代资本主义市场经济的一种变种。在混合经济中，"市场决定大多数私人部门产品的价格和产量，而政府运用税收、支出和货币管理计划来调控总体经济运行"[1]。萨缪尔森认为，在混合经济中，政府对市场经济主要行使三种职能：提高效率、增进公平和促进宏观经济的稳定与增长。[2] 即：

第一，政府通过促进竞争、控制诸如污染这类外部性问题，并提供公共产品等来提高经济效率。

第二，政府通过税收和财政支出等手段，对特殊的群体进行收入再分配，从而增加公平。

第三，政府通过财政政策和货币监管促进宏观经济的稳定和增长，在鼓励经济增长的同时减少失业和降低通货膨胀。"普遍存在于世界各地的事实是：现代混合经济国家的人民都要求他们的代议制政府采取各种经济政策，来维持高额的就业数量、旺盛的经济增长和稳定的物价水平。"[3] 总之，"混合经济"在实质上就

---

[1] Paul A. Samuelson and William D. Nordhaus，*Economics* Eighteenth Edition，New York：Mcgraw-Hill Book Company，2005，p. 40.

[2] Paul A. Samuelson and William D. Nordhaus，*Economics* Eighteenth Edition，New York：Mcgraw-Hill Book Company，2005，p. 35.

[3] Paul A. Samuelson and William D. Nordhaus，*Economics* Eighteenth Edition，New York：Mcgraw-Hill Book Company，2005，p. 42.

是国家干预的、以私人经济为基础的市场经济。

萨缪尔森认为，混合经济需要处理好市场机制与政府干预的关系，合理划分市场与政府的边界。"一个好的混合经济是并且必须是有限制的混合经济。……一个有效率和人道的社会需要混合经济的两个方面——市场和政府都同时存在。如果没有市场或者没有政府，现代经济运行就会孤掌难鸣。"①

凯恩斯和新古典综合派的这些思想和政策建议为第二次世界大战以后公共部门经济在西方国家的不断扩张提供了理论依据，并变成了西方国家的经济实践。

从 1945 年到 1979 年，英国掀起了三轮大规模的国有化浪潮，政府不但收购和接管了邮政、通信、电信、铁路、民用航空、机场、港口和内陆交通这些基础设施类企业，而且把钢铁、煤炭、天然气、电力这些国民经济支柱类企业也收归国有；政府还出资买下了英格兰银行。在 1975—1979 年的第三次国有化浪潮中，英国政府还积极实施新兴产业和高科技产业的国有化政策，政府还出资建立了英国宇航公司和英国国家石油公司。数据显示，到 1979 年，英国国有企业中的就业人数占全部就业人数的 6%，国有企业的增加值占英国国内生产总值的 10.6%，国有企业的固定资产投资占全部固定资产投资的 15%。1944 年到 1946 年，法国戴高乐临时政府不但对煤炭、电力和交通运输类企业实行国有化，而且对法兰西银行、全国性大商业银行和保险公司实行国有化，并制定经济发展的国家计划。20 世纪 80 年代初法国密特朗总统领导的社会党政府掀起了更大的国有化浪潮。这次国有化的重点对象是私人资本垄断的大银行和大公司，例如法国工商信贷银行、法国商业信贷银行、通用电气公司、汤姆逊公司等。到 1983 年，法国国有银行存贷款比重占全部金融机构存贷款的 77% 以上，国有企业增加值占法国国内生产总值的 17%，国有企业投资在总投资中的比重占 35%，国有企业解决了 11% 的劳动力就业。从第二次世界大战结束到 20 世纪 70 年代末，（联邦）德国、意大利等其他欧洲国家和美国也都程度不同地实行了私人企业和公用企业的国有化，例如，德国的大众汽车公司和德国汉莎航空公司，意大利的伊利集团和埃尼集团，美国统一铁路公司等。

从政府收支占比的变化可以看出政府在资源配置中比重和作用的变化。第一次世界大战前，美国联邦政府、州政府和地方政府的支出或税收合计起来，只占美国全部国民收入的十分之一强，但是到 2002 年，美国各级政府的支出大约占美

---

① Paul A. Samuelson and William D. Nordhaus, *Economics* Eighteenth Edition, New York：Mcgraw-Hill Book Company, 2005, p. 42.

国 GDP 的 30%。1950 年英国政府支出占 GNP 的比重为 39%，但是到 1987 年，这个比重上升到 47.8%。1999 年瑞典的政府支出大约占 GDP 的 54%。

同时，政府还通过《反垄断法》、价格管制、准入条件、企业标准、安全标准、卫生标准、环境保护标准等一系列法律规章和监管措施来控制和监管私人经济活动，从而降低了资本主义市场经济的自由放任程度。

二、基本理论模型

新古典综合派的基本理论模型是总支出—总收入（总需求—总供给）模型。这个模型既是对凯恩斯《通论》中的国民收入决定理论的通俗化，也是对这一理论的形式化。

根据凯恩斯的短期分析方法，假定短期总供给是既定的，或经济体由技术和生产要素决定的生产能力是既定的，即不论总需求如何变化，经济体都可以按照不变的价格提供相应的供给量，也就是说，决定短期国民收入水平高低的因素主要在总需求一方，而不在总供给一方。

在四部门经济中，总需求由消费支出（C）、投资支出（I）、政府支出（G）和净出口（NX）构成，也就是总需求由四个支出因素决定：

$$AD = C + I + G + NX \tag{3.1}$$

当一个经济生产的总产出（或总收入）等于其总需求的数量时，总产出处于均衡水平。即当式（3.2）成立时，宏观经济处于均衡状态，这种状态下的总产出（Y）称作均衡产出（equilibrium output）。

$$Y = AD = C + I + G + NX \tag{3.2}$$

当总需求与总产出不相等时，经济处于失衡状态，这时经济中出现非计划（非意愿）库存或负投资（IU）。这种状态可以表示为：

$$IU = Y - AD \tag{3.3}$$

当 $Y>AD$，$IU>0$，表明总产出大于总需求，这时经济中出现超量产品库存（实际库存量大于合意或正常的库存量），产品价格会下降。在这种情况下，理性的厂商会减少生产，直到总产出与总需求恢复均衡为止。

当 $Y<AD$，$IU<0$，表明总产出小于总需求，这时经济中出现产品库存小于正常水平，产品价格会上升。在这种情况下，理性的厂商会扩大生产，直到总产出与总需求恢复均衡为止，见图 3-1。

但是，凯恩斯和新古典综合派都认为，均衡的总产出不一定是充分就业的总产出或潜在的总产出；在通常情况下，市场机制自发调节所形成的均衡总产出往往小于充分就业总产出，见图 3-2。

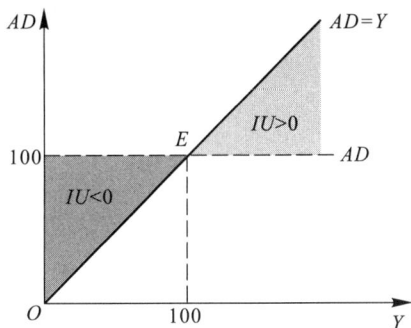

图 3-1 总需求与均衡产出

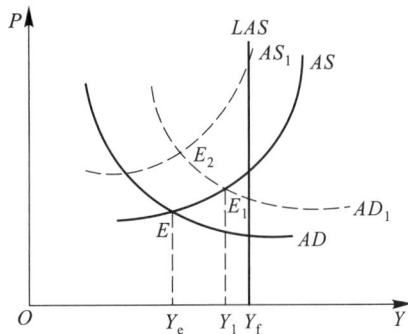

图 3-2 总需求—总供给模型

在图 3-2 中，短期总供给曲线（AS）向右上方倾斜，说明经济中存在未充分利用的资源，总供给有弹性，增加总需求就会提高总产出。长期总供给曲线（LAS）在充分就业总产出水平（Y_f）处是垂直的，表明达到充分就业后总供给失去弹性。

由图 3-2 可以看出：

第一，市场自发调节的结果是经济位于 E 点，这一点的价格水平和总产出（从而就业量）都较低，这说明经济处在萧条状态，其主要原因是总需求不足。

第二，如果通过政府干预，例如政府扩大投资，总需求曲线上移到 AD_1，经济走向新的均衡点 E_1，总产出由 Y_e 增加到 Y_1，就业量会相应增加，同时价格水平也会缓慢上升。可见积极的财政政策可以促进总产出和就业水平提高。如果政府继续通过财政政策扩大总需求，总需求曲线将进一步上移，经济将实现充分就业。

第三，如果供给缺少刺激或经济遭受负向供给冲击，总供给曲线将向左上方移动，新的均衡点是 E_2，这时的价格水平很高，但是就业量和总产出较低，经济处在滞胀状态。

第四，在长期，总需求的增加只提高价格水平，不会提高就业量和总产出水平。

新古典综合派据此认为，在短期，总需求决定总产出和就业量；政府通过实施宏观经济政策可以达到增加总产出和就业量的目的。

第三节 政 策 主 张

新古典综合派是 20 世纪西方主流经济学中第一个主张政府干预经济活动

的学派，他们承继凯恩斯的基本思想，不相信市场机制自动调节可以避免大规模失业，不相信市场机制独立调节可以实现宏观经济运行的平稳化，主张扩大政府的职能，用政府这只"看得见的手"弥补市场这只"看不见的手"的不足。

一、平抑经济波动的政策

新古典综合派的一个基本认识是，许多经济波动都是由于总需求的变化导致产出、就业和价格的剧烈波动；总需求萎缩导致经济衰退或萧条，总需求过剩又会引发通货膨胀。因此，稳定经济主要是稳定总需求。于是，新古典综合派提出对总需求进行管理。所谓（总）需求管理，是指政府主动运用财政政策和货币政策来调节总需求水平或增速，以实现经济发展目标的一种宏观管理（或调控）模式。

如何运用财政政策和货币政策来管理总需求从而减缓经济波动呢？新古典学派提出的对策是"逆经济风向行事"。也就是经济进入下行通道时，政府实施扩张性（积极）的财政和货币政策，通过扩大政府支出、减税、增加流动性、降低利率等措施来扩大总需求，把经济和就业增长拉上来，避免经济陷入大衰退或大萧条；当经济过热，通货膨胀来临时，政府实施紧缩性的财政和货币政策，通过压缩政府支出、增税、收紧流动性、提高利率等办法来控制总需求，给经济降温，把物价涨幅降下来。

新古典学派认为，通过财政和货币政策来平抑经济波动的效果取决于财政—货币政策组合或搭配。这是由于财政和货币政策有各自的特点和相对优势，它们对不同的经济部门的影响和作用是不同的，例如，减税比增税的阻力要小得多；削减政府的福利支出比中央银行削减融资规模要困难得多；扩大政府支出与降低法定准备金率会对不同的经济部门和经济主体产生不同的影响；因此在需求管理中财政和货币政策可以相互替代，在紧缩一种政策时，放松其他政策，可以保持总需求不变，从而总产出不变。

在各国的需求管理实践中，经常使用的财政和货币政策组合方案是宽松的（扩张性的）财政政策和紧缩性的货币政策的组合，或紧缩性的财政政策和宽松的货币政策的组合这两种基本的搭配方式。

如何运用财政政策与货币政策的不同组合来"熨平"经济波动？新古典学派主张采用"相机抉择"（或"斟酌使用"）。所谓相机抉择，是指政府根据经济形势的变化和财政货币政策措施的特点，灵活、主动地决定选择什么样的政策组合和政策力度来削平经济周期的波峰，填平经济周期的谷底。例如，应对经济衰退和应对通货膨胀的政策组合显然是不同的，应对 4% 的物价涨幅和 9% 的物价涨幅的政策力度也应当是不同的。

为了达到"反周期"、实现中长期经济发展平稳化的目的，汉森等人还提出实施"补偿性财政政策"的建议。"补偿性财政政策"是指政府的财政收支不必要追求每一个财政年度都做到收支平衡，而是在整个经济周期财政收支做到平衡就可以了。在经济萧条年度，政府可以采用赤字财政政策来刺激经济回升；在经济繁荣年份，由于收入提高，税收增加，政府财政出现盈余；这样，繁荣年份的财政盈余可以补偿萧条年份的财政赤字，使得在一个经济周期内财政收支总体上实现平衡。

二、推动经济增长的政策

新古典综合派关于推动经济增长的政策建议可以划分为两个阶段——以哈罗德—多马经济增长模型为基础的政策建议和以索洛经济增长模型为基础的政策建议。

根据哈罗德—多马经济增长模型（式（3.4）），一个国家的长期经济增长主要由其储蓄率或积累率（s）的大小决定，经济增长速度（g）的高低与储蓄率的大小正相关。

$$g = \frac{s}{V} \tag{3.4}$$

由于哈罗德—多马增长模型的一个基本假设是技术条件不变，因此，在式（3.4）中，资本—产出比或加速数 V 是常数，因而 g 和 s 就成同方向变化，s 越大，g 就越高。

根据哈罗德—多马模型，20 世纪五六十年代，新古典综合派主张通过增加储蓄或积累，再把这些储蓄或积累转化为投资来促进经济增长。这个主张和以亚当·斯密为代表的古典经济学的思路是一致的。与古典思路有些不同的是，新古典综合派所说的投资既包括私人（企业）投资，也包括政府（公共）投资，而古典经济学所说的促进经济增长的投资主要是指私人投资。

由于看重政府投资在促进经济增长中的作用，新古典综合派强调政府以及财政货币政策对于促进经济增长的意义。在 1968 年 11 月的一篇文章中，萨缪尔森把"二战"后的美国经济繁荣归因于新古典综合派的政策主张（也称"新经济学"）："我们已经享受了前所未有的持续的经济增长，因为预算、税收和货币政策的设计者们的努力推行了充满活力的增长。"[1] 他在 1970 年 10 月的另一篇文章中认为："在老式的自由放任经济中，经济繁荣确实是一朵脆弱的鲜花。但是，对于凯恩斯时代之后的现代'混合经济'来说，财政和货币政策肯定可以阻止慢性经济呆滞，能够抵消自动化或者消费不足的影响，能够保证给资源找到有报酬的机会。"[2]

20 世纪 70 年代以后，新古典综合派更多地强调总供给一方的因素对经济增长的意义，这个转向很大程度上是以索洛模型为代表的新古典增长理论的影响。根据索洛模型，在一个完全竞争的市场经济中，总产出的增长取决于资本、劳动投入和技术进步的增长（式（3.5）），人均产出的增长则由人均资本增长率（资本深化）、资本对产出的贡献率和技术进步对产出的贡献率三个因素决定（式（3.6））。

$$Y = AF\ (L,\ K) \tag{3.5}$$

式中，Y 是总产出，A 表示技术进步，L 和 K 分别是劳动和资本投入。

$$\frac{\mathrm{d}y}{y} = \beta\,\frac{\mathrm{d}k}{k} + \frac{\mathrm{d}A}{A} \tag{3.6}$$

式中，y 是人均产出，k 是人均资本，β 是资本对产出的贡献率。

根据新古典增长理论的成果，萨缪尔森和诺德豪斯把推动经济的因素概括为四个"轮子"：人力资源、自然资源、（物质或有形）资本和技术。在这四个轮子中，最重要的是技术进步这个轮子，从发达国家"二战"后的经济发展的经验来看，"技术创新在经济增长中起着十分关键的作用"[3]。萨缪尔森和诺德豪斯认为，正是由于以蒸汽机、电力和信息技术为代表的三次科学技术革命极大地推动了人类的技术进步，使人类战胜了马尔萨斯主义者的悲观预言，克服了资本边际报酬递减规律的影响，保证了人均产出、实际工资和实际利润率的增长，使人们的生活水平不断提高。

因此，新古典综合派认为，促进经济增长的政策主要就是促进技术进步的政策。促进技术进步的政策包括：（1）公共政策。政府通过财政支出和税收政策支持私人和机构进行研发和创新，例如，政府直接投资支持研发和创新，政府对研

---

[1]　［美］保罗·萨缪尔森：《中间道路经济学》，何宝玉译，首都经济贸易大学出版社 2000 年版，第 17 页。

[2]　［美］保罗·萨缪尔森：《中间道路经济学》，何宝玉译，首都经济贸易大学出版社 2000 年版，第 41 页。

[3]　［美］保罗·萨缪尔森、威廉·诺德豪斯：《经济学》第 18 版，萧琛译，人民邮电出版社 2008 年版，第 493 页。

发创新活动进行税收减免和税收优惠。（2）培育企业家精神。技术变革并不只是简单机械地发明或发现一些新的工艺流程和新产品，技术创新离不开企业家精神。可以通过营造更加开放的社会氛围，减少管制约束和强化激励机制来培育企业家精神。（3）制度改革和建设。新制度经济学的研究表明，激励机制的发展和完善对于技术创新是至关重要的，明晰产权、专利和版权制度以及完善有效的法律体系是激励技术创新的重要动力。

三、调整通货膨胀和失业的政策

新古典综合派调整通货膨胀和失业政策的理论依据来源于凯恩斯《通论》的相关思想和菲利普斯曲线。

凯恩斯在《通论》中认为，在存在非自愿失业时，扩张总需求可以增加就业和产出，但不会引发真正的通货膨胀，因为在这种情况下经济中的总供给潜力没有得到充分利用，所以扩张了的总需求主要被就业和产出增加所吸收，通货膨胀的效应很小，至多只会产生半通货膨胀或温和的通货膨胀；只有在充分就业实现以后，扩张总需求才会引发真正的通货膨胀。因此，在凯恩斯看来，真正的通货膨胀和失业不会同时出现。

1960年，美国凯恩斯主义者利普西、萨缪尔森和索洛先后把描述货币工资变化率与失业率之间存在的一种反方向变化的经验关系的原始的菲利普斯曲线修改为刻画通货膨胀率和失业率之间存在一种反方向变化关系的菲利普斯曲线。[①] 菲利普斯曲线成为新古典综合体系中的重要组成部分。萨缪尔森等人建议美国政府根据菲利普斯曲线所描述的失业率与通货膨胀率之间的替换关系来选择和调整宏观经济政策。

新古典综合派代表人物之一的奥肯根据菲利普斯曲线提出了一个"国民痛苦指数"指标，它等于通货膨胀率与失业率之和，也就是菲利普斯曲线上某一点（例如图3-3中的 A 点或 B 点）的纵坐标值和横坐标值之和。政府在一定时期根据经济和社会形势确定一个痛苦指数值，然后再对通货膨胀率和失业率进行调节，使痛苦指数保持在国民心理可接受的范围内。例如，如果政府测算出某一时期国民可接受的痛苦指数为7.5（图3-3中的 B 点），而现在实际的痛苦指数却是在 A 点，其值为9，这说明痛苦指数偏高了，意味着现在的通货膨胀水平和失业水平造

---

① 这条曲线在经济学家菲利普斯最早提出来的时候，是关于工资增长率与失业率之间负向关系的经验曲线。后来凯恩斯主义者发现工资增长率与通货膨胀率之间是同向关系，因此就广泛地用它来讨论通货膨胀率与失业率之间的关系。

成的经济和社会成本过高，因此，政府应当通过财政和货币政策对通货膨胀和失业的组合关系进行调节，例如通过紧缩性的经济政策来降低通货膨胀率，适当提高失业率，使经济由 A 点走向 B 点。这样，就以失业率的一定提高为代价换取了通货膨胀率的降低，从而保证了痛苦指数处在国民可接受的范围内。所以，菲利普斯曲线为政府的政策选择提供了一个操作指导：政府可以用较高的失业率换取较低的通货膨胀率，也可以用较高的通货膨胀率换取较低的失业率；究竟是选择较高的通货膨胀率还是较高的失业率，这取决于政府的政策目标。一旦

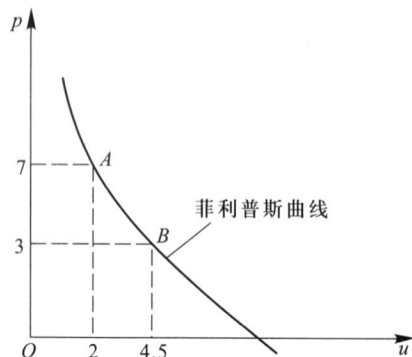

图 3-3　菲利普斯曲线

确定了政策目标，政府就可以通过扩张或紧缩总需求来实现这个目标。

四、解决经济滞胀的对策

20 世纪 70 年代中后期美国经济出现滞胀——高通货膨胀、高失业和经济增长停滞并存，这种新的经济问题宣告向右下方倾斜的菲利普斯曲线失灵。

滞胀出现初期，新古典综合派显得束手无策；萨缪尔森认为这是一种新型的"政治的经济周期"现象，只能期待政治经济学家们拿出创新性的研究成果来进行破解；克服以推高失业率和产出损失为代价来降低通货膨胀的两难困境，将是现代宏观经济学最需要关注和解决的重大课题之一。到 20 世纪 80 年代，随着货币主义和新古典宏观经济学（当时称作"理性预期学派"）的兴起，对滞胀的原因分析和对策研究有一些突破，新古典综合派吸收、综合了这些成果，主张从总需求和总供给两方面下手来治理滞胀。新古典综合派认识到，通货膨胀不一定都是需求拉动型的，控制总需求对成本推进的通货膨胀和结构性的通货膨胀作用不大，并且可能导致严重的产出损失和失业率提高。于是，萨缪尔森等人更多地主张政府实施收入政策、税收政策和其他临时管制措施（例如工资管制，物价管制）来控制通货膨胀，同时鼓励更加自由的市场政策，鼓励创新来培养供给潜力，促进经济增长。新古典综合派建议政府对需求和供给双向调控，有可能会解决滞胀这种新的经济顽症。在图 3-2 中，如果经济处在 E_2 点，这时候的通货膨胀水平较高，实际产出与潜在产出的差距较大（这意味着失业率较高，经济增长率较低），政府可以一方面通过总需求管理措施沿着 AD_1 曲线来扩大总需求（由 AD_1 曲线的 E_2 点移动到 E_1 点），同时通过推动技术进步、降低生产成本等途径把总供给曲线

由 AS_1 移动到 AS，从而使经济在 E_1 点实行新的均衡。在 E_1 点，滞胀被破解了。

第四节　评　析

一、基本理论评析

新古典综合的理论体系是在继承凯恩斯《通论》思想的基础上形成的，它是凯恩斯经济理论的系统化和综合化，是凯恩斯经济学在 20 世纪下半叶的重要发展。

新古典综合理论体系的核心是凯恩斯在《通论》中所阐述的非充分就业概念和有效需求原理。在新古典综合派看来，凯恩斯《通论》的主题是国民收入决定理论或总就业理论，短期的国民收入和就业量主要由有效需求的大小决定，而有效需求又由边际消费倾向递减、资本边际效率递减和流动性偏好这三个基本心理规律决定，在市场自发调节下，这三个心理规律所决定的有效需求数量通常不能实现充分就业，因此，要使经济走向充分就业，只有通过政府干预——政府通过实施积极的财政和货币政策扩大总需求。

新古典综合派认识到，与凯恩斯写作《通论》时面临世界经济大萧条不同，第二次世界大战结束以后，美国等发达国家的经济已经处于充分就业和稳定增长状态，因此，凯恩斯在《通论》中提出的"达到或接近充分就业以后，古典学派的理论还是对的"前提条件得以满足，在这种条件下，就需要更多地依赖市场机制发挥作用。所以，新古典综合理论是一种市场调节和政府干预相结合的理论。至于何时政府干预多一些，何时政府干预少一些，取决于经济是处于非充分就业还是充分就业。因此，萨缪尔森等人认为，新古典综合理论是真正的"通论"（一般理论），既可以用于分析非充分就业经济，也可以用于分析充分就业经济。

综合性是新古典综合理论体系的主要特色。如我们在本章前面所述，新古典综合是把以马歇尔为代表的新古典经济学（主要是微观经济学）与凯恩斯所创建的宏观经济学综合在一起，因而新古典综合的理论体系既包括微观经济学，也包括宏观经济学；既有价值论、生产者和分配论，也有就业和国民收入决定理论、经济波动和经济增长理论；既有个量分析，也有总量分析。

在对凯恩斯的理论做了自己的解释并继承的基础上，新古典综合理论还对经济学理论体系进行了许多扩充和发展。与凯恩斯强调总需求（有效需求）分析不同，新古典综合体系在继承凯恩斯总需求分析传统的基础上，也重视总供给分析，例如新古典综合体系中的奥肯定律、菲利普斯曲线、成本推进的通货膨胀理论、索洛经济增长模型等。萨缪尔森等人使用总需求—总供给模型来分析宏观经济的衰退、萧条、复苏和滞胀，表明他们努力把凯恩斯发展起来的总需求分析和古典学派一直重视的总供给分析综合在一起。

新古典综合派用 *IS—LM* 模型使得《通论》中的产品市场分析和货币市场分析连为一体，真正打破了"古典二分法"。新古典综合派通过菲利普斯曲线找到了失业和通货膨胀的关系，并通过提出需求拉动的通货膨胀和成本推进的通货膨胀理论完善了《通论》中的价格总水平理论。萨缪尔森等人提出乘数—加速数模型则使得《通论》中的经济周期理论系统化、形式化。索洛等人的经济增长模型则更是填补了《通论》的一个空白。

20 世纪 50 年代到 70 年代，新古典综合理论是西方经济学的主流理论，新古典综合派是西方经济学的主流学派。在许多学者看来，新古典综合派成了凯恩斯主义的同义词。新古典综合理论产生的动因或目的是要诠释、传播凯恩斯《通论》中的思想，弥补《通论》的不足和缺漏，并扩充和发展凯恩斯的理论，使之适用于 20 世纪下半叶在发达国家发展起来的混合经济，并力图通过这种理论来指导美国等发达国家的经济政策，使资本主义经济运行平稳化和可持续。

二、政策主张评析

新古典综合派对凯恩斯《通论》的政策思路进行了系统化和综合化，并随着美国经济形势的演变不断调整其政策主张，从而形成了比较系统的宏观经济政策主张，这种系统的政策主张也被称作宏观调控理论。

在财政政策方面，与凯恩斯在《通论》中主张实施扩张性的或赤字的财政政策不同，新古典综合派主张采用相机抉择的财政政策，主张用补偿性的财政政策取代凯恩斯的赤字财政政策，后来又提出"充分就业预算"政策。

相机抉择的财政政策是指政府一方面根据对当前经济形势和未来经济走势的判断，另一方面根据财政支出政策和税收政策措施的特点、力度、时滞等来挑选政策和组合政策，以实现政府想要达到的宏观经济目标。相机抉择的财政政策的特点是"逆经济风向行事"：经济过热和通货膨胀时，实施紧缩性的财政政策给经济降温，控制通货膨胀；在经济衰退和失业率过高时，通过扩张性的财政政策来刺激经济，降低失业率。

补偿性的财政政策主要是指政府可以用经济繁荣年份的财政盈余来补偿经济萧条年份的财政赤字，使政府财政收支在一个经济周期内大体上平衡。这种政策思路强调的是，政府的财政预算不必追求每个财政年度的收支平衡，在经济不景气的年份可以有财政赤字，但是要用繁荣年份的财政盈余来弥补以前的财政赤字，从而保证每一个经济周期的财政收支在总体上是平衡的。

所谓充分就业预算是指经济在充分就业状态下运行，政府财政预算应该有的那种预算；所谓充分就业赤字是指经济如果达到充分就业时政府的财政收入和财政支出相抵后所出现的赤字。所以充分就业赤字又叫"充分就业预算的赤字"。充分就业赤字与实际赤字不同，前者是根据充分就业目标确立的财政收支计划，后者是财政收支计划实际执行的结果。充分就业赤字（或预算）政策强调的是，财政政策的目标是保证实现充分就业和经济增长，政府不必追求每一个财政年度的预算平衡甚至也不必追求一个经济周期的预算平衡。

新古典综合派的主张大大强化了政府在经济活动中的地位和作用，开启了政府大规模干预经济的新时代。从富兰克林·罗斯福到理查德·尼克松的历届美国政府都采用过政府干预政策。如果说"罗斯福新政"是当时经济陷入严重萧条而不得不采取的急救措施，那么罗斯福政府之后的历届美国政府就是自觉地采用新古典综合派的政府干预经济活动的政策主张了。"罗斯福新政"和"肯尼迪减税"往往成为凯恩斯主义者引为政府成功干预经济的范例，而大萧条时期仍然坚持自由放任的胡佛政府则被看作是反例。

三、局限性及借鉴意义

新古典综合理论的"综合"工作使得20世纪下半叶以来的经济学成为一个既包含微观经济学也包含宏观经济学的完整体系，经过萨缪尔森等人的努力，使得凯恩斯《通论》中的宏观经济学得以系统化并进入本科生教科书，并且，随着美国和世界经济形势的发展变化以及经济学的新发展，萨缪尔森等人不断补充、修正新古典综合理论体系。今天的经济学体系虽然有了很多变化和新的内容，但是其基本框架和内容仍然是新古典综合理论。

新古典综合理论体系中的就业和国民收入决定理论、经济增长理论、需求管理理论、政府干预与市场调节相结合的主张、财政政策和货币政策协调搭配的宏观调控思路，今天仍然具有参考借鉴价值。这些理论和政策主张大多反映了市场经济的共性和一般特点，对于建立和完善社会主义市场经济的中国来说，也可以结合实际和需要来加以吸收和运用。

新古典综合理论体系的主要缺陷是其宏观经济学的微观基础薄弱。萨缪尔森等人虽然把微观经济学和宏观经济学综合在一起，但是并没有把宏观经济学建立在微观分析的基础上，没有从微观分析出发来找出宏观变量的决定或影响因素和宏观经济学中的变量关系，微观经济学和宏观经济学在新古典综合理论体系中还只是两个板块的拼接，而不是有机结合，不是微观—宏观经济学的一体化。

在理论和政策上，新古典综合派对政府在现代市场经济中的地位和作用进行了重新定位，提出了系统的宏观调控理论和政策配方，这些政策思路不但深刻影响了 20 世纪 50—70 年代的美国经济，而且还影响着同期的其他发达国家和今天的许多国家。但是，新古典综合派在强调政府干预经济的必要性的时候，对政府干预的代价和可能产生的负效应估计不足，分析较少，这成为凯恩斯主义反对派攻击的缺口之一。

20 世纪 70 年代美国经济出现滞胀，新古典综合理论既不能从理论上很好地解释滞胀发生的原因，也不能从政策上提供有效的应对之策，从而使新古典综合理论陷入理论和政策上的双重危机。新古典综合理论从西方经济学正统派的地位上跌落下来，被新古典宏观经济学所取代。

关键词　混合经济　*IS—LM* 曲线　相机抉择的财政政策　补偿性财政政策　赤字财政　菲利普斯曲线

思考题：

1. 简述新古典综合理论与凯恩斯经济学的关系。

2. 萨缪尔森为什么把他们这个学派叫做"新古典综合"？

3. 新古典综合的政策主张有什么特点？

4. 什么叫"混合经济"，如何认识它？

5. 新古典综合的理论和政策主张有什么值得借鉴的内容？

6. 今天我们应如何看待新古典综合？

第四章　后凯恩斯学派

第一节　概　况

一、学派的形成及发展

后凯恩斯学派（post Keynesian School），又被称为新剑桥学派（Cambridge School of Keynesian Economics），兴起于 20 世纪 50 年代。这个学派的思想是在凯恩斯的经济理论基础之上产生的。

凯恩斯开创性的宏观经济理论尽管意义重大，但有其固有缺陷。首先，凯恩斯经济学缺乏足够的微观基础；其次，它主要使用比较静态的研究方法，侧重于经济的短期分析，而缺乏关于经济运行的长期分析。因此，凯恩斯的宏观经济学需要拓展宏观动态分析。第二次世界大战之后，随着凯恩斯经济学在学术界主流地位的确立，西方国家出现了失业下降、经济繁荣的局面，大量的经济学家开始致力于凯恩斯经济学的长期化和动态化。

但是，凯恩斯主义者在如何发展凯恩斯经济学，使其长期化和动态化的问题上，产生了严重分歧，基本上形成了两大学术派别。以保罗·萨缪尔森、詹姆斯·托宾等为代表的凯恩斯主义者把凯恩斯经济学与新古典经济学结合，建构凯恩斯主义长期动态理论体系，从而形成了"新古典综合"学派。这一派别逐渐成为主流的凯恩斯主义经济学。另一方面，以琼·罗宾逊夫人、尼古拉斯·卡尔多等为代表的凯恩斯主义者坚决反对以新古典经济学作为凯恩斯宏观经济学的微观基础的做法。他们认为，必须复兴古典经济学传统，把凯恩斯经济学与古典经济学特别是李嘉图的学说相结合，才能真正为凯恩斯经济学提供微观基础并实现其动态化。这些经济学家被称为后凯恩斯学派，由于这一学派的学者主要集中于英国，特别是剑桥大学，所以他们也被称为新剑桥学派。

后凯恩斯学派虽然处于非主流地位，但是由于它对主流的新古典综合派所奉行的新古典经济学特别是其核心内容的边际主义均衡分析方法的强有力批判，在国际经济学界产生了非常广泛的影响。这种理论批判工作被称为又一场理论革命——反边际革命（Anti-marginalist revolution），正是在这个革命的过程中，后凯恩斯学派逐渐产生和发展起来。

二、学派的发展历程及其代表人物

20 世纪 50 年代以来，后凯恩斯学派的发展大致经历了三个时期，每个时期均有其代表人物。第一时期是从 50 年代至 60 年代末，代表人物是罗宾逊夫人和卡尔多。1954 年，罗宾逊夫人发表《生产函数与资本理论》，对新古典主义的基本思想提出批评，卡莱斯基发表《经济动态学理论》，为后凯恩斯学派奠定了重要思想基础。1956 年，罗宾逊夫人发表了《资本积累论》，卡尔多发表了《几种可供选择的分配理论》，这两篇文献提出了一种新增长理论，把经济增长和收入分配融为一体，标志着后凯恩斯经济学基本理论框架的形成。1960 年，斯拉法的《用商品生产商品》为后凯恩斯学派反边际主义的学术批判运动提供了进一步的理论基础。这一时期后凯恩斯学派的学者主要集中在英国。另外，西德尼·温特劳布是这一时期后凯恩斯学派在美国的重要代表人物，被称为"美国的后凯恩斯经济学之父"。这一时期后凯恩斯学派与主流的新古典综合派之间的论战被称为"两个剑桥之争"①，后凯恩斯学派在论战中并不落下风，他们的思想在西方经济学界产生了重要影响。

从 20 世纪 70 年代开始到 80 年代末，是后凯恩斯学派发展的第二个时期。这一时期的领军人物是意大利经济学家帕西内蒂和加莱格纳尼。其他代表性人物还包括美国经济学家保罗·戴维斯、海曼·明斯基等。这一时期后凯恩斯学者完善和拓展了后凯恩斯的各种理论模型，如多部门增长模型、货币和金融理论。这一时期后凯恩斯学派的理论尽管有一定发展，但发展速度远远比不上主流的新古典综合派，因此它的影响力有所减弱，日渐显示出边缘化的趋势。

20 世纪 80 年代至今是后凯恩斯学派发展的第三个时期，这个时期涌现出一批具有很强创新力的学者，如英国的希拉·道、索耶，美国的帕里、普雷斯曼，澳大利亚的约翰·爱德华·金等。这一时期的后凯恩斯学派一方面更加注重经济理论体系的一致性，另一方面加强了对自身理论的经验验证工作。不过总体来说，后凯恩斯学派已难与主流的凯恩斯主义经济学相抗衡。

三、方法论

方法论涉及经济分析方法的选择，同时也是区分不同经济学流派的主要标志。一般说来，每一个经济学流派都有自己独特的经济学研究方法。对于后凯恩斯学派来说，由于它的不同成员的研究方法各不相同，因此后凯恩斯学派的方法论事

---

① 由于当时新古典综合派的经济学家大多数任职于美国马萨诸塞州坎布里奇（Cambridge）的两所大学，即哈佛大学和麻省理工学院，而后凯恩斯学派则以位于英国剑桥镇（Cambridge）的剑桥大学为根据地。因此这两个学派之间的论战被称为"两个剑桥之争"。

实上是一个缺乏内在一致性的混合体。不过，尽管如此，后凯恩斯学派的研究方法仍然有其共性，主要包括以下四点。

（一）放弃抽象的、原子式的经济人假设，代之以组合的行为主体

主流经济学把现实生活中的人抽象为脱离外部社会、历史环境的简单、均质、一般的行为人，即"经济人"。后凯恩斯学派坚决反对这种抽象，他们主张抛弃经济人假设，而将具有特定内涵的组合的行为主体作为经济学的研究对象，这样经济学分析的对象就不再是抽象的单个"经济人"，而是特定的阶级、集团，或者处于特定社会经济结构背景下的群体。在此基础上，后凯恩斯学派放弃了主流经济学的理性行为假设，而用"惯例""经验"等行为规则进行代替。新古典经济学从经济人的理性行为出发，认为在社会经济中每个人都在准确计算的基础上追求自身的最大利益，生产者追求最大利润，消费者追求最大效用。后凯恩斯学派认为经济社会是一种非遍历的过程，即过去不能准确显示未来，从而过去的平均数不能准确显示未来的概率分布。经济社会的未来是不确定的，这种不确定性不可能被人们完全认识和把握，因此人类完全的理性行为是不可能的。人们的各种决策并不是理性的，而是依据经验、惯例，甚至动物精神行事。后凯恩斯学派把这种新的行为假设称为"程序理性"，其含义是人们的决策行为将遵循经验规则、管理规则、学习规则等程序，而不再是严格的理性预期与计算。

（二）反对市场供求均衡分析方法，坚持以生产、供给为重心

具体来说，就是不再把经济学视为以研究市场交换和资源配置为中心的科学，不再采用供求均衡的分析方法和边际分析的优化方法来确定价格决定和收入分配等问题。这个方法论与主流的凯恩斯主义经济学是尖锐对立的。这也导致了后凯恩斯学派在进行经济分析时研究视角和研究重心与主流经济学有明显差别，从而也会得出完全不同的结论。

（三）坚持从现实出发，反对数学方法的滥用

后凯恩斯学派对主流经济学在进行研究中脱离现实的倾向进行了严厉批判，他们认为任何理论从一开始就需要以现实情况为基础构建理论模型，而不能仅仅留到最后再进行经验验证。后凯恩斯学派强调从现实出发，反对滥用数学，反对把数学作为研究社会经济现象的普遍化甚至是唯一的工具。后凯恩斯学派这种现实导向的方法论，使得它在经济研究中始终关注现实，而并不追求理论模型的完美性，这也是后凯恩斯学派的理论文献对于一般读者缺乏吸引力的原因。

对于主流经济学忽视现实中社会制度和社会经济关系而专注于构建抽象的数学模型的分析方法，后凯恩斯学派持严厉的批判态度。后凯恩斯学派认为，社会

制度和社会经济关系等因素在经济活动和经济分析中有巨大作用。这种强调社会制度和经济关系的分析方法，突出地表现在后凯恩斯学派的收入分配理论中。后凯恩斯学派非常重视收入分配，他们认为，收入分配以及更一般意义上的经济权力的分配，是理解经济运行过程和经济结果的基础，也是经济学理论必须进行分析的重要问题。在这一点上，后凯恩斯学派同样恢复到了古典经济学，并与马克思的理论衔接起来。

后凯恩斯学派长期以来完全否定计量经济学的积极意义。不过，近年来一些后凯恩斯学派经济学家的观点开始有所转变。他们在研究价格理论、分配理论时都使用了计量经济学的方法。

（四）把经济过程理解为一个历史时间的过程，而不是一个没有时间概念的单纯的因果逻辑过程

历史时间的特征是指经济过程是不可逆转的，随着时间的推移，经济运行的制度环境和条件也会随之发生变化，因而不存在像新古典经济学理论所说的：在给定的环境下，经济运行由非均衡状态返回均衡状态。制度环境和条件的变化具有不确定性。由于这种不确定性，经济结构就具有内在的不稳定性。后凯恩斯学派把经济过程看作非遍历的，这样，现实过程是不可逆的，历史时间就变得至关重要，它将导致结构的变化，因而不能等同于逻辑时间。主流经济学的均衡分析方法及其整个理论体系，实际上隐含着经济过程是遍历的假设。显然，如果经济体系处于非遍历状态，那么新古典的方法论特别是理性预期假设将不再成立。

第二节 基 本 理 论

一、价值论与分配论

价值论也被称为价格形成理论。主流经济学的价值论实际上是供求论，即由供给和需求两方面共同决定均衡价格。而后凯恩斯学派的价值论则回到了古典经济学的传统，主要从供给的角度来说明价格的形成。特别是，他们从李嘉图的劳动价值论出发来进行研究。

李嘉图的劳动价值论混淆了价值与生产价格，因而无法解释劳动时间决定商品价值量的法则与等量资本得到等量利润这一矛盾。斯拉法在《用商品生产商品》中，通过建立一套由合成商品组成的"标准体系"，解决了李嘉图的这个理论难题。斯拉法的这个模型就成为后凯恩斯学派价值论的基础。

斯拉法假设一个能够生产出超过再生产需要的物质剩余的经济，包括 k 个部门，生产 k 种商品。任何一个部门在生产 k 种商品之一时都要用到 k 个部门的产品作为"不变资本"。假设劳动者以工资形式占有一部分剩余，斯拉法的生产模型如下：

$$(A_a p_a + B_a p_b + \cdots + K_a p_k) \times (1+r) + L_a w = A p_a$$

$$(A_b p_a + B_b p_b + \cdots + K_b p_k) \times (1+r) + L_b w = B p_a \qquad (4.1)$$

$$\cdots\cdots\cdots\cdots$$

$$(A_k p_a + B_k p_b + \cdots + K_k p_k) \times (1+r) + L_k w = K p_a$$

式（4.1）中，p_a、p_b、$\cdots$、p_k 表示商品 a、b、$\cdots$、k 的价格；A、B、$\cdots$、K 表示商品 a、b、$\cdots$、k 的总产量；A_a、B_a、$\cdots$、K_a，A_b、B_b、$\cdots$、K_b，$\cdots$，A_k、B_k、$\cdots$、K_k 分别表示生产 a、b、$\cdots$、k 所消耗的相应商品的数量（如 B_a 是生产 a 所消耗的 b 的数量）；L_a、L_b、$\cdots$、L_k 为各部门投入的劳动量，w 是工资率，r 为利润率。

斯拉法用总产品中扣除生产部门消耗的生产资料后余下的产品构成国民收入，并使之等于 1，所以又有一个国民收入方程：

$$[A-(A_a+A_b+\cdots+A_k)] p_a + [B-(B_a+B_b+\cdots+B_k)] p_b + \cdots$$
$$+ [K-(K_a+K_b+\cdots+K_k)] p_k = 1 \qquad (4.2)$$

斯拉法同时规定社会年劳动投入量等于 1，即 $L_a+L_b+\cdots+L_k=1$，说明年国民收入是由社会年劳动投入量生产的。

式（4.1）和式（4.2）共含有 $k+1$ 个独立方程和 $k+2$ 个未知数（k 个价格加上利润和工资），由于国民收入可以分解为利润和工资两部分，那么只要工资（或利润率）已知，根据式（4.1）和式（4.2）就可以解出 k 个商品的价格和利润率（工资）。

斯拉法通过所建立的"标准体系"证明，在"标准体系"中，国民收入在工资和利润之间的分配，不会影响商品价值（或生产价格）本身的变化，在全部国民收入对全部生产投入量的比率 R 既定时，利润率和工资率之间的关系是：

$$r=R(1-w) \qquad (4.3)$$

式（4.3）表明，如果工资是由国民收入支付的，则工资率和利润率之间存在一种线性关系，且两者呈反方向变动。

斯拉法的分析说明了国民收入的生产和商品价值（或生产价格）的形成是由物质生产条件决定的，是一个客观的过程；而国民收入的分配则是与社会制度等因素和生产关系有关的过程，涉及阶级间的利益关系。

后凯恩斯学派的分配理论建构，是从对新古典分配理论，主要是边际生产力理论展开批判开始的。他们认为，边际生产力理论形式上看似完美，但它缺乏现实性，不能真实地反映现实中的分配关系和分配过程，现实中的收入分配显然并不仅仅取决于物质技术关系，它还要受到财产与权力分配的影响。

后凯恩斯学派的经济学家，如罗宾逊夫人、卡尔多、卡莱斯基等都在斯拉法价值理论的基础上提出了自己的分配理论。这其中，比较有代表性的是帕西内蒂的分配模型，这个模型被称为剑桥分配公式，或者是"帕西内蒂定理"（Pasinetti's Theorem）。下面简单介绍帕西内蒂分配模型的基本内容。

如果用 Y、W、P、I、S 分别代表总收入、总工资、总利润、投资、储蓄；P_c 和 P_w 分别代表归资本家的利润和被工人分享的利润；s_c 和 s_w 分别代表资本家与工人的储蓄倾向；S_c 和 S_w 分别代表资本家与工人的储蓄额；K_w 代表工人通过储蓄积累的资本，r 为均衡利润率，那么宏观经济均衡等式是：

$$I = s_w\ (W+P_w)\ +s_c P_c = s_w Y + (s_c - s_w)\ P_c \tag{4.4}$$

资本家拥有的利润占总收入份额为：

$$\frac{P_c}{Y} = \frac{I}{(s_c - s_w)\ Y} - \frac{s_w}{s_c - s_w} \tag{4.5}$$

工人分享的利润占总收入中的份额是：

$$\frac{P_w}{Y} = \frac{rK_w}{Y} \tag{4.6}$$

在均衡实现时，宏观经济稳态下，最终有：

$$\frac{P}{K} = \frac{I}{s_c K} = \frac{g_n}{s_c} \tag{4.7}①$$

$$\frac{P}{Y} = \frac{I}{s_c Y} \tag{4.8}$$

式（4.7）和式（4.8）是后凯恩斯学派分配理论的基本结论。其含义是：国民收入在工资与利润之间的分配格局，主要取决于投资量及其增长率。在给定资本家储蓄倾向的条件下，利润在国民收入中的份额与投资在国民收入中的份额，即投资率成正比，而利润率则与资本积累率或经济增长率成正比。这两个式子通常被称为"帕西内蒂定理"或"剑桥分配定理"。

后凯恩斯学派的分配理论是作为新古典边际主义分配理论的对立面出现的，它有自身独有的特征。首先，从研究对象看，后凯恩斯分配理论主要研究社会中

---

① 在宏观经济稳定增长状态，资本增长率即积累率等于自然增长率：$I/K = \Delta Yf/Yf = g_n$。

大的社会阶级和集团之间的收入分配，特别是工人与资本家两大阶级之间的分配，这与主流的新古典分配理论完全不同。其次，从研究方法看，后凯恩斯分配理论采用了社会历史和制度因素分析方法，考虑到利息或利润等非劳动收入范畴与资本所有权的联系。这样他们虽然承认利息、利润的合理性，但并不是直接从资本的生产力来引申它们。最后，后凯恩斯学派的分配模型，即剑桥分配定理表明，在维持宏观经济均衡条件下，投资率及国民收入的增长率决定了资本收入即利润，从而决定了国民收入的分配格局。随着投资率与国民收入增长率的提高，国民收入分配格局将越来越有利于资本收入，而不利于工资收入。这说明经济增长并不能自动促使收入分配的均等化，从而为政府实施均等化的收入再分配政策提供了依据。按照后凯恩斯学派的分配理论，政府干预经济的任务不仅仅在于调节总需求，还包括结构调整和收入再分配。

总体来看，后凯恩斯学派的分配理论具有明显的古典经济学传统与凯恩斯宏观分析理论传统的特征，它是古典的生产理论、分配理论、再生产理论与凯恩斯有效需求理论相融合的产物。它代表了 20 世纪五六十年代以来古典经济学传统的复兴，以及凯恩斯短期宏观分析向长期动态化发展的一种尝试。

二、经济增长理论

宏观经济学发展过程中，主流的增长理论是新古典增长理论以及由它衍生出的内生增长理论。后凯恩斯学派认为，主流增长理论的微观基础存在严重的逻辑缺陷，主张从需求、制度和演化的角度来分析增长问题。罗宾逊夫人、卡尔多、帕西内蒂等学者对后凯恩斯学派的增长理论都作出了重要贡献。

后凯恩斯学派的经济增长模型，也是在哈罗德—多马模型上发展起来的。后凯恩斯学派经济增长理论的一个重要特点是把经济增长和收入分配问题结合起来考察，一方面阐述如何通过收入分配的变化来实现经济的稳定增长，另一方面说明在经济增长过程中收入分配变化的趋势。

在罗宾逊夫人的资本积累模型中，假定长期内经济趋于充分就业均衡或企业达到全部生产能力利用率。因为总利润率 r 是总积累率 g 和来自利润收入的储蓄倾向 s_p 的函数，即 $r=g/s_p$，所以增长率 g^s 就是来自利润收入的储蓄倾向 s_p 的函数，即 $g^s=rs_p$。在图 4-1 中，g^s 的位置取决于工资收入的储蓄倾向，由于这里假设 $s_w=0$，所以 g^s 从原点出发。又由于 g^s 曲线表示在可行的积累率水平上所能实现的利润率，所以 g^s 曲线也被称为可实现利润曲线，见图 4-1。

决定积累率的关键因素是投资，罗宾逊夫人把凯恩斯的"动物精神"转化为

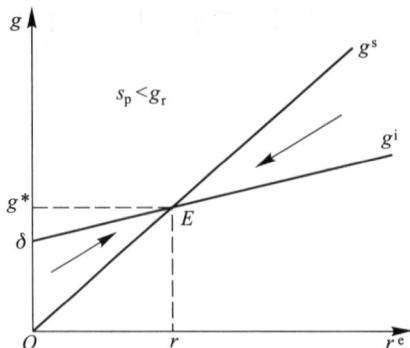

图 4-1 积累率与稳定增长

预期利润率 r^e。当引入预期利润率变量后，积累率和利润率之间就出现互为因果的双边关系，从而可以用资本存量的满意增长率和预期利润率之间的函数关系来说明投资、积累和增长之间的关系。罗宾逊夫人的投资函数是：

$$g^i = \delta + g_r r^e \qquad (4.9)$$

式（4.9）中，参数 δ 是预期利润率为 0 时的增长率，g_r 是增长对预期利润率的反应敏感度。所以，一个均衡的增长率是：

$$g^* = s_c \delta \ (s_p - g_r) \qquad (4.10)$$

经济增长是否处于稳定状态取决于 s_p 和 g_r 之间的关系。如果 $s_p > g_r$，则意味着投资决策对预期利润率变化的敏感度低于储蓄对实际利润率变化的敏感度，这将有一个稳定的积累和增长；如果 $s_p < g_r$，那么将不会有稳定的积累和增长。当 $s_p > g_r$ 时，如图 4-1，预期利润率所需要的积累率都超过了可实现的现行的积累率，因而刺激了企业的积累行为。在 E 点的右边正好相反。罗宾逊夫人指出，利润率只能在一个有效区间内变动，即最低利润率是由企业的垄断程度决定的，最高利润率则由现存的分配关系决定。当合意的增长率等于可能的增长率时，经济会处于"黄金时代"。但由于可能的增长率取决于人口增长和技术进步，所以罗宾逊夫人的稳定增长模型只能建立在中性技术上，是一种外生的增长理论。当 $s_p < g_r$ 时，经济呈现不稳定的增长状态，见图 4-2，一旦偏离均衡，会持续地进一步偏离，无法回到均衡点。

卡尔多试图解决哈罗德长期的有保证的增长率问题。和罗宾逊夫人的积累模型相比，卡尔多进一步假定，投资 I 不仅是自主决定的，而且在技术上符合一个固定的资本产出比率 v，这样投资率 I/K 就等于由劳动力供给和技术进步决定的自然增长率 g_n。可以把卡尔多增长模型表述如下：

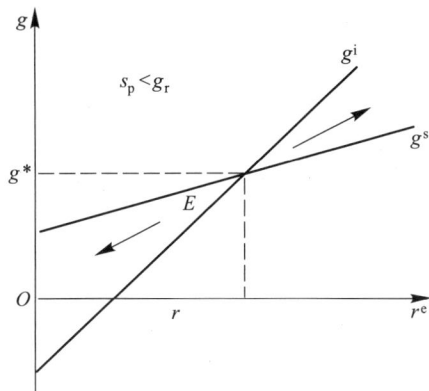

图 4-2 积累率与非稳定均衡

$$\frac{P}{Y} = \frac{I}{(s_p - s_w)\ Y} - \frac{s_w}{s_p - s_w} \tag{4.11}$$

式（4.11）中 P 是总利润，Y 是国民收入。如果 $s_w = 0$，则会得到和罗宾逊夫人一样的结论。根据假设，模型可以表述为：

$$\frac{P}{Y} = \frac{g_n y}{s_p - s_w} - \frac{s_w}{s_p - s_w} \tag{4.12}$$

$$r = \frac{g_n}{s_p - s_w} - \frac{s_w}{(s_p - s_w)\ g_n} \tag{4.13}$$

这意味着利润增长是由外生的劳动力增长和技术进步决定的。考虑到工人阶级会因为储蓄而存在两种收入来源，即来自工资的收入和资产回报，即利润的收入，所以卡尔多对帕西内蒂的分配模型进行了修改。假定工人拥有一定比率的储蓄，且资本家和工人拥有同样的资产回报率，K_c 是资本家获得的资本收益，$k_c = K_c/K$，s_c 和 s_w 分别是资本家和工人的储蓄倾向，g_n 是由劳动力供给和技术进步决定的自然增长率，v 是资本产出比率，则帕西内蒂增长模型可以表述为：

$$k_c = \frac{s_c \left(v - \dfrac{s_w}{g_n} \right)}{(s_c - s_w)\ v} \tag{4.14}$$

根据这个模型，显然，对增长真正起作用的仍然是资本家的储蓄倾向。

制度分析是后凯恩斯增长理论的重要特征之一。罗宾逊夫人和卡尔多的增长理论的共同特征是：通过引入收入分配的制度因素，从而用内生的利润率来解释外生的增长率，解释经济增长的源泉。

后凯恩斯学派的增长理论还强调经济结构的变化，帕西内蒂在《经济变迁与经济增长》一书中详细说明了这个观点。当经济总量达到"合意的"状态时，在随后的时间中，经济系统会发生一种动态的结构性变化。也就是说，即使初始状态处于均衡状态，并且市场机制完全发挥作用，经济系统自身随着时间推移也会导致一种非均衡状态的出现。这种结构性变化包括生产、价格和就业三种结构的动态变化。因此，总量增长必然打破原有的结构平衡。如果放任自由、任其发展，市场机制只能通过破坏生产力的方式重新实现总供给和总需求之间的均衡。这就要求政府干预来实现经济结构的合理调整，从而避免投资、预期、失业等发生周期性的波动。

三、对"停滞膨胀"的解释

后凯恩斯学派在解释停滞膨胀的原因时认为，古典经济学的货币数量论是错误的，应该回到凯恩斯关于价格水平主要受货币工资率支配的观点上来。他们从区分不同类别的经济部门入手，结合价格形成中的垄断因素、货币工资谈判中的阶级冲突因素，来说明通货膨胀的原因，进而解释停滞膨胀现象。下面我们用卡尔多的理论来予以说明。

卡尔多把经济生活的部门分为三类：初级部门，它为工业提供不可缺少的基本供应品，如食品、燃料和基本原料；第二级部门，它将原料加工为成品以供投资或消费之用；第三级部门，它提供辅助其他部门的各种服务，如运输或销售、各种专门技术以及提供欣赏的而不是辅助其他部门的各种服务，如戏剧演出。卡尔多认为，第三级部门是不可能发生重大问题的，但是初级部门和第二级部门都很可能成为通货膨胀的根源。也就是说，如果初级部门产量的增长和工业制造业部门生产的增长之间不协调，那么经济生活中就可能出现停滞膨胀。

卡尔多认为，不同类型生产部门的产品价格决定是通过不同的经济机制进行的。

首先，在初级生产领域，对个别生产者和消费者来说，市场价格是既定的，价格是以亚当·斯密所描述的传统方式，直接响应市场供求关系的压力而变化的，生产和消费都是由价格来调节的。

其次，在工业部门，至少是在大部分生产集中在大公司手中的现代工业社会中，工业产品的价格是由生产者自己确定的；生产对需求变动的调节是通过库存机制进行的，与价格无关；商品库存增加时，就减少生产，而库存减少时则会增加生产。工业制造品的这种"管理价格"不是由市场而是由生产成本决定的，具体地说，是根据"完全成本原则"和"垄断程度原则"来决定的，即在直接的劳动和原料成本上，加上管理成本和折旧费用，再在这两种成本之上加上一个纯利润。按照这种方式决定的价格，对需求的反应不是非常敏感，但对成本变化的反应却很敏感。

根据以上分析，卡尔多认为，从世界经济范围看，农矿业产品价格的任何变动，无论对初级生产者是否有利，这种变化都会抑制工业活动。原因是：

（1）初级部门的农矿业产品价格下降时，虽然有可能刺激工业部门吸收更多的初级产品，同时由于食物价格的下降会使工人的实际工资有所提高，从而有可能因此而增加了对工业制成品的需求。但是，由于贸易条件在农矿产品价格下降时对初级部门生产者是不利的，所以就将减少初级部门生产者对工业制成品的有效需求，结果势必是抵消了农矿产品价格下降所带来的对工业制成品的需求有余，造成经济衰退。

（2）当农矿产品的价格上升时，它会增加工业品成本，进而引起通货膨胀。因为农矿产品、基本原料和燃料价格的上涨，通过各个生产阶段，将依次进入工业制成品的成本中，使得工业制成品价格提高。这种价格上涨将有利于利润而不利于工资在国民收入中的份额，因而有可能引起工资上升，工人将通过工会与资方的工资谈判，要求增加工资，以保持工资在国民收入中的份额。与此同时，通货膨胀本身也会减少工业制成品的有效需求：一方面，初级部门生产者利润的增加和他们的支出不相称，如石油生产者积累了大量的金融资本而未花掉；另一方面，大多数国家的政府将会采取财政和货币政策来对付国内的通货膨胀，这些紧缩性的经济政策，将会减少消费者的需求，并抑制工业部门的投资。这样，农矿产品价格上涨很可能在工业部门引起工资价格螺旋上升的通货膨胀；它反过来又使工业部门的活动受到紧缩性经济政策的限制。

罗宾逊夫人从货币和不确定性方面来解释停滞膨胀问题。她认为，按照凯恩斯的观点，资本主义经济是一种货币经济，而货币之所以存在，并在经济生活中起着重要的作用，并不仅仅因为它是一种交易媒介，货币本身还具有财富贮藏的职能，正是它的这种性质使得它成为现在和不确定的未来之间的中间环节。因为货币在所有财富贮藏手段的资产中，流动性最高，风险最小，人们愿意把一部分收入或财富以货币形式保存在身边；社会经济活动中的一切契约也都是用货币来计量和订立的。同时，货币和信用制度的存在，也为资本家的投资提供了取得资金的便利，使他们的投资不受自有的收入或财富的限制，资本家可以通过投资来控制经济资源在投资品和消费品之间的分配。当社会经济生活中的投资率较高时，势必造成比较多的经济资源用于投资品生产，比较少的经济资源用于消费品的生产，结果是工人的实际工资份额将相对下降。在货币经济中，工资是以货币支付的，货币工资是由劳资双方通过集体谈判制定的，可是一定的货币工资的实际价值却是受企业资本家的投资决策决定的；投资率的提高所引起的消费品产量的减少和实际工资的下降，将会产生一种"通货膨胀障碍"，即通过通货膨胀来制止利润的提高和实际工资的下降。也就是说，投资率提高导致实际工资下降时，就会促使工人通过工会与资方谈判，提出提高货币工资的要求，从而导致工资价格螺旋式上升的通货膨胀，最终造成经济停滞和大量失业，从而导致停滞膨胀现象的出现。

四、货币金融理论

后凯恩斯学派货币理论的直接来源是维克塞尔和熊彼特，是在凯恩斯和卡莱斯基等人的重要著作基础上发展起来的。大体来说，后凯恩斯学派的货币理论主要包括以下四个方面。

（一）关于货币的本质

在后凯恩斯学派的货币理论中，货币是一种信用，信用货币在本质上与商品货币和法定货币完全不同。后凯恩斯学派思想中的货币是发行银行的负债，是一种债权债务关系，它是由需求内生决定的。与之相反，货币数量论所依据的商品货币和法定货币代表着财富或金融资产，其供给完全在信贷过程之外，其数量也不代表信用量的大小，故而反映了一种外生货币思想。

后凯恩斯学派关于货币本质的这种见解从根本上说，是源于他们关于资本主义市场经济基本特征的分析。按照他们的观点，同以往简单、直接、小规模生产的自然经济不同，资本主义市场经济是一种生产需要耗时从而在历史时间中运行的经济，它具有两个重要特征：一是未来的发展具有不确定性，而这种不确定性会影响经济主体当前的决策；二是由于大规模迂回生产，在投入和产出之间造成较长的时间间隔，需要在事前签订有关投入购买与产出销售的合约。正是这两个经济特征决定了货币产生的客观必然性。货币的作用本身就是不确定性的产物，经济行为人想要从事耗时活动的愿望直接导致了以货币的形式拥有资产。

（二）关于货币的非中性

后凯恩斯学派继承了凯恩斯关于货币非中性的基本观点，认为货币对就业、产出等实际变量都有重要影响。他们把货币因素纳入宏观经济分析的核心地位，将货币需求的变动视为决定有效需求进而导致经济不稳定的重要变量。货币虽然从根本上说是源于人们应对未来不确定性的需要，但是它们的存在并不必然就消除或减缓由此引起的经济不稳定性，由于个人理性与社会整体理性的不一致性，反而会加剧经济的波动性。

（三）内生的货币供给理论

传统的货币供给理论没有考虑银行贷款在货币供给中发挥的重要作用。传统理论认为银行的作用只是连接借款人和存款人，银行首先需要吸收存款，然后对外发放贷款。后凯恩斯经济学家则强调银行贷款对货币供给有原因性作用，在其主张的内生性货币供给理论中，传统的存款创造贷款的观点被逆转过来，他们明确指出是银行贷款创造存款，从而产生了货币供给。

首先，他们主张从贷款到存款的逆向因果关系。后凯恩斯主义者认为，在发放贷款之前，商业银行不是被动等待储户来存款，更多的是通过扩大自身的资产和负债来寻求利润。银行扩张信用，创造贷款，然后存款随之产生。所以，与流行的主流理论不同，后凯恩斯学派主张的因果链条是从贷款到存款这一种看似"逆向"的因果关系。

其次，他们主张由投资到储蓄的因果决定关系。企业生产之前需要为其投资进行融资，企业投资创造了储蓄。投资不需要储蓄或存款作为支撑。只要一国的经济资源没有完全利用，完成经济活动所需的资本投入就取决于借款者的信誉和金融规则。这也逆转了货币数量论中由货币到收入的因果关系，批判了主流经济学长期信奉的储蓄支配投资的传统思想。

（四）关于利率决定问题

关于利率的决定问题，新古典经济学与凯恩斯有不同的解释。新古典经济学认为，利率是资本的价格，由资本的供给和需求来确定。而凯恩斯认为，利率是"使用货币的代价"，它取决于货币的供给和需求。后凯恩斯学派继承了凯恩斯的思想，认为利率本质上是一种货币现象。至于货币供求，他们一般坚持凯恩斯的流动性偏好理论，并明确坚持货币供给内生的观点。不过由于对信用货币的内生性、流动性偏好和不确定性存在不同理解，导致后凯恩斯学派内部在研究有关利率决定和信用货币供给方面，存在两个有一定分歧的研究方法：水平主义方法和结构主义方法。

以卡尔多和温特劳布为代表的一部分学者坚持水平主义方法，他们淡化流动性偏好，在加成定价模型的基础上形成了一条水平的、完全弹性的货币供给曲线，其理论含义是银行贷款的水平由贷款需求所决定，中央银行必须适应商业银行准备金的需求，这样货币存量是由信贷需求决定的，中央银行无法决定货币数量的选择，而利率则是外生的，是由中央银行决定的政策工具，信用货币的利率弹性是无穷大的。这些学者认为真正独立的变量并不是货币供给量，而是被中央银行所控制的利率；存在着信用货币供给的无限的利率弹性；在现行的利率下，中央银行一般不能控制货币供给，信用货币供给曲线是一条水平线。

另一些后凯恩斯主义者，如明斯基、罗西斯等则认为货币供给曲线是一条向右上方倾斜的曲线，其理论含义是货币供给只是部分地由需求创造的，面对流动性短缺，金融体系的组织结构会发生创新性改变；中央银行并不能完全独立地控制利率，因此货币供给曲线在利率—货币空间上仍然是向上倾斜的，这种方法被称为结构主义。奉行结构主义方法分析货币供求和利率决定的学者认为，信用货币的供给并不是完全由其需求决定，中央银行也有其作用。假如在货币需求的增加情况下，中央银行不直接增加货币供给量以满足其需求，那么利率将会上升，货币流通速度也会加快并伴随着各种金融创新出现，从而使得货币供给量增加，于是货币供给与利率之间存在正向关系。

总体来说，后凯恩斯学派信用货币理论的水平主义方法和结构主义方法只是从两个不同侧面揭示信用货币经济的复杂性。他们的基本观点仍然是一致的，都认为银行信贷是货币增长的主要源泉，主张从贷款到存款的因果关系；都主张信用货币的内生性，认为利率是一种货币现象，反对新古典经济学的自然利率理论和可贷资金理论。后凯恩斯学派的货币供给理论及其利率决定理论与新古典经济学和新古典综合派的观点、分析方法及其结论都有重大区别。

第三节 政策主张

一、强调收入分配

后凯恩斯学派的收入分配和经济增长理论表明，总需求水平与收入分配有着密切的联系。经济体系要想保证实现充分就业水平下的产出，就必须有相应的总需求水平特别是投资需求水平。而较高的投资水平在均衡的条件下要求有相应的储蓄水平，由于来自利润的储蓄倾向大于来自工资的储蓄倾向，在逻辑上要求利润在总产出或总收入中的份额上升，因此，收入分配的格局要求适应需求水平和经济增长。按照这个逻辑，如果投资需求下降而消费需求上升，为保持较高的总需求水平和充分就业，就需要扩大工资在国民收入中的份额，换句话说，收入分配要向非财产收入者倾斜。如果要素市场价格机制作用不能实现所要求的分配格局，政府就需要采取有效的收入再分配政策以适应经济增长和充分就业的要求。具体来说，后凯恩斯学派的收入分配政策包括以下四项：

（1）改进税收制度，实现收入均等化。实行累进的税收制度来改变社会各收入阶层收入分配不均等的情况。实行高额的遗产税和赠与税，以便消除私人财产的大量集中，抑制社会食利者阶层收入的增加。同时，政府还可以通过这一税收方式将所得到的财产用于社会公共目标和改善低收入贫困阶层的状况。

（2）通过政府的福利措施，缓解"富裕中的贫困"的现象。政府可以通过预算给低收入家庭以一定的生活补贴，增加他们的收入。

（3）制定适应经济稳定增长的财政政策，减少财政赤字，逐步平衡预算。根据经济增长率来制定实际工资增长率，以改变劳动者在经济增长过程中收入分配的相对份额向不利方向变化的趋势。

（4）对投资进行全面的社会管制，把经济社会纳入凯恩斯所设想的"长期充分就业"的轨道。政府运用财政盈余来购买私人公司的股票，把一部分公司股份的所有权从私人转移到国家手中。

二、主张结构调整

后凯恩斯学派的经济增长理论表明，经济体系能否保证持续、稳定和均衡的增长，不仅需要有保持稳定的总需求水平和相应的收入分配格局，而且还需要有产业结构或部门结构的调整。因为在增长过程中，技术和需求都会随着经济的增长而发生变动，也可以说，经济增长的实质就是结构的变动，没有结构的变动也就没有经济的持续增长，这是由技术变动的特征和需求演变的规律决定的。由此，后凯恩斯学派得出结论：经济结构如果不能适应经济增长的要求将会导致经济增长的波动。因此，在政策含义上，为了保持经济增长，政府不应仅仅盯着总需求水平，而应更多地关注产业结构的调整。影响结构的经济政策同影响总量的经济政策一样重要，而当结构问题制约经济增长时，结构性政策就变得更重要。不断的结构调整往往能带来更高的生产能力并维持充分就业局面。结构调整既包括一系列产业结构、技术结构和收入结构等方面的调整，也包括消除性别和种族歧视，消除两极分化，实现社会公正等改革措施。

第四节 评 析

一、基本理论评析

作为凯恩斯主义经济学的一个流派，后凯恩斯学派的学者与其他凯恩斯主义者一样，反对新古典学者关于自发的市场机制可以保证经济稳定运行、不需要政府干预的自由放任理念，坚持凯恩斯主张国家干预经济的基本政策信条。尽管这个学派在当今西方经济学界处于非主流地位，被视为凯恩斯主义的异端学派，但是它在基本理论上却有自己独到之处，在西方经济学界独树一帜。大体说来，这些特点可以概括为以下三个方面：

（一）彻底地反对新古典经济学，回归古典经济学传统

后凯恩斯学派不仅像其他凯恩斯主义者那样，批评崇尚市场自发功能、反对政府干预的新古典经济学传统。而且更进一步，对新古典经济学的微观体系展开全面系统的分析和批判，主张用一套体现古典经济学理论传统的经济学来取而代之。正是由于这种彻底的反新古典倾向，使它与倡导新古典综合的主流凯恩斯主义产生了严重分歧。主流凯恩斯主义者虽然否定了新古典的以自由放任为基调的政策主张，但是却吸收了它的微观经济学原理，而这是后凯恩斯学派所坚决反对的。他们认为新古典的微观原理不能成为凯恩斯有效需求理论的科学基础，主张更多的回归古典经济学传统，特别是李嘉图的学说，这尤其体现在后凯恩斯学派的价值理论、分配理论和增长理论中。例如，在斯拉法的价值理论中，尽管他没有以劳动价值论来命名自己的理论，但是他把国民收入归结为社会年劳动投入量的做法，实际上是一种古典经济学所倡导的劳动价值理论。所以，从这种意义上讲，我们可以把后凯恩斯学派的理论视为凯恩斯的学说与古典经济学的结合。

不仅如此，还值得注意的是，后凯恩斯学派在用古典经济学弥补凯恩斯体系缺乏微观经济学基础的不足时，与作为凯恩斯主义主流经济学的新古典综合仅仅是把凯恩斯的理论简单地移植在新古典经济学之上的粗陋做法不同。斯拉法并没有完全遵循李嘉图、马克思的论证思路，而是另辟蹊径，采用"用商品生产商品"的方法，通过建立联立方程组的现代经济学方法来论证自己的命题。这不仅在方法上有所创新，而且逻辑上解决了古典经济学在命题与结论之间不能完全自洽的问题。其他经济学流派可能在整体上拒绝后凯恩斯学派的理论，但很难在其价值理论中搜寻到逻辑上的漏洞。从这种意义上讲，后凯恩斯学派主张回到古典经济学，但又不是简单地重复和模仿古典经济学。所以，我们又可以把这个学派看成秉承经济学古典传统的现代凯恩斯主义经济学。

（二）重视历史制度因素，将结构和社会关系分析引入经济学研究之中

重视制度因素对经济运行的影响，用结构分析方法来研究社会关系和经济关系，是古典经济学的突出优势。但是，自西方经济学中的新古典革命以来，古典经济学这一优良传统越来越被主流经济学所忽视，在追求逻辑形式完美和重视经

济量化分析的同时，经济体系的历史规定性、制度因素、结构特征以及与其他社会关系的密切关系，日益被新古典经济学的一般均衡分析抽象掉了。后凯恩斯学派对新古典经济学和凯恩斯主义主流经济学的这一发展趋势，持严厉的批评态度。

一方面，后凯恩斯学派经济学家批评主流经济学，将具有深刻历史社会背景的经济关系简化为经济变量之间的数量联系，仅满足于对市场交换均衡的表面化描述。这一经济学研究视角，显然比主流经济学深刻得多。另一方面，这个学派的经济学家还身体力行，积极探索，从生产领域及其背后的制度关系角度，来认识现代市场经济条件下国民收入分配机制，认识收入分配怎样与价格决定、需求变动、就业变动、经济波动与增长等相互影响。这大大深化了人们对于微观的个人收入分配关系的形成机理以及这种分配关系对经济效率与福利后果影响的认识。后凯恩斯学派的这些工作不仅对恢复经济学古典优良传统有积极意义，而且他们采用现代经济学方法在这些领域中的探索，是其他经济学流派所没有涉猎的，因而在当代具有不可替代的独立学术价值。

后凯恩斯学派的学者始终坚持以现实为导向，他们不仅强调理论的检验需要以现实为标准，而且认为理论研究的起点也应当从现实出发。主流经济学在现实与理论二者面前往往更为注重理论的逻辑一致性和完美性，而忽视现实的多样性。后凯恩斯经济学家分析现实的着眼点，集中在现实经济中的不确定性、历史时间特性以及非均衡特性上面，他们集中关注的是经济现象背后的深层结构和机制，强调经济理论应该解释这些特性和机制。后凯恩斯学派不仅强调理论需要反映现实，而且强调这种反映不应该是停留于经验层面的、简单实证主义的推理分析，而应该是超越经验层面、由表及里的深入的溯因推理。这种方法论主张显然是对当今广泛流行的实证主义方法论的重大挑战。

（三）货币内生性与非均衡分析，对凯恩斯理念进行了探索和扩展

后凯恩斯学派不仅在批评新古典教条，恢复经济学的古典传统方面做了大量有学术价值的工作，还在推进凯恩斯经济学尚未完成的任务方面做了许多有益的探索。后凯恩斯学派继承了凯恩斯反对传统的货币中性和古典二分法的传统，坚持经济基本不确定性概念而反对均衡观，进一步深化了凯恩斯的货币理论。他们明确强调货币对于经济运行的决定性影响作用，不仅把它作为货币理论研究的思想基础，而且将其贯穿于其宏观经济分析的各个方面，并渗透到了宏观政策层面。

尤其值得称道的是，后凯恩斯学派不仅仅满足于坚持凯恩斯的这些理念，而且将这些理念纳入自己的经济学分析之中，探索与新古典和凯恩斯主义主流经济学不同的理论体系。后凯恩斯学派构建的独特的货币内生性理论，可以认为已经

初步形成了一套与流行的新古典主义或主流凯恩斯主义不同的货币金融理论。在这些主流经济学中，虽然致力于解决市场出清和实现资源最优配置的模型非常多，但货币供给问题却被简单地处理为由中央银行确定的外生经济变量，没有被纳入分析视野中。后凯恩斯学派把信用货币作为内生于再生产活动的一种金融变量，尝试着打开货币供给理论的"黑箱"。该理论的意义不仅仅在于批判了新古典一般均衡理论，更重要的是，拓展了凯恩斯的不确定性和货币非中性思想，将宏观经济分析引向一种非均衡和信用货币的分析框架。主流经济学的货币理论大多是在静态和均衡的框架内进行，而后凯恩斯学派则侧重于从经济不确定性的视角考察货币，进而从更深的层次上揭示了现代市场经济运行的内在复杂性与不稳定性，从而更明确地强调了政府维持宏观经济稳定的基本职能以及履行这一职能的方法和思路，真正做到了对凯恩斯基本理念的坚持。

二、政策主张评析

后凯恩斯学派反对主流凯恩斯主义者单纯注重总量调节的需求管理政策观点，他们根据凯恩斯关于对投资实行社会化管制的思想以及基于古典经济学传统而建构的关于收入分配、收入决定与经济增长的理论原理，更加强调政府调节总需求的内容和结构的重要性，以及实施促进收入均等化的再分配政策的重要意义。

后凯恩斯学派既否定了货币主义单纯管理货币供给量的简单政策思路，也不完全同意主流凯恩斯主义者主张的综合运用补偿性财政政策与货币政策的"逆经济风向行事"的方法，他们更强调在整个宏观经济政策中财政政策的重要性，在货币金融方面更加强调金融监管与防范金融不稳定性的制度建设的重要性，更加强调经济结构的复杂性及其调控的重要性等。这些都超越了主流凯恩斯主义的静态均衡的狭窄视角。

三、局限性及借鉴意义

（一）局限性

从早期的单纯批判到自身理论的建构，再到内部综合，后凯恩斯经济学经历了近 70 年的发展历程。后凯恩斯学派用历史时间、不确定性、各阶层经济权力的作用、制度演化以及货币金融的中心作用等因素来理解资本主义制度的实质，为处理现实的经济问题提供了切实可行的理论基础。与主流的凯恩斯经济学相比，后凯恩斯学派的理论更贴近现实，不回避现实中的矛盾和难题，这是后凯恩斯学派理论的重要优点。但也正因为过于贴近现实，缺乏足够的抽象演绎，后凯恩斯学派缺乏一个完整的理论框架，这使得它始终难以融入主流经济学思想而一直处于非主流地位。

虽然后凯恩斯学派不同的学者在某些具体问题上取得很大进展，但是他们的研究视角尚未统一，所采取的具体假定与分析方法也各不相同，甚至产生严重分歧。由此导致后凯恩斯主义经济学理论框架不统一的局面并没有得到改变，反而有越来越严重的趋势，这显然也是它无法与主流经济学相抗衡的重要原因之一。而要想取得理论突破，显然需要从一种新的视角，借助新的概念和方法来重新构建古典经济学的理论体系。

后凯恩斯学派的货币理论把货币供给内生化，大大拓展了主流经济学的货币理论。但这个理论仍然有其局限，这主要体现在它没有把信用货币循环问题与资本积累过程、金融资本的形成和统治因素联系起来，因而缺乏必要的制度分析基础。这导致该理论无法解决信用货币交换价值的稳定性问题，也无法通过信用货币运行系统地研究资本主义经济周期和金融不稳定性等宏观经济问题。

（二）借鉴意义

后凯恩斯学派的理论和政策对于处于转轨时期的中国经济有重要的借鉴意义。这种借鉴意义体现在以下三个方面。

1. 经济结构的转变

后凯恩斯学派认为，经济增长率的提高，不但取决于要素投入的变动，而且取决于各部门、产业结构的变动。制造业增长是整个社会经济增长和创造就业的引擎。根据卡尔多和凡登的观点，一个国家制造业产出增长率越高，全社会的资源从非制造业转移到制造业的速度就越快，从而社会经济总的劳动生产率的增长率与制造业产出增长率存在正相关性。基于制造业的规模报酬递增，它的劳动生产率越高，经济总的劳动生产率就会提高；劳动力从边际报酬递减的农业和其他初级产业部门转移到制造业等工业部门，这不仅可以提高工业的产出，提高农业的劳动生产率，而且还能创造出更多的就业机会。从长期看，探索新型工业化道路、逐渐消除城乡二元经济结构、调整产业结构以及发展第三产业等都是建立在发达的制造业基础之上的。基于中国第三产业总体水平较低，加大服务业的发展力度是必要的，但第三产业的发展是基于第二产业发展的演化过程。这就要求中国在制定产业发展规划时应尊重客观经济规律，重视第二产业的健康发展。

2. 货币政策注重利率变量

根据后凯恩斯学派的货币理论，利率本质上是一种货币现象，而货币供给是内生的，因此应该把利率而不是货币供给作为货币政策的中介目标。信用货币供给理论从逻辑上否定了中国以货币供给量和基础货币作为货币政策操作目标和中介目标的可行性。中国货币政策中介目标应该朝着利率目标方向回归。20 世纪 80 年代以来，美英等国家在付出高昂的经济代价后都先后放弃了货币主义的政策实验。今天，世界上越来越多的国家，尤其是发达国家，货币政策框架是以价格（利率）调控为核心的。当然，关于货币政策的操作和中介目标的选择必须适合中国国情。中国金融市场相对不发达，市场机制相对不成熟，在中介目标中有必要考虑数量指标。随着中国金融体制改革和利率市场化的深入发展，中国货币政策框架有必要逐渐转向利率调控。

3. 收入分配差距

强调收入分配的均等，是后凯恩斯经济学的核心思想之一，在后凯恩斯学派看来，它对于经济运行的许多方面都有极其重要的意义。就经济转轨而言，它既是保障转轨过程稳步推进的重要条件，同时也是经济体制转轨本身应该实现的目标。中国经过几十年的改革和发展，已经积累起雄厚的经济实力和财政实力，完全有能力通过再分配促进和实现国民的共同富裕。要使得收入分配更合理、更有序，需要深化收入分配制度改革，完善以税收、社会保障、转移支付为主要手段的再分配调节机制。

关键词　不确定性　经济过程的时间性　经济结构　收入分配

思考题：

1. 后凯恩斯学派的方法论有哪些特点？

2. 为什么说斯拉法为后凯恩斯学派的分配理论提供了价值论基础？

3. 后凯恩斯学派的增长理论与新古典增长理论相比有何特点？

4. 后凯恩斯学派的货币金融理论有哪些内容？

5. 后凯恩斯学派有哪些经济政策主张？

第五章　新凯恩斯主义

第一节　概　　况

一、学派的形成和发展

20 世纪 60 年代后期到 70 年代，美国经济先后出现高通货膨胀和"滞胀"，以非自愿失业和经济萧条为主要研究主题，以需求管理为主要手段的凯恩斯主义（新古典综合派）在理论和政策上均陷入困境，以弗里德曼为代表的货币主义和以卢卡斯为代表的新古典宏观经济学（最初叫作"理性预期学派"）相继趁势而起，对凯恩斯主义发动攻击，试图取代凯恩斯主义的正统派地位。这些新自由主义学派有力地揭示了凯恩斯主义体系中的一些缺陷和不足，打破了经济学界和政府对凯恩斯主义的迷信和盲从，并提出了一些新的理论和方法，从而极大地动摇了凯恩斯主义的正统派地位，使经济学的天平逐渐由凯恩斯主义偏向货币主义和新古典宏观经济学。

20 世纪 70 年代中期开始，凯恩斯主义处于低潮，"凯恩斯主义失灵"的呼声日益高涨，卢卡斯等人甚至宣称"凯恩斯主义死亡了"。正是在这个凯恩斯主义陷入全面危机的时候，以斯坦利·费希尔、艾德蒙·费尔普斯和约翰·泰勒为代表的当时一大批中青年经济学家又开始研究凯恩斯主义，并注意借鉴、吸收新古典宏观经济学的批评和有价值的内容，发表了一系列论著，逐渐形成了一个新的经济学流派。1982 年迈克尔·帕金在《宏观经济学》一书中首先把这个新的学派称作"新凯恩斯主义"，1988 年劳伦斯·鲍尔、格里高利·曼昆和大卫·罗默在他们联名发表的《新凯恩斯主义经济学和产出—通货膨胀交替关系》一文中正式使用了"新凯恩斯主义经济学"（New-Keynesian Economics）的名称，1991 年格里高利·曼昆和大卫·罗默编辑出版了 2 卷本的《新凯恩斯主义经济学》，该书汇集了 70 年代以来新凯恩斯主义经济学的主要研究成果。

20 世纪 90 年代后期，新凯恩斯主义进一步和实际的经济周期理论相融合，形成了新新古典综合，也有西方学者把新新古典综合看作是新凯恩斯主义发展的一个新阶段。

二、代表人物

新凯恩斯主义的主要代表人物有：美国哈佛大学经济学教授格里高利·曼昆

和拉里·萨默斯，哈佛大学商学院教授朱利奥·罗泰伯格，斯坦福大学经济学教授约翰·泰勒，麻省理工学院教授奥利维尔·布兰查德，1977—1988 年在麻省理工学院任经济学教授、2014 年被任命为美国联邦储备委员会副主席的斯坦利·费希尔，美国加州大学伯克利分校经济学教授大卫·罗默、乔治·阿克洛夫和詹姆斯·德朗，曾任加州大学伯克利分校经济学教授、2014 年 2 月至 2018 年 2 月担任美国联邦储备委员会主席的珍妮特·耶伦，哥伦比亚大学教授约瑟夫·斯蒂格利茨、艾德蒙·费尔普斯和迈克尔·伍德福德，美国西北大学教授罗伯特·戈登，普林斯顿大学经济学教授保罗·克鲁格曼和艾伦·布林德，曾任普林斯顿大学教授、2006 年 2 月至 2014 年 1 月任美国联邦储备委员会主席的本·伯南克，纽约大学经济学教授马克·格特勒，西班牙 PompeuFabra 大学经济学教授霍尔迪·加利，英国卡迪夫商学院（Cardiff Business School）教授休·迪克森等人。其中，斯蒂格利茨和阿克洛夫是 2001 年诺贝尔经济学奖获得者，费尔普斯是 2006 年诺贝尔经济学奖获得者，克鲁格曼是 2008 年诺贝尔经济学奖获得者。

三、主要特征

新凯恩斯主义是对凯恩斯主义的继承和发展。新凯恩斯主义承袭了凯恩斯主义的研究主题，这就是探究非充分就业和市场非连续出清的原因。与凯恩斯主义一样，新凯恩斯主义不相信市场机制的自动调节可以使经济中的各类市场连续出清，使经济走向充分就业。新凯恩斯主义认为，由于工资和价格是黏性的，当经济遭受需求冲击或供给冲击时，工资和价格不能迅速调整到使市场出清，实际产出通常小于潜在产出，因此，政府对经济进行适当干预是必要的。新凯恩斯主义也反对古典二分法，认同货币非中性。

新凯恩斯主义在继承凯恩斯主义一些传统的基础上，也对凯恩斯主义进行了补充和发展，主要是提出了一套比较系统的价格黏性和工资黏性理论，并接受了新古典宏观经济学的批评，将理性预期假说和经济人假设融入宏观经济分析，从而加固了凯恩斯主义经济学的微观基础。

新凯恩斯主义提出了许多新的理论和方法，如动态定价模型，信贷配给理论，协调失灵理论，建立在名义刚性、不完全性和近似理性等基础上的各种经济周期模型，动态随机一般均衡模型，等等。

曼昆和罗默认为，新凯恩斯主义经济学的特点反映在对以下两个有关经济波动理论问题的回答上：

（1）这种理论违反古典二分法吗？它断定名义变量（如货币供给）波动影响

实际变量（如产量和就业）波动吗？

（2）这种理论认为经济中的市场实际不完全对于理解经济波动是至关重要的吗？诸如不完全竞争、不完全信息和相对价格刚性分析是这种理论的中心问题吗？

他们指出，在当代西方经济学各种理论中，对上述两个问题给出肯定答案的只有新凯恩斯主义。[①]

第二节　基本理论

一、价格黏性理论

价格黏性理论是一种解释价格黏性的原因以及它何以会造成商品市场不能完全出清的理论。新凯恩斯主义解释价格黏性的理论主要有：

（一）菜单成本论

所谓"菜单成本"，是指厂商调整商品或服务价格所花费的成本，包括研究与确定新价格、编印价目表、通知销售人员、更换价格标签等所花费的成本，这类成本类似于餐馆打印新菜单所花费的成本，所以称作"菜单成本"。

新凯恩斯主义者认为，当市场需求变化时，厂商是否通过调整其产品价格来应对市场需求的变化，取决于调价的成本（菜单成本）与收益（利润变化量）的比较；当市场需求减少时，如果价格下调后（销售量增加）的利润变化量大于菜单成本，厂商就愿意降价；如果价格下调后的利润变化量小于菜单成本，厂商就将保持价格不变。新凯恩斯主义者一般假定经济中的厂商是垄断竞争厂商，这种类型的厂商有一定的控制产品销售价格的能力；当需求发生变化时，厂商可以通过调整产量或调整价格来应对市场需求变化，由于调整价格的成本和风险往往高于调整数量的成本和风险，所以厂商选择调整数量而不调整价格，从而导致价格黏性。

菜单成本理论旨在说明，当经济中的总需求发生变化时，厂商做出的反应往往不是调整价格而是调整数量（就业量和产量），虽然调整价格对整个社会是有利的；如果全体厂商都做出这样的选择，那就必然造成就业和产量的周期性波动。曼昆因此把"小的菜单成本和大的经济周期"联系在一起。

---

① N. Gregory Mankiw and David Romer, *New Keynesian Economics*, Cambridge：MIT Press, 1991, Vol. 1, p. 2.

（二）长期合同论或交错调整论

新凯恩斯主义者泰勒和卡尔沃认为，由于供货合同是交错而不是同时签订和到期的，每一期只有那些合同到期的厂商可以调价或重新定价，其他厂商则无法改变其价格，因此，在任何一期，可以调整其产品价格的厂商在全部厂商中的比例是固定的；或者厂商调整其价格的时期间隔是固定的，例如单个厂商每隔 2 年或 3 年才能调整其价格。这就使得价格不能随着总需求的变化而及时进行调整。厂商之间签订的长期供货合同可以保证买主按照合同签订时的价格购买到所需要的产品的任何数量，长期合同也允许价格将来可以随着成本的变化进行调整，但是价格并不随着对这种产品需求量的变化而进行调整。

一些新凯恩斯主义者甚至认为，企业之间即便不存在公开的长期供货合同也不会轻易变动价格。因为企业为了建立长期稳定的客户关系，就有动力建立按成本定价的声誉。如果企业由于其他原因而变动价格，客户就会认为他们上当受骗了，原来的主客关系就可能难以维持。如果供货方要证实他调价的合理性，他必须花费大量的时间和精力进行解释说明，这对企业来说交易成本太高。因此，建立长期稳定的主客关系对企业和客户双方都有利，这种长期的主客关系可以看作是一种隐性合同。

二、工资黏性理论

工资黏性理论主要分析工资黏性的原因以及它何以会造成持续性失业。新凯恩斯主义者提出的黏性工资理论主要有：

（一）效率工资理论

效率工资是指一种足以消除工人偷懒或调动工人积极性的实际工资水平，这种工资一般高于劳动市场出清的工资水平。效率工资理论认为，工人的劳动生产率取决于实际工资水平，是工资率的增函数；付给工人的工资水平越高，工人就越努力工作，越少消极怠工，从而劳动生产率越高，给雇主带来的利润也就越高。

工资水平高低为什么会影响工人的生产率？其原因是：第一，更高的工资能够使工人的食物消费增加，从而使工人的营养状况得到改善，健康的工人会有更高的生产效率。第二，高工资会减少工人的流动性或"跳槽"的频率，从而减少企业寻找和培训新工人的成本。第三，高工资会减少企业在雇用劳动力上的逆向选择，提高劳动者的素质，从而提高生产率。如果企业支付给工人的工资偏低，高素质的工人会"跳槽"到其他企业，而留下来的可能是那些素质较低、没有多少选择机会的工人，这会使得企业劳动力的平均素质降低。第四，在企业无法完全监督工人努力程度的情况下，高工资会提高工人的努力程度。但同时，工人可能会出现道德风险——他可能会选择偷懒并有被抓住而被解雇的风险。企业通过支付高工资可以减少道德风险，工资越高，工人被解雇的代价就越大。企业通过支付高工资，可以诱使更多的工人不偷懒，从而提高生产率。

新凯恩斯主义者认为，如果所有的企业都把工资水平提高到效率工资水平，对劳动的总需求就将小于市场出清的劳动总供给量，经济中存在着非自愿失业。在这种情况下，如果因为偷懒被解雇，工人就不容易在其他企业找到工作，他将在一段时间里成为失业者。

当经济中存在失业时，企业会不会降低工资或用廉价的失业者来替代在岗工人呢？效率工资理论对这个问题的回答是否定的。因为降低工资使得工人跳槽的机会成本降低，这等于是鼓励工人跳槽；用失业者来取代在岗者既会导致在岗者不好好干活，又可能使企业在雇用劳动人手时不得不进行逆向选择，从而使得企业在存在失业时按低于效率工资的工资水平来使用劳动力或雇用失业工人变得得不偿失。

（二）局内—局外人理论

这个理论所说的"局内人"是指受过专门训练的在岗工人，他们在谈判时与企业有某种联系，因此他们的利益在合同中体现出来；"局外人"是指想到这个企业工作的失业者，他们一开始与企业没有任何联系，只是在签订合同后才被雇用。

局内—局外人理论认为，每个企业为了适应其生产经营活动的需要都要对本企业的员工进行专门培训，为此必须花费一定的成本；局内人的工作就由这些培训成本保护着：如果企业要用新工人来替换在岗工人，企业就要再花费一笔这样的培训成本。也就是说，局内人的实际工资＝局外人的实际工资+培训成本。由于存在这些培训成本，局内人就拥有一定的控制局外人进入这个企业或行业的力量；即便现在劳动市场上存在着失业，企业和局内人也会设法维持工资水平不变，企业也不会轻易地用局外人来替换局内人。

局内—局外人理论认为，企业虽然可以通过支付较低的工资来雇用局外人，但是，一旦局外人受过培训，成为熟练工人，他们就可能因其他企业支付高工资而被挖走。这种潜在的跳槽威胁也使得企业不愿意用低工资来雇用局外人，这使得局外人即便愿意接受低于局内人工资水平的工资也还是找不到工作。

上述原因造成工资黏性和持续性失业。因为，如果整个经济的劳动力市场的特征是局内人占优势，强大的局内人力量会通过提高工资使企业沿劳动力需求曲线向上移动来减少就业，从而使失业增加。

局内—局外人理论强调的是在岗职工对劳动市场的控制力以及由此造成的实际工资黏性和劳动市场刚性。这个理论被认为可以解释 20 世纪 80 年代以来欧洲持续存在的高失业和高工资并存的现象。

（三）隐性合同理论

隐性合同理论认为，实际工资黏性是因为雇主与雇员之间的一种非正式合同所造成的；这种非正式合同是由企业与工人之间长期形成的一种隐含的默契。之所以要形成这种默契，是因为它符合企业和工人的双方利益：企业为了自己的利益力图保持雇员对他的忠心，而工人为了获得稳定的收入流和消费流也需要在各种情形下保证稳定的工作关系，于是企业和工人都发现有必要在他们之间达成一种默契，这种默契实际上是劳资双方的"看不见的握手"。在这种隐性合同关系中，雇主愿意给工人支付稳定的并且较高的工资，这种较高的工资不仅是代表了对劳动服务的报酬，而且还是对各种冲击下收入变动风险的一种保险，同时也作为雇主根据企业需要解雇工人的交换条件。

在存在隐性合同的场合，工人得到的工资实际上包含两部分："市场"工资（或平均工资）和保险费。前一部分是工人在任何企业或行业都可以获得的工资收入，后者可以看作是一种失业保险或稳定工作的保险。当实际工资高于市场工资时，工人获得正数的差额，这个差额可以看作是一种失业保险；当实际工资低于市场工资时，工人获得负数的差额，这个差额可以看作是工人为工作稳定支付的保险费。

在隐性合同模型中，工人工资不再由劳动的边际收益产品决定，工人工资通常高于劳动的边际收益产品，这种工资决定机制和工资黏性会导致失业。因为当总需求减少时，工资不能迅速下降，对劳动的引致需求会减少，从而引起失业。

（四）长期合同理论或交错合同理论

交错合同理论认为，货币工资黏性是由于劳资之间存在长期的劳动合同，这种劳动合同包含长期的工资协议（在美国通常是 3 年）和生活费用调整条款（cost of living adjustment，COLA）。这种理论把工会看作是劳动市场上的垄断力量，认为工会行动造成劳动市场不完全。

为什么长期合同会造成货币工资黏性呢？其原因至少有四点：第一，由于劳动合同的有效期为若干年，在这若干年内，即便经济形势或劳动市场的供求状况发生了变化，工资标准也没有办法调整。第二，合同的谈判和签订是要花费成本（交易成本）的，罢工和毁约对合同双方当事人造成的损失可能会更大。因此，长期劳动合同对雇主和雇员都有利，追求自身利益最大化的企业和工人都愿意签订为期几年的劳动合同。第三，由于存在 COLA（美国于 20 世纪 80 年代把它并入社会福利制度），货币工资会随着通货膨胀率的变化而进行调整，虽然二者的变化不可能是同步的，但是却大大减弱了通货膨胀对实际工资的影响，同时也无法通过实际工资的调整来出清劳动市场。第四，劳动合同无论是其谈判还是签订都不是同步的，而是交错进行的。在 3 年的周期里，每年都有新合同签订，同时也有合同到期。在这种情况下，即便一些企业因合同到期而调整工资水平也不会对平均工资水平的变化产生过多影响。

三、信贷配给理论

新凯恩斯主义的信贷配给理论试图证明为什么在金融市场上会出现信贷配给以及利率的自动调节并不能出清资本市场。

信贷配给理论建立在不完全信息的假设前提下。其基本观点是，资本市场不但是连接储蓄者和投资者的媒介，而且还涉及借贷双方由于对投资项目所拥有的信息不对称所产生的许多问题。这些信息问题，不仅形成了资本市场结构和债务手段，而且还影响货币政策向商品市场传导的方式。

（一）信贷配给及其原因

所谓信贷配给，是指金融市场即便处在正常运行的状态，借款者也不能从银行那里借到他想要借的那么多款项。布兰查德和费希尔区分了两种类型的信贷配给：第一种信贷配给发生在借款者不能在现行的利率条件下借到他想要借的那么多；第二种信贷配给发生在同样的借款者中间，一些人能够借到而另一些人却借不到。发生信贷配给的原因在于：

1. 信息不对称和银行厌恶风险

在金融市场上，借款者和贷款者之间存在着信息不对称：借方总是比贷方有更多的关于还款或违约概率的信息；借方比贷方更多地了解投资项目的风险和预期收益；贷方只能在事后确定哪些人违约和借款者有多大的还款能力，银行无法了解贷款的具体用途和具体用法。

无论从利润目标来看，还是从外部竞争来看，或者从银行资产的安全性来看，银行都是一个风险回避者。银行只有通过降低不良资产在总资产中所占的比例，才能使破产机会最小化，才能使自己稳定发展，才能使预期利润最大化。因此，银行并不是把利率高低作为是否贷款和贷款多少的唯一指标，也不论当前的利率是否能够使信贷市场出清。

2. 逆向选择

银行的利率既有正向选择作用，也有逆向选择作用。如果利率提高使得风险较小的投资项目或投资者获得贷款，银行的利润就会增加，这就是正向选择效果。如果利率提高吓跑了低风险的投资者，而提高了高风险投资者的借款比例，银行的利润会因为借款人还款能力低而减少，这就是逆向选择效果。

3. 道德风险

当贷方和借方之间的合同是一个允许破产的债务合同时，贷方提高利率会增加借方进行高风险投资的刺激。这是因为借款人与银行的利润函数不同，借款人的预期利润是投资风险的递增函数，高风险往往有高回报；银行（贷款人）的预期利润则是投资风险的递减函数，投资风险越大，还款的概率就越低，银行收回贷款本息的可能性越小。如果投资方破产，银行只能获得抵押品，而抵押品的价值总是低于贷款本金。

（二）信贷配给模型

由于存在逆向选择和道德风险，银行贷款的预期利润并不总是与利率的高低同方向变化。如图 5-1，当利率 $r<r^*$ 时，银行预期利润 π 与利率 r 同方向变化；当利率 $r>r^*$ 时，银行预期利润 π 与利率 r 反方向变化。在 r^* 点，银行的预期利润达到最大化，r^* 称作银行内部最优利率或均衡利率。在这个利率下，银行没有增加或减少贷款的刺激。

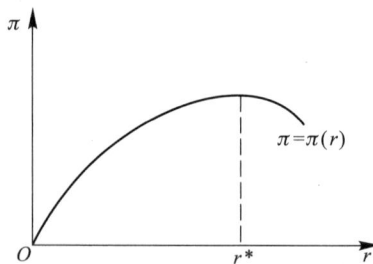

图 5-1　银行预期利润与利率的关系

假定可以根据风险大小、资信度和行为可控制程度等特征变量把借款人（投资者或厂商）划分为 n 组，银行对每组借款人都有一个内部最优利率 r_i^*（$i=1$，2，$\cdots$，n），$\pi_i(r_i)$ 表示银行向第 i 组借款人索要贷款利率 r_i 时的预期利润，因此，$\pi_i(r_i)$ 也是第 i 组借款人的借款函数。

在图 5-2 中，$\pi_1(r_1)$，$\pi_2(r_2)$ 和 $\pi_3(r_3)$ 分别表示第 1、2、3 组借款人的借款函数。当银行的预期利润为 π^* 时，第 1 组借款人不会获得贷款，因为任何利率水平都不能使他们向银行提供等于 π^* 的利润。对于第 3 组借款人来说，银行利润最大化的最优利率是 r_3^*，但是这一组借款人希望在 r_3 的利率水平上获得贷款，因为 $r_3 < r_3^*$。由于贷款有利可图，各家银行为争夺这一组借款人而竞相降低利率，直到 $r = r_3$ 时为止。对于第 2 组借款人来说，只有那些在均衡利率为 r_2^* 时能够提供 π^* 的利润的借款人才能获得贷款，其他借款人则不可能获得贷款。因此，如果以银行预期利润水平 π^* 画一条分界线，第 1 组借款人全部不能得到贷款，第 2 组借款人中有一部分人可以获得贷款，第 3 组借款人都可以获得贷款，这就出现了信贷配给。如果最优利率不变，银行的预期利润调低到 π^{**}，第 3 组、第 2 组借款人都可以获得贷款，第 1 组借款人中只有在最优利率为 r_1^* 时可以提供 π^{**} 的利润的借款人才能获得贷款。因此，现在信贷配给的"门槛"降低了。

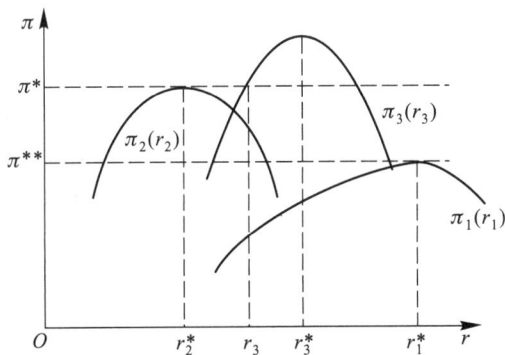

图 5-2　不同利率下的信贷配给

因此，在可以识别借款人的特征时，银行将愿意把资金贷放给那些风险小、还款概率大的借款人，在这种情况下，有些借款人即便愿意支付高于金融市场利率的利息或提供更多的贷款抵押和担保也得不到贷款。这说明，资本市场并不仅仅是在利率的调节下实现均衡，而且还在数量调节下达到均衡。当资本市场存在信贷需求大于信贷供给时，银行往往不是采用提高利率的办法而是采取信贷配给的办法强制使资本市场达到均衡。从宏观经济的层面来看，这时候的资本市场处在非出清状态。

四、协调失灵理论

协调失灵理论是用经济当事人之间的市场协调失灵来解释经济衰退和就业不

足均衡的一种理论。新凯恩斯主义者认为，市场机制在协调经济当事人的行为以获得更合意的宏观经济均衡（例如，充分就业）方面是失灵的。其原因是：在一个由众多经济当事人构成的分散经济中，经济当事人的行为是相互依存和相互制约的，虽然每个人都是追求最大化的理性人，但是每个人的市场力量都很小，而且每个人都出于自利动机行事，市场机制无法成功地协调整体的经济行动，宏观经济将会出现多重均衡，并可能陷入就业不足均衡。

新凯恩斯主义者戴蒙德认为，经济中的交易活动要能够发生，必须有潜在的交易者和交易机会，孤岛上的鲁滨逊不可能产生交易，因为他没有交易对象，因而也就没有交易机会。并且，交易活动是相互依存和相互影响的，这就使得交易活动具有显著的外部性，经济当事人的交易活动不但取决于自己的动机和行动，还要依赖于潜在的交易者的动机和行动。所以，交易活动要能够发生，交易者必须寻找可交易的对象以及交易机会，这就使得交易活动首先是一个搜索过程，然后是一个匹配过程——找到合适的或满意的交易对象及其交易机会。搜索是为了匹配，匹配是搜索的目的，因此，交易过程实际上是一个搜索匹配过程。这种匹配既是交易者与交易者的匹配，同时也是交易者与交易机会的匹配。而匹配成功的概率大小依赖于潜在的交易者的数量和交易成本（例如搜寻成本）。潜在的交易者的数量与匹配成功的概率大小成正比，而交易成本与匹配成功的概率大小成反比。

当交易者或交易机会匹配成功，微观经济和（或）宏观经济就实现了均衡。那么，当均衡实现时，均衡的福利性质如何呢？这种均衡一定是帕累托最优均衡吗？戴蒙德的回答是否定的。戴蒙德把交易活动的搜索匹配过程看成是一个离散的泊松过程。他发现，在搜索匹配过程中，经济的均衡仍然是存在的，但是这种均衡不一定是帕累托最优均衡或充分就业均衡。由于存在交易的外部性和交易成本，搜索匹配的均衡通常是多重均衡而不是唯一均衡；在多重均衡状态下，经济可能处在低效率或就业不足的均衡，甚至可能较长时期维持在低水平的均衡状态。

戴蒙德用他的搜索匹配理论解释了劳动市场上的失业现象。他发现，失业者的再就业过程就是一个搜索匹配过程。这个过程分为两步：第一步，失业者在劳动市场上搜寻空缺的工作岗位（就业机会）；第二步，考虑是否接受这一工作。那么，有了就业机会失业者是否就愿意接受这个工作呢？戴蒙德认为这要取决于劳动者的流动成本和培训成本，即便工人在所有的工作中都具有相等的生产性，这些成本的存在，使得失业者有可能拒绝一些就业机会而等待更有吸引力的工作机会。这就造成了劳动市场上的摩擦性失业。由于存在流动成本和培训成本以及外部性，摩擦性失业不可避免；这就使得在市场机制的自动调节下，一方面存在不少的工作岗位空缺，另一方面一部分失业者又找不到合适的工作，岗位空缺与失业并存，劳动市场上的匹配是不完全的。因此，劳动市场上的均衡可能不是帕累托效率的。

第三节 政 策 主 张

一、坚持政府干预论

新凯恩斯主义坚持凯恩斯的理念：资本主义市场经济具有内在的不稳定性。新凯恩斯主义的工资黏性理论、价格黏性理论和不完全性理论说明，经济自发运行并不能保证各类市场持续出清，市场机制在协调供求关系、保障充分就业方面是失灵的。在一个工资和价格黏性的经济中，当经济遭受需求冲击或供给冲击以后，等待工资和价格的调整使经济由失衡走向均衡不但是一个缓慢的过程，而且可能是一个高成本或痛苦的过程。因此，总的说来，稳定政策可以发挥积极的作用。斯蒂格利茨和格林沃德等人进一步证明，即使价格像新古典主义者所说的那样是灵活的而非迅速调整的，需求管理政策也是有效的，因为价格的灵活性会加剧经济波动而不会自动矫正经济波动。

新凯恩斯主义不认同新古典宏观经济学的"政策无效性"命题。新凯恩斯主义者认为，"政策无效性"建立在市场即时出清的假设前提下，而这个假设前提本身是靠不住的，与通常的事实不符。有些新凯恩斯主义者还证明，根据理性预期假设也不会必然得出"政策无效性"这一命题。

新凯恩斯主义赞同新古典主义的如下看法：造成经济波动的冲击是随机的，因而波动是不规则的、不可预测的。但是，新凯恩斯主义认为，正是由于冲击的随机性和经济波动的不规则性，才需要政府采取应变的政策，而不应使政府行动受制于固定的规则。尤其是当经济陷入严重衰退和失业率较高时，政府不可能坐视不管而墨守某种固定的规则。斯蒂格利茨明确指出：相机抉择的宏观经济政策可以而且也有助于稳定经济。

新凯恩斯主义主张政府实施积极的财政政策。"积极的财政政策"包括两重含义：一是根据经济形势的变化政府相应地调整财政政策来加以积极应对，例如通过实施扩张性的财政政策或紧缩性的财政政策来应对经济衰退或经济过热；二是相机抉择而不要拘泥于固定规则。

与凯恩斯主义相比，新凯恩斯主义者对稳定政策有效性的看法要温和一些，他们中的一些人不提倡政府对经济实行"微调"。新凯恩斯主义者几乎都赞成政府对经济进行"粗调"。所谓"粗调"，是指政府采用旨在消除或避免严重的宏观经济波动的政策，其中也包含政府适度或有限度干预经济的意思。

二、货币政策是有效的

新古典宏观经济学家反对政府干预的依据之一是"货币政策无效性"。新凯恩斯主义者则认为，由于在劳动市场上普遍存在的是长期合同或交错合同，这种合同确定的名义工资是黏性的而不是新古典宏观经济学家所说的富有弹性，这种黏性即便能够被理性的经济当事人完全预期到，积极的货币政策也具有影响和稳定产量的作用。也就是说，不论是否存在理性预期，积极的货币政策能够影响短期实际产出的变化。因此，费希尔认为："货币政策的有效性并不需要任何人上当受骗。"因为，在存在长期合同的经济中，据以制定货币政策的信息，在劳动合同签订以后就成为唾手可得的东西，所以这种政策可以影响产量。

在新凯恩斯主义的价格黏性模型中，货币在经济运行中的作用不再是中性的，货币政策是有效的。一些新凯恩斯主义者甚至认为，即便价格是灵活的，需求管理政策对于稳定经济也是起作用的。

一些新凯恩斯主义主张实行通货膨胀目标制的货币政策，认为盯住通货膨胀目标的货币政策是最优的货币政策。他们主张通过调整名义短期利率进而改变实际利率以适应经济的变化，从而抵消通货膨胀预期的变化。

三、改革和再造劳动市场

既然劳动市场存在的不完全性和刚性导致工资黏性，从而造成持续的高失业率，例如 20 世纪 80 年代的欧盟，一些新凯恩斯主义者于是主张对劳动以及工资制度进行改革，试图通过再造劳动市场，恢复劳动市场的活力和弹性。根据局内—局外人模型，一些新凯恩斯主义者主张通过改革和实施一些政策措施来降低局内人对劳动供给的控制力，提高局外人的竞争力。例如，改善劳资关系，减少局内人罢工的可能性；修改《劳动保护法》中的有关条款，降低雇用和解雇工人的交易成本；通过发展跨国学历认证制度和语言培训来增强劳动力的跨国流动性；通过职业培训来提高局外人的人力资本水平和竞争力；改革失业救济金制度和收入政策，以便鼓励失业者积极地寻找工作。

第四节　评　析

一、基本理论评析

曼昆认为，新凯恩斯主义是凯恩斯主义的"新生"而不是简单地"复活"。他的意思是说，新凯恩斯主义继承并发展了凯恩斯主义，从而使凯恩斯主义获得了"新生"。新凯恩斯主义是通过从各个反凯恩斯主义学派中吸取"营养"而获得"新生"和发展的。新凯恩斯主义接受了理性预期假说和最大化假设，并把它们作为宏观经济分析的出发点和前提；接受了"卢卡斯批评"，强化了凯恩斯主义的微观基础；认可长期的菲利普斯曲线是垂直的；认同货币在长期是中性的；把供给冲击纳入凯恩斯主义模型；等等。新凯恩斯主义的这些努力，不但在很大程度上拯救了凯恩斯主义，更重要的是通过从新自由主义经济学那里汲取有用成果，分析新的经济问题，提出新的理论和分析思路，发展了凯恩斯主义。

新凯恩斯主义的主要贡献是夯实了凯恩斯宏观经济学的微观基础，在宏观经济学的微观基础研究上获得了丰富的研究成果，建立了宏观经济学和微观经济学之间的内在联系和一致性，使宏观经济学和微观经济学走向一体化。

新凯恩斯主义的主要理论成果有价格和工资黏性理论、信贷配给理论、不完全性分析和信息经济学、新的 IS—LM 模型，建立在微观分析基础上的总供给函数理论以及动态随机一般均衡模型等。

新凯恩斯主义体系存在的问题主要有：

（1）理论的整体性和逻辑性较差。与凯恩斯《通论》的理论体系相比，新凯恩斯主义谈不上有自己完整的逻辑体系，新凯恩斯主义虽然提出了许许多多的理论，但是这些理论大多是用来修补凯恩斯主义体系漏洞的。因此，新凯恩斯主义的理论体系给人们的印象是碎片式的、零散的。关于失业和工资黏性的原因，新凯恩斯主义者提出了各种各样的工资黏性模型。但是，就造成劳动市场失衡来说，是名义黏性重要还是实际黏性重要？在不同的工资黏性的原因中，究竟哪一种原因是造成劳动市场失衡的主要原因？新凯恩斯主义者似乎对这些问题没有给出答案。

（2）经验研究相对不足。相对于理论发展和新古典宏观经济学，新凯恩斯主义经济学在经验研究方面是不足的。新凯恩斯主义模型，除了其中的少数模型，如企业定价模型、效率工资模型和黏性价格模型，做了一些初步的经验研究以外，大多数都没有经过经验检验。一些新凯恩斯主义者重视理论分析，但轻视经验研究。曼昆曾经承认，新凯恩斯主义在理论层次上是成功的，但是在经验研究上还没有达到应有的水平。他呼吁新凯恩斯主义者加强经验研究。

（3）有些理论与事实不符。根据新凯恩斯主义的名义工资黏性理论，当经济遭受负向的总需求冲击时，总需求收缩、经济衰退使得物价下降；由于交错的劳动合同导致名义工资黏性，因此，从理论逻辑上说，实际工资会提高。这意味着实际工资是逆经济周期运动的，但是这与经济周期的特征事实不符。曼昆曾经讥讽说，如果名义工资黏性理论能够成立的话，经济衰退将是一种很受人们欢迎的事情：因为经济衰退、失业增加时人们还可以享受更高的实际工资！

曼昆用小的"菜单成本"来解释大的经济周期波动的模型也受到不少责难和批评。新古典主义者巴罗就对价格调整的小成本可以解释产量和就业的大的波动表示怀疑。另一些批评者认为，对于单个企业来说，菜单成本可能是重要的，但是在宏观经济层面上，菜单成本的影响可能很小甚至不存在。

二、政策主张评析

新凯恩斯主义继承了凯恩斯特别是新古典综合派的政策主张：政府干预、需求管理和相机抉择。但是，新凯恩斯主义在政策主张上也有自己的一些新意。

新凯恩斯主义虽然也认为市场经济具有内在的不稳定性，各种黏性和不完全性会导致市场失灵，政府干预是必要的。但是与凯恩斯主义不同，新凯恩斯主义更强调政府对经济适度干预，这种干预既要稳定经济，也要增进社会福利。同时，新凯恩斯主义也强调发挥好市场机制的调节作用，他们主张通过制度改革和政策调整来减弱各种黏性和不完全性，恢复市场机制弹性和有效性。与新古典综合派倡导政府实施"微调"政策不同，新凯恩斯主义更多地主张对经济进行粗调。

新凯恩斯主义在政策主张上更加温和，更加调和折中。新凯恩斯主义在主张政府干预时往往会说：一旦经济失衡，如果没有政府，经济恢复均衡稳态所需的时间会更长，代价会更大，经济和国民遭受的痛苦会更多；当经济过热时，如果不实施紧缩性的政策，通货膨胀会更加严重；当经济遭受负向冲击时，如果不实施扩张性的政策，失业和衰退会更加严重。

三、局限性及借鉴意义

综上所述，新凯恩斯主义的主要理论成果是强化了凯恩斯主义宏观经济学的微观基础，其工资黏性理论、价格黏性理论、信贷配给理论和协调失灵理论不但丰富了宏观经济学的内容，而且揭示了劳动市场、商品市场和金融市场不能持续出清或市场失灵的原因，这些分析对于我们认识现代市场经济中各类市场运行的特点和机理是很有帮助的。

信贷配给现象盛行于我国金融市场，银行特别是我国国有商业银行对不同所有制的企业、不同规模的企业普遍存在着信贷配给，"民营企业融资难、融资贵""中小企业融资难、融资贵"是我们多年努力化解但一直难以化解的难题。新凯恩斯主义的信贷配给理论对于我们认识信贷配给的原因以及如何化解这一难题提供了思路。

新凯恩斯主义发展起来的动态随机一般均衡模型把影响宏观经济运行的动态因素和随机因素纳入模型分析框架是 20 世纪 80 年代以来经济学的一个新发展，它是宏观经济动态分析和一般均衡分析以及政策评价的一个有用的工具。

新凯恩斯主义主张更温和、更审慎的政府干预，主张通过改革和完善政策来减少或消除妨碍市场机制发挥作用的障碍，主张在实施政府干预的过程中注重发挥市场机制的调节作用，它们所说的"粗调"就是适度干预。这些思想和主张对于我国经济的改革和发展，完善我国的宏观调控，都具有借鉴参考价值。

党的十八大报告强调，中国经济体制改革的核心问题是处理好政府和市场的关系，使市场在资源配置中起决定性作用，更好发挥政府作用。党的十九大和 2017 年 12 月中央经济工作会议再次强调，要着力构建市场机制有效、微观主体有活力、宏观调控有度的"三有"经济体制。公有制、国有企业、共同富裕、按劳分配、构建人类命运共同体这些因素使中国社会主义市场经济体制中的政府和市场的关系不同于西方资本主义市场经济中的政府和市场的关系。我国经济体制改革的主要任务是，一方面通过不断深化市场化改革，完善中国特色的社会主义市场经济体制，使市场在资源配置中起决定性作用；另一方面通过不断深化政府体制和宏观调控方式改革，使宏观调控有度，使政府干预有效。

关键词　工资黏性　价格黏性　隐性合同　局内人—局外人　工资刚性
价格刚性　合同约束

思考题：

1. 如何理解新凯恩斯主义的"新"？
2. 试述新凯恩斯主义和凯恩斯主义的关系。

3. 新凯恩斯主义解释失业的原因与凯恩斯的解释有什么不同？

4. 信贷配给理论对我们有什么启发？

5. 新凯恩斯主义在政策主张上与新古典宏观经济学有什么不同？

6. 新凯恩斯主义从新古典宏观经济学那里学习和接受了什么？

第六章 货币主义

第一节 概 况

一、学派的形成与发展

货币主义根源于货币数量论。传统货币学派历经重商主义的"货币金属论"、货币名目主义、早期货币数量论、古典学派的"货币商品论"、新货币数量论和凯恩斯的货币理论等阶段。虽然传统货币学派或传统货币主义的理论演变经历了漫长的历史进程，但是其理论体系的正式建立则始于1911年欧文·费雪在其《货币的购买力》一书中货币交易方程式的提出，并且直到凯恩斯主义的出现，货币数量论一直占据宏观经济理论的统治地位。在凯恩斯之前，詹姆斯·安吉尔主张货币的增长应保持不变（1933），亨利·西蒙斯提出通过控制货币来达到物价稳定（1936），劳埃德·明茨提出稳定物价指数的具体货币计划。而卡尔·布伦纳于1968年首次使用"货币主义"一词。

18世纪以来，货币数量论构成了古典货币经济学的基础。货币数量论用货币存量和货币流通速度（总支出/货币存量）的变动来解释名义总支出的变动。从长期看，货币流通速度的变动通常小于货币存量的变动，它的变动部分是由货币存量的变动决定的。而且，在长期，产出的实际数量增长主要是由真实（即非货币性的）因素决定的。因此，影响物价水平的主要是货币的变动。从观察到的货币与物价之间的长期关系来看，通货膨胀是由于货币的过度扩张引起的，因而可以通过对货币供应量的适当控制来防止。这就是弗里德曼经常重复宣称通货膨胀无论何时何地都是一种货币现象的根据。

现代货币主义是20世纪五六十年代在美国出现的一个重要经济学流派，它属于新自由主义思潮，但货币主义的思想可以追溯到传统的货币数量论。现代货币主义在20世纪引起了巨大的反响，也产生了深远的影响，其对于经济实践的影响是实际且深刻的，是非常值得研究的新自由学派之一。

说到现代货币主义的产生，就不得不提凯恩斯主义。20世纪30年代的大萧条给予资本主义经济严重一击，也深刻地动摇了自由主义思想的统治地位。凯恩斯在这样的时代背景下，提出有效需求理论和扩张性财政政策，力图通过政府干预经济的方式，达到摆脱危机、重振经济的目的，现代国家干预主义就此产生并迅速蔓延。凯恩斯带来的这场"凯恩斯革命"在 20 世纪四五十年代产生了积极且符合预期的效果，经济重振，失业率下降，通货膨胀率下降，各主要资本主义国家陆续走出了大萧条的泥沼，这使得凯恩斯主义进一步盛行并得到崇拜。但是人们普遍忽视了凯恩斯主义未给予充分重视的货币数量问题，在扩张性财政政策一次又一次重振经济的过程中，社会中货币数量其实已经控制不住了。到了 20 世纪 70 年代，终于在石油危机的触发下，迎来了滞胀的局面。此时，面对以往不曾出现过的滞胀现象，凯恩斯主义也遇到了自诞生以来最大的挑战。

在凯恩斯主义盛行的时代，就已经有学者开始对它的缺陷进行批判与攻击。米尔顿·弗里德曼作为深受芝加哥大学经济自由思想影响的新一代学者，在 1956 年发表了《货币数量论——一个重新表述》，将经济生活中的货币因素重新纳入人们的视野，强调货币因素的力量。弗里德曼开始用他的新货币数量论进行货币理论的"反革命"，提出通货膨胀的原因就是货币数量发行过多，预防通货膨胀的唯一办法就是严格控制货币数量。在今天看来，这篇文章应该是货币主义发展史上的一个里程碑，但是在当时并未引起巨大的轰动。直到 20 世纪 70 年代出现了滞胀局面，人们才重新开始认识弗里德曼以及其他学者提出的货币理论，重新审视经济生活中的货币问题。1962 年，弗里德曼发表了《资本主义与自由》，他提出货币政策规则，即美国货币当局应保持货币供应增长率与经济增长率一致，即按每年 3%~5% 的增长率确定货币供给增量。到了 20 世纪七八十年代，作为头号资本主义强国的英国和美国，不约而同地将货币主义作为经济政策的基石，采取货币主义强调的政策措施来挽救暮气沉沉的经济形势。英国的撒切尔夫人和美国的里根总统让这一学派成为经济学中炙手可热的思想流派，货币主义达到极盛时代。

货币主义学派中涌现出一大批影响时代的经济学家，其奠基者和领袖是米尔顿·弗里德曼，美国著名的货币主义者有卡尔·布伦纳，艾伦·梅尔泽等，英国著名的货币主义者有艾伦·沃尔特斯，戴维·莱德勒，迈克尔·帕金等。其中，弗里德曼是货币主义集大成者，同时也是货币主义最有力的倡导者和推广者，由于他在消费分析和货币史与理论方面做出了贡献，并论证了稳定经济政策的复杂性，1976 年获得诺贝尔经济学奖。

二、基本观点

货币主义的中心思想是"货币最重要"这一概念。作为一个较为成熟的理论学派，货币主义虽然在不同的经济学者阐述下有着不同的具体理论，但是其成员在核心问题上的观点是一致的，否则也就不可称之为同一学派。归纳起来，以弗里德曼为代表的货币主义学者在以下几个问题上具有基本一致性：

第一，市场经济具有内在稳定性；

第二，货币供给增长率和充分就业均衡的相互配合；

第三，反对积极的政策管理，主张"规则"的货币政策；

第四，货币供给增长率对实际经济有影响。

其实，货币主义主要论述的是这样一个观点，即货币供给在短期中决定名义国民收入，在长期中决定整个经济的价格水平。它以现代货币数量论为理论基础，强调货币因素在经济生活中的重要作用，货币存量（货币供给量）的变动是推动产量、就业、价格水平变化的主要因素，即价格水平和经济活动变动的根本原因在于货币。他们由此认为，货币当局可以通过控制货币供给量来调节社会经济中出现的经济萧条、经济繁荣或者通货膨胀问题，而且货币当局行事的规则应该是可以被预期到的、有规律、有规则的。总体来看，货币主义的基本观点有如下五点：

（一）货币需求函数是相对稳定的

货币主义关于总支出的理论是建立在货币资产的需求函数的基础之上，认为这个函数是稳定的，是在逐次误差相互抵消、不会积累的这个意义上的稳定。弗里德曼在剑桥方程式的框架下重新表述了货币数量论。他认为货币数量的供给是由货币当局决定的，因此货币需求因素是货币数量论中的首要问题。他按照资产组合的方式列出需求函数的影响因素，包括实际收入、非人力财富、预期货币名义收益率、预期债券名义收益率、预期股票名义收益率和预期价格变动率等。弗里德曼认为，在上述影响因素中，最能主导货币需求的因素应该是持久性收入，这也是他提出的最有个人特色的货币需求函数因素。

（二）货币供给量对名义国民收入具有决定性作用

毋庸置疑，货币供给量的变动对产品、服务等产出和一般物价水平均有影响。在社会中货币流通速度基本保持稳定的情况下，当货币供给量发生变化的时候，名义国民收入和价格水平也会发生变化，并且变动方向是符合预期的。在短期内，如几个月至两年不等，货币供给量的变动可以导致实际产出和价格水平同时变化，但在长期里（两年以上），货币供给量的变动只能带来价格水平的变化。因此，中央银行可能通过增加货币供给量暂时提高实际产出，但这种方法的运用在长期内将导致通货膨胀。

（三）主张经济自由主义

货币主义的思想不仅仅是有关货币数量的，同时也是关于经济自由主义的。

该学派认为市场经济、私人经济是具有内在稳定性的，因此不需要外界力量无序的、任性的强制干预，应该由市场经济自身力量进行自发修正和调节。但该学派也不是彻底回归古典自由主义的怀抱，而是要政府按照一定规则行事。那么，政府的主要责任就在于确定规则以提供一个稳定的货币供给，即控制货币量的增长，最高不得超过产出的增长。按照货币主义者的说法，如果遵守这一规则，货币供给的突然变动导致经济混乱（产出和价格水平的扩张、收缩）的情况将不复存在。

（四）通货膨胀率和失业率的关系

通货膨胀率和失业率之间的关系在短期内且在一定条件下，是符合菲利普斯曲线的；但是在长期中，这种交替现象是不存在的，货币扩张只会引起通货膨胀。根据菲利普斯曲线，趋低的失业水平与趋高的通货膨胀率相联系。这种交替关系取决于工资和物价的黏性。当总需求增加时，工资和物价的提高是滞后的，使产出的增加吸收掉部分需求的增加。如果存在这种假设的交替关系，决策者往往愿意以较高的通货膨胀率为代价来维持较低的失业率。针对20世纪70年代菲利普斯曲线移向相对于一定失业水平而言的更高的通货膨胀率，弗里德曼（1968）认为，经济是受"自然失业率"影响的。由于自然失业率在长期内独立于通货膨胀率，货币政策是无法加以改变的。又由于所预期的通货膨胀率往往是伴随实际通货膨胀率上升的，这就使得通货膨胀率越来越高。这种"加速原理"意味着在通货膨胀与失业之间不存在持久的交替关系。

（五）汇率制度应该是浮动的，不应该是固定的

这是因为固定的汇率制度将会使通货膨胀在不同市场经济体中传导。货币主义的汇率理论是伴随着固定汇率制的崩溃和浮动汇率制的正式确立而产生的。它将汇率研究的注意力从经常项目转向了资本项目，突出了货币因素在汇率决定过程中的作用，认为一国货币供给状况及货币政策同该国的汇率走势有着直接的联系。

三、研究方法

货币主义的研究方法可以说几乎涵盖了现代经济学研究的主要方法，包括基于一定假说条件下，构建基于微观行为基础的宏观理论模型，以及根据实际数据通过经济计量学和统计学方法等对已有理论或提出的新理论进行验证。综合而言，其经济学方法论是为解决"是什么"该类问题的实证方法，并特别强调理论与实际数据的一致性。甚至弗里德曼（1953）在其经典论文《实证经济学方法论》中提出："检验一个理论或假说是否有效的唯一标准就是其预测和实际数据的比较，理论假定的现实性和理论的检验毫不相关。"弗里德曼的论点就是建立在这样的命

题上：任何理论假设都不可避免地——如果想要取得科学成果——存在某种程度的"不真实"。他之所以这样做，是因为他认为科学的目的不是复制充满五光十色的复杂事物的"真实世界"，而是从一般事物中抽象出简单的模型，使我们能预测它的行为。然而，他反对大规模的理论模型（如一般均衡）和经济计量模型，赞成从比较简单，但具有预测力的理论中得出的小型经验模型。

现代货币学派在研究方法上超越了传统货币学派，不仅单纯通过宏观理论或宏观数量上对其理论进行阐释，同时注重其微观基础，并通过实际数据为其理论提供支持。例如，弗里德曼和安娜·施瓦茨 1963 年在其合作的名著《美国货币史：1867—1960》一书中，通过扎实的统计研究和实证分析为其理论提供坚实的实际支持，同时还对其反对的凯恩斯主义的货币观点进行了强有力的证伪。实际上，弗里德曼（1953）认为一个理论或假说永远不能被证实，而只能被证伪。

弗里德曼关于方法论的规定对后来经济研究的方向产生了一般性的有益影响。一方面，他强调预测力，应该是经济学家们应用于可预测的未来的更现实的标准；另一方面，从计量经济学"技术"和资料可用性的现状看，强调富有经验成果的小型模型似乎是更现实的研究策略。

四、主要特征

通过对货币主义基本观点的阐述，可以看出货币主义自身的一些特点：

第一，货币主义强调的是经济自由主义，反对一般的政府干预，但是它强调的自由主义是有别于传统古典经济学的完全放任的自由主义。它认为经济具有内在稳定性，但考虑到货币因素在经济中的重要作用，货币当局应该按照事先决定的单一规则行事，放弃凯恩斯革命时期那种积极主动、相机抉择的政策规则，以期避免对经济产生不可预料甚至反向的扰动。

第二，同其他学派相比，货币主义将理论研究的重心集中放在了货币这一因素上。它旗帜鲜明地将货币作为经济中非常关键的因素加以对待，考虑货币存量（货币供给量）变动对经济的影响作用。

第二节　基　本　理　论

一、市场经济秩序理论

市场经济秩序就是指市场在经济运行中的规制，构成了对各经济利益主体行为的约束。而市场经济秩序理论，则是基于对经济社会运行规律的认识和根本观点。货币主义属于新自由主义思潮范畴，认为扩大自由是增进福利和平等的最有效办法，因此他们反对凯恩斯主义主张的国家干预政策。

在新自由主义思想指导下，货币主义认为经济自由是实现政治自由的基础，同时认为经济运行应主要由市场和价格机制主导，反对财政政策比货币政策更有效的观点。货币主义进一步强调了市场经济秩序应是有限经济自由主导下的市场经济，通过限制并分散政府权力以消除或降低政府对自由影响的副作用。

具体而言，货币主义的经济秩序理论，基于交易的自愿互利原则和价格调节原则，强调货币更重要，认为通过控制货币供给就能控制宏观总量。因此，弗里德曼认为通过制定"单一的货币规则"，货币当局通过公开实行某一稳定的货币总量增速措施，避免政策的频繁变动，以便为经济提供稳定的货币环境，是防止货币成为经济失衡因素的主要解决办法，同时也有助于缓解或抵消其他因素对经济均衡的冲击。

二、货币需求理论

货币主义的需求理论是在传统货币理论基础上，借鉴凯恩斯的货币需求理论发展而来的。它打破了传统货币理论中只分析货币供给理论的模式，将货币需求定义为同样重要，甚至更为重要的因素加以研究。货币主义借鉴了凯恩斯理论中有关货币需求动机的分析方法，对影响货币需求的因素逐一分析，明确了货币主义的货币数量论是主要关于货币需求的理论。

首先来看货币主义货币数量论的思想渊源——传统货币数量论。从法国重商主义者让·波丹开始，货币数量论逐渐登上了经济理论研究的舞台。经过洛克、休谟和李嘉图的发展和完善，到欧文·费雪和庇古时，传统货币数量论已经成熟并且蔚为大观。费雪强调的是货币作为流通手段和支付手段的作用，提出了 $MV=PQ$ 的交易方程式，其中 M 代表货币流通数量，V 代表货币流通速度，P 代表一般价格水平，Q 代表商品和劳务交易量。费雪认为在 Q 不变的前提下，P 是同 M 和 V 成正比的。

庇古则提出了史称"剑桥方程式"的货币数量论，即

$$M=kPy \tag{6.1}$$

其中 M 是人们持有的货币数量，k 是货币流通速度的倒数，y 是实际国民收入，P 是一般价格水平。庇古的方程式是从需求的角度来看待货币数量和价格变动的关系的。

弗里德曼就是在庇古的"剑桥方程式"的基础上提出了自己的货币需求理论。他认为影响人们持有货币的因素和人们持有其他商品、劳务的因素是大致类似的，是要在一定的收入约束下，考虑持有的机会成本，衡量持有效用的结果。当收入一定，则人们的选择范围有约束，不可能随心所欲，这就存在取舍问题；持有是有机会成本的，当人们选择了货币，就减少了持有债券或股票的收益；持有货币也是一定能带来效用的，这与个体偏好相关。

对于经济中最终的财富所有者来说，货币是一种资产，是持有财富的一种形式。对于生产性企业来说，货币是一种资本货物，是生产性服务的一个来源，这些生产性服务与其他生产性服务相结合以便共同生产出企业所出售的产品。所以，货币需求理论是资本理论中的一个特殊议题，因而，它具有这样一种非同寻常的特点：它联结了资本市场的两端，一是资本的供给，一是资本的需求。

弗里德曼对社会上最终的财富所有者方面的需求进行了分析，与通常的消费者选择理论一样，对货币（或任何其他的特别资产）的需求，取决于三种主要因素：一是以各种形式持有的总财富——这相当于预算约束；二是这种形式的财富与其他形式的财富的价格及收益情况；三是所有者的兴趣与偏好。人们在对某一消费服务需求所作的分析上存在的本质差别，在于对第二、三种因素存在的不断变化的替代率加以考虑的必要性，以及用财富一词来定义预算约束的必要性。

那么，什么因素具体影响实际货币需求呢？弗里德曼通过大量数据资料分析提炼总结了如下货币需求函数：

$$\frac{M}{p} = f\left(y, \ \omega; \ r_m, \ r_b, \ r_e; \ \frac{1}{p}\frac{\mathrm{d}p}{\mathrm{d}t}, \ u\right) \tag{6.2}$$

式（6.2）中，M 是人们持有的名义货币量，p 为一般价格水平，则 $\frac{M}{p}$ 即为实际货币需求；y 是持久性收入，ω 为非人力财富占总财富的比例；r_m 是货币的名义报酬率，这个报酬率在货币仅仅当作通货时为零，在货币成为支付定期存款利息时为正，在货币成为仅支取服务费的活期存款时为负；r_b 为预期的固定收益的报酬率，一般为债券收益率；r_e 是预期的浮动收益的报酬率，一般为股票收益率；$\frac{1}{p}\frac{\mathrm{d}p}{\mathrm{d}t}$ 为预期的价格变动率；u 为其他收入变量。

从上述函数形式可以看出，y 和 ω 是持有货币的收入约束，r_m、r_b、r_e 和 $\frac{1}{p}\frac{\mathrm{d}p}{\mathrm{d}t}$ 是持有货币的机会成本，而 u 就是其他影响个体偏好的需求因素。在这里面，持久

性收入 y 是弗里德曼货币需求函数最显著的特征。

弗里德曼货币需求理论分析所要求的并不是通常测定的国民收入——测定的国民收入主要与扣除双重计算后的现期收入相对应，而是一个较长期的概念"预期收入"，即"持久性收入"。何为"持久性收入"？弗里德曼认为人们的当期收入可以分为两部分，一部分是当期偶然收入，另一部分是持久性收入。偶然收入大多是短期的，不可持续的，而持久性收入则是个体凭借自身能力可以长期连续获得的收入水平。在这里其实是用持久性收入作为总财富的代表，因为总财富的不可测量性，因此弗里德曼认为持久性收入更好地符合了总财富对需求的影响方式。需要注意的是，上述所有需求函数都要有一个大前提，那就是社会中货币流通速度基本稳定。弗里德曼通过对 1867—1960 年美国数据的分析也确信了这一点。

总的来说，弗里德曼的货币需求函数适合于说明短期经济波动。他的创见在于将货币需求提到了比货币供给更高的位置上，将货币数量论的关注点由传统的货币和物价水平的探讨转移到货币与收入、价格水平的讨论上。这种转移将货币因素在经济中的作用提高到了一个新的层面上，再次强调了弗里德曼的观点"货币是重要的"。

弗里德曼用实证研究证明货币需求在长期呈增长趋势，在经济周期中随经济扩张而下降，随经济收缩而增长。他认为，真实持久性收入主导性地决定了真实货币需求的数量。在统计研究中，名义货币需求的持久性收入弹性为 1.8，利率弹性为−0.15，因此他认为，利率对货币需求的影响远没有真实收入高。鉴于他提出的持久性收入在长期是稳定的，再加上货币需求与持久性收入之间的稳定关系，弗里德曼认为他的理论论证和实证分析得出了货币需求函数稳定性的结论。

三、通货膨胀理论

20 世纪 30 年代的大萧条催生了凯恩斯革命，在以后的 40 年代和 50 年代里，美国政府一直在凯恩斯主义的影响下实施积极的财政政策以期振兴经济，当局的行事目标基本以控制利率为主，刺激投资，加大政府支出，几乎整体忽略了货币数量问题。在越战之后，美国经济逐步走入了"滞胀"阶段，经济再次停滞不前，经济中的高通货膨胀率是非常鲜明的标志。货币学派以弗里德曼为代表，将关注焦点转移到了经济大敌——通货膨胀问题上。

1943 年，弗里德曼与人合作撰写的《防止通货膨胀的税收》一书出版。在该书中，他提出通货膨胀问题的核心是货币供应量的变动，政府通过增税或者增发货币这两种不同的方式用于弥补预算赤字。但是从通货膨胀的角度来看，由于前一种方式不会影响货币量而后一种方式会影响货币量，所以两种方式对通货膨胀的影响是不一样的。

弗里德曼则断言"通货膨胀随时随地都是一种货币现象"①。他认为"通货膨胀发生在货币量增加的速度超过产量增加的速度；而且，每单位产品所配合的货币量增加得愈快，通货膨胀率就愈速"②。与凯恩斯的观点不同的是，弗里德曼把一般物价长期持续性上涨的原因归结为货币供应增长速度快于经济发展速度。通货膨胀率居高不下的根本原因是中央银行发行了太多的货币，"那就是唯一的原因，哪里都是如此"。为了证实这个原因的普遍性，弗里德曼还讨论了德国与匈牙利经济中的通货膨胀阶段，指出这两次通货膨胀具有相同的原因，都应该归咎于货币当局发行了过多货币。

首先，什么叫通货膨胀？弗里德曼认为经济中引起物价长期普遍上涨的一种货币现象就是通货膨胀。这里的定义有三个重点：一是长期性，二是普遍性，三是货币性。长期性是要求物价水平在一定时期内一直处于上涨的态势，而不是临时性的一次性的上涨；普遍性是整个社会各种商品和劳务价格都呈现上升态势，而不是个别商品和劳务价格的变动；货币性是说通货膨胀归根结底是一种货币现象，是与货币量变化息息相关的，与实际产品的变化不能相比。

其次，通货膨胀产生的原因是什么呢？在弗里德曼之前，很多经济学家试图从多个方面对通货膨胀现象做出解释，但是这些解释大多与生产成本因素有关，比如工会争取工资的提高，石油输出国组织提高石油价格等。弗里德曼则干脆地指出其实通货膨胀就是由于社会中货币太多造成的。这与前面他给予通货膨胀的定义是相通的。当社会中货币流通速度保持相对稳定时，产量的增加如果低于货币量的增加，那么通货膨胀就可能发生了。现实中，产量的增长一般是缓慢的、不具有跳跃性的，但是货币量的增长则是容易改变的。所以货币当局的行事规则在很大程度上影响着通货膨胀现象。

最后，如何治理通货膨胀呢？在货币学派看来，通货膨胀就是一种彻彻底底的货币现象，当货币量增长率高于经济增长率时就会自然发生。而货币当局对此应负有不可推卸的责任，他们的无度超发是罪魁祸首，因此货币学派极力赞成"单一规则"的货币发行政策。但是我们需要清楚的是，虽然说起来治理通货膨胀

---

① ［美］米尔顿·弗里德曼：《论通货膨胀》，杨培新译，中国社会科学出版社1982年版，第36页。

② ［美］米尔顿·弗里德曼：《论通货膨胀》，杨培新译，中国社会科学出版社1982年版，第36页。

很简单，但是经济实践告诉我们这是非常困难的。当货币当局超发货币之后再想"收敛"一些的时候，这往往不再是一个简单的经济问题了，政治问题会随之而来。并且治理通货膨胀不是简单的过程，它很可能需要一段艰难的历程，货币量、物价水平、产量水平之间的关系调整不是一蹴而就的。

此外，弗里德曼还分析了货币供应量增长过快的主要原因。他认为，货币供应量的加速增加完全是由于政府执行凯恩斯主义的财政政策与货币政策所造成的。在美国，货币数量加速增长的原因是：政府实行赤字财政政策，出售债券以便为加速增加的庞大开支筹措资金，政府实行充分就业的政策，以及中央银行所执行的错误的、以影响利率为目标的货币政策。其实，这些政策没有从根本上解决失业问题，反而加剧了通货膨胀。

四、货币分析的理论模型

弗里德曼与施瓦茨合著的《美国货币史：1867—1960》通过对美国 93 年货币史的实证研究，推导出了著名的货币供给决定模型，标志着 1956 年以来货币经济学的重大进展。该书对 1867—1960 年货币存量变动与名义收入波动之间的一致关系进行了统计分析，对造成 20 世纪 30 年代大危机的严重性和持久性的原因做出重新解释，成为唤起人们对货币经济学浓厚兴趣的极其重要的原因。

弗里德曼和施瓦茨（1963）给出了货币供给的方程式，将广义货币 M 同高能货币 H、存款准备金比率 D/R、存款通货膨胀比率 D/C 建立了等式关系。其中，高能货币反映了货币当局的行为；存款准备金比率反映了银行等金融中介的行为；存款通货膨胀比率则反映了企业和居民的行为。四者之间的具体关系如下：

$$M = C + D \tag{6.3}$$

$$H = C + R \tag{6.4}$$

$$\frac{M}{H} = \frac{C+D}{C+R} = \frac{D}{R} \cdot \left(1 + \frac{D}{C}\right) \cdot \frac{1}{(D/R + D/C)} \tag{6.5}$$

进而，货币供给方程可以写为：

$$M = H \cdot \left[\frac{D}{R} \cdot \left(1 + \frac{D}{C}\right) \cdot \frac{1}{(D/R + D/C)}\right] \tag{6.6}$$

在该货币供给方程式中，H 为高能货币；$\dfrac{D}{R} \cdot \left(1 + \dfrac{D}{C}\right) \cdot \dfrac{1}{(D/R + D/C)}$ 为货币乘数，它取决于存款准备金比率 D/R、存款通货膨胀比率 D/C。由此可知，经济体中的货币供给量是由高能货币、存款准备金比率和存款通货膨胀比率三个因素共同决定的。弗里德曼和施瓦茨把这三个因素称为"货币存量的大致的决定因素"，而 D/R、D/C 则为货币乘数的决定因素。他们认为，货币供应量是由 H、D/R、D/C 三个因素共同决定的，其中任一因素的变化都可以引起货币供应量的变化。

根据式（6.6）的结论，如果给定存款准备金比率和存款通货膨胀比率，即给定 D/R 和 D/C，一个经济体内的货币存量增长率将唯一取决于高能货币 H 的增长率，并且存款准备金比率 D/R 越高，相同数量的存款准备金所能支持的存量总量也就越大。而存款准备金比率实际为存款准备金率的倒数，因此 D/R 的变化将导致货币供给总量同方向的变化。此外，存款通货膨胀比率 D/C 越大，即银行等金融中介存款 D 越大或居民与企业手持现金 C 越少，则金融中介体系创造的派生存款也越多，进而存款通货膨胀比率 D/C 同货币存量也呈同方向变动。

五、对菲利普斯曲线的看法

菲利普斯曲线是由新西兰经济学家威廉·菲利普斯于 1958 年在《1861—1957 年英国失业和货币工资变动率之间的关系》一文中最先提出的。它主要表明的是失业率和通货膨胀率之间存在此消彼长的交替关系。后来的经济学家又根据自己的理解形成了"失业—物价"曲线和"产出—物价"曲线。"失业—物价"曲线是第二种菲利普斯曲线，表明的是失业率与物价上涨率之间的关系。这是由美国经济学家萨缪尔森和索洛于 1960 年提出的。萨缪尔森和索洛以物价上涨率代替了原菲利普斯曲线中的货币工资变化率。"产出—物价"曲线作为第三种菲利普斯曲线表明的是经济增长率与物价上涨率之间的关系。这是后来许多经济学家所惯常使用的。这种菲利普斯曲线以经济增长率代替了第二种菲利普斯曲线中的失业率。这一代替是通过"奥肯定律"实现的。美国经济学家奥肯于 1962 年提出，失业率与经济增长率具有反向的对应变动关系。

1968 年弗里德曼以货币主义的视角对菲利普斯曲线进行了修正。他指出这样一个关键问题，传统的菲利普斯曲线使用的是名义量的变化而不关心实际量。这个假定的前提是工人们存在货币幻觉，实际工资水平不是他们是否提供劳动的决定因素。但是这与人们经济生活经验是不相符的，即便是没有什么学识水平的工人也都知道，工资可以实际购买的商品和劳务量才是他们供给劳动的决定因素，而不是名义货币工资。再进一步说，就是人们其实是理性的，是有预期的。于是弗里德曼建议将预期因素加入菲利普斯曲线中，附加预期的菲利普斯曲线就此诞生。

货币主义者在解释菲利普斯曲线时使用的预期概念是适应性预期，即人们根据过去的经验来形成并调整对未来的预期。他们根据适应性预期把菲利普斯曲线分为短期菲利普斯曲线和长期菲利普斯曲线。弗里德曼的这种改变其实是肯定了传统的菲利普斯曲线只是短期有效的，长期是失去作用的。在短期内，不同的预期对应着不同的菲利普斯曲线。如果货币当局加大货币发行量，人们开始是有货币幻觉的，会认为工资提高了，从而增加劳动供给，因此社会的失业率会下降。但是当人们感受到流通中更多的货币量导致通货膨胀率提高的时候，人们调整了预期，进而调整了对名义工资的感受，人们认为名义工资的提高没有带来实际收入的提高，从而减少了劳动供给，社会失业率上升。此时附加预期的菲利普斯曲线上升为对应更高通货膨胀率的菲利普斯曲线。在长期中，人们最终会预期到通货膨胀，并将这种预期调整到实际生活中通货膨胀的水平，失业率和通货膨胀率之间不存在交替关系，菲利普斯曲线成为一条垂直的线。这意味着以引起通货膨胀为代价的扩张性财政政策与货币政策并不能减少失业。

总体说来，以弗里德曼为代表的货币主义将菲利普斯曲线和预期结合起来，解释了总需求政策在短期内有效的道理，同时也认识到长期失效的原因，并且进一步指出如果长期坚持一些总需求政策，那么当局得到的不会是预期的失业率下降现象而是顽固的失业率和通货膨胀率上升。这就是宏观经济政策的长期无效性。

第三节　政　策　主　张

一、自由放任的政策基调

应该说芝加哥大学是货币主义兴起的精神家园。弗里德曼在此受教于弗兰克·奈特等一大批追求经济自由的学者们，在他们不畏凯恩斯势力兴盛的影响，竭力保有自身坚定的自由市场信念下，弗里德曼也成长为自由放任学说的忠实捍卫者。

货币主义学者们认为应该保障人们经济活动的自由，充分发挥市场机制本身的力量。市场经济是社会中资源配置最好的机制，也只有在自由的市场机制下，资源配置才能达到最优化。私人经济其实本身具有内在稳定性，政府政策往往由于它的不科学性会加剧或者引起经济波动。在货币主义学者看来，凯恩斯主义那种相机抉择的政策行事规则是无效的，甚至是负效应的。不论是凯恩斯的财政政策还是货币政策，都因此政策的时滞性和其他多种因素的影响而达不到应有的效果，反而会引起长期中经济的不良反应，如通货膨胀率上升。因此一国的政府，应该除了控制货币增长速度外，其他什么也不要干预，让市场经济充分发现自身的能动性和稳定性。可以说，放任自由的政策基调是货币主义的鲜明特征，与同时代的凯恩斯国家干预主义形成强烈对比。但是这种放任自由不是说彻底的放任自由，政府还是要在货币政策方面有所作为以保证经济健康增长。

二、稳定物价的政策目标

在经济政策的考量中，通常会有最终目标和中介指标的区别。最终目标是指当局所要采取行动的最终极想要达到的结果，一般说来最终目标包括经济增长、失业率下降、物价稳定、国际收支平衡等。在具体实践中，这样的最终目标需要寻找一个合适的中介指标来观察、考量以及实现。货币主义的最终目标是稳定经济不出现大的波动，其中介目标选定了货币供应量。因为货币主义认为控制住了货币供应量就可以防止货币本身成为经济波动的源泉，同时也有助于稳定经济其他方面的波动。只要稳定住了货币供应量，那么通货膨胀率就是可控可预期的，整体社会物价水平就不存在大的波动和意外。

弗里德曼明确阐明货币政策的长期目标就是保持物价稳定，使经济实现没有通胀的繁荣。那么，中央银行就应当避免货币决策的重大失误，尤其要做到"不使货币成为重大经济问题的根源"，维护私人市场经济原本具有的内在稳定性。对于存在明显的重大经济震荡，货币政策应该发挥抵消干扰、减少经济波动的作用。作为一名坚定的自由主义者，弗里德曼相信私人市场经济具有内在稳定性，因此货币政策最大的作用在于保持物价稳定，为经济提供一个稳定的货币体系。

三、货币政策在国家干预中的主导地位

在凯恩斯革命之前，西方经济学家普遍认为，财政政策所能影响的只是国民收入的分配，而非国民收入的总水平。这是因为，国民收入水平决定于市场供求力量，货币只是充当交易媒介，货币需求对利率完全无弹性，因而，只要货币供给不变，政府支出的变动就仅仅表现为政府投资变动引起的利率涨落，进而导致私人投资与政府支出的等量、反向变动。同理，税收的增减则会产生与政府增减相反的效果。因此，财政政策的总结果对国民收入水平毫无影响。在这种"财政部观点"支配下，当时普遍认为，即使发生经济危机，也无须政府的财政干预，只需主要依靠市场供求作用的自动调节，辅以温和的信用调节，就能消除危机、恢复均衡。

凯恩斯革命推翻了"财政部观点"，使经济理论在一段时间内趋向另一极端。

这就是：一方面，在非充分就业的前提下，以有效需求原理为核心，并辅以乘数原理，强调扩大政府支出对刺激有效需求、进而成倍增加国民收入、实现充分就业的重要作用；另一方面，认为货币需求对于利率具有充分弹性，特别是当发生"流动性陷阱"时货币需求对利率的弹性达到无限大，此时，扩大货币发行对刺激经济回升毫无作用。因此，凯恩斯主义者强调财政政策本身的极端重要性，同时把原来在国家干预中居于统治地位的货币政策降低到辅助性工具的从属地位。

弗里德曼则对所谓"财政政策极端重要"的凯恩斯主义观点持完全否定态度。他指出，在现实中，财政政策总是与货币政策共同发生作用的。因此，在进行理论分析时，应对它们的作用分别加以考察。如前所述，在弗里德曼看来，货币政策在保持经济稳定增长方面的极端重要性是毋庸置疑的。关于他对财政政策作用的评价可归纳为以下三点：

第一，如无货币政策的配合，财政政策本身是无效的。弗里德曼认为，财政政策能否生效，取决于货币供给是否发生变化。例如，当政府支出增加而货币供给量没有相应增加时，增加的支出就只能由增税或向公众借款来弥补，在这种情况下，只会发生政府支出对私人支出的"排挤"，而完全谈不上"乘数"效应。这种分析显然不过是"财政部观点"的翻版，它一方面否定了货币需求对于利率具有充分弹性的说法，特别是否定了"流动性陷阱"假说，认为货币需求对利率是缺乏弹性的，因而利率的提高不会显著减少货币需求、增加私人企业的融资可能性；另一方面，它认为投资对于利率具有充分弹性，由此决定了政府支出所引起的利率的些微提高，会导致对私人投资的完全排挤，因而财政扩张也根本不可能大大降低利率。弗里德曼还指出，政府债券是私人债券最接近的替代物，政府债券的增加会大大降低私人债券的销售，从而减少厂商融资的可能性。

第二，当货币政策与财政政策共同发生作用时，货币政策的效果是占主导地位、起支配作用的。弗里德曼通过实证研究来说明他的这个观点。他以1966—1967年和1968—1970年美国经济的现实为例指出：紧的货币政策与松的财政政策共同实施时，必然引起经济增长率的下降；反之，松的货币政策与紧的财政政策共同实施时，则会产生膨胀性繁荣。可见，货币政策是支配财政政策的，货币政策的效果比财政政策更为重要。

第三，由于私人经济的内在稳定性，或者说由于存在着"自然失业率"，即使有货币政策的配合，财政政策在刺激经济增长方面也只有短期的效果，在长期内不但无效，反而会引起恶性通货膨胀。弗里德曼认为，以需求管理为宗旨的财政政策最终都是通过货币量的扩张和收缩来实现其经济调节作用的，而扩张性财政政策对经济的"过头反应"必然导致通货膨胀。由于"自然失业率"的存在，这种通货膨胀率仅仅是借助于人们暂时的预期失误而产生增加就业的短期效果的，而在长期内，失业率将滞留在不能确知的"自然失业率"水平上。因此，以实现和维护"充分就业"为目标的财政政策，不但对减少失业无所裨益，反而会使通货膨胀率越来越高。

通过上述三点分析，弗里德曼就完全否定了财政政策在影响宏观经济方面的长期有效性。虽然他也曾鼓吹收入指数化方案，赞成减税计划等财政措施，但他也只是把这些措施看作是配合货币政策而采取的缓和经济波动的权宜之计或减少政府干预的必要步骤。在他看来，除了以"单一规则"为核心的货币政策之外，宏观财政政策对经济活动的干预有害无益，因而是不可取的。

总的来看，弗里德曼的货币政策主张是建立在对私人经济内在稳定性，货币供给与名义收入之间的直接因果关系的坚定信念上的，因而他反对政府对经济的财政干预，并把货币政策目标限制在为私人经济提供安定的货币环境即实现物价稳定上。与此对应，他强调货币增长率作为货币政策指标的唯一可靠性、可行性，主张以"单一规则"为核心，保持货币政策的长期稳定性，反对任何相机抉择的做法。

四、"单一规则"的货币政策

凯恩斯革命带来的最显著的变革就是政府在经济生活中的参与程度。从最开始的完全自由放任到国家干预主义，政府当局在市场经济中的触角越伸越长，影响越来越大。"二战"以后，各主要西方国家积极推行凯恩斯主义所提倡的以赤字财政扩大政府支出为重心，以通货膨胀为特点，并辅之以低利率、放松银根的财政金融政策来刺激经济增长，提高就业水平，对付周期性的经济危机。但实际情况表明，凯恩斯主义的这套办法到了 20 世纪 60 年代以后反而致使西方国家出现严重的滞胀局面。凯恩斯主义的政策主要集中在财政政策上，货币政策作为配角出现。积极的财政政策通过政府扩大开支，刺激投资来恢复被有效需求不足拖累的经济。凯恩斯主义政策的显著特点就是相机抉择，提倡根据实际经济状况进行政策调整以期保证经济增长。

货币主义对凯恩斯主义政策的批评也集中在忽视货币政策和相机抉择这两个方面。弗里德曼对 1867—1960 年美国经济数据的分析让他坚信美联储错误的货币政策是导致大萧条的主要原因，而萧条之后无节制的货币供给则是滞胀的主要原因。他批评凯恩斯主义的主要论点在于凯恩斯主义在推出政策时根本没有考虑政策具有时滞性，在经济繁荣时期推行紧缩政策，在经济萧条期推行扩张政策，但是这些政策从推行到产生效果是有一定的时间延滞的，并不是立竿见影的。这种时滞很可能让相机抉择的政策在后期成为扰动经济的源泉，同时也加剧了其他经济波动因素的发展。因此相机抉择是错误的，应该使用"单一规则"。

所谓"单一规则"的货币政策，根据弗里德曼的观点，就是排除利率、信贷流量、自由准备金等因素，而以一定的货币存量作为唯一因素支配的货币政策，货币当局应设定固定的货币增长率并在一定时期内坚定执行。弗里德曼指出"一个不变的、既定的货币数量增长率比之准确变化的增长率数值更为重要"。"单一规则"这一概念包含以下几层意思：一是增长率必须固定为一个数字，是明确的、清晰的，而不是指导性的描述，这样也保证了政策的连续性；二是这个增长率是公开发布的，所有人都可知晓，从而形成人们对市场的预期，当这个增长率固定的时候，人们更易形成稳定的市场预期；三是在一定时期内长期坚持，这样做的原因就在于要消除政策时滞性带来的麻烦以及免除相机抉择带来的意外波动性和破坏性。

那么，这个固定增长率该如何确定呢？弗里德曼通过对美国的数据分析研究后认为，将 M_2 作为控制货币供应量的检测指标最为合适，要保证 M_2 每年按照固定的增长率增长，每年增加 4%~5% 应是"现行措施的最适当规则"。根据他的估计，美国每年需要增加货币 1% 或 2% 以配合人口和劳动力的增长，以及长期内货币流通速度随着真实收入的增长而降低，而美国年产量平均每年约增长 3%，所以货币供应每年增加 4%~5%，就可以使物价水平趋于稳定。因此，经济的年增长率加上就业的年增长率就大致是单一规则下 M_2 的固定增长率。弗里德曼解释的理由是如果货币供应量赶不上经济增长率和就业增长率之和，那么物价就会下跌，从而导致投资萎缩，影响经济发展。因此货币当局应该按照这个规则确定的增长率来实施。

以英国为例，撒切尔夫人上台时，英国经济出现一方面发展停滞，另一方面物价飞涨的奇怪现象，被称为"英国病"，整个经济萎靡不振。撒切尔夫人采取了货币主义的政策，将货币供应量下降为年增加 8% 左右，与生产增长基本适应，控制货币供应量稳定增长的目标基本实现。

五、自由浮动的汇率制度

1944 年 5 月，美国邀请参加筹建联合国的 44 国政府代表在美国布雷顿森林举行会议，经过激烈的争论后各方签订了"布雷顿森林协议"，建立了"金本位制"——一个新的国际货币体系。布雷顿森林体系实际上是一种国际金汇兑本位制，又称美元—黄金本位制。它使美元在"第二次世界大战后"国际货币体系中处于中心地位，美元成了黄金的"等价物"，美国承担以官价兑换黄金的义务，各国货币只有通过美元才能同黄金发生联系。这就是国际货币间的固定汇率制度。1953年弗里德曼发表了《浮动汇率论》，指出这一固定汇率制度不可维系，最终必定要破产。

20世纪50年代，弗里德曼提出了浮动汇率理论，极具前瞻性地预见了"布雷顿森林协议"固定汇率体系的崩溃。他认为，在固定汇率制度下，开放经济体面临着资本管制或贸易限制、国内经济稳定与国际收支平衡不可兼得的困境；建立起浮动的汇率体系，一方面可以维护一国货币政策的独立性，稳定国内经济，另一方面可以通过有弹性的浮动汇率保持国际收支平衡，从而建立不受限制的多边贸易体系。因此，弗里德曼建议政府停止干预货币和外汇市场，建立浮动汇率体系。

应该说，货币主义对固定汇率制度的批评理由主要在于这种无弹性的汇率制度会在各国之间传播通货膨胀，即使某一个国家坚持了单一规则的货币政策，但是为了维护固定汇率，会从其他国家（其实就是美国）输入通货膨胀问题，进而损害贸易自由化成果，让货币升值的国家承受苦果。

货币主义认为浮动汇率制度最起码有两个好处，一是浮动汇率可以自动调节一国的进出口量和资本流动量，从而减轻他国通货膨胀带给本国的影响；二是浮动汇率具备连续性和敏感性。可以看到，固定汇率的变动是生硬的，不连续的。只有当官方汇率维持遇到巨大的困难，或是矛盾集中到必须爆发的边缘时，才会调整汇率，释放压力，这样刚性的变动对于经济稳定来说一定不是个好事情，而浮动汇率的连续性和敏感性则避免了如此刚性的变动方式，更好地促进自由贸易。

第四节 评 析

一、基本理论评析

现代货币主义以芝加哥大学为精神家园，以米尔顿·弗里德曼为杰出领袖，在20世纪70年代刮起了一阵强劲的理论旋风，与凯恩斯主义分庭抗礼，最终成为影响一个时代的思想学派。可以说，它在凯恩斯主义盛行的环境中出现，在凯恩斯主义遇到无法解决的困难时跃上历史舞台，直接影响了多个国家的政策制定，为经济走出滞胀局面发挥了一定的作用。

现代货币主义重新燃起人们对经济自由主义，甚至政治自由主义思想的探索。在经历了凯恩斯革命的国家干预主义洗礼后，人们可以重新发现市场自由的力量。它所极力推广的经济自由主义思想可以算作是对国家干预主义的矫枉过正，为市场经济的自由发展扫除了一些障碍。

货币主义将货币这一因素重新带入人们的视野范围，强调了货币在现代经济生活中的作用，以及忽视这种作用的后果。应该说，在货币日益发挥重要作用的现代经济社会，任何人都不可以忽视其对于经济增长起到的重要作用。

现代货币主义在实践中的影响无疑是巨大的。它的政策理念为多个国家所接受，并且直接实施于经济生活中。在这一点上，它无疑是可以和凯恩斯主义分庭抗礼的。单一规则的货币政策对西方国家走出 20 世纪七八十年代的滞胀起到了一定的作用，甚至在一定时期内，它根除了美国的通货膨胀，这样的实践成就无疑是巨大的。

现代货币主义是 20 世纪具有重大影响的经济流派，它承袭了前人有益的研究成果，为后人开辟了新的研究舞台。毫无疑问，它的影响是广泛的、巨大的，而且渗入社会各个层面。自弗里德曼之后，现代货币主义在实践中也产生了分化，其中一支就成了直至今天都颇具影响的新古典宏观学派。

二、政策主张评析

应该说，除了理论建树以外，现代货币主义最令人瞩目的也在于它的政策实践。它提出的"单一规则"的货币政策成为 20 世纪七八十年代英美等国家政府制定政策的理论依据之一。20 世纪 70 年代中期开始，美国、英国、瑞士、日本等国开始推行弗里德曼的单一规则货币政策，对于治疗滞胀显现出了一定的效果。从现在世界各国所普遍实施的货币政策的效果来看，也充分证明了货币在经济活动中的重要作用。

但是，在随后的实践中，货币主义的政策出现了效果下降的趋势，也就是说，并没有对经济增长起到预期的效应。这应该和当时经济发达国家滞胀困境解除有关。固定的货币增长率不能有效解决生产增长缓慢的问题，稳定的货币增长未能对经济产生足够的刺激作用。此外，在 20 世纪 80 年代，一批信奉"新自由主义"的拉美经济学家回到各自祖国，在其各自国家经济领域担任要职后，推行了包括将国有资产私有化等一系列新经济自由主义的"药方"，但却带来了经济衰退、社会动荡和贫富分化加剧，同时弗里德曼本人也因其智利一行备受争议。此时，货币主义的政策遭到了质疑。

然而，我们应该看到，在整个实践过程中，现代货币主义成功地让西方国家政府认识到货币在经济增长中的重要性，并从凯恩斯主义忽视货币的论调中逐步走出来，意识到货币政策同样也是重要的。更为重要的是，货币主义让政府接受了稳定货币的理念，把它作为调控目标，然后将控制货币量作为具体的中介指标，指导政策施行。弗里德曼作为尼克松、里根两位总统的经济顾问，在实践中推行了自己的政策理念，特别是里根总统采取了限制货币发行量的政策，最终美国的通货膨胀率和失业率都下降了，这是现代货币主义的实践成果。遗憾的是，国家经济政策不仅仅是经济问题，同时还是一个政治问题，政治家们在考量的时候，不可能纯粹按照经济视角来思考问题，因此政策效应也是打了折扣的。

三、局限性及借鉴意义

（一）局限性

任何一个学派都是处于一定的历史环境中，处于相应的历史阶段里的。经济学家们从现实经济生活的实践中发现问题，继而解决问题。所以一切学派都会有它的局限性，这不仅包括理论模型上的，也包括实践操作中的。

对于现代货币主义来说，其关于货币的理论是以货币数量论作为基础的，弗里德曼将传统的货币数量论延伸为货币需求理论和供给理论，可以说这种延伸是一种修正和补充，但是它们一脉相传的某些议题是不变的。比如假定社会中货币流通速度是相对稳定的，人们的支付习惯是相对固定的，在这个前提下，货币主义的理论和"单一规则"的政策理念才会有效。但是随着金融业的兴旺发达，各种新兴的支付手段层出不穷，金融创新成为社会中最朝气蓬勃的产业。在这样的发展背景下，货币主义持有的流通速度相对稳定的想法就跟不上时代发展的步伐。随着互联网时代的到来，人们的消费方式和支付行为已发生了重大改变。我们可以预期，货币流通速度将不再是稳定的。那么，现代货币主义的很多观点都需要进一步探讨、审视，甚至修正。

现代货币主义所秉承的经济自由主义观念是对凯恩斯主义的矫枉过正，是历史上国家干预主义和放任自由两种思潮的又一次交手。在历史发展过程中，重复着这样一种此消彼长、各领风骚的状况。仿佛没有经济学家可以笃定地且有坚实可靠证据来证明究竟政府在市场经济中该扮演什么角色。特别是发达资本主义国家发展到国家垄断主义的阶段后，国家干预已经成为大势所趋，完全的放任自由已经不被大多数政府所接受。因此，现代货币主义所强调的经济自由主义需要因时因地适当调整。到了滞胀后期，货币主义的政策已经出现了效果下降的状况，直到最后被其他政策代替，这其中的原因也是值得探讨和深思的。

对于现代货币主义来说，货币的重要性不言而喻，但是，货币不是万能的。发展到今天的理论会告诉我们：货币需求至少在短期内并不是持久收入的稳定函数。我们更应该看到市场经济发展至今，已经成为一个庞大复杂的运行系统，其中引发经济波动的因素是多种多样的，肯定不止货币这一个因素。如果货币当局仅仅采用固定规则的货币政策，能够稳定经济的希望是微弱的。现代货币主义需要修正自身的理论基础了。

（二）借鉴意义

无论怎样，现代货币主义都是 20 世纪后半叶在历史舞台上出现过的重要经济学流派。它对于经济自由主义的理解，对货币需求理论的发展，对持久性收入假说的提出，对价格理论的深入研究，对浮动汇率制度的推动，对通货膨胀理论的贡献都值得以后的学者们学习、思考、分析。它让人们认识到从方法论上来说，实证主义方法是重要的，不可忽略。重要的这是经济学发展中很关键的一环。尽管经济学家经常对弗里德曼《实证经济学方法论》（1956）一文争议颇多，但该论文却被普遍认为是一篇经典之作，而且已经产生了意义深远的影响。

对发展现代社会主义市场经济而言，现代货币主义有关货币、货币政策的观念都是我国政府可以借鉴和参考的，中国经济朝气蓬勃的发展已经给我们的经济学研究工作提出了更高的要求。研究我国货币政策的时滞、最优货币增长率的确定以及货币政策的传导机制等问题，对我国经济实践具有非常重大意义。

已有的研究表明，货币主义对于货币总量与通货膨胀之间必然联系的认识具有普遍意义。我国已经进入建设中国特色社会主义市场经济的新时代，在制定具体货币政策的过程中，尤其是关于货币供应量的决策中，一定要关注通货膨胀的问题。此外，货币政策规则化与利率市场化在中国特色社会主义市场经济建设中也同样具有重要的意义。

党的十九大报告提出："创新和完善宏观调控，发挥国家发展规划的战略导向作用，健全财政、货币、产业、区域等经济政策协调机制。"这是明确要求发挥国家的宏观调控作用，强调充分发挥国家在发展规划与机制设计中的作用。货币政策被定位为实现经济目标过程中的必要手段之一，并且要与财政、产业、区域等经济政策紧密联系、协调一致。这可以从两个方面来理解：一是不同的经济政策在制定与施行的过程中，在人力可保证的范围内不能互相抵牾，不能因为制定者或实行者的失误导致经济政策的低效率、无效率，甚至起反作用；二是要充分发挥发展规划与机制设计的优势，在科学、合理、有序、有效的基础上实现不同经济政策的联动，真正发挥出"1+1>2"的效果。

"健全货币政策和宏观审慎政策双支柱调控框架，深化利率和汇率市场化改革。健全金融监管体系，守住不发生系统性金融风险的底线。"这是党的十九大报告的新提法，也是未来我国深化金融体制改革的重要目标。这里对货币政策的要求更为明确，包含两个方面：其一，完善制度。在货币政策制定与执行中充分发挥宏观审慎评估体系的作用，并实现两者的充分联动，防范系统性风险，发挥逆周期调节作用，建设综合管理体制；其二，推动要素市场化配置，即利率与汇率的市场化。然而，稳健的货币政策为供给侧结构性改革创造了良好的货币金融环境，宏观审慎政策为稳健货币政策实施和传导提供了有力支持，因此"双支柱"互相协调增强了金融宏观调控的前瞻性、有效性，较好地维护了金融稳定。

（三）货币主义对我国的不适用性或警示意义

尽管货币主义的理论与政策建议对于建设中国特色社会主义市场经济有着重要的借鉴意义，但是我们同时应当注意到其中可能存在的不适用性。一方面，随着经济学理论的进一步发展，一些新的货币理论对现代货币主义进行了批判，这些新理论不仅对已有问题进行了重新解释，还提出了一些此前货币主义没有关注的新问题；另一方面，中国的社会经济制度和政治制度与西方国家的制度存在着显著不同，这就决定了在建设中国特色社会主义市场经济的过程中，货币主义的理论不能完全适应中国国情，而分析框架中一些假设前提如果在中国无法成立，那么难免会在结论层面出现"差之毫厘，谬以千里"的问题。以下就这两个方面进行说明。

首先，货币主义本身存在局限性。现代货币主义提出的背景是为了解决凯恩斯主义无力应对"滞胀"的局面，所以在理论和政策建议方面，货币主义主要着重于从货币量来讨论诸如菲利普斯曲线、价格黏性等宏观经济议题。因此，货币主义的理论视角在一定程度上可以被认为是"片面"的，而对货币理论的研究与发展还有进一步拓展的空间。

其次，中国制度具有独特性。在将西方的货币理论，包括但不限于货币主义的理论观点，运用到对中国现实的研究时，需要在研究前妥善处理不同制度下的适用性问题，杜绝简单套用西方理论研究中国现实。此外，中国特色社会主义市场经济建设同样离不开中国特色社会主义的市场经济理论来指导，这就意味着我们的学者需要在中国独特的制度前提下，总结供给侧改革的阶段性成果，认识"经济新常态"下金融创新的新现实，结合党的十九大报告中对于货币政策的新提法，发展更适应中国本土化的货币理论，一方面为中国特色社会主义市场经济的建设提供理论指导与支持，另一方面为货币理论本身的发展贡献新思路与新内容。

综上所述，虽然弗里德曼的货币思想是从成熟的资本主义经济体中总结出来的，但对正在建设社会主义市场经济的中国来说，无论是对我国货币政策的制定还是对货币政策的执行都具有很大的借鉴意义。在适当的条件下，"单一规则"不失为一种比较可取的政策选择。因为"单一规则"可以最大限度地避免货币本身的波动对中国经济所带来的冲击，这对促进转型时期的经济稳定还是有积极意义的。由于中国目前的经济体制还不完善，在使"单一规则"能够真正发挥其积极作用方面，我们还需要创造一个良好的政策环境，如疏通货币政策传导机制、完善货币政策工具、加快利率市场化和人民币国际化进程，以达到最好的政策效果。

关键词   单一规则的货币政策   附加预期的菲利普斯曲线   浮动利率
剑桥方程式   费雪方程式   凯恩斯货币需求

思考题：

1. 试论现代货币主义的思想渊源。

2. 弗里德曼的现代货币数量论与传统的货币数量论相比，它的进步体现在哪些方面？

3. 应该如何从现代货币主义的角度理解通货膨胀？

4. 弗里德曼是如何修正菲利普斯曲线的？

5. 简述并评价货币主义的政策主张。

6. 现代货币主义对当代中国经济实践有何指导作用和借鉴意义？

7. 评述现代货币主义的影响。

8. 简要评述凯恩斯主义与货币主义在货币政策主张上的差异。

第七章　新古典宏观经济学

第一节　概　况

一、学派的形成与发展

（一）从古典学派一词的演化中理解新古典宏观经济学

新古典宏观经济学是以罗伯特·卢卡斯等人为代表的强调微观基础构建和坚持古典经济学信条的宏观经济理论。当然，理性预期也是新古典宏观经济学的标签之一。在本书第一章，我们已经知道还有以马歇尔为代表的新古典学派。因此，在介绍新古典宏观经济学之前，有必要对相关概念加以说明，这涉及古典学派（classical school）、新古典学派（neoclassical school）和新古典宏观经济学（new classical macroeconomics）。

古典经济学（即古典学派 classical school）一词最初是马克思提出的，用以与庸俗经济学相区别。后来的经济学家也都沿用了这个词语，但含义就与马克思的大相径庭了，基本上是指 1776—1890 年间的经济学理论，也就是从亚当·斯密《国富论》发表到马歇尔《经济学原理》出版之间的经济理论。在这些经济学家中，熊彼特是一个例外，他将亚当·斯密归为重商主义，并把古典经济学定义在 1790—1879 年间。

新古典学派（neoclassical school）的理论是从马歇尔开始的，而其名字是凡勃伦命名的。进入 19 世纪 70 年代，经济学出现了急剧的变化。其原因一是经济学在研究方法上有了极大创新，一方面功利主义的影响越来越大，成为经济学研究的基础，另一方面，以此为基础，经济学在思路上主要采用了演绎法，在具体方法上大量使用边际主义的分析方法。二是这个时期的经济学在思路上更为完善，将需求力量引入到价值理论中，明确利用供给与需求来说明价格决定和资源配置，其中需求方面的理论即建立在功利主义的哲学基础和边际主义的方法上。他们通过演绎的分析方法来建立模型，分析供求对价格的决定。采用这种全新的分析与叙述方式的集大成者是马歇尔。正是因为这个变化，凡勃伦创造了"新古典"（neoclassical）这个词来描述马歇尔对此前经济理论的综合，这个分类被广泛接受至今。

虽然凡勃伦用"新古典"一词的目的只是描述马歇尔的理论综合，但希克斯和斯蒂格勒则将所有的边际主义者如门格尔、杰文斯和克拉克都包括进去了。这样一来，在思路和观点上，新古典经济学强调人们的理性行为，相信市场机制的作用，这方面与古典学派一致；而在分析方法上，引入了微积分和边际分析方法，综合了供给和需求的相互作用。

但是，凯恩斯更看重理论观点。在他看来，既然古典学派和新古典学派都强调理性的重要性，推崇市场机制，因此它们之间的差别非常小。于是凯恩斯抛弃了"新古典"一词的用法，抛弃了由凡勃伦提出的得到广泛认可的"新古典"和"古典"的分类，将凡勃伦分类中的"新古典学派"和此前的"古典学派"合称为古典经济学，以区别自己的理论。随后，萨缪尔森又将凯恩斯经济学和凯恩斯所定义的古典经济学综合在一起，锻造了"新古典综合学派"一词，以指代他那个时代的新凯恩斯主义的理论。

新古典宏观经济学（new classical macroeconomics）是在萨缪尔森之后出现的，是对 20 世纪 70 年代以来的宏观经济学中的一个重要分支的概括。可以认为，按照大多数西方经济学家认可的概念用法（认同凡勃伦的分类），新古典宏观经济学是坚持古典学派传统的经济理论的第三阶段（第一阶段为古典学派，第二阶段为新古典学派，第三阶段为新古典宏观经济学）。严格地说，对古典传统的传承与发展而言，第三阶段不仅包括新古典宏观经济学，还包括此前的货币主义，此外还与众多的其他学派如弗莱堡学派、新奥地利学派、供给学派等相关。

按照斯诺登的观点，根据经济周期理论的发展，新古典宏观经济学应该分为两类。类型Ⅰ以卢卡斯、萨金特等人为代表，其核心理论是均衡经济周期理论，包括从货币的角度来解释经济的波动，也涉及各种政策性问题。他将新古典宏观经济学类型Ⅰ的特征归纳为三个假设前提：理性预期，持续市场出清，卢卡斯供给函数。[①] 但是这个归纳并不是很可取，如本章在后面所要介绍的，理性预期被引入宏观经济理论是卢卡斯的功劳，但是这也被其他学派如新凯恩斯主义承认，因此不能作为区分两个不同学派的依据；卢卡斯供给函数是建立在基础原理上的一个理论，也被其他学派广泛使用；倒是市场持续出清的假设是区别新古典宏观经济学和新凯恩斯主义的关键；但是，卢卡斯等人力推的宏观经济学微观基础建设并没有被斯诺登提到。

新古典主义宏观经济学类型Ⅱ是基德兰德和普雷斯科特开创的实际经济周期

---

① Brian Snowdon and Howard R. Vane, *Modern macroeconomics: its origin, development and current state*, Cheltenham: Edward Elgar Publishing Limited, 2005, p. 226.

理论，这个理论直接导向随机动态一般均衡宏观经济学的发展，同时再次被凯恩斯主义的继承者所接受。我们可以说类型 I 的经济周期理论在方法上用到的是短期模型，是比较静态分析，而类型 II 用长期动态理论分析了短期的经济波动问题。

总之，新古典宏观经济学构建模型的方法特点可以有不同的归纳，一般而言，上述共同性质中的前面三个是人们提到最多的。很多评论者往往把理性预期、最大化行为和市场出清三条要素看成是新古典宏观经济学的三个假设，即新古典宏观经济学是从这三个方面出发来建立模型的。

(二) 新古典宏观经济学的形成背景

新古典宏观经济学是在 20 世纪 70 年代西方发达国家尤其是美国出现经济滞胀的大历史背景下，在批评凯恩斯主义理论与政策的过程中形成的。

在 20 世纪 70 年代，西方发达经济国家遭受了旷日持久的经济滞胀的困扰，其中以美国最为严重。由于石油危机和"布雷顿森林"金融体系瓦解后的金融乱局，美国经济陷入停滞之中，一方面通货膨胀居高不下，另一方面失业率也屡创新高。为了解决失业和萧条，美国经济管理当局继续沿用凯恩斯主义的总需求刺激政策，但是这又导致物价持续上涨；而当他们致力于降低通货膨胀率时，失业率又上升了。因此，在整个 20 世纪 70 年代，美国经济时而通货膨胀，时而停滞萧条，此外还有更多时候通货膨胀和经济萧条联袂袭来。

显然，滞胀既是美国经济长期采用凯恩斯主义总需求管理政策带来的结果，也是凯恩斯主义理论无法解释和无法解决的。当时的凯恩斯主义者萨缪尔森、托宾等人对美国经济政策的制定起着主导作用，他们信奉利用刺激需求来实现充分就业的教条，相信可以通过需求管理来稳定经济。在这种理论指导下，菲利普斯曲线成为一个重要的政策工具。菲利普斯曲线表明，通货膨胀率和失业率之间存在着内在关联。这条曲线最初仅仅表示了通货膨胀率与失业率之间的经验关系，而且最初这个经验关系也确实是负向的，暗示存在着一个内在的机制让通货膨胀率与失业率之间出现此消彼长的交替关系。凯恩斯主义对菲利普斯曲线表现出高度的重视，对其在理论上进行解释，并在政策上加以利用，通过在通货膨胀率与失业率之间进行取舍来实现宏观经济管理。凯恩斯主义认为通货膨胀率与失业率至少在短期内存在反向的变化关系，因此可以根据政策目标在不同的通货膨胀和失业组合中做出选择，在物价稳定和充分就业两者之间进行取舍。

菲利普斯曲线在 20 世纪 60 年代确实呈现出负斜率的特点，但在进入 70 年代后，这条曲线却不断向上移动，表明通货膨胀率的提高对失业率没有持久影响，尤其是 70 年代还经常出现通货膨胀率与失业率同时飙升的糟糕情形。按照凯恩斯主义的理论，通货膨胀率提高有助于降低实际工资，从而刺激就业和产出，但是现实结果却与此理论背道而驰。而在货币主义和新古典宏观经济学看来，滞胀恰恰是美国长期执行凯恩斯主义政策的恶果：凯恩斯主义倾向于通过扩张性的财政货币政策来刺激需求，由此带来通货膨胀；但是 70 年代的问题在于供给方面，因此通货膨胀政策开错了药方，并没有带来充分就业。

20 世纪 70 年代的滞胀彰显了凯恩斯主义理论与政策的困境，围绕这个焦点问题，以弗里德曼为主的货币主义提出了新的理论与政策，而在货币主义的基础上，以卢卡斯为代表的新古典宏观经济学进一步提出了新的理论。

（三）新古典宏观经济学的形成与发展过程

首先，我们从理性预期在宏观经济学的引入和发展来看新古典宏观经济学的形成过程。新古典宏观经济学最为人熟知的理论是理性预期，但是，理性预期理论并不是他们提出的，而且也不限于新古典宏观经济学专用，新凯恩斯主义宏观经济学也利用理性预期原理；只是新古典宏观经济学在推广理性预期作为建模的基本要素方面起到关键作用，在这个过程中逐渐聚集了一批经济学家，形成了学派。

穆思发表于 1961 年的文章正式提出了理性预期理论，虽然卢卡斯在 1965 年分析最佳投资政策时就利用了理性预期的假设，但是对宏观经济学没有产生多大影响。真正让理性预期在宏观经济学中被广为接受的，是卢卡斯在 1972—1978 年间发表的一系列文章，这些文章大大改变了现代宏观经济学的分析方法。其中，最重要的三篇文章分别发表于 1972、1975 和 1976 年。

1972 年，卢卡斯将理性预期引入政策分析中，讨论了在理性预期背景下货币政策的作用问题。通过构建理论模型，他指出由于市场是完善的，人们预期是理性的，系统性的货币政策对经济没有影响，是中性的。[①]

1975 年，卢卡斯提出了不完全信息的经济周期理论，这个理论在个人理性的基础上，将信息不完全、市场出清、理性预期三个要素结合起来，通过分析工人和企业的个体决策怎么影响宏观经济活动来解释经济波动。这成为主流宏观经济学的核心理论之一，我们在教科书中看到的附加预期的总供给曲线就是来自卢卡斯，它被称为卢卡斯供给曲线或卢卡斯供给函数。[②]

① Robert E. Lucas Jr.，"Expectations and the Neutrality of Money"，*Journal of Economic Theory*，1972，4：pp. 103—124.

② Robert E. Lucas Jr.，"An Equilibrium Model of the Business Cycle"，*Journal of Political Economy*，1975，83：pp. 1113—1144.

　　在将理性预期引入宏观经济学的过程中，最重要的文章是卢卡斯在 1976 年的一篇演讲《计量经济政策评价：一个批评》[1]。在这篇文章中，卢卡斯批评凯恩斯主义的宏观经济政策没有考虑预期的影响，因此宏观经济政策往往无效。卢卡斯的批评是承接弗里德曼对菲利普斯曲线的批评而来的。弗里德曼基于适应性预期理论，指出菲利普斯曲线所包含的通货膨胀率与失业率之间的交替关系在长期内不存在，即菲利普斯曲线在长期是一条垂直的线。卢卡斯则更进了一步，认为人们的预期是理性的，因此即使在短期内，菲利普斯曲线也可能是垂直的，只有偶尔的预期失误才会引起通货膨胀率与失业率之间暂时的交替关系。因此，政府是没有办法通过货币政策影响失业率的，无论通货膨胀率有多高，失业率都会趋向于稳定在自然失业率的水平上。卢卡斯指出，凯恩斯主义政策的根本问题在于，政策制定者在考虑经济变量之间的经验关系时，没有认真对待公众对政策的预期，结果当政策得到执行时，人们对政策的预期并据此采取的行动导致原来经济变量之间的经验关系发生变化，从而使得依据原来的经验关系制定的政策不再有效。在这篇文章中，卢卡斯并没有直接给出理性预期的形式，但是指出了理性预期的关键作用。就是这篇没有在学术期刊上正式发表的文章，提出了著名的卢卡斯批评，改变了宏观经济学的方向。

　　其次，我们再从宏观经济学微观基础建设出发来分析新古典宏观经济学的形成与发展过程。理性预期只是新古典宏观经济学的基本要素之一，其要素之二是在宏观经济学模型中构建微观经济学基础。他们批评凯恩斯主义理论缺乏微观基础，主张通过分析个体的经济决策和选择来了解其带来的宏观经济结果，同时他们强调要考虑理性预期在理解宏观经济活动中的关键作用。卢卡斯与拉平在参与菲利普斯曲线讨论时，明确使用了新古典学派的微观经济学的方法。[2] 他们通过建立微观的最优化模型，分析效用最大化的劳动者在闲暇和工作之间的选择，来解释失业的存在，指出菲利普斯曲线中的失业率是均衡失业率，菲利普斯曲线代表着均衡。

　　最后，我们再从经济周期理论的角度来看新古典宏观经济学的发展。现代主流宏观经济学的争论主要集中在经济周期理论领域，即集中在对短期的经济波动进行解释的理论上。因此，新古典主义宏观经济学最初就是依据理性预期、微观

[1]　Robert E. Lucas Jr. , "Econometric Policy Evaluation: A Critique", *Carnegie-Rochester Conference Series on Public Policy*, 1976, 1 (1): pp. 19—46.

[2]　Robert E. Lucas Jr. and Leonard A. Rapping, "Real Wages, Employment and Inflation", *Journal of Political Economy*, September/October 1969, 77 (5): pp. 721—754.

理性行为、市场出清三个基本原理解释总需求方面的冲击对宏观经济的影响，所提出的理论被归纳为均衡经济周期理论，而斯诺登将其分类成 I 型新古典宏观经济学。其中代表性理论有卢卡斯的均衡经济周期理论[1]，卢卡斯关于经济政策的理论[2]，萨金特和华莱士关于宏观经济政策无效的理论[3]，基德兰德和普雷斯科特的时间一致性理论[4]等。

在均衡经济周期理论之后，基德兰德和普雷斯科特在 1982 年的文章中创建了实际经济周期理论。该理论也解释经济波动，也从分析个人理性行为出发探索经济的周期性变化，但是与上述均衡经济周期理论不同的是，该理论是在一般均衡分析的框架里，将短期经济波动置于长期的经济增长过程中考量，利用动态模型研究经济的周期性波动问题，将其看成是宏观经济短期偏离长期增长趋势路径的一个一个插曲[5]。基德兰德和普雷斯科特的理论建立了一个研究经济波动的新的范式，这个范式最终发展成为今天的动态随机一般均衡理论（Dynamic Stochastic General Equilibrium，DSGE）[6]。

二、主要特征

新古典宏观经济学理论性质正如其名，其基本思想直接继承了古典学派和新

---

[1] Robert E. Lucas Jr. , "An Equilibrium Model of the Business Cycle", *Journal of Political Economy*, December 1975, 83（6）: pp. 1113—1144; Robert E. Lucas Jr. , "Understanding Business Cycles", in K. Brunner and A. H. Meltzer, eds. , *Stabilization of the domestic and international economy*, Carnegie-Rochester Conference Series on Public Policy, 1977, 5: pp. 7—29.

[2] Robert E. Lucas Jr. , "Econometric Policy Evaluation: A Critique", *Carnegie-Rochester Conference Series on Public Policy*, 1976, 1（1）: pp. 19—46.

[3] Thomas J. Sargent and Neil Wallace, "Rational Expectations, the Optimal Monetary Instrument, and the Optimal Money Supply Rule", *Journal of Political Economy*, April 1975, 83（2）: pp. 241—254; Thomas J. Sargent and Neil Wallace, "Rational Expectations and the Theory of Economic Policy", *Journal of Monetary Economics*, April 1976.

[4] Finn E. Kydland and Edward C. Prescott, "Rules Rather than Discretion: The Inconsistency of Optimal Plans", *The Journal of Political Economy*, 1977, 85（3）: pp. 473—492.

[5] Finn E. Kydland and Edward C. Prescott, "Time to Build and Aggregate Fluctuations", *Econometrica*, 1982, 50（6）: pp. 1345—1370.

[6] 动态随机一般均衡（DSGE）与实际经济周期（RBC）是有关联的，首先是 DSGE 使用的是 RBC 的框架；其次，在两者关系上有两种说法，一种是说 DSGE 包括新古典主义的模型和新凯恩斯主义的模型，两者主要区别在于前者认为市场是完善的，工资与物价可以灵活调整，后者则持相反的观点；另外一种说法是，RBC 与 DSGE 在建立模型的思路与策略上一致，但是 RBC 是新古典主义的经济周期理论，DSGE 专门指利用了 RBC 模型的动态新凯恩斯主义理论。

古典学派的观点，同时也和货币主义有理论渊源，这是其"古典"的一面和"宏观"的一面。而其中的"新"，则有两点，一是它将理性预期引入经济学理论的分析之中，二是它强调在宏观经济理论中构建微观基础。而这个"新"，重塑了现代宏观经济学的发展方向。

新古典主义的基本理论观点与古典学派和新古典学派在本质上是一样的。它们相信市场机制能够实现有效率的资源配置，相信市场机制可以确保宏观经济的稳定，因此不需要政府干预。它们认为，市场机制的力量非常完善，价格极其灵活；外生变量方面的冲击带来的任何一种供给失衡，都可以导致价格的迅速调整，而价格的调整很快就让供给与需求重新恢复均衡。因此，没有政府干预的市场会随时出清。同时，在分析经济现象产生的内在机制、分析市场主体的决策行为时，它们都假定这些主体遵循理性原则，寻求利益最大化的结果。正是这些主体的理性决策，使得市场机制有效率地运转，使得市场经济活动富有活力。

与古典学派和新古典学派相比，乃至与货币主义相比，新古典宏观经济学也呈现出自己"新"的一面。这个新主要体现在研究方法上。

第一，它们主张在提出和演绎宏观经济理论时，必须构建坚实的微观基础，必须从个体的选择出发来解释宏观经济表现。在它们看来，宏观经济活动是由一个一个的单个主体做出的各种决策带来的结果，因此，要理解宏观经济的运行与表现，理解为什么会产生通货膨胀或通货紧缩，为什么会出现经济波动，为什么各国经济增长表现不同，必须理解投资者、消费者、生产者、要素提供者们的决策，分析是什么样的决策带来上述结果的。相应地，在评价宏观经济政策的效果时，在设计宏观经济政策时，也必须考虑不同的经济政策是如何作用于各个市场主体，从而经出这些市场主体针对宏观经济政策变化的反应而产生了宏观经济后果的。

第二，这里的微观基础就是人们的理性决策，是人们的最优选择行为。新古典宏观经济学希望构建的微观基础显然是以理性行为为核心的。它们的理论要说明，在面临外在冲击或突发事件时，或者在面临政策的改变时，理性的市场主体如何做出最优的生产、消费、投资和就业反应，这些反应又是如何汇总在一起带来宏观经济的变化的。换言之，新古典宏观经济学坚持了理论分析的方法论个人主义。即，他们并不推崇个人主义，但是重视个人自由选择的重要地位，因此主张在分析方法上遵从个人主义。

第三，新古典宏观经济学引入理性预期原理，将其作为自己的理论基石。如上面所说，各个市场主体要对外界的变化做出反应，但是要注意的是，这个反应是前瞻性的，它们不仅要考虑这些外在变化在未来带来的影响，也要考虑未来还会有哪些变化可能出现，从而影响自己的未来利益。此处的第一个"考虑"就是它们的决策基础，它们要据此做出最优选择；第二个"考虑"则是对未来的预期。这足以说明预期因素在经济学分析中的重要性，事实上宏观经济学本来也算是很关注预期的影响的，但是不如新古典宏观经济学那样将预期放到重要地位。最早的预期理论是静态预期，完全将预期视为外生因素，没有在经济学里刻意分析其形成过程。例如，以价格预期为例，20世纪50年代或者更早的经济学理论在最极端的情形下，会简单地假设人们将过去的价格看成是未来的价格，即人们预期明天的价格会延续今天的价格。到了20世纪60年代，弗里德曼在批评菲利普斯曲线时，利用卡甘于1956年提出的适应性预期理论，认为人们在预期未来价格时，会考虑过去的实际价格，会反思过去在价格预期上出现的失误，会纠正过去的预期失误以形成未来的价格预期。但是，适应性预期理论也没有根本改变预期的形成机制，它没有意识到，价格的形成有其自身的逻辑。认识到这一点，新古典宏观经济学做出了新的探索，它们认为在预期价格时必须分析价格的决定因素和价格形成机制，通过预期这些决定因素和机制来预期价格。在它们看来，既然价格变化有其内在的逻辑，人们在预期时就没有理由不利用这个逻辑，没有理由不把这个逻辑找出来。因此，人们在进行价格预期时，需要从理论上弄清楚价格是如何决定的，而这样的预期就和经济学家的预期毫无二致。这表明，理性预期实际上是在利用所有可以得到的信息和知识，并对它们进行最好和最专业的处理的过程中形成的，这里的知识就是关于宏观经济结构的理论。正是在这个意义上，就其核心性质而言，理性预期是"与模型一致的预期"。

这样，根据上述逻辑，新古典宏观经济学得出自己的理论结论。在它们看来，由于工资与物价能够充分、灵活、及时地调整，市场主体总是可以做出理性的选择，这就使得市场可以持续地出清，实现有效率的均衡。任何一个外在因素的改变，只要能够被人们充分预期到，就不会对经济效率带来影响，也不会导致经济偏离正常的轨道。只有当人们面临突发的外在冲击而没有事先预期到时，外在冲击才会带来经济波动。但是，即使经济出现波动，这种波动也是有效率的和均衡的，原因在于，这种波动是微观个人面对外在冲击时做出的最优选择带来的结果，是人们面临不可抗的外在冲击时能够做出的最好选择和可以获得的最好结果。

市场持续出清的理论结论表明，总需求管理政策是无效的，也是没有必要的。既然人们的理性行为会自动地将经济稳定在充分就业均衡水平上，那么能够预期到的货币政策就不可能改变人们的行为，不可能改变产量和就业水平；只有突然袭击式的货币存量变化才会暂时影响产量与就业，但是，产量与就业既然已经处于充分就业的均衡水平，那么这种暂时影响无非是徒增干扰，反而带来经济波动。既然如此，那么政府就没有必要过度干预经济。政府应该做的是尽量为私人市场经济提供一个稳定的可以预期的环境，让人们在掌握充分信息基础上做出正确的预期，从而做出正确的决策，推动经济实现有效的均衡。

归纳起来，新古典宏观经济学的主要特点是：主张在宏观经济分析中建立微观基础，假设市场持续出清和理性原理，提出了卢卡斯总供给函数、均衡经济周期（不完全信息模型）和实际经济周期理论，得出了政策无效的结论。

第二节 基本理论

一、理性预期概念与相关理论

（一）预期和理性预期

理性预期虽然是新古典学派最为推崇的一个概念，但在学派意义上是一个中立的理论。它是美国经济学家约翰·穆思提出来的，然后首先被新古典主义者全面运用，随后新凯恩斯主义者也接受了这个理论。

人们的决策都是针对未来、面向未来的，必须考虑未来与自己利益相关的种种变化，因此对关键经济变量未来变化的预期就在决策中占据重要地位，从而也是经济学理论要重点解决的一个领域。初期经济学并不关注预期问题，要么如同古典学派那样假设人们对未来是可以做到先知先觉，要么就是简单地假设人们认为经济变量现在的数值会延续到未来而不改变。后来经济学也做了一些改进，提出了外推性预期和适应性预期的概念。外推性预期是指，人们根据经济变量过去的变化规律推测其未来的趋势。适应性预期是指，人们在预期经济变量的未来值时会根据其过去的数值，并考虑自己在过去所做的预期，对过去预期的错误进行修正，在此基础上进行预期。但是，这些预期都忽略了经济变量之间存在因果联系从而呈现出内在运行规律这一事实。

人们在预期时会收集一切可以得到的信息，并利用自己具备的知识对这些信息进行处理，据此形成对未来的预期，这样的预期就是理性预期。更重要的是，这样的预期就结果而言，它们总体上是正确的；或者说它们平均而言是正确的，预期者不会犯系统性错误。在理性预期的基本框架建立后，卢卡斯等人将其推广运用于经济理论建模和经济政策效果的评估分析之中。

　　上述理性预期的概念还是比较抽象，有必要进一步解释。其一，就预期的形成基础而言，理性预期强调了人们会利用自己能够拥有的信息和知识，其中信息是指各类可得的数据，知识是指关于各种经济变量之间内在关系的理论总结，是预期者对经济系统的理论认识。其二，就预期形成的过程而言，理性预期意味着，人们是利用自己掌握的经济理论来进行预期的，类似于经济学家建立经济模型对未来进行预测。同时，人们会利用计量经济学技术将获得的各种数据纳入经济模型中进行处理。例如，在预期未来的一般物价走势时，预期者知道物价受到总供给和总需求的影响，因此会从分析总供给和总需求的决定因素入手，然后通过分析它们之间的相互作用对一般物价的影响，由此推论出影响物价水平的各种因素及其影响方式。其三，就预期结果或者质量而言，预期一般而言是趋向于正确的，预期者不会犯系统性错误。所谓不会犯系统性错误是指，预期错误源自信息不全，且同类错误不会再犯。只有在预期者掌握的信息（各种经济数据）有误时，预期才会失误，但是这种失误具有随机性质。即使是这种失误，人们也不会重犯，而是选择在今后的预期中对这种信息失误进行处理。这样一来，人们的预期平均而言是正确的。其四，理性预期在形成的过程中，强调了预期者的理性行为，其在利用经济模型进行预期时，遵从了效用最大化原则。在这个意义上，预期被冠以"理性"的标签。此外，在很多文献里，往往将理性预期和政策有效性联系在一起。但是要注意的是，新古典宏观经济学与新凯恩斯主义学派在这个问题上观点并不一致。前者认为人们的理性预期会使得政策失败：因为公众的预期是理性的，那么货币政策会被看穿，公众会预先采取对策，导致货币政策对经济的影响归于无形，货币中性的性质就呈现出来。只有当货币当局突然改变货币量，以至于人们未能预料到，这种货币政策才能影响到产量和就业，但是这种影响也只能是暂时的，而随着时间的推移，货币政策变化终归会被公众查知，从而其影响消退。

　　例如，如果货币当局按常规增加货币量，那么企业会预先提高价格，工会会预先要求提高工资。在这种情形下，企业和工会都认识到相对价格没有变化，因此也不会改变产量和就业。但是，如果货币当局以突然袭击的方式增加货币量，货币政策的改变就出乎人们的意料，此时虽然带来一般物价上涨，但是企业和个人会将其看成是单个价格的上升，因此出于利润最大化的考虑就愿意增加生产；如果名义工资有增加，工会也会在没有意识到物价上涨的情形下将其看成是实际工资的增加，因此出于效用最大化的考虑就愿意增加就业。于是，这种对相对价格和实际工资的错误预期就导致了产量和就业发生改变。但是，一方面，这种实际效果是暂时的，一段时期以后人们普遍认识到一般物价的上涨，就会调整预期，会正确地判断相对价格并没有发生变化，从而将所有的实际经济变量拉回到原来的均衡水平，此时货币政策效果消失，货币中性出现。另一方面，货币当局不可能总是采取突然袭击的政策，如果它不断这样操弄，公众会摸清规律，正确预期货币政策的变化——就是说，不会重犯同一个错误，从而预期不会出现系统性错误。这样一来，货币中性就成为常态。正如有学者评论的，货币当局可以一段时间欺骗一部分公众，但是绝无可能做到在所有的时间欺骗所有的公众。总之，在这个逻辑里，以货币政策为代表的总需求管理政策是无效的，货币是中性的。

但是，上面广为人知的观点其实是新古典宏观经济学的基本思想，而新凯恩斯主义虽然同样接受了理性预期，但是政策观点与其相左。在新凯恩斯主义看来，由于存在价格和工资刚性，就算人们预期是正确的，也无法及时做出价格和工资调整。这样一来，货币政策的改变就会产生实际效果。在上面论述的过程中，只需要将企业调整价格和工会改变工资的能力冻结住，就会发现，任何货币政策的改变，无论是被预期到还是没有被预期到，都会产生实际效果。例如，货币如果扩张，则一般物价趋于上涨，但是名义工资不能变化，实际工资因此下降，由此会激励企业扩大生产和增加就业。也就是说，新凯恩斯主义虽然认可理性预期，但是仍然以市场不完全性带来的工资物价刚性为基础，相信需求管理政策的有效性。

虽然上面从逻辑上归纳了理性预期的本质特征，但是，如果不借助于模型分析，要透彻理解其实质还是存在一定困难。事实上，理性预期不是一个概念，而是一个原理，是一个分析工具。下面就从建模的角度对理性预期的理论进行系统和规范的讨论。

（二）弱理性预期与强理性预期

按照斯诺登的梳理，理性预期分为弱和强两种形式。[①] 弱形式的理性预期是指，人们在预期时会收集一切与要预期的变量（如通货膨胀率、货币政策、财政预算等）有关的信息，并加以最优的或最有效率的处理。他们在收集与处理信息时需要考虑边际成本与边际收益，这就是所谓有效率的处理。但是，这里的最优或最有效率的处理并不必然包括是否利用经济模型进行预期，后者是强形式的理性预期的要义。

① Brian Snowdon and Howard R. Vane, *Modern macroeconomics: its origin, development and current state*, Cheltenham: Edward Elgar Publishing Limited, 2005, p. 226.

强形式的理性预期是指，经济决策者在预期时，不仅会收集所有的相关信息，也了解各种信息之间的结构关系，了解要预期变量的各种结构性关系。换言之，做预期的经济决策者懂得与预期变量有关的宏观或微观经济模型，他们的预期与经济学家的预期是一致的，与利用经济模型做出的预期是一致的。

用数学公式来说明强形式的理性预期，能够更清晰地表达其中心思想。以价格预期为例，对 t 期价格 p 的预期可以写成：

$$p_t^E = E[p_t | I_{t-1}] \qquad (7.1)$$

这是一个条件期望求解公式，其中的 I_{t-1} 是指做预期的经济决策人在 $t-1$ 期拥有的所有相关信息。从预期的结果来看，上述式（7.1）可以写成：

$$p_t^E = p_t + \varepsilon_t \qquad (7.2)$$

这里的 ε_t 是出现于 t 时期的随机误差，其期望值为零。这个公式表明，如果没有信息方面的障碍，人们的预期是正确的。

新古典主义经济学家在建立模型时所采用的预期是强形式的理性预期。

（三）强形式的理性预期：从内生预期到理性预期

理性预期远远不只是一个概念，而是一个理论，关于预期形成的新的理论。它涉及两个方面：内生预期——利用模型进行的预期；对信息的有效利用——利用计量经济模型。这两个方面的原理都需要利用数学工具才能更好地表达出来。也就是说，我们还需要了解式（7.1）的函数形式是什么。这就涉及强形式理性预期的关键：利用模型进行预期。

进行预期的经济决策人知道，价格水平是由总供给与总需求决定的；他也知道总供给和总需求是由什么决定的。即他知道下述宏观经济模型：

$$y = m - p \qquad (7.3)$$

$$y = y^N + b(p - p^E) \qquad (7.4)$$

式（7.3）和式（7.4）分别为总需求和总供给方程，其中 y 代表总产量（总供给与总需求），m 代表货币量，y^N 代表自然失业率的产量。式（7.3）可以理解为货币数量论之交易方程式的对数形式（假定货币流通速度为 1，其对数值为 0），式（7.4）的理论基础是卢卡斯供给函数（后面详细介绍）。经济决策人不仅知道式（7.3）和式（7.4），他还知道如何求解价格水平 p，即联立两个式子求解。由此可以得到：

$$p = \frac{1}{1+b}(m - y^N) + \frac{b}{1+b} p^E \qquad (7.5)$$

经济决策人通过求解知道式（7.5）的存在，即知道自己对价格的预期会影响到实际的价格，这样他就需要根据式（7.5）确定一个正确的价格预期，确保该价格预期正好带来与之相等的实际价格。在数学上，这就是对式（7.5）的两边求期望值，由此可以解出来预期价格是：

$$p^E = p = m - y^N \tag{7.6}$$

这就是说，经济决策人对价格的预期与将要发生的实际价格完全一致。

到式（7.6）为止，我们看到的是一个内生预期，又称为与模型一致的预期。在这种预期中，预期价格不是由模型之外的因素决定，而是模型要解释的变量。在上述模型中，信息是完全的，经济决策者了解所有的信息，经济学称之为完全预见模型。

但是，在预期中还有很多信息是缺乏的，需要对这些信息进行处理，例如，个人决策者虽然知道式（7.3）和式（7.4），知道宏观经济结构，但是还有很多信息是不确定的。为简单起见，这里假设不确定的信息来自总需求方面，用公式表示就是上述式（7.3）变成：

$$y = m - p + \varepsilon_m \tag{7.7}$$

其中的 ε_m 就是不能确知从而只能够进行预期的随机变量。用式（7.7）取代式（7.3），再循上述步骤求解，可以得到：

$$p^E = m - y^N \tag{7.8}$$

这就是不完全信息条件下的内生预期，即理性预期。同样，可以计算实际价格为：

$$p = m - y^N + \frac{1}{1+b}\varepsilon_m \tag{7.9}$$

新古典宏观经济学强调，理性预期并不是表明人们的预期必然是正确的，它只是从统计学的角度说，人们的预期不会犯系统性的错误。如果出现预期失误，那必然和信息未掌握完全有关，而绝不会出现在有足够的信息时还会犯错的情形。或者简化一点说，平均而言，人们的预期总是正确的；从趋势来看，人们的预期通过不断修正而趋向于正确；从结果来看，经济决策人所做的预期可以与经济学家利用模型做的预期媲美。

二、不完全信息模型

所有主要宏观经济学理论都要对短期经济波动进行解释，卢卡斯提出了不完全信息模型解释资本主义经济为什么会时时出现波动，所得出的理论又叫均衡经济周期理论。其基本观点是，市场机制自身是没有问题的，在配置资源上具有优越性。在市场经济环境中，每一个决策主体寻求最优选择，随时针对外界的变化做出符合自己利益的最优反应，它们的选择和反应让宏观经济总是处于充分就业状态。但是，我们现实中也总是能看到经济波动，有时宏观经济活动会高于充分就业水平，有时会低于充分就业水平，那么这是否说明市场经济存在致命缺陷呢？在卢卡斯看来，并不是这样。他认为，经济波动的原因是外界条件的突然变化，发生了未能为人们预期到的突发事件，使得个体出现预期错误，从而产生错误的决策。换言之，因为信息不完全，人们对相对价格做出错误的判断，从而在产量、投资和就业决策上犯错，导致产量与就业波动。而一旦人们充分了解真实的信息，就会做出相应调整，促使宏观经济恢复正常的充分就业水平。

（一）卢卡斯总供给曲线

卢卡斯从人们的最优选择行为出发，引入信息不完全的假设，对总供给行为进行了具有坚实微观基础的再造，提出了著名的卢卡斯供给曲线，这个曲线就是不完全信息模型的结果。下面我们介绍他对总供给曲线的推导。

以卢卡斯为代表的新古典宏观经济学强调任何一个宏观经济理论都应该建立在微观基础上，这个微观基础是人们的最优化选择行为；任何一个宏观经济现象都应该从参与宏观经济的每一个个体的行为找到原因。一个经济体的总供给是由每一个厂商的生产决策决定的，必须从分析厂商生产决策出发来理解总供给与一般物价水平之间的关系。

卢卡斯指出，每一个劳动者和企业都是以效用（或利润）最大化为目标来决定劳动供给和产量水平，而相对价格影响着效用或利润的大小。为了简单起见，可以考虑一个集劳动者、供给者与产品生产者于一身的单个决策者，他要考虑相对于一般价格水平而言，自己的价格是什么样的，这样才能计算自己的效用或利润是多少。这个决策者无疑了解自己的价格，但是对一般价格水平则只能通过预期获知。这样，单个企业符合效用最大化或者利润最大化的产量决策就可以写成如下式子：

$$y_i = y_i^N + b(p_i - p^E) \tag{7.10}$$

这个式子中的变量是对数值，其中 y_i、y_i^N、p_i 和 p^E 分别代表企业 i 的实际产量，企业 i 在预期正确时的产量，企业 i 的自身价格，企业 i 对其他企业价格的预期值（对宏观经济一般物价水平的预期值）；$p_i - p^E$ 是企业 i 预期到的自己价格与其他企业价格的相对值（从对数值的角度理解）。这个公式表明，在信息完全的初始状态，可以设定 $p_i - p^E$ 为零，即企业 i 能够预期到一般物价，而且可以在价格指数上设定企业自身价格与一般物价相等。于是企业的最优产量为 y_i^N。从这种初始状态出发，任何一种能够预期到的价格变化，都不会带来产量变化，因为总需求的冲击对所有企业都一样，因而所有企业的价格都出现同等变化，此时变化后的 p_i-p^E 仍然为零。既然每个企业相对价格未发生变化，那么它也就没有必要调整产量，因此产量维持在 y_i^N 水平上不变。

但是，如果出现未预料到的总需求变化，导致一般物价发生变化而不能被预期到，这体现为 p_i-p^E 取非零的数值。比如，如果货币呈现突然袭击式的扩张，就会导致包括企业 i 在内的所有企业价格上涨，一般物价也会上涨但是不会被预期到，因此有 $p_i-p^E>0$。这意味着，代表性的企业 i 认为只有自己企业所产商品价格上涨了，自己企业的相对价格上升了，于是它会增加产量，增加的值即为 $b(p_i-p^E)$，是在最优产量 y_i^N 的基础上增加的。

如果企业误以为自己产品的相对价格上升并因此而增加产量，应该增加到什么程度呢？这由微观结构性因素决定，这些微观结构性因素的总体影响体现在 b 这个参数上，包括该企业的需求价格弹性、劳动供给对实际工资的弹性、针对企业 i 的需求方面不确定性的冲击的幅度、宏观需求方面不确定性冲击的幅度等。比如，当企业认识到总量冲击的变化程度要远远大于针对自己企业的冲击的变化程度时（两个变化程度都用方差来测度），它会认为 p_i-p^E 这个差值可能更多是因为一般物价变化带来的，而不是自己企业价格变化带来，因此它倾向于调低对相对价格提高的预期，从而 b 会变小，而它因此增加的产量也会变少。

前面的分析假设所有企业都是同质的，这意味着如果发生总量冲击，这种冲击会一视同仁地影响所有企业。如果放松这个假定，也不影响结论，例如，可以假定企业各不相同，但是呈现对称性分布。这样，在进行微观基础分析时就可以用中间的企业作为代表性企业来分析。这样一来，虽然总量冲击对不同企业的影响各不相同，但是其对每个企业的平均影响与对中间企业的影响完全相同，这样的话，上述结论仍然是正确的。

在上述微观分析基础上，将所有企业的供给加总起来，可以得到经济中的总供给函数（即前面的式（7.4））：

$$y=y^N+b(p-p^E)$$

式中，y、y^N 和 p 分别代表总产量、自然率产量（即充分就业产量）和一般物价水平。这就是著名的卢卡斯总供给函数，由此绘制出来的曲线就是卢卡斯总供给曲线，它是在市场出清和个体最优化行为假设基础上，通过引入信息不完全假设推导出来的。

这条曲线表明，一般而言，在个人理性行为的引导下，价格能够针对外在冲击引起的供求变化做出充分灵活的调整，以出清市场。如果在未来预期上存在完全预见，那么人们总是能够正确判断自己面临的相对价格，保持每个企业产量处在最优水平上，从而使得整个经济的总产量保持在充分就业水平上。但是，由于信息不完全，人们不一定能够正确预期到一般物价的变化，从而错误地判断自己面临的相对价格；当人们错误判断相对价格时，就会修改自己的产量，使之高于或低于实际的产量水平，而在宏观层面，总产量就会偏离充分就业水平。但是，这仅仅是短暂的，在长期，人们会修复预期，正确判断相对价格，从而使得总产量恢复充分就业均衡。这表明，市场机制是有效率的，没有必要引入政府干预。

卢卡斯不完全信息模型坚持了市场机制优越性的观点，继承了古典学派的基本结论。它与古典学派的区别在于，后者没有意识到信息不完全，因此在理论中暗含的假设了完全预见（perfect foresight）；而前者明确引入信息不完全假设，即假设不完全预见（imperfect foresight）。换言之，古典学派理论可以利用现代经济学的这条总供给曲线来解释，是卢卡斯供给曲线的一个特例。

（二）信息不完全下的宏观经济均衡

卢卡斯结合总供给曲线和总需求曲线，引入理性预期假设，对宏观经济均衡进行了分析。

上述逻辑还是借助于公式来解释会更为清晰。如果没有信息不完全的问题，那么不妨把前面讨论理性预期时提出的式（7.3）和式（7.4）复述到这里：

$$y = m - p$$

$$y = y^N + b(p - p^E)$$

根据理性预期的形成机制，经济决策者能够预期到的价格可以通过求解式（7.3）和式（7.4）得到。既然经济决策者了解式（7.3）和式（7.4），因此也就能够推理出预期价格是如何影响价格的，可以解出价格的决定公式，其必然是预期价格的函数。而既然理解这个关系，就可以利用它来预测实际价格到底是什么。由此可以计算出由式（7.6）表示的预期价格决定公式：

$$p^E = p = m - y^N$$

既然人们的预期总是正确的，那么宏观经济就总是可以保持产量水平在自然率产量水平，这表现为，将式（7.6）代入式（7.4），可以得到 $y = y^N$。

但是现实中信息是不完全的，例如关于货币量的变化规律就存在一个随机扰动项，每一个决策者是不能确知这个随机扰动项的。因此，一旦随机扰动项 ε_m 出现，就会导致人们预期暂时失误，从而使得产量偏离自然率产量水平，即偏离产量的趋势路径。在模型中，通过引入理性预期的形成机制求解上述式（7.4）和式

（7.7），可以得到均衡产量的值，它是偏离了自然率产量 y^N 的：

$$y = y^N + \frac{b}{1+b}\varepsilon_m \tag{7.11}$$

而式（7.11）显示出来的实际产量对自然率产量的偏离，其根源在于预期价格偏离了实际价格，即式（7.8）偏离了前面的式（7.9），式（7.6）不再成立，结果出现：

$$p = p^E + \frac{b}{1+b}\varepsilon_m \tag{7.12}$$

这表明，在信息不完全条件下，总需求方面的冲击不会被人们预期到，从而在总供给过程中形成实际价格与预期价格的不一致，对产量带来实际影响，影响的程度由 $\frac{b}{1+b}$ 测度，这决定于微观结构性因素。

卢卡斯利用这个模型求解的结果，分析了总需求方面未预料到的冲击是如何带来宏观经济的短期波动的，形成了均衡经济周期理论，这将在下面详细分析。

三、宏观经济政策无效命题

（一）卢卡斯批评

卢卡斯是新古典宏观经济学的奠基人，其提出的总供给曲线理论引入不完全信息并因此强调了预期在供给决策过程中起到的作用，当这个预期采取理性预期的机制时，这个理论就构成新古典宏观经济学的理论基石。利用卢卡斯供给曲线，强调了理性预期的作用后，卢卡斯对此前的凯恩斯主义经济政策提出了批评，这就是著名的卢卡斯批评。卢卡斯批评一经提出，即受到广泛关注，并改变了现代宏观经济学的方向。

凯恩斯主义经济政策主张在 20 世纪 50—70 年代主导了美国的宏观经济管理，其运用最多的一个政策是利用菲利普斯曲线来对宏观经济进行调控。当时的菲利普斯曲线表明，失业率与通货膨胀率之间看起来存在着此消彼长的关系，因此宏观经济管理当局例如中央银行可以根据自己的偏好选择合适的失业率与通货膨胀率组合——或者以较高的失业率为代价降低物价，或者以较高的通货膨胀率为代价降低失业率。

但是，菲利普斯曲线所表示的失业率与通货膨胀率之间的交替关系也受到了经济学界的质疑，基于这些质疑而进行的理论修正又赋予了菲利普斯曲线新的含义，让其重生，从而形成了现在的菲利普斯曲线理论，这个理论已经超越了其于

20 世纪 50 年代末期刚刚提出时的内涵。这些质疑者中最重要的是弗里德曼和卢卡斯。弗里德曼区分了短期和长期，引入自然失业率概念，利用了适应性预期对菲利普斯曲线进行了修正，对凯恩斯主义的政策提出了批评。弗里德曼在其被授予诺贝尔奖的演讲中归纳了这一批评。弗里德曼认为，失业率并不是可以无限制和无限期降低的，现实经济中存在一个宏观经济管理政策无法消化的核心失业率，从长期趋势来看，宏观经济的失业率趋向等于这个失业率，这就是自然失业率。从预期的角度来看，自然失业率是人们预期正确时也依然会存在的失业率。弗里德曼认为，如果货币当局想进行总需求管理以实现低于自然失业率的失业率，它会采取扩张货币的举措。货币扩张带来通货膨胀率的提高，这在短期内往往不会被人们预期到。因此工会很可能出现误判：当货币工资以低于通货膨胀率的程度上升时，工会倾向于认为实际工资提高，因此愿意增加就业供给。而在厂商一方，他们是用自己的商品价格来判断实际工资的；既然自己的商品价格和一般物价一起随着货币扩张而提高，那他们会认为实际工资是降低的，因此愿意提供更多岗位、增加劳动需求。于是，在短期内，高通货膨胀率就带来低失业率。但是，经过一段时间后，工会必然意识到真实的通货膨胀率是什么，因此会调低对实际工资状况的判断，然后基于新的判断，或者减少劳动供给，或者要求进一步提高工资，这就必然使失业率提高到自然失业率的水平。于是，弗里德曼认为，只有不断加速的通货膨胀率才能将实际失业率维持在比自然失业率更低的水平上。正是在这个意义上，自然失业率又称为"不会让通货膨胀率加速的失业率"（non-accelerating inflation rate of unemployment），意即只要维持自然失业率就可以保证通货膨胀率稳定不变。

卢卡斯的批评建立在理性预期的基础上，比弗里德曼更进了一步。卢卡斯指出，凯恩斯主义的政策往往会利用各种宏观经济变量之间的经验关系，例如菲利普斯曲线最初就是对从历史数据中获取的失业率与通货膨胀率之间的经验关系的总结。从历史看，失业率和通货膨胀率之间确实存在此消彼长的负向关系。但是，一旦货币当局要利用这个统计关系，就会影响到各个微观经济决策主体的行为，从而改变这种统计关系；宏观经济过去的历史类型会因为货币当局的干预而在未来发生变化。但是，他指责凯恩斯主义经济政策的倡导者却没有意识到这一点。卢卡斯主张，必须考虑一项政策对此前制定政策所利用的经验类型的影响。卢卡斯的这个观点被概括为卢卡斯批评，这是卢卡斯在《计量经济政策评价：一个批评》的著名论文中提出的。在这篇论文中，卢卡斯还只是认为政策会影响到人们的预期行为，从而改变此前的历史发展方向，却尚未明确指出如果人们的预期是理性的会如何。我们下面利用前面给出的公式来进一步分析这种卢卡斯批评，并引入卢卡斯后来强调的理性预期假设来分析其对政策设计的意义。

我们在前面的卢卡斯总供给函数（式7.4）中引入时期变量后复写在这里：

$$y_t = y^N + b(p_t - p_t^E) \tag{7.13}$$

同时，继续假设总需求函数遵循如下形式：

$$y_t = m_t - p_t + \varepsilon_t \tag{7.14}$$

其中 y 在这个公式里代表总需求，m 为货币量，ε 为总需求方面的随机扰动。同时假定货币政策遵循如下规则：

$$m_t = m_{t-1} + c + u_t \tag{7.15}$$

这样，我们可以解出来均衡的总产量和一般物价水平：

$$y_t = y^N + \frac{b}{1+b}(u_t + \varepsilon_t) \tag{7.16}$$

$$p_t = m_{t-1} + c + \frac{1}{1+b}(u_t + \varepsilon_t) \tag{7.17}$$

这里的价格是对数值，因此两期价格的差值可以视为通货膨胀率：

$$\pi_t = p_t - p_{t-1} = c + \frac{b}{1+b}(u_{t-1} + \varepsilon_{t-1}) + \frac{1}{1+b}(u_t + \varepsilon_t) \tag{7.18}$$

为了按照卢卡斯的思路进一步说明菲利普斯曲线并指明其谬误，这里假设在 $t-1$ 期没有外在冲击，于是通货膨胀率由下式表示：

$$\pi_t = c + \frac{1}{1+b}(u_t + \varepsilon_t) \tag{7.19}$$

根据奥肯定律，失业率与总产量水平有稳定的负相关关系，而在通货膨胀环境下，总供给曲线会由原来的总供给量和价格水平之间的关系变成总供给量和通货膨胀率之间的关系。因此，将上述通货膨胀率的公式与均衡时总产量的公式结合起来，可以描述菲利普斯曲线所呈现的关系：如果货币存量意外增加而没有被预期到，即 $u_t > 0$，就会提高通货膨胀率，同时增加产量；如果货币存量的增加能够被公众预期到，即体现在 $c > 0$ 而 $u_t = 0$ 上，那么就只会对通货膨胀率有影响，对产量没有影响，通货膨胀率与产量之间连短暂的关系都不存在。这似乎表示，货币当局看起来是可以通过采取突然袭击的方式来选择通货膨胀率与产量水平的搭配的。

但是，卢卡斯指出，当货币当局经常这么做时，就会被人们提前预期到，从而最初的 $u_t > 0$ 慢慢就会变得在性质上等同于 $c > 0$。这种预期改变带来的结果是，在调整政策之前观察到的通过 u_t 联系起来的通货膨胀率与产量之间的交替关系，在执行货币政策后就会因为 u_t 变成 c 而消失。换言之，货币政策的调整会影响人们的预期，从而改变此前的各个经济变量之间的总量关系，并因此导致货币政策的预期目标落空。

（二）总需求管理政策的无效性

应该说，卢卡斯供给函数是新古典宏观经济学的两个理论基石之一（另一个是实际经济周期理论），从这个理论中可以直接推导出政策无效的结论：如果货币政策的变化被预期到了，其对经济就没有影响，预期到的货币政策不可能让宏观经济偏离自然率水平；没有预期到的货币政策也只能短期影响宏观经济，一旦被人们认识到，其作用就会消失。

根据这个理论，在信息完全的情况下，宏观经济会总是处于自然率的产量水平上。如果货币政策发生改变，人们会马上预期到，从而认识到其对物价的影响，然后据此采取行动。例如当货币扩张带来一般物价上升时，企业会了解到自己的价格上涨是与一般物价上涨同步的，因此相对价格并无变化，这样他们就不会改变产量和劳动需求；工人也会预期到一般物价的上涨，因此会要求货币工资保持相同速度上涨，而劳动供给不会变化。

如果信息不完全，货币量发生意料之外的变化，人们未能预期到，那么企业会以为自己的价格上涨是相对价格的上涨，因此会愿意增加产量，多雇佣工人；而工会方面会以为货币工资的上涨是实际工资的上涨，因此愿意增加劳动供给。这样就引起经济全面扩张，但是一段时间之后，企业了解到相对价格并无变化，工会了解到实际工资也没有增加，他们就会取消原来的增产计划和减少劳动就业量，宏观经济会再度回到原来的自然率水平上。

卢卡斯的理论表明，因为存在着自然失业率，所以只有突然袭击式的货币政策才能暂时地影响到实际经济变量。但是，由于人们的预期是理性的，突袭式的货币政策也会逐渐被人们预期到，货币当局不可能总是采取突袭式的货币政策。我们还是以上面的公式为例来说明。

不妨将总产量的公式和通货膨胀率的公式结合起来，定义菲利普斯曲线（总供给曲线版本）如下：

$$y = y^N + \alpha(\pi - \pi^E) \tag{7.20}$$

显然，如果公众的预期是外生的，并不通过对货币当局的行为逻辑进行研判而预期当局对通货膨胀率的选择，那么产量水平 y 和通货膨胀率 π 之间就存在正的相关性，这也意味着人们选择的产量 y 与最优产量即自然率产量 y^N 不一致。而问题是，当货币当局一而再再而三地通过操控通货膨胀率来改变总产量水平时，人们会思考，为什么自己应该选择最优产量 y^N，但最后却偏离了它？因此会研究自己在哪里犯了错，应该怎样改进预期方式。他们会研究货币当局这样做的行为逻辑和动机是什么，研究通货膨胀率形成的背后机制是什么，这样就能正确预期通货膨胀率是什么——此时 $\pi^E = \pi$，从而导致产量 y 和通货膨胀率 π 之间的关系消失。

那么公众是怎么预期的呢？货币当局对产量和通货膨胀率这两个主要宏观经济变量显然是有自己的偏好的，希望实现一个最佳的产量和通货膨胀率组合。不妨用一个福利函数来代表货币当局的这种偏好：

$$W = -\frac{1}{2}(y-\bar{y})^2 - \frac{1}{2}\beta\pi^2 \qquad (7.21)$$

这个公式表明，货币当局最偏好的产量水平和通货膨胀率分别为 $\bar{y}$ 和 0。但是货币当局的选择是受到限制的，因为根据式（7.20），菲利普斯曲线—总供给曲线的存在表明产量和通货膨胀率之间是相互联系的，选择其中一个变量就必然会影响另外一个变量。不过，在下面两种情形下，货币当局可以同时在两个变量上实现最优目标。第一，货币当局的偏好与公众的偏好一致，即 $\bar{y} = y^N$，那么就可以按照既定规则为经济提供货币量，让人们能够正确预期到通货膨胀率，而这个时候实现了人们愿意看到的产量水平，同时这个产量水平也是货币当局最偏爱的。第二，货币当局能够左右人们的通货膨胀预期，然后通过超出人们预料的方式来变动货币存量、让人们的预期落空，此时，即使 $\bar{y} > y^N$。这就是说，即在货币当局的产量偏好与微观决策主体的产量偏好不一致时，货币当局也能同时实现超出自然率产量的产量水平（$y = \bar{y} > y^N$）和零通货膨胀（$\pi = 0$）的政策目标。在第一种情形下，只要让人们相信通货膨胀率为 0 并信守承诺即可。在第二种情形下，通过计算表明，如果能让人们相信会出现通货紧缩——$\pi^E = \dfrac{y^N - \bar{y}}{\alpha} < 0$，然后维持物价水平不升不降，则可以实现 $\bar{y} > y^N$ 的产量水平和 $\pi = 0$ 的零通货膨胀。

在现实中，货币当局的目标产量往往大于自然率产量，因此倾向于通过"愚弄"公众，让公众预期失误来实现这个目标。问题在于，这种做法可一而不可再。人们慢慢会采用精致的方法来预期，会通过对货币当局的偏好进行调研来预期通货膨胀率。换言之，人们最终会认识到货币当局的目标函数是使得 $W = -\frac{1}{2}(y-\bar{y})^2 - \frac{1}{2}\beta\pi^2$ 最大化，人们会认识到货币当局在菲利普斯曲线 $y = y^N + \alpha(\pi - \pi^E)$ 的约束下来选择如何实现政策目标。基于这一判断，人们会正确地计算出，货币当局选择的通货膨胀率是随着公众的预期通货膨胀变化而变化的：

$$\pi = \frac{\alpha^2}{\alpha^2+\beta}\pi^E + \frac{\alpha}{\alpha^2+\beta}(\bar{y}-y^N) \tag{7.22}$$

显然，既然 $\bar{y}>y^N$，那么 $\pi>\pi^E$，那么公众怎么预期呢？既然已经知道了上述关系，就必然要利用上述关系来预期通货膨胀率，他们会合理地推理到自己的预期通货膨胀率会以某种方式影响到最后的实际通货膨胀。基于此，他们通过分析影响货币当局的货币存量—通货膨胀率决策的各种因素来预期通货膨胀率，即对上述公式的等式两边求期望值，由此可以解出

$$\pi^E = \frac{\alpha}{\beta}(\bar{y}-y^N) \tag{7.23}$$

当公众按照这个数值进行预期时，货币当局不得不按照这个数值实现通货膨胀，即：

$$\pi = \frac{\alpha}{\beta}(\bar{y}-y^N) = \pi^E \tag{7.24}$$

结果，产量水平始终维持在自然率产量水平上。这表明，货币政策是中性的，就其对产量和就业的影响而言是无效的。

（三）总需求管理政策的不可能与不必要

那么，如果宏观经济因为其他方面的信息不充分，例如因为意外的外在冲击导致宏观经济偏离自然失业率水平，是否有必要采取总需求管理政策呢？卢卡斯理论的结论依然是否定的。一方面，既然信息不充分，那就意味着货币当局也预料不到负面冲击，因此也就无法提前采取政策以消除其影响。而当货币当局逐渐认识到这个负面冲击时，企业和工人也会认识到，然后他们会调整自己的决策，他们的反应足以促使宏观经济恢复到自然失业率水平。这表明总需求管理政策是不可能实施的。

我们仍然用前面推导的均衡总产量公式来解释政策的不可能性。在 $y_t = y^N + \frac{b}{1+b}(u_t+\varepsilon_t)$ 中，如果经济面临负面冲击，这体现为 $\varepsilon_t<0$，在没有货币当局干预（$u_t=0$）的情况下，经济会衰退而陷于萧条（$y_t<y^N$）。看起来，货币当局是可以对经济进行干预的，通过扩张性货币政策来抵消负面的外在冲击，这在公式里表现为让 $u_t>0$，以便 $u_t+\varepsilon_t=0$。问题在于，既然 $\varepsilon_t<0$ 是随机冲击，公众无法预期到，那么政府也不可能预期到，从而无法确定 u_t 应该如何操作。

另一方面，即使货币当局拥有比私人更多的信息，当私人没有预期到负面外在冲击而导致宏观经济偏离自然率水平时，也不意味着货币当局需要采取措施干

预经济。货币当局完全可以将信息公之于众，让他们去采取行动消除负面冲击的影响。在上述公式里面，这个逻辑表现为，本来对公众而言 $\varepsilon_t < 0$，但因为货币当局的预先察觉并告知公众，随机冲击变成已知，于是 $\varepsilon_t = 0$，从而经济仍然是稳定的，即 $y_t = y^N$。

上述政策无效理论在萨金特和华莱士[①]的文章中得到系统阐述，但是，在经验证据方面，政策无效结论没有得到强有力的支持。虽然巴罗的研究显示政策无效论是对的[②]，但米什金和戈登的研究则显示即使是系统性的政策，也对经济有实际的影响[③]。而新凯恩斯主义者则从理论上解释了为什么预期到的货币政策会有实际影响[④]，这些理论在后面详细讨论。

四、经济周期理论

（一）均衡经济周期理论

经济周期理论是现代宏观经济学的核心理论，是对短期经济波动的解释。新古典宏观经济学也不例外，也要解释为什么宏观经济会出现波动。卢卡斯通过建立不完全信息模型，提出了均衡经济周期理论，这构成了新古典宏观经济学对经

---

① Thomas J. Sargent and Neil Wallace, "Rational Expectations, the Optimal Monetary Instrument, and the Optimal Money Supply Rule", *Journal of Political Economy*, April 1975, 83 (2): pp. 241—254; Thomas J. Sargent and Neil Wallace, "Rational Expectations and the Theory of Economic Policy", *Working Papers*, 1974, 2 (2): pp. 169—183.

② R. J. Barro, "Unanticipated Money Growth and Unemployment in the United States", *American Economic Review*, March 1977, 67 (2): pp. 101—115; R. J. Barro, "Long-Term Contracting, Sticky Prices and Monetary Policy", *Journal of Monetary Economics*, July 1977, 3 (3): pp. 305—316; R. J. Barro, "Unanticipated Money, Output and the Price Level in the United States", *Journal of Political Economy*, August 1978, Vol. 86, No. 4, pp. 549—580.

③ F. S. Mishkin, "Does Anticipated Monetary Policy Matter? An Econometric Investigation", *Journal of Political Economy*, February 1982, Vol. 90, No. 1, pp. 22—51; R. J. Gordon, "Price Inertia and Policy Ineffectiveness in the United States", *Journal of Political Economy*, December 1982, Vol. 90, No. 6, pp. 1087—1117; R. J. Gordon, "Why US Wage and Employment Behaviour Differs From That in Britain and Japan", *Economic Journal*, March 1982, 92 (365): pp. 13—44.

④ Stanley Fischer, "Long-Term Contracts, Rational Expectations and the Optimal Money Supply Rule", *Journal of Political Economy*, 1977, Vol. 85, No. 1, pp. 191—205; Stanley Fischer, "Wage-indexation and macro-economic stability", *Carnegie-Rochester Conference Series on Public Policy*, 1977, 5 (1): pp. 107—147; John B. Taylor, "Aggregate Dynamics and Staggered Contracts", *Journal of Political Economy*, 1980, Vol. 88, No. 1, pp. 1—23; G. A. Akerlof, "The Case against Conservative Macroeconomics: An Inaugural Lecture", *Economics*, August 1979, 46 (183): pp. 219—237.

济波动的早期解释[1]。

卢卡斯的不完全信息模型将理性预期的形成机制引入到总供给与总需求模型，其中的总供给模型是以卢卡斯总供给函数为基础的，即引入了预期价格；总需求模型中包含着经济决策者所不能预知的外在冲击，即引入了不完全信息。利用这个思路，他解释了在理性预期的环境下，外在冲击如何通过影响总需求而影响总产量，从而带来宏观经济波动。

卢卡斯指出，每一个劳动者和企业都是以效用（或利润）最大化为目标来决定劳动供给和产量水平，而相对价格影响着效用或利润的大小。为了简单起见，可以考虑一个集劳动者、供给者与产品生产者于一身的单个决策者，他要考虑相对于一般价格水平而言，自己的价格是什么样的，这样才能计算自己的效用或利润是多少。这个决策者无疑了解自己的价格，但是对一般价格水平则只能通过预期获知。

在预期时，决策者会将自己拥有的信息与知识都利用起来形成理性预期。他拥有的知识是，自己的供给行为与其他人的供给行为一起形成总供给，总供给与总需求相互影响，决定着总产量和价格水平。其拥有的信息是关于总需求的决定因素的，例如货币量的变化；但是信息是不完全的，他知道货币量变化的趋势，但是趋势的偏离是随机扰动，是自己无法把握的。在这种情况下，通过计算，决策者会了解自己的供给是如何决定于自己的价格和自己对一般价格的预期的。而把这些个体决策者的预期行为和决策行为加总起来，就会了解到整个经济中的总供给是如何随着实际价格和预期价格的变化而变化的，这就是卢卡斯总供给函数，在前面已经做了详细介绍。

而且，每一个决策者都能够形成理性预期，即都了解总供给与总需求的相互作用，并据此预期一般物价水平，而这种预期最终决定了总产量。这可以用前面给出的式（7.8）、式（7.9）和式（7.11）来说明：

$$p^E = m - y^N$$

$$p = m - y^N + \frac{1}{1+b}\varepsilon_m$$

$$y = y^N + \frac{b}{1+b}\varepsilon_m$$

这三个公式表明，如果信息是完全的，那么 ε_m 为零，经济不会出现波动，总供给与总需求的相互作用会使得宏观经济处于自然率的水平上。任何一种外在的

[1] Robert E. Lucas Jr. , "Expectations and Neutrality of Money", *Journal of Economic Theory*, 1972, 4: pp. 103—124; Robert E. Lucas Jr. , "An Equilibrium Model of the Business Cycle", *Journal of Political Economy*, December 1975, 83（6）: pp. 1113—1144.

需求冲击都会被提前预期到，会引起人们提前做出反应，这种反应也就消除了外在冲击的实质影响。例如，当企业预期到总需求会减少，从而带来物价下降时，会提前降低产品价格，以避免产品销售受损而致积压；工会愿意降低名义工资，以免企业因为减产而减少工作机会。而结果是，无论是企业还是工会，利益都没有受损：企业的相对价格并没有变化，工会的实际工资也没有变化。

但是，信息是不完全的，外在的需求冲击也可能是突然出现而不能被意识到，那么会不会带来经济波动呢？生产者出于利润最大化或效用最大化目的，会根据相对价格来确定产量，而其相对价格需要通过预期一般物价水平获知，其中的预期是理性预期。这样，当外在负面冲击突然出现时（体现为 $\varepsilon_m < 0$），包括该厂商在内的所有价格都会下降，但由于信息不完全，厂商未能及时预期到 $\varepsilon_m < 0$，会认为一般物价没有变化，从而将自己价格的下降看成是相对价格的下降，并因此而减少产量。当所有的厂商都这样做时，整个宏观经济就处于衰退之中。而经过一段时间之后，人们认识到这种负面冲击，就会将价格预期调整到实际水平，愿意降低价格，从而一般物价也随之降低，而需求会因此增加，这样就推动均衡产量增加而回到原来的正常水平，这就是宏观经济的复苏阶段。

不完全信息条件下的经济波动在式（7.8）、式（7.9）和式（7.11）中是这样体现的：在外在冲击发生的第一阶段，$\varepsilon_m < 0$ 刚出现时没有被预期到，从而 $p^E > p$，导致 $y = y^N + \dfrac{b}{1+b}\varepsilon_m < y^N$；到第二阶段，在人们调整预期和实际一致以后，$\varepsilon_m < 0$ 消失，变成 $\varepsilon_m = 0$，从而 $p^E = p$，而 $y = y^N$。

卢卡斯对短期经济波动的解释属于均衡经济周期理论。一方面，他使用瓦尔拉斯一般均衡的方法，假设市场是出清的，人们总是在成功地进行最优化决策，从而在经济的波动过程中，宏观经济总是处于瓦尔拉斯所描述的均衡之中。当经济衰退时，是人们对外在货币冲击所做的理性选择所致，尽管可能是受到错误信息的引导。另一方面，卢卡斯用货币冲击来解释经济波动的原因，认为货币错觉导致人们的选择偏离正常水平的产量和就业，因此这个理论又叫均衡的货币经济周期理论。后来实际经济周期理论出来之后，卢卡斯指出，经济周期理论不再重要，重要的是经济增长，而且他也提出了有关人力资本对经济增长影响的理论，对新增长理论的发展做出重要的贡献[1]。

---

[1] Robert E. Lucas Jr. , "On the Mechanics of Economic Development: W. A. Mackintosh Lecture 1985", *General Information*, 1986, 22（88）: pp. 3—42.

(二) 实际经济周期理论

在卢卡斯之后，基德兰德与普雷斯科特提出了实际经济周期理论（Real Business Cycle，RBC）[1]，引领了经济周期研究的潮流，并推动了随机动态一般均衡方法的发展。卢卡斯的经济周期理论注重货币对经济的冲击，而实际经济周期理论强调非货币因素带来的经济波动；前者是一个静态的模型，而后者是一个动态的模型。因为这个差别，人们习惯将卢卡斯的理论与货币主义理论并列，也有人将实际经济周期理论看成是一个独立的学派，或者看成是第二种类型的新古典宏观经济学[2]。

在方法上，实际经济周期理论沿用了新古典宏观经济学的方法，从个人理性行为出发建立模型，假设市场是连续出清的，认为经济的波动是个人面对外在冲击所做理性选择带来的结果，因此经济周期的每一个阶段都是在不同外在约束下实现的均衡。

在上述新古典宏观经济学通用方法上，实际经济周期理论强调了初始冲击和传递机制。初始冲击是非货币的因素，可以是技术的冲击，或者是政府购买支出的冲击，或者是其他方面生产率的冲击。以技术为例，趋势技术进步是可以预测到的，它将经济维持在趋势增长路径上，只有突然之间未预料到的技术变化才能改变产量的趋势路径。一次意外的技术变化会延续下去，从而在每一个时期都会存在着从前些时期延续下来的技术变化，同时也有在该时期新发生的技术变化，它们将宏观经济带离趋势路径，从而形成经济波动。

技术冲击需要通过传递机制影响总产量。传递机制之一是劳动的跨期替代。技术冲击会影响劳动生产率，从而通过市场机制影响劳动的价格即工资率，并以此引导劳动者在工作和闲暇之间做出新的选择，在今天和明天进行劳动供给的调整。例如，当技术冲击通过影响劳动生产率带来工资率上涨时，劳动者会增加劳动供给，减少闲暇；并且会增加今天的劳动供给，而在明天技术冲击消失之后再减少劳动供给。劳动供给的变化导致总产量的波动。传递机制之二是资本积累的运动轨迹。一旦产量发生变动，会影响储蓄和投资，从而影响下一个时期的资本存量，带来产量变动。传递机制之三是，技术进步自身的规律。一旦技术冲击发生，它会延续到随后的若干个时期，从而在每一个时期都对总产量有

---

[1] Finn E. Kydland and Edward C. Prescott, "Time to Build and Aggregate Fluctuations", *Econometrica*, 1982, 50 (6): pp. 1345—1370.

[2] Brian Snowdon and Howard R. Vane, *Modern Macroeconomics: Its Origin, Development and Current State*, Cheltenham: Edward Elgar Publishing Limited, 2005, p. 226.

直接的影响。

将技术冲击与传递机制结合起来,可以清晰地看到总产量是怎么波动并持续下去的。一旦发生技术进步,它首先直接使得产量增长速度偏离趋势路径,并间接通过影响工资率促使劳动者增加劳动供给,再使产量增长速度进一步偏离趋势路径。随后,技术进步带来的产量变动会影响下一个时期的资本存量,其对储蓄率的影响也会导致下一个时期的资本存量发生改变,从而导致下一个时期产量继续波动,偏离趋势路径。

在经济周期的过程中,总产量的波动是通过一个一个的居民户和厂商的行为调整实现的。外在的冲击让居民户和厂商面临的约束发生改变,为了适应这种变化,他们需要调整产量、消费和就业水平,以保证选择是最优的。因此,经济的周期性波动是均衡的,尽管它偏离了平衡增长路径(趋势路径)。

在提出实际经济周期理论的同时,基德兰德和普雷斯科特也提出了一个与计量经济学模型平行的经验分析方法:校准方法(calibration)。他们先建立模型,再代入一个具体的效用函数或生产函数,函数中的参数值不是通过计量经济学分析得到,而是通过微观经济学的研究推测得到,然后将这个值代入模型中去计算,去模拟经济波动的过程,与实际的数据进行对比,再对参数值进行调整校正。这个方法要大量利用计算机的计算能力。

五、动态不一致性理论

基德兰德与普雷斯科特用博弈论的方法,提出了时间不一致性的原理,以此证明坚持政策规则的重要性,尤其是在货币政策方面[1]。时间不一致性(time inconsistency)又称动态不一致性(dynamic inconsistency)。

时间不一致性涉及长期最优政策与短期最优政策之间的关系。如果昨天为今天制定的最优政策(长期最优计划)到了今天不再符合变化了的形势,不再是最优的,这个长期最优计划就被称为是时间不一致的。由于时间不一致,政府就有了违背承诺的动机,会在规则和相机抉择两项选择中倾向于后者,但是这种动机会被公众通过理性预期的方式预期到,从而削弱政府的政策效果。例如央行会公布一个稳定的货币增长目标,但是到了2008年发现出现金融危机,导致经济衰退,此时再执行先期制定的货币增长速度就不利于走出经济衰退。如果央行坚持既定

---

① Finn E. Kydland and Edward C. Prescott,"Rules Rather than Discretion:The Inconsistency of Optimal Plans",*The Journal of Political Economy*,1977,85(3):pp. 473—492.

的政策，就得容忍经济持续的衰退；如果央行相机抉择，加快货币供给，可以更快地走出衰退，可是信誉会缺失，会影响到今后的政策实施。在日常生活中，此类事情也经常发生。例如父母会给孩子约法三章，不让小孩过于淘气，否则就罚以三天没有玩具玩，这就是长期最优计划。问题是，如果小孩真的淘气打坏家里的门窗玻璃，父母发现，根据先期的家规加以惩罚已于事无补，往往会采取下不为例的告诫了事。这样的家规就是时间不一致的，使得很多父母往往会不严格执行。可是时间一长，小孩就发现不遵守家规也没有什么后果，家庭里的纪律与形式规则就荡然荒废。

用简单的数学公式可以更好地描述什么是时间不一致性。长期的最优计划可以用下面的式子表示：

$$\max_{y_1, y_2} W\ (x_1,\ x_2;\ y_1,\ y_2) \tag{7.25}$$

$$\text{s. t. } x_1 = x_1(y_1, y_2) \tag{7.26}$$

$$x_2 = x_2(x_1, y_1, y_2) \tag{7.27}$$

这三个公式表明，政府为今天和明天做出政策选择，即选择 y_1 和 y_2，这体现在式（7.25）中；但是它要考虑公众的决策，即式（7.26）和式（7.27）所说明的。在式（7.26）式中，公众要预期在两个时期的政策选择 y_1 和 y_2 是什么。在式（7.27）中，公众只需要预期政府在第二个时期的政策选择 y_2 是什么，然后根据观察到的上一个时期政府政策选择 y_1 和自己的选择 x_1 来决定自己今天的选择 x_2。而且公众会采取理性预期的方式进行预期，由此会带来严重的后果。

短期的最优计划是即时决策，即为现在决策。例如进入第二个时期时，如果政府选择相机抉择，那么它的问题就是：

$$\max_{y_2} W\ (x_1,\ x_2;\ y_1,\ y_2) \tag{7.28}$$

$$x_2 = x_2(x_1, y_1, y_2) \tag{7.29}$$

我们以对第二期政策的选择为例，来说明长期最优计划与短期最优计划的区别。式（7.25）、式（7.26）和式（7.27）表明，在对第二期政策做出选择时，政府要考虑公众对两个时期政策选择的预期，包括对第一个时期政策选择的预期。式（7.28）和式（7.29）表明，在进入第二个时期后，政府不需要考虑公众在对第一个时期政策选择 y_1 进行预期的基础上做出第一个时期的决策 x_1；公众的第一个时期决策 x_1 已经实现，是可以观察到的。因此，由于约束条件不同，两个问题的解可能就不一样，即长期最优计划与短期最优计划可能是不同的。这就是我们说的第一个时期为第二个时期制定的最优计划到了第二个时期可能不再是最优的。

但是，如果引入理性预期，那么公众的理性预期会迫使政府不得不制定一个时间一致的长期政策，我们称之为政策 A，而这个时间一致的长期政策不一定是帕累托效率的。如果公众没有进行理性预期，那么很可能存在一个时间不一致的政策 B，其在帕累托效率上优于理性预期条件下时间一致的政策 A。但是，既然政策 B 是时间不一致的，政府就总是有动机临时违背此项政策。尽管 B 优于 A，可是到了人们预期形成之后，进入短期时，存在另外一个短期最优政策 C，且 C 优于 B。因此，尽管政府制定了政策 B，但是会临时转向政策 C；而 C 会导致公众此前的预期失误，这是因为公众是预期 B 会出现的（非理性预期）。政府的这个动机会被公众察知。公众接着会进行理性预期，这就使得政策 B 不再是长期最优计划，因为 B 是某一种特定预期下的长期最优计划。结果，政府不得不选择一个时间一致的但是非帕累托最优的政策 A。

简言之，存在如下关系：C>B>A。其中 B 是非理性预期条件下长期最优计划，C 是相对于 B 而言的短期最优计划，A 是理性预期条件下的长期最优计划，同时也是短期最优计划。政府通过 B 实现 C 的努力被理性预期破坏，不得不进入 A。

基德兰德和普雷斯科特将动态不一致性理论应用于菲利普斯曲线的分析，进一步阐释了新古典宏观经济学关于货币中性和政策无效论的观点。在图 7-1 中，横轴代表失业率与自然失业率的差值，其中 u^* 为自然失业率，u 为实际失业率；纵轴代表通货膨胀率，用 π 表示。两条负斜率的直线分别代表预期通货膨胀为零和预期通货膨胀为 OC 的短期菲利普斯曲线，显示在预期通货膨胀率既定时，通货膨胀率与失业率之间存有交替关系。弧线代表货币当局的无差异曲线，显然，最靠右的那条线代表的效用水平最低，最靠左的那条线代表的效用水平最高。C 点代表理性预期条件下的均衡，这个均衡既是长期最优计划（理性预期条件下），也是短期最优计划（预期形成之后），因此是时间一致的均衡。O 点是某种特定预期（非理性预期）条件下的长期最优均衡，但是并不是时间一致的均衡。一旦人们的预期形成在零通货膨胀水平上，该均衡就不再是最优均衡。在人们来不及调整预期之前，货币当局可以顺着该菲利普斯曲线向左上方移动，通过提高通货膨胀率来降低失业率，进入更靠左的无差异曲线上，从而获得更大的效用。

由于 O 点的均衡具有时间不一致性，因此，即使货币当局事先承诺要达到 O 点，事后也不会兑现。问题在于这种动机会被进行理性预期的公众了解到，因

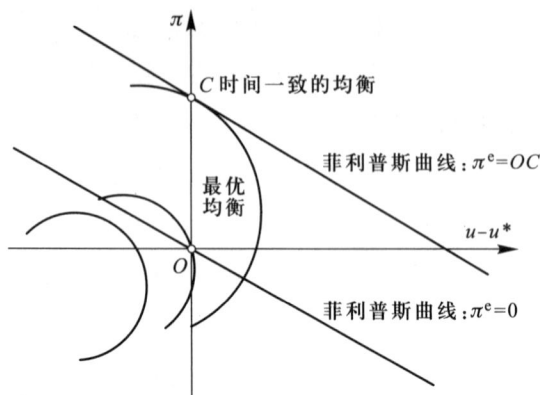

图 7-1 菲利普斯曲线与动态不一致性

此，公众事先也就不会预期通货膨胀率为零；根据理性预期，他们会认为预期通货膨胀率为 OC，因为他们知道这个预期会迫使货币当局只能将实际的通货膨胀率确定在 OC 水平上。这是它有能力实现的最好通货膨胀率——在预期通货膨胀率为 OC 的短期菲利普斯曲线的所有位置中，C 点处在最靠左的无差异曲线上。

这样我们就看到，货币当局希望实现比 O 点更好结果的动机反而把自己带到比 O 点差的 C 点上。因此，如果货币当局能够坚守规则，并让公众相信，结果会更好一些。

基德兰德与普雷斯科特的时间不一致性理论具有重大意义。一方面，它推进了新古典宏观经济学对菲利普斯曲线的批评，并将其置于更坚实的理论基础之上；另一方面，它就政策行为问题提出了一个一般性的理论。

第三节　政　策　主　张

新古典宏观经济学并没有明确提出自己独特的具体经济政策主张，它所做的是对古典学派和新古典学派的理论与政策信条进行更为深入的理论论证，让它们有更坚实的理论基础。因此，它的政策主张与古典学派的政策主张一致。

既然是古典学派和新古典学派的继承者，它的政策基调就是崇尚市场机制的调节作用，反对政府干预经济。在个人理性、市场出清、理性预期的基础上，它认为资本主义市场经济是稳定的，是可以实现资源的有效率配置的，因此政府干预经济完全没有必要。在这个基础上，它进一步地提出了政策无效、政策没有必要和政策不可行的结论。其政策无效的结论比弗里德曼的主张更为激进。弗里德曼认为货币政策在适应性预期的作用下可以在短期产生效果，在长期效果会消失。而在新古典宏观经济学这里，货币政策即使在短期，除了偶尔通过误导个体决策者让他们形成错误预期能够暂时起到作用外，总体上也是没有效果的。

在继承古典学派和新古典学派的政策主张基础上，新古典宏观经济学更进一步批评了凯恩斯主义的国家干预政策。它认为，旨在稳定经济的总需求管理政策不但不能让经济稳定，反而成为经济不稳定的肇因之一。这是因为，以货币政策为例，如果它是公开宣布的，那么对经济没有实质影响，这表明存在着货币中性；如果货币政策的调整事发突然而不能让个体决策者知晓，那么就会在短期内影响实体经济，但是一旦人们调整预期以逼近现实，那么产量和就业就会与此前相比成反向变化，使得前期的影响消失。在这个过程中，经济变得不稳定，反而因为货币政策的调整而波动起来。

新古典宏观经济学主张建立政策规则，按规则行事，反对相机抉择。正如动态不一致性所论证的，不管经济形势发生了什么样的变化，按照既定规则行事虽然在短期内可能招致代价，但是在长期则可以取信于民，获得个体决策者的配合，从而获得长期效果。例如美国在 20 世纪 70 年代时经历了严重的通货膨胀，1979年沃尔克就任美联储主席，声称要紧缩货币以反通货膨胀，但是一开始人们并不信任他。因此，当通货膨胀率从 1980 年的 13% 降低到 1982 年的 6% 以下时，失业率则从 7% 飙升至接近 10%。但是，因为美联储坚守规则，没有因为失业率上升而改变货币政策，到 1983 年，通货膨胀率再降至 3% 以下时，失业率反而开始减少；而到 1986 年，通货膨胀率再降低到 2% 以下时，失业率反而减少到 7%。1980—1982 年间，在失业率不断攀升时，本来美联储转向相机抉择，放松货币紧缩政策的力度甚至寻求货币扩张，也许能阻止失业率上升过快，但是这会带来长期隐患，如同此前 70 年代发生的事情：失业率高时采取扩张性货币政策降低失业率，但是带来通货膨胀率的提高；而看到通货膨胀率提高时又紧缩银根，但是已经降低的失业率开始反弹。

按既定规则制定宏观经济政策可以给个体决策者一个稳定的预期环境，有利于让他们从个人利益出发做出最优决策，从而带来宏观经济的稳定。因此，和货币主义一样，新古典宏观经济学主张货币量应该按照一个公众熟知的机制增长，不能随意调整。它也反对以减税的政策刺激消费，这是因为减税在理性预期环境下不会被认为能增加居民持久收入，因而不能刺激消费开支，也就是说，它认为李嘉图等价定理是存在的。

第四节 评 析

一、基本理论评析

（一）理性预期评析

1. 理性预期的局限性

理性预期理论虽然是穆思提出来的，但是经过卢卡斯的大力鼓吹，已经成为包括新古典宏观经济学在内的现代宏观经济学的基石。由于这个理论的核心是强调所有人的预期都是和经济学家的预期一致，是利用模型并利用计量经济学工具进行的预期，这显然会招来很多批评。

批评之一是，这种预期需要利用大量的信息，而且还要建立模型求解，这样做是非常费时费力的，是需要花费巨额成本的，普通人怎么可能形成这么复杂的预期呢？赞成理性预期的经济学家则回应道，人们事实上是理性地收集和处理各类信息，确保预期的边际收益与边际成本相等。因此普通人可以获得公共信息，可以获得专业机构利用模型进行的预期，这些预期往往会发布出去；而大机构有自己的研究人员进行专业化的预期，虽然需要雇用经济学家进行预期，花费不菲，但是相对于其带来的收益而言，仍然是值得的。卢卡斯甚至说，鸟儿也不懂空气动力学，但是很会飞，这等于说，人们的理性预期已经固化在本能中了。这些回应表明，普通人可以进行弱的理性预期，而大机构可以进行强的理性预期。

批评之二是，如果人们是利用模型进行预期的，由于宏观经济模型存在着很多争论，那么如何确保所利用的经济模型是正确的呢？拥护理性预期的人回应说，强形式的理性预期并不要求人们实际知道正确的经济模型，而是说人们平均而言会利用正确的经济模型，人们的预期不会出现系统性错误。事实上，这个回应并没有完全让批评者信服，争论仍然存在。

批评之三是来自后凯恩斯主义。他们认为，未来具有不确定性，而且经济决策者连概率分布都不一定清楚，因此是无法利用模型和计量经济学工具进行预期的。他们认为世界并不具有遍历的性质，每一个历史事件都是独特的，因此对未来的预测并无规律可以利用。

对理性预期的批评一直都存在，但尽管有诸多批评，从 20 世纪 70 年代开始，理性预期还是在宏观经济学研究中占据了重要地位，成为宏观经济学建立模型的必备要素。以新古典宏观经济学为代表对理性预期的根本辩护是：既然人们在所有领域所做决策都是基于理性原理，那么他们在进行预期时没有道理不采取理性的方式。这实际上也暗含着这样的观点：理性预期至少是一个参照系，以此比照人们的预期距之有多远；而且，在现代经济中，不能使用理性预期方式的经济决策人会在经济活动中败北，而胜出的是那些使用理性预期的决策者。

2. 理性预期在现代经济学中的地位

理性预期理论提出于 1961 年，但是它在宏观经济学中的大规模运用却是在 10 年之后的 20 世纪 70 年代。20 世纪 50—60 年代经济学使用的预期形成方式是适应性预期，更早些时候是静态预期。

为什么理性预期理论在经济学中的运用会出现得这么晚呢？是以前的学者不如穆思、卢卡斯等人正确、聪明吗？并非如此。这正好反映了经济学理论发展与经济形势演进相适应的规律，也反映了理性预期与适应性预期两者的根本区别。

理性预期虽然是适用于对所有经济变量的预期，但是其最早的使命却是解决通货膨胀预期问题。在 20 世纪 50 年代和 60 年代初，美国的物价问题相对稳定，通货膨胀问题不那么严重，因此对物价或通货膨胀的预期就比较简单，没有必要使用复杂的预期方式。理性预期是一种理论，依赖于对宏观经济结构进行分析来预期，是利用经济学原理进行的预期，需要决定通货膨胀率背后的因素和机制是什么，因此显得复杂和费时费力。适应性预期则不同，它是利用统计学的原理来分析的，根据通货膨胀的趋势来预期，将预期确定在过去实际通货膨胀率和预期通货膨胀率之间，对过去的预期错误加以纠正，以形成未来的预期。因此，理性预期原理因为其复杂性，并不适用于物价稳定的环境，而较为简单的适应性预期已经足够处理对物价或通货膨胀的预期问题了。

但是，进入 70 年代后，物价问题越来越严重，通货膨胀频繁出现，并且其背后有着纷繁复杂的原因，再使用适应性预期就不能正确理解和把握通货膨胀的走势。因此，虽然适应性预期简单易行，但是会带来严重后果，必须采用新的预期方式。这时早在 1961 年正式提出的理性预期就进入卢卡斯等人的视野。尽管理性预期形成机制复杂，意味着较大的成本，但是相对于正确预期能够带来的收益而言，还是值得的。

因此，理性预期理论在 20 世纪 70 年代流行是有其道理的。但是，不能说它反证了新古典综合学派理论的错误。它只是说明，新古典综合学派的理论体系不能适应经济形势的发展，不能解释新的问题，开始显得陈旧过时，需要创新和发展。

总的来说，理性预期在宏观经济学中的地位正如理性行为在微观经济学中的地位，它们均构成主流经济理论的基石。就理性预期而言，它构成宏观经济学的基石不是经济学家强行加入的，而是经济学家对现实经济的合理假设。一方面在现代市场经济中，做决策的是规模庞大的机构，无论是大公司还是工会，它们都有实力进行理性预期——要么自己雇用专门的经济学家进行预期分析，要么和咨询机构合作购买咨询报告；就算是那些小企业、单人业主、自由职业者等，在当前信息流动充分迅速的信息时代，也能及时获取最新信息，其信息质量平均而言与大机构没有区别。另一方面，就算是部分企业未能获得理性预期的结论，或者企业部分时候未能获得理性预期的结论，但是并不否定理性预期成为机构和个人进行预期的一个趋势这一事实，也就是说，平均而言和就趋势而言，各类决策者是利用理性预期的。而且，在市场经济的演化发展中，那些持续不能进行理性预期的参与者最终必然被那些总是能够进行理性预期的参与者淘汰出局，只有后者才能生存和发展。因此，将理性预期作为宏观经济学构建前瞻性模型的基石是合适的。这也就是为什么无论是继承古典学派传统的新古典宏观经济学，还是继承凯恩斯学说的新凯恩斯主义宏观经济学都坚信理性预期的原因。

（二）经济周期理论评析

各个宏观经济学流派之间的主要分歧集中在经济周期理论上，新古典宏观经济学的核心理论也是经济周期理论。这个理论继承了古典学派的观点，这体现在：

第一，它们同古典学派一样，坚信持续的市场出清。持续的市场出清是以工资与物价的灵活调整为保障的，也就是说对市场出清的假设包含着对工资与物价灵活性和市场机制有效性的假设。换个角度说，这个性质仍然是新古典微观经济学的体现——相信（有效率）均衡的存在。在分析经济周期时，它们会认为产量与就业的波动都是均衡的，是微观个人面对外在冲击时做出的最优选择带来的结果，是人们面临不可抗的外在冲击时能够做出的最好选择和获得的最好结果。

第二，它们在研究方法上受到一般均衡分析的影响。无论卢卡斯的均衡经济周期理论，还是基德兰德和普雷斯科特的实际经济周期理论，都是在一般均衡分析框架下展开的。就卢卡斯而言，虽然他的理论脱胎于货币主义，他自己也承认受弗里德曼影响颇深，但是他们在方法上有着显著的区别。弗里德曼是马歇尔主义者，采用局部均衡分析方法，卢卡斯采用了由瓦尔拉斯、希克斯、阿罗和德布鲁等人构建的一般均衡理论分析的方法。

第三，它们所分析的微观个体都不会出现货币幻觉，至少不会出现持续的货币幻觉，这些微观个体总是考虑实际变量，总是基于实际变量来做出决策。当工人拿到货币工资时，会关心这些货币工资的购买力是什么样的；当企业提高价格时，它会了解相对于其他企业而言价格是否也得到提高；当投资者获得利润时，他要关心利润的实际值是什么。

但是，新古典宏观经济学的经济周期理论在继承古典学派思想的基础上，也有不少新的发展，从而使它有了"新"的古典主义的名称。这主要体现在：第一，这些理论都要从分析微观行为入手讨论宏观经济结果的根源是什么，也就是注重构建宏观经济学的微观基础。这个微观基础是新古典的微观经济学，认为做决策的个人是理性的，厂商会选择让利润最大化，居民户（劳动供给者和消费者）会选择让效用最大化，而且他们有足够的计算能力，能够实现最优的结果。第二，这个理论的另外一个重要基础是注重个人决策的前瞻性，而且这个前瞻性是建立在理性预期基础上的。古典学派的理论几乎没有考虑前瞻行为，没有认真考虑人们对未来的预期的形式；它们简单地假设人们对未来无所不知，不存在预期错误的问题。如果一定把古典学派的理论放到前瞻性决策的环境讨论，它们隐性地假设了完全预见。而新古典宏观经济学的经济周期理论则抛弃了这个假设，用内生预期和信息不完全构建了理性预期模式。

至于同样属于新古典宏观经济学的实际经济周期理论，则呈现出与此前的各类经济周期理论完全不同的特点，显得独树一帜。正是在这个意义上，实际经济周期理论被看成Ⅱ型新古典宏观经济学，其开启了动态随机一般均衡这一新的宏观经济学流派或宏观经济学分支。实际经济周期理论除了具备新古典宏观经济学的一切要素——微观基础、理性预期、一般均衡、信息不完全、货币中性——之外，还有一个新的特征：在长期增长理论框架下讨论短期的经济波动问题。此前的经济周期理论大部分是短期性质的，具有比较静态均衡的性质，而实际经济周期理论则明显具备动态均衡的性质。事实上，它利用了拉姆齐模型构建长期增长模型，然后讨论外在冲击带来的趋势增长路径的改变，这就将短期分析与长期分析结合在一起，探索了经济波动的根源与类型。

但是，无论是卢卡斯的均衡经济周期理论，还是基德兰德和普雷斯科特的实际经济周期理论，在解释现实经济波动上都存有缺陷。均衡经济周期理论认为只要信息完全就不会出现经济波动，这明显与真实现实世界不一致。按照均衡经济周期理论，即使出现信息不完全，意外的外在冲击带来经济波动，这种波动也不会持续，会很快在市场醒悟过来后消失而使得经济恢复正常。均衡经济周期理论得出这个结论的依据是假设市场机制非常高效，物价与工资能够迅速调整以出清市场，而事实上在现实经济中相当部分的工资与物价都是具有黏性的。

实际经济周期理论更强调，虽然经济在波动，但是这种经济波动仍然是有效率的均衡，它意味着产量的减少是企业最好的选择，就业的减少是工人自愿选择的；这样一来，经济的收缩就类似于年景不好时的农业减产，与农业减产无关农户决策是否错误一样，经济收缩也无关市场经济是否有缺陷，经济收缩也就不能称之为经济衰退。但实际上，现实经济的衰退往往代表着资源的错配，也代表着人们福利的降低，与实际经济周期所预测的并不一样。实际经济周期理论的缺陷在于假设物价能够迅速而充分地调整，人们的行为是理性的。但是，在现实中不仅物价存在黏性，人们的理性程度也各不相同，决策者们并不是同质而无差异的。正是因为这些缺陷，虽然在 20 世纪 90 年代，经济学家已经开始在实际经济周期的基础上构建各种动态随机一般均衡模型，尤其是各大央行和国际金融机构都在广泛利用 RBC/DSGE 模型对经济进行预测和管理，但是仍然未能预测到 2008 年爆发的次贷危机，也不能解释为何这次危机持续影响多年。

二、政策主张评析

新古典宏观经济学的政策主张主要体现在政策无效论。它继承了古典学派反对政府干预经济的政策主张，并进一步阐明了需求管理政策无效、不必要和不可能的性质，从理论上对其进行了深入的论证。

应该说，政策无效的结论是理性预期和市场出清两个假设相结合的结论，这两个假设缺一不可。如果仅仅是理性预期，不一定会带来政策无效的结论，因为进行理性预期的企业和个人可能面临着不完善的市场，在这个市场里价格和工资不能充分调整，以至于市场不能及时出清。因此，就算货币当局公布货币政策的调整，民众从而得以获得正确的预期，他们倒是很想及时调整价格和工资，但是由于各种原因而不可能实现。这些原因或者是大家都在观望，看看其他企业有没有调整价格，其他工会有没有调整工资；或者大家已经签订了合同，已经公布的价格目录还没有到期；或者调整价格需要花费巨大的成本，如此等等，因为这些原因，价格和工资想调整也调整不了。这样一来，货币政策就会产生切实效果，会实际影响产量和就业。事实上，这也正是新凯恩斯主义宏观经济学的结论，它们将理性预期和价格刚性结合起来推导出凯恩斯主义的政策结论。

根据同样的逻辑，如果现实中存在着价格和工资的刚性，那么在负面外在冲击发生时，经济就会陷入衰退，而且衰退会因为价格刚性带来滞后效应而持续一段时间。这就意味着，及时的宏观经济政策干预是必要的。

那么，是否说新古典宏观经济学的政策无效结论是错的呢？正如不能简单说崇尚国家干预的各学派和崇尚自由放任的各学派谁对谁错一样，也不能简单地说新古典宏观经济学的这个结论是对还是错。可以说，政策无效结论从长期和趋势来看是对的，但是没有刻画短期的变化。在短期，政策仍然是有效的，而且短期的效果也会影响到经济的长期演变路径。因此，两大理论都有自己可取的一面，都是从特定视角出发形成的结论。新古典宏观经济学着眼于宏观经济的长期趋势，新凯恩斯主义则着眼于短期的调整过程，如果将二者综合起来，就会形成对经济的一个比较全面的理解。

三、局限性及借鉴意义

（一）理论与政策的局限性

新古典宏观经济学的基本要素是微观基础、理性行为、理性预期和市场出清。其中市场出清假设代表了其继承古典学派而不同于凯恩斯主义理论的一面，而微观基础、理性行为和理性预期则体现了其对现代宏观经济学的创新，也被新凯恩斯主义所认同。虽然新古典宏观经济学借此推动了主流宏观经济学的发展，但是也存在其局限性。

先分析新古典宏观经济学最显著的理论创新之一——致力于在宏观经济理论中建立微观基础。这个微观基础是各个经济决策主体的理性行为。它致力于解释，当企业、工人、消费者在寻求自己利益最大化的行动过程中会带来怎样的宏观经济后果，但是，过于强调理性行为是有失偏颇的。在传统的理论中，理性意味着一个人只需要试一次就可以正确解决问题。但是因为理性的有限以及理性常识的缺乏，传统的理论又引入学习机制加以补救，认为人们会犯错误，但也会在短时期内马上纠正过去的错误，从而通过演化使得理性原理能继续适用。这样理性就变成一次迅速的学习过程。有人则认为，经济的演化会将缺乏理性的行为淘汰掉，剩下的就是理性行为了。但实际上这是错的，一方面，非理性的人不一定会被淘汰，例如在金融市场上，作为准理性人的噪声交易者并不会被淘汰，他们也能获利；另一方面，更严重的是，在很多场合下人们往往没有更多的机会去学习，例如婚姻、择业和退休储蓄，根本没有学习机会，而日常消费是可以学习的。因此，这样就需要重新建立学习的理论，学习模型将更为复杂、精致。

再看新古典宏观经济学的创新之二——强调人们在做决策时对未来的预期是按照理性预期模式进行。理性预期模式就其性质而言就是经济学家所做的预期，假设所有的经济活动参与者都采取这种模式无论如何是说不过去的。而且，理性预期包括两个要点：第一，按照经济模型预期；第二，外在冲击方面的信息是不完全的。这两个要点也都有问题：经济模型假设人们的行为是理性的，前面已经说过这个假设存在问题；就算这个假设成立，按照什么样的方式建立模型在宏观经济学家那里也存在着争议，因此很难说预期结果是否正确；再退一步，就算经济模型是对的，预期也不一定是对的，因为外在冲击有很多都无法预料，其必然对经济带来影响。因此，在应对外在冲击的政策建议方面，新古典宏观经济学与其他理论一样无力，仅仅是在事后的解释方面给出了新的思路。

除了最大化行为的微观基础和与模型一致的理性预期，新古典宏观经济学还继续坚持了市场出清的假设。而市场之所以可以持续出清，是因为新古典宏观经济学相信工资和物价在面临外在冲击带来供求失衡时能快速和充分地调整，从而恢复供求均衡。显然，这个问题就更大，因为现实中价格刚性是普遍存在的。

依据上述理论要素，新古典宏观经济学得出政策无效的结论，主张政府在制定政策时应确保政策机制透明稳定、言出必践，以便企业和个人能够对经济环境有足够确定的预期，这样才能做出最优决策，带来宏观经济稳定。这实际上正是古典学派"大市场、小政府"的另外一套说辞。虽然强调政府应该建立章程、按规则推行政策看起来没什么问题，但是极端化就不利于发挥政府稳定市场经济的作用了。尤其是从短期来看，各国经济都会时不时地有一些波动，这些波动如果不加干预，虽然市场经济也会自我疗伤，但是旷日持久，因此不如由政府及时给予援手。

（二）理论与政策的合理性和科学性

新古典宏观经济学作为西方经济学中主流理论之一，当然有其独到之处、过人之处，其中也是有一定的合理性和科学性的。

首先，它改变了宏观经济学只有政策没有理论的现状。按照曼昆的说法，20世纪70年代以前的宏观经济学与其说是宏观经济学，不如说是宏观经济工程学，其主要目的是为宏观经济管理提供政策建议，而这些建议的理论基础不怎么扎实，最多是利用计量经济学工具对得到的数据进行精细的处理，然后提出政策建议。提什么样的政策建议则是一门艺术。那个时候的宏观经济学更多的是描述性的，依赖直觉和常识，往往是直觉、洞察力、数据处理能力和分析能力的结合。经济学家们在那时无法从理论上解释，为什么人人追求最大化自己利益，但是这种选择却带来宏观经济的波动、衰退和萧条，结果与自己的最大利益背道而驰。

而从新古典宏观经济学开始，宏观经济学就演变成具有内在一致性的"原理"，不再是宏观经济工程学，而变成真正的宏观经济学了。从这里开始，现代经济学的主要特征就不在内容上面，而是在分析方法上，重点在宏观经济理论是怎么推演出来的。现代经济学一方面在内容上兼收并蓄，接受了各种假设和理论，但在研究方法上非常专一，主张通过建立模型来解释问题。

当然，建立模型不是目的，其目的是为了利用统计或计量经济学技术，在经验数据上进行验证，能够为政策提供可操作性的指导，因此，建模会非常正规、标准。相应地，宏观经济管理部门制定政策时就不再凭借敏锐的洞察力和直觉；政策制定不再构成一门艺术，而是要建立在正式的模型基础上，必须经过经验数据验证。

其次，"卢卡斯批评"改变了西方经济学中宏观经济学的方向，让其在理论基础上更经得起质疑。20世纪80年代之前的宏观经济政策利用计量经济学工具根据历史数据分析经济变量之间的关系，然后希望利用这个关系作为政策制定的指导。但是问题在于，一旦政策执行，经济变量之间原来存在的那种关系也就变化了，因而经济政策无法起到预想的作用。例如，经验研究发现历史上出现了高通货膨胀带来低失业率的统计关系，但是这种统计关系是不能用作制定政策的基础的，因为一旦中央银行想通过货币扩张来降低失业率，结果是只会提高通货膨胀率，而失业率没有任何变化。卢卡斯揭示了其中的缘由，提出了政策内生化的研究思路，为宏观经济学的发展指出了新的方向。受到卢卡斯的启发，宏观经济学在进行经济政策研究时明确区分了"简约形式"（reduced form）——缺乏理论基础，和"结构形式"（structural form）——具有理论基础，并越来越强调后者——不是把宏观经济政策看成是一门"管理的艺术"，而是把它看成"理论的应用"。

再次，新古典宏观经济学通过构建微观基础，对宏观经济运行的内在机制做了更加深入和清晰的分析。尤其是，它让各种经济理论都建立在一个基本的理性原理基础上，从而确保各种理论具有内在一致性。在发达的市场经济中，人们普遍是理性的，所做的各种决策都是服务于自己的效用或者利润最大化的，而他们的决策汇总到一起，带来宏观经济影响。新古典宏观经济学抓住了这个特点，从而增加了理论与政策的说服力。

最后，同其他理论一样，新古典宏观经济学在研究问题时利用数学模型进行推理演绎，这保证了理论结论的精准性。在现实经济体系中，各个变量之间的关联错综复杂，如果用文字加以描述和推导，不仅难以说清楚，而且也容易出现错误。相比之下，新古典宏观经济学所用的数理分析做到了逻辑严谨、表达准确、内容精练，这既增强了理论的说服力，也提高了沟通效率，从而推动了理论的发展。

（三）理论和政策在西方国家经济中的应用实践

新古典宏观经济学在西方国家的政策实践中产生了较大的影响，主要体现在它强调理性行为、微观基础和理性预期。这一套完整的研究方法在决策机构的研究团队中得到广泛运用。尤其是其中的动态不一致性理论和实际经济周期理论对中央银行机构的决策产生了深远的影响。

首先看动态不一致性理论在货币政策制定机构中的实践。在 20 世纪 70 年代，西方发达国家经济遭受了通货膨胀频发的困扰。尤其是它们频繁陷于为了降低失业率促进经济繁荣而提高通货膨胀率，然后又为了降低高企的通货膨胀率而紧缩货币从而又带来失业率提高的怪圈。在这个背景下，受基德兰德和普雷斯科特动态不一致性理论的影响，各国中央银行等货币政策机构越来越把政策目标的重点放在价格的稳定性上，注重维护政策制定者的声誉和增强货币政策的透明性，重视及时公布货币政策变化方向，向公众发布清晰明确的政策内容，以建立一个稳定可以预期的货币政策环境。为了实现这个目标，各国中央银行选择了以货币政策规则为基础的货币政策形成机制。其中最突出的例子是欧洲中央银行，它在设立之初就明确把物价稳定作为首要政策目标，而且借助各国签订的条约确保欧洲中央银行、各成员国银行以及其他决策机构的独立性，确保它们的货币政策制定不受任何一个政府机构或决策机构的干扰。欧洲中央银行还通过条约的形式限制成员国对财政政策的运用，以便稳定物价工作更为容易。

除欧洲央行之外，英格兰银行也向货币政策规则迈进。1992 年 10 月，英格兰银行采取了确立通货膨胀率靶标的政策；1997 年 5 月，英格兰银行进一步获得更大的独立性，免受政府的干预，可以自行追求物价稳定。就算政府设有通货膨胀目标，英格兰银行在实现这个目标时也有非常大的自由度。这个自由度获得了 1998 年通过的《英格兰银行法》提供的法律保证。到 2002 年，世界上已经有 22 个发达经济或新兴经济的国家采取了以物价稳定为首要目标的货币政策规则。它们都既公布通货膨胀目标，也公布维持物价稳定实现通货膨胀目标的政策机制——即货币政策规则，以确保民众有一个稳定的预期。这些国家都成功地将以前长期保持在两位数的通货膨胀率降低到 5% 以下，而同时产量和就业却没有受到负面影响。在美国，虽然美联储没有采取通货膨胀率靶标的政策，但是货币政策的透明性和公开性程度越来越高。

其次再看实际经济周期理论在中央银行的应用。实际经济周期理论是动态随机一般均衡理论的核心部分，在它基础上发展起来的动态随机一般均衡理论在 20 世纪 90 年代以后发展非常快，而且很快在各国中央银行找到了用武之地。各国中央银行和国际货币组织纷纷建立各种 DSGE 模型进行政策分析。这些中央银行包括：美国联邦储备系统、欧洲中央银行、加拿大银行、英格兰银行、智利中央银行、秘鲁中央储备银行、挪威银行和瑞典银行，国际货币基金组织也建立了自己的 DSGE 模型。其中欧洲中央银行、加拿大银行、英格兰银行、智利中央银行、挪威银行和瑞典银行更是将 DSGE 模型作为核心的政策分析工具。

尽管 DSGE 被主流宏观经济学作为主要的建模方式，也在各国央行得到广泛推广，但是在预测金融危机方面却并不成功。它未能预测到 2008 年的次贷危机及其引起的全球金融危机。正是因为这个原因，DSGE 受到广泛的质疑，连带着经济学的数学化也受到诘难。

（四）对中国特色社会主义经济理论与实践的意义

新古典宏观经济学既有值得我国经济学界借鉴的地方，也有我们在研究中国经济问题、建设中国特色社会主义市场经济时应该引以为戒的地方。

在理论上，新古典宏观经济学的建模思想尤其值得中国的经济研究者借鉴。

第一，分析经济问题需要按照广为接受的规范、方法和程序进行，必须与学术界认可的基本原理和研究规范相一致，不能仅凭创新性想法来主导研究。而事实上，即使在国内一流的期刊中，我们也能常常看到缺乏经济学原理基础的各类研究：虽然其中各种数学公式比较繁复，实证研究看上去很美，但是其要表达的思想却并没有新意，更与经济学的基本原理有差距。这些文章读起来就像是没有受过系统的经济学训练，缺乏具有内在逻辑一致性的方法论基础。进行经济学研究，并非只要读了前沿文献、掌握了数学工具和计量经济学方法就可以展开的。

第二，不能把宏观经济政策看成是一门"管理的艺术"，而应该把它看成"理论的应用"，任何一项宏观经济政策的出台，都必须有理论上的研究论证作为支持。这就意味着，宏观经济决策部门必须依赖内部或外部的智囊机构，而其内部必须建立有强大实力的研究机构，这些研究机构平时围绕宏观经济做常规研究，在政府有需要时进行政策研究。

与此同时，我们也应该清醒地认识到，新古典宏观经济学是在分析美国经济的过程中得出的理论，其很多前提并不适合中国，因此决不能照搬新古典宏观经济学的理论。首先，新古典宏观经济学是以成熟的市场经济体系为研究对象的，重视各种边际调整与变化，强调均衡的存在和稳定性，因而本质上是偏静态的理论。而新时代中国特色的社会主义市场经济是处于持续结构变化过程中的经济，处于不断从一个均衡向另外一个均衡变动的过程中。例如，我们过去的主要矛盾是群众对物质生活的需求与生产力不够发达之间的矛盾，而现在已经转换成人民日益增长的美好生活需要和不平衡不充分的发展之间的矛盾。这种转换就需要有新的思路来展开分析。再例如，新古典宏观经济学主要研究短期的经济波动问题，而对于中国新时代社会主义市场经济建设而言，重点是经济的高质量增长问题，是经济社会的协调发展问题，因而是一个动态问题。其次，新古典宏观经济学强调的微观基础是决策者的理性，但是包括中国在内的各国经济活动的参与者在理性程度上各不相同，并不像经济学论文所假设的那样是同质的。这就意味着，必须慎重对待聚焦均衡的建模思路，也必须考虑经济活动参与者的异质性和有限理性。最后，新古典宏观经济学假设经济是竞争性质的，工资与物价调整起来非常灵活，市场总是能够快速出清。显然，这些假设的特点中国经济不完全具备，因此更不能直接利用它的理论了。

在经济实践中，新古典宏观经济学的部分理论与政策主张是有借鉴意义的。其中它提出的最重要的政策建议是：确保经济政策的出台有一个公开透明的机制，必须宣布政策制定的规则并按照规则行事，让公众能够对未来做出明确具体的预期，从而更好地进行理性经济决策。这对处于新时代中国特色社会主义市场经济背景下的经济政策形成机制非常有借鉴意义，体现在两个方面。

一方面，只有未来的经济环境稳定从而可以预期，才能消除人们的短期行为和错误决策，从而使得经济更加稳定。但是在中国，人们的很多决策具有短视性质，或者人们的决策从长期和整体上对宏观经济、对社会不利，其原因就在于未来的不确定性。中国经济已经进入新时代中国特色社会主义市场经济，供给侧改革是其中的重要战略举措，这包括引导投资者脱虚就实、发展实体经济，以及鼓励人们创新，用创新驱动经济增长。可是，如果体制不够稳定持久，宏观经济政策不够透明和清晰，人们就无法预期未来，因此也就不会投资周期长、见效慢的实体经济，同样也不会动用资源进行创新发明。

另一方面，我们还应该重视政策的稳定性和连续性，一旦制定规则就应该坚守；不仅是在宏观经济管理上要遵循这个原则，在公共和行政管理上也同样要遵循。在这个问题上，动态不一致性的逻辑是正确的：如果为了获取短期好处而违背事先的政策承诺，必然会带来公信力的下降，为今后的政策推行带来更大的困难。

但是，需要指出的是，新古典宏观经济学也提出政策无效论，因此主张无为而治，尽量减少政府干预，这对于中国经济而言是不适用的。考虑到政策无效论的基础——行为完全理性、价格可以随时充分调整——在中国并不成立，而且考虑到理性预期在中国更不现实，那么完全可以认为宏观经济政策在中国是有效果的。尤其是，中国经济处于不断变动和升级换代之中，这就使得政府在调节经济活动中更有用武之地。这样一来，中国的经济政策制定必须考虑如何权衡"按规则行事"和"相机抉择"两种政策形成方式，在两者间取得平衡。其实对中国新时代社会主义市场经济而言，这两种方式不应该看成是非此即彼的关系，不应该看成是一对矛盾。它们完全可以有机地结合起来：在具有长远和广泛影响的重大政策上，应该制定规则，应该有战略，形成一种制度；而在临时性的具体问题解决方面则可以相机抉择。例如，涉及国企改革和经济转型的重大政策必须有长远战略和清晰的路线图，必须通过各个规划给固定下来；而涉及经济需要微调时可以采取相机抉择的方式，例如应对偶发性的外在冲击时就应如此。一般而言，在供给政策方面，应该按规则行事，而在需求管理上可以相机抉择。但即使是相机抉择，也应该有一个清晰的机制，不能过于随意。

关键词　　理性预期　卢卡斯批评　动态随机一般均衡　均衡经济周期
　　　　　　实际经济周期

思考题：

1. 最能体现新古典宏观经济学学派特点的理论是什么？

2. 如何看待理性预期在新古典宏观经济学中的地位？是否它构成区别新古典宏观经济学与其他学派的关键？

3. 如何理解新古典宏观经济学在现代宏观经济学中的地位？

4. 新古典宏观经济学与新凯恩斯主义宏观经济学的区别是什么，共同点又是什么？

5. 应该怎么看待新古典宏观经济学的政策主张？

第八章 新制度经济学

第一节 概　　况

新制度经济学是 20 世纪 60 年代以后在经济自由主义思潮复归过程中逐渐兴起、活跃于 80 年代之后的一个较有影响的新学派。到目前为止，这个学派已经成为包含众多分支流派的理论派别。本教材出于教学对象和课时考虑，采取了综合的角度来介绍这一包含众多分支流派的新制度经济学。

在西方经济学中，19 世纪末 20 世纪初曾经有过以索尔斯坦·凡勃伦、康芒斯和米切尔为代表的美国制度经济学派。后来在 20 世纪 30—40 年代，在美国也存在着艾尔斯、格鲁奇等人对制度学派传统的延续和发展。在 20 世纪 50—60 年代，以美国的加尔布雷思、博尔丁、海尔布伦纳、塞缪尔斯，以及瑞典的缪尔达尔为代表的新制度经济学派也甚为活跃（尽管并不是主流和正统学派）。到 20 世纪 70 年代后，美国制度经济学派中又出现了一个新的分支：与之前制度学派传统完全不同、而与新古典主流经济学基本范式和框架相容的分支——"新制度经济学"。该学派分支直到今天依然活跃于美国和其他西方国家的经济学界。美国的科斯、诺斯、威廉姆森、阿尔钦、德姆塞茨、托马斯、尼尔森、詹森、麦克林、戴维斯等人为该学派的代表。该学派的理论已经成为新自由主义经济学中最富有吸引力、最有助于使传统的经济研究和政治研究发生巨大变化的经济理论。为与早先加尔布雷思所代表的美国新制度学派相区分，该学派往往被称作"新制度经济学"。

本章所要介绍的就是这个与主流的新自由主义经济学可以相容的新制度经济学的思想。

一、学派的形成与发展

"新制度经济学"的名称最早是该学派的重要代表人物之一的奥利弗·威廉姆森在 1975 年的一篇文章中正式提出来的。这个名称和朗鲁瓦 1986 年所下的定义是相一致的。为避免将该学派与加尔布雷思等人为代表的新制度学派相混淆，我们称之为新制度经济学（国外有时也称之为"数理制度经济学""理论制度经济学""现代制度经济学"或"新型制度经济学"）。

新制度经济学发端于罗纳德·H. 科斯 1937 年发表的论文《企业的性质》。

在这篇文章中，科斯从新古典经济学的立场和观点出发，运用新古典经济学的方法对传统的理论中忽略和没有认真考虑的产权情况和交易成本的假定，以及相关的结论进行了意义深远的修正和澄清说明，从而以一种新的角度说明了企业产生的原因，企业和市场最佳规模的确定与界限的区分，为以后的新制度经济学奠定了基础。

1960 年，科斯又在其另外一篇经典性论文《社会成本问题》中，从一个全新的角度来考察企业的外部性问题，得出了后来被乔治·斯蒂格勒最早称作"科斯定理"的结论。斯蒂格勒的提法是："在完全竞争的条件下，私人成本和社会成本将会达到相等。"① 罗伯特·库特在《新帕尔格雷夫经济学大辞典》中下了另外的定义，强调"科斯定理"的关键是产权清楚确定、交易成本为零、完全自由竞争的市场这三个要素，认为在这三个条件具备的情况下，外部效用问题就可以在市场机制内自行得到解决。

这两篇文章提出的交易成本、产权界定、企业和市场的最优规模与界限、外部性的解决思路以及这些问题对资源配置效率的影响，都为新制度经济学的产生和形成奠定了至关重要的基础，也都涉及 20 世纪微观经济学以至于整个新古典经济学大发展的重要契机。其他一些经济学家在科斯的观点启发下，参照另外一些理论观点，从不同角度进一步发展出一系列对经济制度问题进行探讨的文章和著作，最终形成了我们今天所看到的新制度经济学。

严格说来，新制度经济学中包含形形色色的观点和倾向，但最主要的是他们都坚持新古典经济学的主要传统（理论前提和假定、基本的分析方法、基本的思想倾向），并在此传统之下从经济制度角度来探讨问题。这也是新制度经济学与本书后面所介绍的新制度学派的重要区别。即便在新制度经济学研究得最为充分和成熟的关于生产活动中的组织形式方面，也都表现出与新古典经济学传统的依存关系。新制度经济学涉及的制定经济制度和经济规则的人是完全符合新古典经济学中具有稳定偏好、理性、寻求自身利益最大化的行为假设的，他们在分析社会制度的产生和形成时，仍然进行成本（交易成本）—收益分析，仍然使用新古典传统的在约束条件下寻求最优化的方法建立社会制度模型。

从该学派的发展和影响来看，从最初的产权分支扩展到交易成本分支，到契约分支，再到产业组织分支，并且扩展到了新经济史分支，影响到了公共选择学

---

① ［美］乔治·斯蒂格勒：《价格理论》，施仁译，北京经济学院出版社 1990 年版，第 125 页。

派的产生。目前，新制度经济学已经成为与新古典经济学并行不悖的一个庞大
学派。

20 世纪 90 年代初，新制度经济学的两位主要代表人物科斯（1991）和诺斯
（1993）相继获得了诺贝尔经济学奖。奥利弗·威廉姆森在 2009 年获得了诺贝尔
经济学奖。2014 年，法国经济学家让·梯若尔由于在当代经济学三个最前沿的研
究领域博弈论、产业组织理论和激励理论均做出了开创性的贡献而获得了诺贝尔
经济学奖。2016 年哈佛大学的奥利弗·哈特和麻省理工学院的本格特·霍斯特罗
姆因对契约理论的贡献获得诺贝尔经济学奖。两位经济学家对最优契约安排的分
析完善了很多政策和制度的制定。这些经济学家的获奖使得新制度经济学的影响
日趋扩大，其研究内容也日趋深化。

二、代表人物

（一）罗纳德·H. 科斯

罗纳德·H. 科斯是新制度经济学的奠基者。科斯 1910 年出生于英国的威尔斯
顿，1929 年进入伦敦经济学院学习商业，1932 年获得商学士学位，1951 年获得理
学博士学位。他曾先后在英国的敦迪经济学院（1932—1934）、利物浦大学
（1934—1935）、伦敦经济学院（1935—1938）任教。战争期间，他曾经在中央统
计局工作。1951 年，他移居美国后，先后任教于布法罗大学（1951—1958）、弗吉
尼亚大学（1958—1964）和芝加哥大学（1964 年至 1981 年退休）。

科斯一生著述不多，但是质量很高，影响很大。他的著作主要有：《企业的性
质》（1937）、《边际成本争论》（1946）、《美国广播业：垄断研究》（1950）、《社
会成本问题》（1960）、《经济学中的灯塔》（1974）、《马歇尔方法论》（1975）等。
其中，《企业的性质》和《社会成本问题》已经成为新制度经济学的经典和奠基之
作。他提倡经济学要理论联系实际，反对单纯的课堂教学。1991 年，科斯获得诺
贝尔经济学奖。

（二）道格拉斯·C. 诺斯

道格拉斯·C. 诺斯既是新制度经济学中的一个分支——新计量经济史学的创
立者和代表者，也是从新制度经济学角度研究和阐释经济发展的新经济史理论的
创立者。诺斯 1920 年出生于美国马萨诸塞州的坎布里奇市，1942 年获加州大学伯
克利分校的文学学士学位，1946 年开始在本校任教，1950 年任华盛顿大学教授，
1952 年在加州大学伯克利分校获得博士学位，1961—1966 年任华盛顿大学经济研
究所所长，1974—1982 年又先后被莱斯大学和英国剑桥大学聘为教授。他在

1960—1966 年期间担任《经济史杂志》副主编，1972 年担任美国经济史学会会长，1975 年任西部经济协会会长。

诺斯的主要著作有：《1790—1860 年的美国经济增长》（1961）、《美国过去的增长与福利：新经济史》（1966）、《制度变革与美国经济增长》（1971）、《西方世界的兴起：新经济史》（1973）、《经济史中的结构与变迁》（1981）、《制度、制度变迁与经济绩效》（1990）、《理解经济变迁过程》（2005）、《暴力与社会秩序》（2009）等。诺斯在 1968 年 10 月发表在《政治经济学杂志》上的《1600—1850 年海洋运输生产率变化的原因》，以及他和戴维斯 1965 年 9 月发表在《经济史杂志》上的《1870—1914 年的投资市场：国民市场的发展》被认为是制度创新理论的重要开创性著作。1993 年，诺斯获得了诺贝尔经济学奖。

（三）奥利弗·威廉姆森

奥利弗·威廉姆森是新制度经济学最主要的发展者之一，也是"新制度经济学"这一名称的命名者。奥利弗·威廉姆森被誉为重新发现"科斯定理"的人，至少是由于他的努力宣传，使得科斯的交易成本学说发展为现代经济学理论中引人注目的一个分支——交易成本理论。威廉姆森的研究工作涉及产业组织理论、法学、经济学等学科的多方面交叉和学术创新。威廉姆森也继科斯和诺斯之后，在 2009 年荣获了诺贝尔经济学奖。

1932 年，威廉姆森出生于美国威斯康星州苏必利尔镇的一个普通知识分子家庭，父母是中学教师。威廉姆森高中毕业后，先后就读于黎庞学院、麻省理工学院、斯坦福大学和卡内基工程学院，获得斯坦福大学的工商管理硕士学位和卡内基工程学院哲学博士学位，从此走上经济学理论研究之路。威廉姆森曾经在加州大学伯克利分校和宾夕法尼亚大学从事产业组织的研究和教学工作。20 世纪 60 年代中期，他担任政府反托拉斯部长的特别助理，积累了企业组织等问题的一系列实际经验。1973 年起先后出任《贝尔杂志》的副主编和主编，1983 年担任"耶鲁组织与管理学院"的院长，他在耶鲁期间还创办了《法律、经济学和组织》杂志。

威廉姆森读书期间深受赫伯特·西蒙、理查德·西厄特的影响。工作后，他先后与彼得·戴蒙德（主要贡献是最优税收、不确定性和一般均衡理论）、戴维·莱德勒（主要贡献是货币理论）、丹尼尔·麦克法登（主要贡献为计量经济学）、西德尼·温特（主要贡献为企业和产业理论）、阿门·阿尔钦（产权理论主要代表之一）、戴尔·乔根森（主要贡献是经济增长的计量分析）、安东尼·唐斯（主要贡献在于将经济分析应用于研究民族政党和官僚主义组织的政治理论）、加里·贝克尔（人力资本理论和家庭经济学的先驱者，1992 年诺贝尔经济学奖得主）、哈罗德·德姆塞茨（主要贡献在产权理论和交易成本理论）、克劳斯·罗斯（主要贡献是国际贸易和国际金融理论）、托马斯·萨金特（合理预期理论的主要贡献者）等杰出学者共过事，并在与他们的交往中拓展了视野。

威廉姆森的主要学术著作有：《自由支配行为的经济学：厂商理论中的管理目标》（1964）、《公司控制与企业行为》（1970）、《市场与等级制》（1975）、《资本主义经济制度》（1985）、《治理机制》（1996），以及重要论文《管理权限和企业行为》（1963）、《交易成本经济学：契约关系的管理》（1979）等。

（四）阿门·阿尔钦

阿门·阿尔钦是新制度经济学的另一位重要代表人物，现代产权经济学创始人之一。阿尔钦 1914 年出生于美国加利福尼亚州弗雷斯诺，1936 年在斯坦福大学获得学士学位，1944 年在斯坦福大学获得博士学位。

阿尔钦的主要著作有：《大学经济学》（与艾伦合著，1964；1972）、《交换与生产》（1969；1983）、《经济力量在起作用》（1977）等。最著名的论文有：《不确定性、发展与经济理论》（1950）、《通货膨胀所引起的工资滞后的意义和有效性》（与凯塞尔合著，1960）、《信息费用、价格形成和资源闲置》（1969）、《生产、信息成本与经济组织》（与德姆塞茨合著，1972）等。

（五）哈罗德·德姆塞茨

哈罗德·德姆塞茨也是新制度经济学的主要代表人物之一。德姆塞茨 1930 年出生于美国伊利诺伊州芝加哥，1953 年在伊利诺伊大学获学士学位，1954 年和1959 年先后在西北大学获工商管理硕士学位和经济学博士学位。1963 年在芝加哥大学任教授。1971 年离开芝加哥大学，在斯坦福胡佛研究所任高级研究员至 1977年。1978 年后在加利福尼亚大学洛杉矶分校任教授。从 1955 年起成为蒙特·佩尔兰学会的最活跃成员之一。

德姆塞茨的主要著作有：《产权理论探讨》（论文，1967）、《经济活动的组织》（两卷本，1988—1989）、《生产、信息成本和经济组织》（与阿尔钦合著，1972）、《竞争的经济、法律和政治维度》（1982）、《从经济人到经济组织：人类行为和资本主义制度论文集》（2008）等。

三、主要特征

以科斯为代表的新制度经济学在接受传统新古典经济学基本观点的基础上，注重新古典经济学所忽略的方面，不仅注意从现实世界存在的问题出发，而且注重从微观角度研究制度的构成、运行以及制度在经济生活中的作用。由于该学派运用新古典经济学的逻辑和方法进行制度分析，并把自己的理论看作是对新古典经济学的发展，所以，其理论被主流的新古典经济学所普遍接受。不过，新制度主义经济学派并没有形成统一的、规范化的理论体系。其主要理论和方法出现在产权理论、交易成本理论、新经济史理论、新产业组织理论和法与经济学等理论之中。

奥利弗·威廉姆森曾经将新制度经济学的重要特征概括为这样几点：

（1）假设制度有深刻的效率因素。新制度主义经济学利用了"经济理性"的思想，从效率角度研究和比较了经济组织的微观特征，因而它保留了与主流经济学的关系。

（2）坚持认为资本主义经济制度的重要性不仅在于技术本质，也在于管理方式的结构。后者会造成不同组织类型中信息传递、激励和分权控制的区别。

（3）采用对经济制度作用进行具体的比较方法。特别有用的一个概念就是交易成本。

（4）认为经济组织的中心问题，归根结底是人们进行经济活动的行为性问题，所以，行为假设被看作现实经济活动中的重要部分，直接关系到新制度经济学的立足与发展问题。

四、对新古典经济学的修正及扩展

新古典经济理论体系的特点是在不考虑社会经济制度因素（或者说将社会制度因素当作既定因素）条件下，将自己的理论体系建立在关于"经济人"行为的几个基本假定和一个基本信条基础上。第一个基本假定是"经济人"假定，认为所有的人和组织都是追求自身利益最大化的；第二个基本假定是"经济人"行为的完全理性假定，即认为所有的人和组织都具有关于市场经济的一切信息和规律，并且能够根据具体情况采取符合自己利益最大化的行为；第三个基本假定是"经济人"具有稳定的偏好（包括利益偏好和福利偏好）的假定；一个基本信条则是市场充分自由竞争将能够解决一切矛盾和问题，使社会各方面的利益达到最优的程度，也就是将一般均衡作为常态的信条。但是，新古典经济学理论体系的这些假定和信条都是纯粹的理想状态，脱离现实。有鉴于此，新制度经济学采取了有别于新古典理论体系部分传统假定的、较为贴近实际的假定，来分析经济人的行为。

新制度经济学在研究经济组织制度时，基本保留了新古典主义的三个基本要素：稳定性偏好、理性选择模型和均衡分析方法，但是，又根据经济现实情况进行了适当的调整。

在对"经济人"假定的修改中，美国新制度经济学家威廉姆森的著作表现得最为充分。具体说来，威廉姆森对新古典经济学的"经济人"行为假定所作的修正如下。

（一）采用"经济人"行为的有限理性假定

美国经济学家赫伯特·西蒙和约翰·肯尼思·阿罗等人曾经对新古典经济学关于人的行为完全理性的假定提出过批评，认为人的理性是有限的，而不是完全的。所以，人们对事物的追求标准实际上是"满意"的标准，而不是"最优"标准或者"利益最大化"的标准。威廉姆森把这种有限理性的观点引入到关于人的行为的假定之中。

新制度经济学认为，在有限理性假定下，制度分析不仅是必要的，而且是至关重要的。由于人们的理性有限，对未来的不确定因素也不能完全了解，甚至无法为不确定因素给出一个概率分布函数。因此，在交易过程中，人们不可能在合约中对所有未来可能发生的事件给交易当事人所带来的收益或风险做出详细的规定。这样，交易当事人就必须承担未来不确定风险以及因不完全的合同或契约引起纠纷所可能带来的损失。在这种情况下，通过设立制度或进行制度创新来降低交易过程中的不确定风险，协调不完全合同或契约引起的冲突就是非常重要的。由于理性有限，人们不可能判断一个人的自利行为是否是损人利己的行为，并对此作出迅速反应，因而凭借欺骗、毁约等不正当手段谋取私利的机会主义行为就可以得逞。所以，人们需要设立规章制度和契约安排来规范人的行为，建立良好的经济秩序。与古典经济学和新古典经济学主张的完全理性"经济人"假定不同，新制度经济学的全部理论都是以人的有限理性为前提，来分析制度的约束功能、制度构成及其运行的。

对于新制度经济学的做法，伊姆雷·拉卡托斯认为，西蒙采用"满意模型"代替"最优化模型"的做法，就代表了对新古典研究纲领"硬核"的抛弃。而德·阿雷西则认为："在新古典框架上加上产权的限制和交易成本，可以提供比用满意行为取代最大化假设的理论更丰富和更具实证性的理论。"[1]

（二）采用机会主义行为倾向的假定

新古典经济理论体系是不考虑人们的机会主义行为和倾向的。他们认为，既

---

[1]　［冰岛］思拉恩·埃格特森：《新制度经济学》，吴经邦、李耀、朱寒松、王志宏译，商务印书馆 1996 年版，第 13 页。

然人们都是理性的，也就不存在只对自己有利而对别人不利的机会。"机会主义"的概念是新制度经济学流派的经济学家威廉姆森以美国经济学家奈特分析保险合同（契约）时所使用的"道德风险"一词基础上形成的。威廉姆森认为，"人在追求自身利益时会采用非常微妙和隐蔽的手段，会使用狡猾的伎俩"①，比如，欺骗、偷窃和毁约等。当然，机会主义行为倾向假定是以有限理性假定为前提的。不过，这是人的本性之一，需要设定各种制度和安排来约束人的行为，抑制机会主义行为倾向。由此可见，"实际的人是在现实制度所赋予的制约条件中活动的"②。要研究现实中人的活动，就必须承认人的机会主义行为倾向，着重研究现实中的制度。新制度经济学的一个重要的研究风格，就是注重研究那些现实世界提出的问题，通过案例分析，阐述深奥而又精湛的新制度经济学理论。

正是在对古典经济学和新古典经济学关于人的行为假定做出修正的基础上，新制度经济学对新古典经济学的研究领域和应用领域进行了拓展。

（三）引入更多制度因素分析

长期以来，对于经济制度的分析一直是非主流的经济学家或者"异端的"经济学家（即制度学派的学者）所关注的重点和所从事的工作。作为主流的新古典经济学则一直把经济活动中的制度因素当作理想的既定因素对待，因而在经济分析中从不考虑制度因素对人们的行为和经济活动的作用与影响，但这显然是不妥的，也是不对的。实际上，很早以前，经济学研究的一个重要方面就是，如何通过设立一系列的制度安排或组织来协调人与人之间的经济合作或竞争关系的制度性问题。古典经济学曾经在分析问题时涉及制度和人们之间关系的分析。经济学发展历史上曾经出现过的制度经济学派更是这方面的典型代表。现代西方主流经济学派却抛弃了古典政治经济学注重研究经济活动过程中人与人关系的传统，把反映人与人关系的制度看作既定的，然后，集中研究人的生产活动，即人与自然的关系。这意味着，现代西方主流经济学的教科书把影响经济行为的制度高度地简化和"定格"了。企业制度被简化为一种生产函数，各种生产要素所有者之间的契约关系被产量与资本、劳动和技术等变量之间的函数关系所掩盖；市场制度被简化为一种供求曲线，市场交易活动中的人与人之间的关系变成了需求、供给和价格之间的数学关系。

---

① ［美］奥利弗·威廉姆森：《交易费用经济学讲座》，《经济工作者学习资料》1987年第50期。
② ［英］罗纳德·哈里·科斯：《企业、市场与法律》，盛洪、陈郁译，上海三联书店1990年版，第255页。

新制度经济学试图改变这一现代西方主流经济学的研究格局，把新古典经济学的基本方法运用于研究包括法律、企业组织、市场组织和社会文化等制度在内的"生产的制度结构"，从而把新古典经济学的研究领域拓展到人与人之间的交易活动。将更多制度因素的分析和研究引入新古典经济学体系，或者说用新古典经济学的分析方法展开系统的经济制度分析，显然是对居于主流地位的新古典经济学的一大改进和修正。

（四）引入交易成本概念

"交易成本"的思想其实早就存在于经济生活当中，但是，长久以来没有受到经济学家们的重视。在新制度经济学将经济制度研究与新古典经济学的理论方法有机结合起来的过程中，科斯提出并对之加以应用的交易成本概念发挥了巨大的作用。交易成本就是为了完成交易活动所必须付出的代价或成本。交易成本主要包括搜寻或得到信息的成本、协商谈判的成本、签订契约的成本、检查和监督交易过程或索赔的成本等。新制度经济学认为，交易成本构成了人类经济活动的主要部分，它往往比生产活动的成本更重要。[1]

交易成本概念最初是指协商签订契约以及契约签好以后付诸实施过程中所需要的成本。后来，新制度经济学家们将交易成本概念广泛地运用于经济、法律、社会、历史和政治等研究领域，使交易成本概念普遍化了。威廉姆森把交易成本比喻为物理学中的摩擦力，阿罗则认为，交易成本是经济制度的运行成本。

无论是制度经济学还是新古典经济学，在科斯提出交易成本之前，实际上在绝大多数情况下，经济学家都不考虑交易成本，或者说，假定交易成本是为零的。这就暗含着交易成本并不稀缺，而没有稀缺性的东西无法纳入新古典经济学的分析范围之中。交易成本概念的提出和使用，使得交易成本和制度纳入新古典经济学的研究领域成为可能。所以，新制度经济学的这一努力使经济学的研究更贴近现实，也使新古典经济学的分析方法可以适用于制度问题研究，使新古典经济学的研究领域得到了拓展。

新制度经济学的出现，不仅对新古典经济学的一些基本假定和理念进行了修正，将制度分析引入新古典经济学，而新古典经济学的一些分析方法也被新制度经济学所接受。

新制度经济学把新古典经济学的逻辑和方法广泛运用于各种制度问题的研究，

---

[1] 据张五常估计，中国香港的交易成本要占到其 GDP 的 80%。具体参见盛洪：《分工与交易》，上海三联书店 1992 年版，第 27 页注释 8。

形成了几个不同的内部层次和流派。专门研究新制度经济学的冰岛经济学家思拉恩·埃格特森在《经济行为与制度》（1990）一书中提出："在新制度经济学中有好几个层次的分析，这主要取决于哪些变量被看作内生的。在第一层次，产权结构和组织形式被明确模型化，但被看作是外生的，而且主要强调它们对经济产生的影响。在第二层次，组织交换的活动被内生化，但是产权的基本结构仍是外生的。企业内部的交换，通过正式市场的交换，以及非市场情况下的交换，等等，是通过能约束经济各方的契约来组织进行的。比如，企业被定义为契约的网络。在第三层次，人们试图通过引进交易成本概念而把社会、政治规则以及政治制度内生化。"① 新制度经济学的主要人物，除了诺斯之外，"通常只专注于……三个分析层次的某一面上"②。这样就形成了新制度经济学研究中的不同内部层次或流派。

科斯运用交易成本分析方法研究外部性问题，开创了现代产权经济学派；威廉姆森运用交易成本分析方法研究垂直一体化问题，开创了交易成本经济学和新产业组织理论；诺斯把产权和交易成本概念引入经济史研究，开创了新经济史学；布坎南借鉴了新制度经济学的逻辑和方法以及新古典经济学的方法研究政治和法律制度问题，创立了公共选择理论。到 20 世纪 70 年代，新制度经济学的理论和方法在各个领域的应用已经相当广泛。交易成本也已成为西方经济学文献中出现频率和引用次数最多的概念。由于新制度经济学的文献浩繁，支派较多，无法一一详述，所以，我们将在下面有限的篇幅中，简单介绍几个最主要的新制度经济学的分支流派。

第二节 基本理论

一、产权理论

新制度经济学中的产权经济学派产生于 20 世纪 60 年代的美国。1960 年，科斯发表的一篇论文《社会成本问题》为新制度经济学树立了经典性范式，并成为现代产权学派产生的标志。科斯主要研究了产权制度安排对社会和人们的经济活动所产生的影响问题。

---

① ［冰岛］思拉恩·埃格特森：《新制度经济学》，吴经邦、李耀、朱寒松、王志宏译，商务印书馆 1996 年版，第 7 页。

② ［冰岛］思拉恩·埃格特森：《新制度经济学》，吴经邦、李耀、朱寒松、王志宏译，商务印书馆 1996 年版，第 7 页。

产权学派的重要代表人物阿尔钦认为："在本质上，经济学是研究稀缺资源的产权的，一个社会中稀缺资源的配置是对稀缺资源用途的权利安排；……经济学问题，或者说，关于价格如何决定的问题，是产权如何界定和交换，以及按怎样的条件界定和交换的问题。"①

现代产权理论不仅成为新制度经济学的理论及方法论的基础，也是整个经济学新自由主义运动的重要传播渠道。不过，应该看到，尽管新制度经济学对于产权问题研究较早，但是其研究空间仍然较大，很多问题仍需扩展和深入。

产权学派的主要代表人物有：科斯、阿尔钦、德姆塞茨和诺斯。

（一）产权的概念及其内容结构

新制度经济学所说的产权，主要是从经济活动和运行的角度，而不全是从所有权的法律角度去认识的。法律上关注的产权主要是指财产的所有权，以及它所附带的占有、支配、使用和收益权。而新制度经济学所使用的产权概念，则是指产权的集合概念，指在相应法律保护下的财产权利在经济活动中具体的和实际的运用。新制度经济学所说的产权是可以根据情况进行拆分处置的。由于产权的具体情况不同，同样的经济活动很可能会取得不一样的经济结果。

一般说来，"产权"的范畴远比"所有权"的范畴要大。产权是根植于所有权基础上的一个派生系列，其中的每个个别产权是可以单独发挥作用的。新制度经济学中的产权经济学派就是专门研究，或者重点研究产权的变化和约束对经济后果的影响，以便寻求各种与最高经济效率相适应的产权界定和制度的学派。

一个完整的产权包括使用权、收益权和转让权等多种权利，其中每一种权利又可以被进一步细分。所以，产权学派并不把产权看作使用权、收益权和转让权的简单相加，而是深入分析产权可转让条件下，产权的全部权利在空间和时间上的分布状态，以及产权内部各种权利之间的边界和互相制约的关系。

产权学派所说的产权概念范围较广，它同时包括各种社会准则、风俗习惯、约束机制等在内。产权经济学家把个人使用资源的权利叫作"产权"。阿尔钦认为，产权涉及一个大的系统，这个系统就是"分配权利的方法，该方法涉及如何向特定个体分配从特定物品种种合法用途中进行任意选择的权利"②。但是，对于经济资源的使用权、收益权、让渡权是最为重要的核心权利。

---

① ［美］A. A. 阿尔钦：《定价与社会》，转引自［美］E. G. 弗鲁博恩、S. 佩约维奇：《产权和经济理论：最近文献概览》，《经济文献杂志》1972 年第 10 卷，第 1 139 页。

② Armen · A. Alchian, *Some Economics of Property Rights*, Cheltenham：Edward Elgar Publishing Limited, 2001, 42（1）：pp. 816—829.

在新制度经济学家中，德姆塞茨把产权定义为"一个人或其他人受益或受损的权利"①，或者说，界定人们是否有权利用自己的财产获取收益或损害他人的权益，以及他们之间如何进行补偿的规则。德姆塞茨说："产权是一种社会工具，其意义来自如下事实：它们帮助个人形成与他人交往时可以合理持有的预期，这些预期反映在法律习俗和社会道德中，产权的拥有者被其社会同伴所认同，允许他以特定的方式行事。"②

阿尔钦则把产权看作是"一个社会所强制实施的选择一种经济品使用的权利"③，或者说是人们使用资源时所必须遵守的规则。他注意到了某些资源的产权的可分割性。他举例说，同一块土地在同一时间里，A 也许有权在上面种植小麦，B 可能具有步行穿越它们的权利，而 C 也许被允许在上面倒垃圾，等等，这些权利是可以交换和让渡的。④

总的说来，产权经济学家都把产权看作人们对物的使用所引起的人们之间的相互关系。他们认为，产权是一组行为性权利，或"权利束"。这些权利可以在不同的情况下，根据需要加以拆分或重新组合使用。他们把物品所附着的权利数量及其强度看作那些物品经济价值大小的决定性因素。但是，少数经济学家已经认识到，政府对于产权的确认和保护，具有极其重要的作用。菲吕博腾和佩杰威齐就曾经强调："缺乏政府理论的产权理论是不完整的，而不幸的是，目前仍然没有这方面的理论成果。"⑤ 而且，直到 20 世纪 90 年代前期，"关于产权起源和制度变迁的理论模型依然是新制度经济学最薄弱的环节"⑥。

（二）产权的起源及其功能

美国新制度经济学家德姆塞茨对于产权的起源和作用进行过比较深入的研究和探讨。德姆塞茨的研究方式在某种程度上有些类似于恩格斯研究和写作《家庭、私有制和国家的起源》一书的方法。至于德姆塞茨是否真的是受到了恩格斯研究方法的启发，我们尚未得到有关的证据。

---

① ［美］H. 德姆塞茨：《关于产权的理论》，［美］R. H. 科斯、A. A. 阿尔钦、D. 诺斯：《财产权利与制度变迁》，刘守英译，上海三联书店 1991 年版，第 97 页。
② ［美］H. 德姆塞茨：《产权导论》，《美国经济评论》1967 年第 57 卷，第 347 页。
③ ［美］A. A. 阿尔钦：《产权：一个经典注释》，［美］R. H. 科斯、A. A. 阿尔钦、D. 诺斯：《财产权利与制度变迁》，刘守英译，上海三联书店 1991 年版，第 166 页。
④ Armen A. Alchian, *Economics Forces at Work*, Tulsa：Liberty Press, 1977, pp. 132—133.
⑤ Eirik Furubotn and Svetozar Pejovich, "Property Rights and Economic Theory：A Survey of Recent Literature", *Journal of Economic Literature*, December 1972, 10（4）：pp. 1 137—1 162.
⑥ ［冰岛］思拉恩·埃格特森：《新制度经济学》，吴经邦、李耀、朱寒松、王志宏译，商务印书馆 1996 年版，第 223 页。

德姆塞茨依据人类学家埃里诺·利科克的著作所提供的加拿大东部印第安人在 18 世纪初建立土地私有制的案例资料，从资源稀缺所引发的产品相对价格变化，从而引起产权界定的收益和成本对比关系的变化角度，分析了私有产权的兴起原因。[①] 德姆塞茨认为，在一个资源稀缺的世界，如果不对人们获得资源的竞争条件和方式另行做出具体的规定（即产权安排），就会发生争夺资源的利益冲突，交易活动也无法进行。所以，通过建立产权制度，可以让人们知道应该如何获得资源，以及在什么权利范围内可以选择和使用资源。

德姆塞茨在研究中发现，在进行皮毛贸易之前的早期阶段，加拿大东部印第安人狩猎的目的主要是为了满足自己的生活需要。每个人的狩猎活动都是自由进行的，相互之间不存在对别人狩猎活动的控制，也不存在对增加或者维持野兽数量的特别兴趣。印第安人这种狩猎制度（或习惯）延续的结果，无法约束后来出现的过度频繁的狩猎活动，从而导致了野兽的数量日渐稀少。但是，这种情况并未引起土地所有权的产生，因为对于印第安人来说，没有必要为此而花费周折去制定什么制度或规则。由于野兽的价值很小，大费周折确立私有狩猎边界所花费的代价，和他们这一付出而得到的收益相比要小得多。

后来，随着皮毛贸易的出现，对皮毛需求的增大使得皮毛价值大大增加。另外，狩猎活动的进一步加剧则使本已减少的野兽数量更加稀少。在野兽资源的稀缺程度加剧和皮毛相对价格日渐提高的情况下，通过建立私有狩猎区来保护野兽或者养殖它们就有利可图了。这时，确立私有狩猎边界所得到的收益就要比他们为此而付出的代价大得多了。于是，私有产权制度就在该地区出现了。与此相反，北美西南部的印第安人却未能建立相类似的私有产权制度。其主要原因是那个地区野生动物的商业价值相对较低，因而建立私有的狩猎保护区或者养殖区所花费的成本，要远远大于由此而得到的收益。由此看来，德姆塞茨显然主要是从交易成本与收益的权衡比较方面来说明私有产权产生的。[②]

德姆塞茨的研究表明："当内在化的收益大于成本时，产权就会产生，将外部性内在化。内在化的动力主要源于经济价值的变化、技术革新、新市场的开辟和对旧的不协调的产权的调整……当社会偏好既定的条件下……（对于私人所有还是社会所有的偏好），新的私有或国有产权的出现总是根源于技术变革和相对价格

---

① ［美］H. 德姆塞茨：《关于产权的理论》，［美］R. H. 科斯、A. A. 阿尔钦、D. 诺斯：《财产权利与制度变迁》，刘守英译，上海三联书店 1991 年版，第 101—104 页。

② ［美］H. 德姆塞茨：《关于产权的理论》，［美］R. H. 科斯、A. A. 阿尔钦、D. 诺斯：《财产权利与制度变迁》，刘守英译，上海三联书店 1991 年版，第 101—104 页。

的变化。"① 他的研究也表明，资源相对不稀缺的情况下，私有产权就没有可能产生，也不会发生作用。但是，在现实世界里，由于资源的稀缺性是普遍的，所以，一旦在稀缺资源的既定相对价格下，交易成本与收益的权衡比较合适（即建立产权约定的收益大于成本费用），私有产权界定就是不可避免的。

由此，德姆塞茨认为："产权是一种社会工具，其重要性就在于事实上它们帮助一个人形成他与其他人进行交易时的合理预期。"② 他说，产权的一个主要功能就是在于"引导人们实现将外部性较大的内在化的激励"③。一种有效的产权制度，将能够抑制人们通过分配的努力去实现利益最大化的行为倾向，而激励人们通过生产性努力来增加收益。④ 所以，产权经济学派认为，一个社会的经济绩效如何，最终取决于产权的制度性安排对社会中的个人行为所能够提供的激励作用的大小、积极还是消极。

就制度对于经济行为所产生效率的方面来说，由于产权制度的不同对于经济活动参加者努力程度的激励作用，对于其进行经济活动的主动性、积极性的影响，以至于最终的效率，都有很大的差异，所以，产权学派关于产权制度安排影响经济绩效的这种看法是有一定道理的。

（三）产权安排与资源配置效率：科斯定理

尽管新制度经济学像新古典经济学一样注重研究经济社会中的资源配置效率问题，但是，其侧重点是放在交易成本为正的前提下，研究制度对资源配置效率的影响，而不是像新古典经济学那样抛开制度问题，而且在暗含着假定不存在交易成本的情况下研究资源配置的效率。产权经济学派的奠基人科斯曾经说过："我的梦想就是建立一种能使我们对生产的制度结构的决定性因素进行分析的理论。"⑤ 在科斯的著作中首先提出又为其他经济学家所推崇的所谓"科斯定理"⑥，就是从产权安排角度对资源配置问题进行的关于制度结构的分析。

---

① ［冰岛］思拉恩·埃格特森：《新制度经济学》，吴经邦、李耀、朱寒松、王志宏译，商务印书馆1996年版，第224—225页。
② ［美］H. 德姆塞茨：《关于产权的理论》，［美］R. H. 科斯、A. A. 阿尔钦、D. 诺斯：《财产权利与制度变迁》，刘守英译，上海三联书店1991年版，第97—98页。
③ ［美］H. 德姆塞茨：《关于产权的理论》，［美］R. H. 科斯、A. A. 阿尔钦、D. 诺斯：《财产权利与制度变迁》，刘守英译，上海三联书店1991年版，第97—98页。
④ 生产性努力是指一个人为了获得收益而进行创造新财富的活动；分配性努力是指一个人从别人已有的财富中分得财富。
⑤ ［英］罗纳德·哈里·科斯：《企业、市场与法律》，盛洪、陈郁译，上海三联书店1990年版，第233页。
⑥ "科斯定理"并不是科斯本人直接给出的说法，科斯本人只提到了有关内容和含义。

　　所谓"科斯定理"并不是科斯本人直接给出的说法,科斯本人只是提到了有关的内容和含义。经济学界所理解的科斯定理包含的基本内容和含义是,在交易成本为零的状态下,不管产权起初是如何界定的,市场交易都将导致资源配置处于"帕累托最优"状态。

　　美国芝加哥大学经济学教授、诺贝尔经济学奖获得者乔治·斯蒂格勒最先将科斯的上述思想称作"科斯定理"。斯蒂格勒的提法是:"在完全竞争的条件下,私人成本和社会成本将会达到相等。"①

　　罗伯特·库特在《新帕尔格雷夫经济学大辞典》中则下了另外的定义,强调"科斯定理"的关键是产权清楚确定、交易成本为零、完全自由竞争的市场这三个要素,认为在这三个条件具备的情况下,外部性问题就可以在市场机制内自行得到解决。

　　对科斯定理的一种较为通俗的表述是:"在交易成本为零和对产权充分界定并加以实施的条件下,外部性因素不会引起资源的不当配置。因为在此场合,当事人——外部性因素的生产者和消费者——将受一种市场动力的驱使去就互惠互利的交易进行谈判,也就是说,使外部性因素内部化。该中性定理指出,拥有有关决定资源使用的产权的人,无论是外部性因素的生产者,还是消费者,交易过程总是一样的。"②

　　"科斯定理"的较为简单的表述是引用科斯本人的一句话:"如果定价制度的运行毫无成本,最终的结果(产值最大化)是不受法律状况影响的。"③

　　科斯在《社会成本问题》一文中,通过对"走失的牛损坏临近土地的谷物增长"的案例分析,论述了他的上述观点。对于走失的牛吃掉临近土地上庄稼问题的解决,科斯设想了两种情况:第一种情况是养牛者没有权利允许牛群损害谷物。在这种情况下,对养牛者来说,只要赔偿费不高于修建隔离牛群的篱笆所需的费用,就愿意支付赔偿费,否则他将选择修建篱笆。对农夫来说,只要从养牛者那里获得的赔偿费高于其不受损害地耕种土地的纯收益,他就同意放弃耕种土地。第二种情况是养牛者有权利允许牛群损害谷物。在这种情况下,农夫为了避免谷物受损,就要为养牛者支付赔偿费,所支付的赔偿费等于受损谷物的价值。如果

① ［美］乔治·斯蒂格勒:《价格理论》,蔡继明、苏俊霞译,北京经济学院出版社1980年版,第125页。

② David Pearce, *The Dictionary of Morden Economics*, London: Macmillan Press, 1981, p. 67.

③ ［英］罗纳德·哈里·科斯:《企业、市场与法律》,盛洪、陈郁译,上海三联书店1990年版,第83页。

两者之间交易是无成本或无代价的，那么，无论养牛者是否有权让牛去损害谷物，养牛人和农夫之间的交易都能达到利益最大化的结果。

这个例子中的情形显然与新古典经济学的完全竞争模式是完全合拍的。不过，科斯所举的例子也存在漏洞：只谈到了修建篱笆的费用和利益受损相等的情况，而没有谈到他所举的例子中农夫被损害的庄稼，或养牛者的牛不能吃到一定量草所遭受的损失的弥补（或赔偿）问题。所以，科斯的例子仅限于修建预防性篱笆的费用与其可能遭受损失之间的权衡。

由于科斯真正要研究的是交易成本为正的情况。所以，科斯在阐述了上述观点之后，又提出了被称为"科斯第二定理"的观点，即一旦考虑到市场的交易成本或费用，合法权利的原先界定以及经济组织形式的选择都会对资源配置效率产生影响。

在科斯第二定理中，隐含了产权经济学的许多重要思想。其中最重要的有两个方面：第一，在交易成本为正的前提下，资源配置的帕累托最优状态是不可能实现的。交易成本是决定资源配置效率的一个重要变量。第二，在交易成本为正的前提下，产权安排不仅影响产权转让和重组的市场交易，而且还将直接影响资源配置效率。

由于科斯本人并没有对其有关思想加以系统地概括和进一步地解释，经济学界就出现了对"科斯定理"的众多表述和理解。事实上，经济学中很少有其他定理像"科斯定理"那样引起人们的众多争议。

以威廉姆森为代表的交易成本学派认为，只有产权界定清晰，从而交易界定清晰，交易成本为零，资源才可能得到有效的配置。以布坎南为代表的公共选择学派则认为，有了明晰的产权界定，还必须自愿交易，产权可以自由转让，才有可能实现资源有效配置。而以舒尔茨为代表的自由竞争学派进一步指出，垄断会造成资源配置效率的递减，引起市场交易障碍，在产权界定明确的条件下，还必须通过竞争，排斥垄断，才能实现资源的有效配置。这些不同的观点充分表明了不同的经济学家看问题的角度和强调重点的差异，导致了他们对"科斯定理"的不同理解。同时，这也表明了"科斯定理"本身的较大包容性。

产权学派的经济学家认为，依据产权和交易成本，依据"科斯定理"所强调的产权清晰界定、交易成本为零，并能满足其他一些条件的情况下，新古典经济学家庇古所说的经济生活的外部性问题，就可以通过产权的交易和重组加以解决。

可见，产权经济学派的理论对于新古典经济学将产权问题当作既定前提而加以忽略的做法，是一种纠正，其开辟的以不同产权状况和交易成本来分析经济问题的做法，对于经济理论的发展和深入所作的贡献，具有重要的意义。所以，经济学界普遍认为，科斯首创的产权和交易成本分析开辟了经济学研究的一个全新视野，使新古典经济学具有了进一步发展和深化的可能性。

二、交易成本理论

新制度经济学的交易成本学派主要是从契约的角度来看待和研究经济组织问题的。交易成本经济学的潜在研究范围相当广泛。对于交易成本经济学来说，早期的美国制度经济学派经济学家康芒斯和后来的科斯做出了最大的贡献。

康芒斯最早提出把"交易"作为制度经济学研究的单位和对象。而科斯则最先提出和定义了"交易成本"这个极其重要的理论概念。威廉姆森则在企业和市场组织的研究中最充分地运用了"交易成本"的概念。

交易成本经济学最早起源于 20 世纪 30 年代。而从 20 世纪 70 年代中期开始，研究交易成本的经济学派成了现代经济学发展中最为活跃的一个学派。许多经济学家、组织学家和法学家的思想都曾经对交易成本经济学的产生和发展做出了重要的贡献。比如：康芒斯的制度经济学理论、奈特的"道德风险"理论、切斯特·巴纳德的组织理论、芦埃的契约理论以及斯蒂格勒的信息经济学理论等，都推动了交易成本经济学的形成和发展。但促成交易成本经济学产生和发展最为直接的理论渊源仍然是科斯的经典论文——《企业的性质》（1937）。

（一）交易成本概念

在新古典经济学中，企业被简化为一个生产函数，企业的职能仅仅是根据这个生产函数把投入品转变成产品或服务。在新古典经济学的理论框架下，对于企业为什么会存在，企业的结构和规模边界是由什么来决定等问题，都未加注意，当然它也无法作出解释。直到在《企业的性质》一文中，科斯才通过引入交易成本概念，正式提出并以独特的角度分析了这两个被新古典经济学所忽视的命题。

科斯认为，市场交易成本包括发现和通知交易者的费用、谈判费用、签订合同以及保证合同条件的履行而进行必要的检查的费用等。实际上，从产权角度看，交易成本就是个人交换他们对于经济资产的所有权和确立它们的排他性权利的费用。交易成本既是一种现实的成本，也同样是一种机会成本。

一般说来，交易成本可以指与事前签订契约和事后监督与实施契约相关的事情上所花费的各种费用和代价。具体地说，交易成本是由于以下活动引起的：一是了解有关商品和要素的价格、质量信息以及潜在的买者和卖者行为的活动；二是交易价格未确定时，为发现买者或卖者的真实偏好而进行的讨价还价活动；三是签订契约的具体活动；四是对签约方是否遵照契约行事的监督活动；五是当签约方违约时，实施契约规定并商定赔偿问题，甚至诉诸法院或仲裁机构解决的活动；六是保护产权不受第三者的侵入的活动。影响交易成本的首要因素是市场经济活动的不确定性。由于交易成本在性质上属于市场机制运行的成本，所以，它会使资源配置的效率降低。

科斯认为企业和市场是两种不相同但又可以相互替代的交易制度。市场的交易是由价格机制来协调的，而企业的存在将许多原属于市场的交易"内部化"了。在企业内部，行政命令取代了价格机制而成为生产活动的协调机制。对于企业产生和存在的原因，科斯认为，这是因为企业通过对市场交易的"内部化"，可以节省交易成本。这就是说，在科斯看来，交易成本的节省是企业产生、存在以及替代市场机制的原因和动力。

如果企业通过"内部化"市场交易能够带来交易成本的不断节省，则企业的规模将会无限扩张，直到完全取代市场，使整个市场交易的经济活动变为一个特大企业的内部活动。当然，在事实上，这是不可能的，因为企业组织协调生产活动也会产生管理费用。随着企业规模的扩张，尽管某些交易成本会减少，但是管理费用却会越来越高。当企业规模扩张到某一程度（即某一边际点）时，即企业"内部化"某些市场交易所引起的管理费用（成本）将等于别的企业组织"内部化"相同交易活动所需的管理费用，也等于由市场来进行该项交易所需要的交易成本时，静态均衡就实现了。这时，企业与市场之间的规模边界也就确定下来，全部交易活动在企业与市场之间以及各企业之间的分布就将处于成本最小的状态。由此可见，科斯把交易成本看作决定企业与市场边界的关键因素。

科斯的《企业的性质》一文，事实上奠定了交易成本理论的基础。但是，该学说成熟的理论体系，却是在 20 世纪 70—80 年代形成的。威廉姆森的《市场与等级制》（1975）和《资本主义的经济制度》（1985）两本著作，则是系统地阐述交易成本理论的代表作。

（二）基本理论结构

交易成本经济学理论是用制度比较的方法来研究经济组织制度的理论。其基本思想是：围绕交易成本的节约这一核心问题，把交易行为作为理论分析的基本单位，进而找出区分不同交易活动的特征性因素——资产专用性、不确定性和交易频率，然后分析何种交易应该采用何种体制组织（如市场、企业、政府或其他中间形式）来协调。从特定的角度看，经济组织的主要目的和效果就是节约交易成本和费用。

早期的制度经济学家康芒斯最早把"交易"作为经济学的基本分析单位。他认为,"交易"不是简单的物品交换,而是人与人之间对物品所有权的让渡和取得。他把"交易"分为三种基本类型:买卖的交易、管理的交易和限额的交易。这三种"交易"事实上也可以分别称为市场交易、企业内部交易和政府交易。交易成本经济学继承了康芒斯的这一思想,也把"交易"作为经济活动中的最小单位,并从契约角度,把作为基本分析单位的"交易"做了进一步的细分和一般化。威廉姆森认为,当一项物品或劳务越过技术上可分开的结合部而转移时,交易就发生了。企业之间、车间之间以及同一车间的操作工之间,都普遍存在着交易关系。由于交易是经济活动中人与人之间关系的最基本和最一般的形式。所以,对协调经济活动中人与人之间的组织制度的研究,在逻辑上必然要求把"交易"作为分析的基本单位。

交易被认为是通过各种各样的合同或契约进行的,因此,交易成本学派的学者把组织制度问题看作契约问题。他们赋予参加交易的主体两大基本行为特征,即机会主义行为倾向和有限理性。为了与正统经济学中的"经济人"概念相区别,威廉姆森把具有这两大基本行为特征的交易者叫作"契约人",还把"契约人"的两大基本行为特征假定作为组织制度分析的逻辑起点。在交易过程中,"契约人"在本性上具有以损人利己的手段获取私利的机会主义行为倾向。在有限理性条件下,人们对这些行为可能发生的时间和方式作出正确的判断,并采取措施加以预防,需要支付高昂的交易成本。为了节省交易成本,就需要建立一些组织性框架,即规则和制度结构,来有效地防止人们的机会主义行为。企业和市场是两种最为典型的规则和制度结构,此外,还存在着各种各样的中间性规则和制度结构,如三边规制结构和双边规制结构等。每一种规制结构都具有不同的激励功能和保障功能,它们分别适用于不同的交易。交易成本学派所要研究的一个重要内容,就是分析在哪种规制结构中完成什么样的交易所付出的交易成本是最小的。为了解决这一问题,首先需要描述交易的性质,以便把交易区分为不同的类型。

威廉姆森提出了三个分析交易性质的尺度。

一是资产专用性。它是指为了某一特定的交易而做出的持久投资一旦形成,就很难转移到其他用途上去。如果交易过早地终止,所投入的资产中包含的一部分"不可挽救的成本",即沉没成本,就无法收回。所以,资产专用性越强,为预防机会主义行为所付出的交易成本也有可能越高,交易双方就越需要建立一种持久的、稳定的契约关系。资产专用性可分为五类,即地理区位专用性、人力资本专用性、物理资产专用性、根据用户订单而形成的专用性和商誉专用性。

二是不确定性。在交易过程中，交易双方既要面临来自外部环境的不确定性，还要面临来自交易本身的不确定性。交易成本经济学特别强调交易过程中机会主义行为所带来的不确定性。这种机会主义行为的不确定性的大小与资产专用性强弱密切相关。资产专用性越强，不确定性也就越大，交易各方就越需要建立保障机制。

三是交易频率。它在时间连续性上表现了交易状况。它对组织制度选择的影响主要体现在设立某种规则和组织制度结构的费用能否得到补偿。频率越高，组织制度的费用也就越能得到补偿。

对交易性质进行描述和区分后，就可以进一步分析不同类型的交易与不同规则和制度结构之间的匹配问题。对于不确定性，交易成本学派一般只是简单假定不确定性足够大，足以影响到交易各方的决策和应变问题。交易成本学派重点分析的是资产专用性和交易频率与规制结构选择之间的关系问题。威廉姆森把交易与规则和制度结构之间的匹配关系分为以下四种：

第一，不涉及专用性资产的交易，不管交易频率高低，与市场组织相匹配。由于资产专用性很弱，交易双方互不依赖，双方都不关心交易关系的持续性，因为各自都可以随时找到交易伙伴。双方的关系依靠事先签订的契约做出详细的规定，一旦双方发生纠纷，可以随时诉诸法院进行裁决。

第二，涉及一定程度的专用性资产但交易频率不高的交易，与三方规制结构相匹配。所谓三方规制结构是由交易双方和受邀仲裁人共同组成的一种规制结构。由于交易涉及非通用性资产投资，所以，交易双方都关注交易关系的持续性和交易的和谐性，希望通过建立某种保障机制来降低交易过程中的不确定性风险。但是，由于交易频率较低，双方设立专门规制机构的费用难以得到补偿。在这种情况下，交易双方倾向于采取三方规制结构，即只有在发生契约冲突时，共同邀请第三方来进行仲裁，靠私下的协商解决争端。

第三，涉及专用性资产且交易频率较高的交易，与双方规制结构相匹配。双方规制结构是指由交易双方共同组成的对交易进行组织管理的规制结构。在这种规制结构下，交易双方保持各自的独立地位。他们主要通过相互持股，购买方在供应方作专用性资产投资等方式，增加双方的共同利益，均衡双方的交易风险，使双方的交易关系保持较高的稳定性和持续性。

第四，涉及高度专用性资产，且交易频率很高的交易，与一体化规制结构相匹配。实际上，一体化规制结构就是内部行政管理结构，也就是企业体制。在这类交易过程中，由于资产专用性很强，交易一旦终止，寻求和建立新的交易关系的成本是很高的。又因为交易频率很高，交易双方所产生的契约关系发生摩擦的可能性很大，双方所承受的风险也就很大。在这一情形下，交易双方对关系稳定性的要求非常迫切，而设置专门机构来对交易进行组织和管理的费用容易得到补偿。通过一体化的方式使市场交易完全内部化就显得很合算。

以上所说仅是现代交易成本理论的基本分析思路。交易成本经济学不仅为研究组织制度的功能及其选择提供了一种全新的理论和方法，而且还被成功地应用于许多研究领域，提出了一些有趣的新问题，解释了一些经济学、法学和组织学至今未得到很好解释的现象。交易成本经济学的理论和方法的应用具有相当成效的领域包括：纵向联合理论、生产组织理论、劳工组织理论、非营利性组织、技术转让理论、跨国公司理论、公司内部组织结构理论和公司融资理论等。

事实上，正是由于在新古典经济学的框架中加入了正的交易成本，才使新制度主义经济学和新古典经济学相区别并改变了研究的方向：交易成本使得所有权的分配成了首要因素，并且提出了经济组织的问题，而且在其向新经济史理论的延伸方面使政治制度结构成为理解经济增长的一个关键因素。

三、委托—代理理论

（一）委托—代理理论的产生

在科斯建立起来的产权和交易成本理论基础上，新制度经济学家还发展起来一种崭新的关于组织和制度分析的理论。他们把经济组织问题抽象地概括为交易和缔约的问题。交易构成了组织和制度分析的最基本单位。它在现实经济活动中往往采取明显的或者隐含的契约形式进行。

交易和契约对于经济组织的重要性主要表现在以下方面：具有多重属性和角度层次的资源或要素一般由不同的个人占有。为了得到专业化分工的规模收益，这些个人必须结合在一起，通过一定的组织形式来满足各自的利益需要。在联合活动的过程中，个人的行为既会受到其他协作者的影响和约束，也会对组织的总和的活动效果产生影响。按照经济效率标准，即为确保一定经济组织总和的生产性价值最大，最为重要的问题就是如何设计一种规则和格局，使每个要素的所有者的行为协调一致，并且每个人在追求自己利益最大化的同时，也增进组织中其他人的利益，即实现协调和激励的统一。这种规则和格局就是契约的主要内容。人们自愿达成的契约界定了他们之间可以交换哪些权利，并按照何种条件进行交换。由此看来，经济组织就是支配不同要素所有者活动的一组契约。上述这些问题都涉及一个非常重要的问题，那就是委托—代理问题。

委托—代理理论既是组织制度理论的发展，也是交易成本理论的延伸，同时也是信息经济学所涉及的重要问题。近年来，由于信息经济学的发展，新制度经济学在研究组织和制度问题时，不可避免地遇到了信息不对称的问题。这导致了新制度经济学中大量的研究文献集中到对信息不对称条件下不完全契约问题的研究方面。委托—代理理论——即所谓的契约理论也因此而迅速被新制度主义经济学所接纳，成为新制度经济学的一个重要分支。

（二）委托—代理理论的主要内容

委托—代理理论主要研究信息不对称条件下的契约问题，即委托人和代理人之间的缔约问题。委托人通过契约将某些经济决策权授予代理人，来代表自己进行谋利的经济活动。但是，代理人也有自己的利益。当双方利益不一致时，如何借助于契约或者制度来约束或激励代理人为委托人的利益行事，或者至少不损害委托人的利益，这就是委托—代理理论所致力研究的问题。当然，代理活动需要付出一定的成本。代理成本一般包括制定、管理和实施这类契约的全部费用。美国经济学家詹森和麦克林将代理成本分为三类：一是委托人的监视费；二是代理人的担保费；三是剩余损失。

迈克尔·詹森将委托—代理理论分为两类进行说明。一类是"实证代理理论"，即代理成本理论。该理论注重运用非数学的和实证的方法研究委托—代理关系，以及由此产生的代理成本对组织形式和契约安排选择的决定性作用，考察资本密集程度、资本专用性等缔约环境因素和监督技术、守约技术对代理成本和契约选择的影响。另一类是"委托人—代理人理论"。它注重运用数学的和非实证的方法来研究委托—代理关系，并通过建立模型着重分析三个因素对契约所起的作用：一是缔约各方所具有的偏好结构；二是缔约各方所面临的不确定性的具体性质；三是缔约环境中的信息结构。① 这里，将以 2001 年诺贝尔经济学奖获得者之一的乔治·阿克洛夫的观点作为重点，对几个委托—代理模型做一点说明。

1. 信息不对称下逆向选择和机制设计问题

乔治·阿克洛夫认为，由于现实经济生活中的信息不完全和不对称，经济活动中将会发生"逆向选择""道德风险"和机制的设计问题。

"逆向选择"是针对市场的正常选择功能而言的。市场的正常选择功能是指，在信息完全的条件下，当商品的价格一定时，消费者会选择比较而言质量最优的

---

① ［美］迈克尔·C. 詹森：《组织理论和方法》，《会计评论》1983 年第 58 期，第 319—339 页。

同类商品，或者在商品质量相同的情况下选择价格较低的商品。于是，在市场的正常选择功能下，物美价廉的商品就具有竞争力。逆向选择与此恰恰相反，由于信息不完全，或者不对称（一般情况下是卖方的信息比买方的信息更多更准确），市场上会发生一定价格下质量好的商品被挤出（或者退出）市场，而同样价格或低廉价格质量差的商品被留在市场，最终造成市场萎缩的情况。逆向选择维持的结果，将产生市场的萎缩（或者是稀薄）。在信息经济学里，逆向选择被定义为：由于信息不对称或者一方隐藏信息而造成的交易中信息缺失或信息有误一方利益受损的情况。逆向选择的典型例子是保险市场和旧货市场的情况。

在保险市场上，投保人（顾客）和保险公司相比，具有更多的信息。比如，在人寿保险方面，投保人就比保险公司更了解自己的健康状况，因而对自己的寿命和投保的预期效用具有更强的预期能力。所以，保险公司在人寿保险业务中会承担比预期的情况更大的风险。在商品市场、劳动市场、资本市场等诸多领域中都不同程度地存在着类似的情况，因而也不同程度地存在着逆向选择问题。

乔治·阿克洛夫在 20 世纪 70 年代最早地考察了逆向选择问题。1970 年，他在美国的《经济学季刊》杂志上发表了一篇《"柠檬"市场：质量的不确定性与市场机制》的论文，对二手汽车市场进行了分析，由此开创了信息经济学对逆向选择问题的研究。

阿克洛夫考察了一个卖主人数少于买主人数的二手汽车市场。他假定汽车质量参数 q 在 (0, 1) 之间均匀分布，只有卖主掌握每辆二手汽车的质量信息，而买主只知道二手汽车质量参数在 (0, 1) 之间均匀分布，但是，不知道每辆二手汽车的具体质量情况。阿克洛夫还假定，卖主愿意出售二手汽车的价格恰好等于 q，而买主愿意购买二手汽车的价格为 (3/2) q。由于买主不了解二手汽车的质量，一个代表性买主愿意按平均质量的二手汽车支付价格，即买主对任何一辆待售的二手汽车所愿意支付的价格为 (1/2) × (3/2) = 3/4。这个价格低于拥有质量参数大于 3/4 的二手汽车卖主所愿意出售的价格，所以，愿意在市场上出售的二手汽车的质量参数，实际上是在 (0, 3/4) 之间均匀分布。如果买主确定质量参数 q 大于 3/4 的最好的一批二手汽车不可能在市场上出售，他们愿意支付的价格就不是 3/4，而是 (1/2) × (3/4) = 3/8。这样，又导致质量参数 $q>3/8$ 的二手汽车从市场上撤出。该过程不断继续下去，最终形成的唯一交换价格只能是零。于是，市场上便不再有任何交易发生，市场彻底崩溃。

上述例子尽管有些特殊，但是，逆向选择在现实经济生活中却普遍存在，只不过逆向选择对市场有效运行的影响是市场交易数量和交易次数的减少而已。在实际经济生活中，买卖双方关于商品质量信息不对称的市场都可以看作阿克洛夫所说的"次品市场"。在如何解决信息不对称条件下的逆向选择问题方面，经济学家们已经进行了大量的研究。这方面的文献在关于不完全信息市场研究的文献中已经占据了很大的比重。归纳起来，最主要的解决办法是从制度和机制的设计上入手，具体的途径有以下三种：

第一，设计和制定某种制度、机制或契约，使具有信息优势的一方愿意公开其私人信息，或者愿意提供真实的信息，从而解决信息的不对称问题。这类解决办法也叫作"发送信号"的办法。比如，在商品市场上，生产高质量商品的企业可以向顾客和买主提供质量保证书、维修卡、保修期、商品退还、赔偿等售后服务，来显示自己商品的质量可靠性情况。在劳动市场上，求职者可以通过学历、学位证书或文凭，来显示自己的工作能力和知识水准。不论发送何种信号，都需要信号的发送方承担一定的成本，否则其信号就缺乏可信度，难以为另一方所接受。在信贷市场上，借贷者可以通过提供企业的资信评级、提供担保品等，来显示自己的信誉情况。

第二，设法由掌握信息较多的交易方来制定价格，采用优质优价的原则，并通过契约保证其价格高低与其商品质量的高低相一致，由此保证价格信息的可靠性。这是另一种向消费者发送信号的办法。这种办法是符合消费者心理的。

第三，通过国家或权威部门的计划来代替市场。比如，国家或者某机构将健康保险作为一种福利提供给所有的人，以金额补助或资助的形式支持人们参加健康保险。这样，也会消除逆向选择。

总之，解决逆向选择问题的途径，在思路上无非是想办法（主要是制度和契约的办法）使不完全和不对称的信息完全化或对称起来，并且适当约束具有信息优势者的机会主义行为。

2. 信息不对称下道德风险和机制设计问题

"道德风险"主要是指经济活动的当事人借助于交易缔约后的信息不对称，为自己谋取私利而伤害交易另一方利益的情况。"道德风险"的主要特征是发生在缔约之后，它也属于一种机会主义行为。但是，它与逆向选择不同，逆向选择是发生在交易缔约之前的。

"道德风险"之所以能够发生，就在于交易缔约后，参加交易的一方无法准确地观察或者了解到另一方的行为，而另一方又采取机会主义行为以伤害对方利益的办法获取自己的最大利益。当然，在这种情况下，对"道德风险"行为进行有效监督并且实施惩罚的成本代价是很高的，以至于事实上无法将"道德风险"行为的外部性完全内部化。因为"道德风险"行为具有很大的不确定性，而契约约束也具有不完全性。比如，汽车的车主在缔约投保参加车辆保险后，就会有意或无意地减弱其安全意识，认为反正有车辆保险为自己所遭受的意外损失进行补偿，从而不注意自己的行为。这样一来，车主投保后反而比投保之前发生事故的情况更多。在这种情况下，车主利益的保证是通过损害保险公司的利益实现的。此外，像企业中的经理为实现自己的利益而在不违反合同的情况下对企业所有者利益的损害；工人在不违反合同的情况下，偷懒或怠工；医生为自己获利而给病人多开药，多开高价药；律师为多获取代理费而拖延办案时间；出租车司机为多挣车费而故意绕路；等等。这些都是信息不对称条件下的"道德风险"问题。

许多西方经济学家一般都把"道德风险"问题纳入委托—代理的理论框架中进行分析。委托—代理理论把具有信息优势的一方叫作代理人，把不具有信息优势并且其行动受代理人的私人信息约束的一方叫作委托人。在"道德风险"模型中，一般假定代理人的行为是不可观察的和不可证实的，而委托人的行为结果却是可以知道的。比如，汽车投保人是否有故意忽视安全的行为，是无法观察和无法证实的，而投保人的汽车发生受损害的结果却是可以确知的。"道德风险"模型还假定委托人存在一个目标值，他努力寻找能够反映代理人行为的信号，并且以这些信号为根据，设计代理人的报酬结构，尽量使代理人的行为结果接近或等于委托人的目标值。设计对代理人进行激励的机制有一个核心问题，那就是怎样诱导代理人去努力实现委托人的利润最大化目标。其具体途径有：

第一，实行利润分成制，允许代理人和委托人共同分享企业的利润，同时也为委托人承担一部分风险。

第二，收取租金。委托人向代理人收取固定的租金，而支付固定租金后的剩余则归代理人所有。比如，企业对经理人实行的利润承包制（包干制）。

第三，建立或设置某种激励制度或机制，使代理人的报酬水平和企业的利润水平密切相关。比如美国对经理人实行的股票期权制度。

总之，解决"道德风险"问题的思路，仍然是从组织、制度、机制和契约等方面入手的。

四、契约理论

（一）契约理论的历史渊源

当代的契约理论是新制度经济学中又一个重要分支，但也与传统的契约思想和理论有关。

在经济学方面，最早的契约理论是古典的契约理论，也就是现代新古典经济学产生之前的古典经济学涉及的契约理论。古希腊时期和古罗马时期就已经出现关于契约的思想。而"罗马法为现在契约思想提供了一个价值判断的标准，对现在契约理论产生了重大影响"①。但最早对契约问题的研究主要集中在社会契约领域。英国的霍布斯、洛克，法国的卢梭、孟德斯鸠等人是社会契约论的代表。社会契约理论强调了平等和自由这两个重要的契约条件。古典经济学强调经济活动的自然秩序，其中包括财产权利、劳动权利和追求个人利益的自由的权利。

古典经济学的契约思想基本是涉及市场交易行为的，它有三个特点：其一，契约是交易各方当事人自愿和自主选择的结果，是不受外来干涉与控制的；其二，契约是分别独立的和不连续的；其三，契约是明确立足于当时情况的，并不包含对未来情况的规定。"契约法的全部结构，连同它的先入之见和 19 世纪的学说还不是十分严格和稳固的，以致不能期望它能对现在经济、社会各方面的压力作出应变。"②

古典契约理论的局限性在于：一是契约范围的狭窄，仅限于交易的一次性和个别性。二是它强调的交易者平等地位和自由选择权，在资本主义私有制的具体条件下更是极其有限的，仅限于某些场合。三是对于当时市场经济中已经出现的垄断势力和经济外部性对契约签订各方的强制性等问题，并未给以足够的重视。

新古典的契约理论是对古典契约理论的进一步发展和细化。在一定的约束条件下实现交易各方的利益最大化，成为契约达成的根本原则和出发点。它将任何一次交易的达成都看作一次契约的签订。瓦尔拉斯、埃奇沃思、希克斯、萨缪尔森、阿罗、德布鲁所涉及的均衡分析，都被看作对新古典契约理论的分析。

新古典契约理论的特点：一是契约的抽象性。交易契约中并不直接包含古典契约理论所涉及的道德伦理因素。交易纯粹是市场的自然秩序形成的，是交易者反复摸索和调整的结果。二是契约的完全性。这是指，契约当事人（交易各方）都具有完全的信息契约条款可以在事前明确写出，在事后完全执行，而且交易者还能准确预测执行契约过程中所发生的各种事件，并做出各方同意的处理。交易各方都必须自愿遵守契约条款，如有纠纷，外部力量可强制执行契约条款；契约不会产生外部性；交易者足够多，无人能够垄断企业的签订；契约签订和执行的

---

① ［美］科斯、哈特、斯蒂格利茨等，［瑞典］拉斯·沃因、汉斯·韦坎德编：《契约经济学》，李风圣主译，经济科学出版社 1999 年版，"译者前言"第 6 页。

② ［英］P. S. 阿蒂亚：《合同法概论》，程正康等译，法律出版社 1982 年版，第 322 页。

成本为零。三是契约的不确定性。新古典契约理论的重要内容就是研究如何将不确定性契约转换为确定性契约。事前的不确定性风险可以通过保险转换，事后的不确定性可以通过签订契约的时候调整转换。

新古典契约是长期契约。它具有两个特点：一是契约的筹划和签订时留有余地；二是具有一定的灵活性。

新古典契约理论的这些特点在一定程度上也是其局限性所在，也正是这些为现代契约理论的产生提供了某些发展的空间。

（二）现代契约理论的内容

1. 现代契约理论的概念

新制度经济学认为，产权的转让和让渡都是通过契约的方式完成的。交换、转让和让渡都是由契约来规定其条件和条款的。所以，"契约的概念是新制度经济学的核心，契约条件确定转让的是什么样的权利及转让的条件是什么"[①]。

现代契约首先可以分为完全契约和不完全契约的概念。完全契约就是新古典契约，现代契约则是不完全契约。

完全契约认为，契约是在完全理想条件下签订的，一切信息和可能发生的问题均已经被考虑在内，缔约方愿意遵守契约条款，产生争议时，可由第三方（如法院）强制其执行。

不完全契约承认人的有限理性、外部环境的复杂性、不确定性、信息的不对称和不完全性，造成契约条款的不完全性。这就需要设计不同的机制来对待和处理契约的不完全性，处理不确定事件给契约条款带来的问题。不完全契约是企业领域研究的前沿问题。

从概念上讲，还有默认契约（隐契约）和激励契约。默认契约是指有关交易方之间的一种心照不宣的复杂协议。比如说，工人努力工作被雇主认可，雇主就会在某些情况下给以照顾（不会最先裁员、适当加薪等），这都是双方心领神会的，但又无法明确写在正式协议中的。激励契约指委托人采用一种激励机制能够使代理人按照符合委托人意愿行事的条款（如效率工资协议、计件工资协议等）。激励契约也是契约理论研究的重要领域。

此外，对于最优契约的探讨、契约的执行机制和声誉问题都是现代契约理论研究的重要领域。

---

① ［冰岛］思拉恩·埃格特森：《新制度经济学》，吴经邦、李耀、朱寒松、王志宏译，商务印书馆1996年版，第44页。

2. 现代契约理论与新制度经济学其他方面的联系

由于契约理论与信息问题的密切联系，以信息问题为主的经济模型和以竞争为背景的博弈模型就成为契约理论研究的主要工具和形式。逆向选择模型、道德风险模型、信号传递模型、信息筛选模型和各种博弈模型等，都是现代契约理论研究的重要方面。

现代契约理论在结构上与整个新制度经济学的几个重要组成部分密切联系在一起。

第一，在现代契约理论与产权理论的联系上，新制度经济学家认为，对契约的研究是产权经济学的核心。① 只有从契约的角度才能说明资产控制权归谁所有才是最有效率的。在这方面，一些新制度经济学家将研究的重点放在研究企业间的并购、激励、控制权及其效率问题，以及资本结构问题方面。

第二，在现代契约理论与交易成本经济学的关系方面，新制度经济学家研究了交易成本的含义、交易成本的来源和决定因素，认为契约的不确定性就是交易成本的不确定性造成的。因为他们认为，交易成本源于复杂和无法预测的世界，而这就造成契约缔约各方意见的不一致和条款无法清晰表达，也造成出现纠纷时的无法按照条款执行。随着情况的变化而重新修订契约条款就会增加交易成本。② 威廉姆森则将经济活动的参与者定性为"契约人"，以此作为交易成本经济理论的假定条件。由于"契约人"的有限理性和机会主义行为，契约条款就不可能完全详尽和清晰，也不能一劳永逸，必然会不断地修订，也会增加交易成本。

第三，从现代契约理论与委托—代理理论关系方面看，委托—代理关系本身就是一种契约关系。詹森和麦克林就将"代理关系定义为一种契约关系，在这种契约下，一个活更多的人（即委托人）聘用另一个人（即代理人）代表他们来履行某些服务，包括把若干决策权托付给代理人"③。从委托—代理角度研究契约关系分两种角度：实证的和规范的。实证的方面研究具体案例，对其进行分析。规范的研究则在不确定性和不完全监督条件下，构造委托人与代理人之间的契约关系，特别是如何激励代理人，促使其采取符合委托人福利最大化的行为。在这方

① ［美］Y. 巴泽尔：《产权的经济分析》，费方域、段毅才译，上海三联书店1997年版，第38页。
② ［美］O. 哈特：《企业、合同与财务结构》，费方域译，格致出版社·上海三联书店·上海人民出版社1998年版，第25—28页。
③ ［美］迈克尔·C. 詹森、威廉姆·H. 麦克林：《企业理论：管理行为、代理成本与所有权结构》，陈郁编：《所有权、控制权与激励——代理经济学文选》，上海三联书店·上海人民出版社1998年版，第5页。

面，新制度经济学家力图研究混合融资结构的企业中，企业家为何让企业总价值低于它是唯一所有者时的总价值（该结果与是垄断体制还是竞争体制无关），而企业价值最大化的失败与企业效率损失完全一致等问题。

第四，在研究所有权与控制权相分离方面，现代契约理论重点研究了经理市场。研究契约理论的新制度经济学家认为，企业所有者与经理之间的契约固然重要，而更值得关注的是控制权的普遍化，出现了控制市场。控制市场是完全不同于经理市场和资本市场的一种新型市场。在这种市场上，既要给经理适当的激励，又不能使企业为内部人所控制，还要防止企业被其他企业收购（特别是恶意收购）。

第五，对金融契约的研究。新制度经济学家们认为，企业的融资决策要求寻找最适合本企业的资本结构或者融资缔约，来降低企业的融资成本和金融风险。由于股权与债券的风险不同，其成本也不一样。在不完全契约条件下，如果采用发行有投票权的股票进行融资，企业的剩余控制权（即收入分配的控制权）应该配置给投资者；如果发行不带投票权的股票进行融资，则企业的剩余控制权应该配置给企业的经理；如果通过发行债券融资，控制权就应该配置给债权人。由于在利率影响信贷市场并导致信贷配给的情况下，现代契约理论研究提出了隐契约理论和不对称信息契约理论。隐契约理论认为，风险中性的贷款人愿意签订固定利率的契约而对未来贷款利率的波动风险加以防范。不对称信息契约理论认为，由于借贷双方的信息不对称，贷款人无法识别借款人的优劣，在借款需求超常情况下，如果贸然提高利率，就会迫使低风险借款人退出市场，导致逆向选择问题发生。这时，贷款人就会放弃以利率调节借款需求的方式，而改为信贷配给。所以，信贷配给是一种特殊的金融契约关系。

第六，现代契约理论与经济组织理论的联系。新制度经济学认为，由于现实经济活动中的交易成本和当事人切身利益的关系，要使经济中产权交易所涉及的产权转让权、收益控制权更具效率，就需要制定一系列划分相关权利的制度，也就是进行组织设计。而这实际上就是如何在信息成本和激励成本之间加以权衡的问题，归根到底，也就是如何考虑缔约以及约束条件的问题。

五、制度变迁理论与新经济史理论

20 世纪 60—70 年代兴起的新经济史学派研究的是经济发展的历史，但它也是新制度经济学中的一个广义分支。新经济史学的制度变迁理论就是对新制度经济学理论与方法加以应用和扩展的一个重要方面。因而，强调制度变迁理论的新经济史学在这个意义上被看作新制度经济学的另外一个分支。这方面，以诺贝尔经济学奖获得者、美国经济学家诺斯的贡献最为突出，此外，兰斯·戴维斯、罗伯特·托马斯也是该方面的重要代表人物。在诺斯和几位经济史学家的一致努力下，终于形成了新经济史学派的制度变迁理论体系。

（一）新经济史与制度变迁理论概况

1. 新经济史学的两个研究方向

以往的经济史研究在传统上偏重于对经济发展历史的史实考证和描述，这类研究成果往往表现为按照时间进程安排的材料堆砌和罗列。新经济史学的研究方法则与此不同。

新经济史学的研究方法的特点主要表现在两个研究方向：

第一，运用计量经济学分析方法的计量经济史学的方向。这个研究方向是美国经济史学家罗伯特·福格尔和道格拉斯·诺斯共同开创的。福格尔的《铁路和美国经济增长：计量经济史学论文集》的出版是这一方向诞生的标志。在这部论文集中，福格尔把新古典经济学的原理同统计推断原理结合起来，形成了一门新学科，用以考察"如果铁路从来就不存在，美国的经济增长率会是多少"，这样的"反事实性问题"。福格尔的大部分工作是从历史档案中重新发掘各种有关资料。他把美国经济追溯到了18世纪，重新建立了诸如生育率与死亡率、女性劳动的参与率、移民率、人口流动率以及储蓄率等这样一些变量的时间序列。诺斯的《1790—1860年的美国经济增长》（1961）、《美国过去的增长与福利：新经济史》（1966）也较早运用了计量经济学的分析方法研究美国的经济史。福格尔也因为这方面的贡献与诺斯一起获得了诺贝尔经济学奖。

第二，运用新制度经济学方法的"制度变迁理论"方向。这个研究方向是道格拉斯·诺斯开创的。诺斯不仅与福格尔同为计量经济史学的开创者，而且，他更为特殊的是，他还开创了包括产权理论、国家理论和意识形态理论在内的制度变迁理论的方向。这也是他获得诺贝尔经济学奖的另一个重要理由。从更广泛角度说，制度创新理论的提出者除诺斯以外，还包括兰斯·戴维斯、罗伯特·托马斯。

新经济史学派的制度变迁理论主要包含三个思想要点：第一，从经济学意义上说，它重视社会对新的、适当的制度需求因素所带来的制度创新。第二，它认为从历史上看，长期的经济增长过程中，制度是决定性的因素。第三，它认为，只有当制度创新的预期收益大于创新的预期成本时，制度创新活动才能发生。

从新制度经济学的角度看，新经济史学的制度变迁理论是其合理延伸，因而，这是本章的内容重点。

2. 制度变迁理论的形成

制度变迁理论的最主要奠基者是道格拉斯·诺斯。诺斯 1920 年生于美国马萨诸塞州，1942 年、1952 年先后获加利福尼亚大学学士学位和哲学博士学位。他曾担任《经济史杂志》副主编、美国经济史学协会会长、国民经济研究局董事会董事、东方经济协会会长、西方经济协会会长等职务。历任华盛顿大学经济学教授、剑桥大学庇特美国机构教授、圣路易斯大学鲁斯法律与自由教授及经济与历史教授。在 20 世纪 50—70 年代，诺斯一直担任华盛顿大学经济系教授，后来担任该系的亨利·R. 卢斯讲座教授。

诺斯的主要著作有：《1790—1860 年的美国经济增长》（1961）、《美国过去的增长与福利：新经济史》（1966）、《制度变化与美国的经济增长》（1971）、《西方世界的兴起：新经济史》（1973）、《经济史中的结构与变迁》（1981）、《制度、制度变迁与经济绩效》（1990）等。

诺斯在 1968 年发表的《1600—1850 年海洋运输生产率变化的原因》一文中，分析了这一历史时期内世界海洋运输生产率的变化与制度变革之间的关系。该文被认为是制度变迁理论产生过程中最重要的开创性论著。

1970 年和 1971 年，诺斯和托马斯合作在《经济史评论》上发表了《西方世界成长的经济理论》和《庄园制度的兴衰：一个理论模式》两篇论文，他们提出了一个中心论点，即提供适当的个人刺激的有效制度是经济增长的关键，而这种制度的产生是有成本代价的，除非它所带来的收益大于这种新制度产生所付出的成本，否则它就不会出现。

1971 年，诺斯和戴维斯合著并由剑桥大学出版社出版了《制度变革与美国经济增长》一书。该书被认为是制度变迁理论的重要代表作，也是西方经济学界第一部比较系统地阐述制度变迁的著作。该书的出版引发了制度变迁理论的研究领域内一些新的著作，制度变迁理论的分支流派也逐渐形成。

3. 制度变迁理论的基本内容

诺斯认为，科学技术的进步对经济的发展固然具有重要作用，但真正起关键作用的是制度，包括所有制、分配、机构、管理、法律政策等。所以，诺斯的许多著述都在寻求解释为什么有些国家穷，有些国家富？为什么一些经济是强盛的，而另一些经济则失败了？他认为，必须从制度上寻找原因。制度是促进经济发展和创造更多财富的根本保证，如果原有制度已经不能促进经济发展，那就应当建立新的能够适应经济发展需要的制度，否则，经济就会处于停滞状态。

制度变迁的概念及内容的完整表述是由诺斯和戴维斯给出的。他们认为，制度变迁是指能够使创新者获得更多额外利益的、对现存制度（指具有广泛含义的各种类、各层次的制度）的变革。

以诺斯等人为代表的注重制度变迁作用的新经济史学，与传统的经济史研究不同，也与计量经济史学有所不同。强调制度变迁的新经济史学将现代西方主流经济学的理论和方法与经济史研究有机地结合在一起，一方面创立了一套涉及经济、政治、意识形态等多方面的、可以用来重新分析人类社会全部历史的理论和方法，另一方面又用这些理论和方法重新认识和解释历史，从而得出了一系列与传统观点完全不同的结论。

诺斯说："我研究的重点放在制度理论上，这一理论的基石是：（1）描述一个体制中激励个人和集团的产权理论；（2）界定实施产权的国家理论；（3）影响人们对客观存在变化的不同反应的意识形态理论，这种理论解释为何人们对现实有不同的理解。"[1] 制度变迁理论的出现在经济史研究领域掀起了一场革命。其主要成果之一就是制度变迁的新经济史理论。这一理论是以新制度经济学为核心，在对新古典假定进行修正的基础上，以经济史的经验材料为论据的，完全区别于以往任何经济史理论的全新的经济史理论。

诺斯认为："制度提供了人类相互影响的框架，它们建立了构成一个社会，或更确切地说，一种经济秩序的合作与竞争关系。"[2] 制度变迁是指"制度创立、变更及随着时间变化而被打破的方式"[3]。具体说来，制度又分为制度环境与制度安排。制度环境指"一系列用来建立生产、交换与分配基础的基本的政治、社会和法律基础规则"。制度安排是指"支配经济单位之间可能合作与竞争的方式的一种安排"[4]。经济增长不能离开产权的明确界定。但是，在技术和现有组织形式的制约下，产权的界定、裁决和实施成本如果十分昂贵，国家作为一种低成本地提供产权保护与强制力的制度安排就会应运而生，来维护经济增长。在这一过程中，适当的意识形态将能够更好地和更加有效地克服机会主义行为，推动经济增长和

---

[1] ［美］道格拉斯·C. 诺斯：《经济史中的结构与变迁》，陈郁等译，上海三联书店 1994 年版，第 7 页。

[2] ［美］道格拉斯·C. 诺斯：《经济史中的结构与变迁》，陈郁等译，上海三联书店 1994 年版，第 225 页。

[3] ［美］道格拉斯·C. 诺斯：《经济史中的结构与变迁》，陈郁等译，上海三联书店 1994 年版，第 225 页。

[4] ［美］R. 科斯、［美］A. 阿尔钦、［美］D. 诺斯等：《财产权利与制度变迁》，刘守英等译，上海三联书店·上海人民出版社 1994 年版，第 270—271 页。

发展。各国经济发展的历史就是这样进行的。

（二）制度变迁理论的思想基础

新经济史学的制度变迁理论通过对新古典经济学的假定进行修订，并围绕制度、制度结构和制度变迁的主轴，构造了一套以制度理论为核心，超越纯经济领域的经济史研究的独特框架。他们把产权、国家和意识形态作为影响历史进程的三个基本因素引入历史研究，从而为经济史学构造了一套全新的研究思路。产权和交易成本理论、国家理论和意识形态理论成为新经济史学派的三块基石。

1. 产权和交易成本理论

（1）产权理论。新经济史学认为，从历史上看，经济增长的主要原因不是产业革命以及相应的技术变革，而是制度的变化。诺斯认为，制度因素包含高效率的经济组织、民主自由和私有制社会中私人家庭财产的安全保障。他说："制度是一系列被制定出来的规则、守法程序和行为的道德伦理规范，它旨在约束追求主体福利或效用最大化利益的个人行为。"[1] 这些制度中，产权制度是最为重要的制度。诺斯把产权看作一种经济体制中激励个人或集体行为的最基本的制度安排。一种有效率的产权，不仅有助于发挥各经济主体的积极性，保证把资本和精力用于社会最有用的活动，从而使个人收益（成本）与社会收益（成本）趋向一致；而且还有助于减少未来的不确定因素，从而降低产生机会主义行为的可能性，节省交易成本。如果缺乏有效的、明确界定的产权制度，经济社会中"创新"的私人收益与社会收益就可能不相等。这时，既有可能出现"免费乘车"的无代价受益者，也可能因为私人成本超过私人收益，因而使得社会上没有人愿意从事那些对社会有利而对"创新"者个人不利的经济活动。社会的经济效率便会因此而处在较低的水平上。

不过，诺斯强调要加以明确界定的产权，并不一定就是私有产权。他强调的是能够清晰界定的排他性产权。诺斯在获得诺贝尔经济学奖时发表演说，特意表明了自己的观点。他说："把成功的西方市场经济的正式的政治和经济规则转移到第三世界和东欧经济不是优良经济业绩的一个充分条件。私有化不是解决不良经济业绩的万应灵丹。"[2]

新经济史学的制度变迁理论特别强调产权的功能及其变迁过程与经济增长历史之间的密切联系，注重用现代经济学的理论和方法来分析决定产权变迁的过程

---

[1] ［美］道格拉斯·C. 诺斯：《经济史中的结构与变迁》，陈郁等译，上海三联书店1994年版，第225—226页。

[2] 王宏昌编译：《诺贝尔经济学奖金获得者讲演集》，中国社会科学出版社1997年版，第276页。

和政治行为。

新经济史学运用产权理论有两个特点:一是在对经济发展历史的实证分析基础上认识和解释产权的功能及其变迁过程;二是把产权理论与国家理论熔为一炉,分析国家作为一个界定和行使产权的单位,是怎样影响产权制度的选择及其运行效率的。

(2)交易成本理论。在对制度变迁形成过程的分析中,诺斯的新经济史理论仍然是从经济学的基本的成本收益分析角度入手分析新制度的引进和制度变迁的。而在具体分析过程中,诺斯直接使用了新制度经济学的交易成本概念。

关于制度变迁机会的出现,诺斯认为是由于现存制度下出现了制度创新的潜在获利机会。由于市场规模的扩大,生产技术的发展,或人们对现存制度下的成本和收益之比的看法有了改变等情况的出现,可能就会产生一些潜在的获利机会。但是,由于对规模经济的要求、将经济活动的外部性加以内在化的困难、对风险的回避、市场失败与政治压力等原因,这些潜在的获利机会无法在现有的制度安排内得到实现和利用。这样,原有制度下总会有人为了获取潜在的利益而首先来克服这些障碍。当潜在的利润大于克服这些障碍所带来的成本时,一项新的制度安排就会出现。

2. 国家理论

新经济史学的制度变迁理论认为,国家对于产权制度的建立、产权制度的性质以及产权制度的结构,都具有重要的意义。为此,"要想了解一个社会产权结构的变化,就必须先了解国家的作用"①。新经济史学的制度变迁理论把国家看作是在暴力方面具有比较优势的一种组织。为了实现对资源的控制,国家尽可能地利用暴力优势,从而使自己处于界定和行使产权的地位。

为了分析国家在一个社会经济兴衰中的作用,诺斯构造了一个简单的国家模型,赋予国家三个基本特征:第一,国家是靠提供"保护"和"公正"等一系列服务来换取社会税收收入的组织。第二,国家根据自身收入最大化原则来为每一个不同的集团设计不同的产权。第三,面临其他国家或潜在统治者的竞争。国家统治者选择显示和行使产权制度的目的是双重的,一方面要追求自身的租金收入最大化,另一方面又要通过降低交易成本以使全社会总产出最大化,从而增加国家税收。然而,这两个目的之间是相互矛盾的。从第二个目的考虑,统治者追求

---

① Douglass C. North, *Growth and Welfare in the American Past:A New Economics History*, Upper Saddle River:Prentice Hall, 1966, p. 16.

制定一套能使社会产出最大化的有效率的产权；而从第一个目的考虑，统治者又倾向于考虑选择能够保证自身收入最大化而效率相对较低的产权。如果这两者之间存在着持久的冲突，就会导致经济发展停滞或衰退。所以，在诺斯看来，国家是产生一个社会经济兴衰的根源。

诺斯认为："国家提供的基本服务是博弈的基本规则。无论是无文字记载的习俗（在封建庄园中），还是用文字写成的宪法演变，都有两个目的：一是界定形成产权结构的竞争与合作的基本规则（即在要素和产品市场上界定所有权结构），这能使统治者的租金最大化。二是在第一个目的的框架中降低交易成本以使社会产出最大，从而使国家税收增加。"① 但是，这里的两种目的具有互相冲突的含义。诺斯认为，正是这种冲突推动了国家的兴衰变动，也就是说，"国家的存在是经济增长的关键，然而国家又是人为经济衰退的根源"②。

3. 意识形态理论

新经济史学的制度变迁理论还认为，由于人们在经济活动中的机会主义行为会妨碍创新和经济增长。所以，抑制人们的机会主义行为就是非常必要的，因为机会主义倾向属于一种人性和意识形态的内容。新经济史学派的制度变迁理论就主张，对制度变迁的研究，必须辅以对社会意识形态的研究。意识形态是人们关于世界的一套信念，它提供给人们一种价值观念。当人们违反社会规则而获得的收益大于其成本时，有关社会也需要依靠伦理和道德的力量，使其行为与环境达到协调。对此，诺斯认为，"社会强有力的道德和伦理法则是使经济体制可行的社会稳定的要素。更一般地说，如果没有一种明确的意识形态或知识社会学理论，那么，我们在说明无论是资源的现代配置还是历史变迁的能力上就存在着无数的困境"③。

诺斯把意识形态看作一种用于克服搭便车、道德危机和偷懒行为的社会工具，是节约制度运作成本的一种有效的机制。他认为，如果人们意识到经验与其现有的价值观念不符，就会努力改变其价值观念，发展出一套更适合于其经验的新的意识形态。新经济史学的制度变迁理论就是在这个方面运用意识形态的实证理论

---

① ［美］道格拉斯·C.诺斯：《经济史中的结构与变迁》，陈郁等译，上海三联书店 1994 年版，第 24 页。

② ［美］道格拉斯·C.诺斯：《经济史中的结构与变迁》，陈郁等译，上海三联书店 1994 年版，第 20 页。

③ ［美］道格拉斯·C.诺斯：《经济史中的结构与变迁》，陈郁等译，上海三联书店 1994 年版，第 51 页。

来解释长期的制度变迁和经济发展历史的。

（三）制度变迁过程的理论

诺斯在提出新经济史学的制度变迁理论时，借鉴了熊彼特的创新理论和科斯的产权理论、交易成本概念，把经济理论和经济史二者统一起来了。

1. 制度变迁过程

在经济学界看来，各种活动都可以进行供求分析和成本收益分析，制度变迁活动过程当然也不例外。

关于制度变迁的供给方面，制度变迁理论认为，由于不少制度具有公共产品性质，因而这类制度的供给主要取决于政治体系，具体而言，就是取决于政治体系提供新制度安排的能力和意愿。不过，政治体系的这种能力和意愿也会受制于很多因素，比如：制度设计的成本大小，现有的知识积累情况，实施新制度安排的预期成本大小，宪法秩序状况，现存制度安排的障碍，规范性行为准则的状况，公众的意识状态，居于支配地位的上层决策集团的预期净利益，等等。

关于制度变迁的需求，制度变迁理论的分析更为详细。按照后来的新制度经济学家 D. 菲尼的分析，影响新制度需求的重要因素有：相对产品和要素的价格、宪法秩序、技术和市场规模。

人口数量变化和技术变化常常被作为相对产品和要素价格变化的重要原因。人口数量的变化会影响到劳动力与其他生产要素的相对价格变化，因此会形成生产要素替代方面对生产要素的制度变化需求。技术进步也常常会带来类似的需求，例如用机器设备来代替人的劳动，从而引发生产制度的变化。

宪法秩序的变化，即政权统治和管理的基本规则变化，能深刻地影响制度变迁的预期成本和收益，因此也就深刻影响对制度变迁的需求。如果能够在宪法许可的范围内进行制度变革与创新，使得新制度的运行得到法律的认可和保障，那就完全避免了原有制度环境可能带来的风险。

对制度变迁需求的一个重要因素是市场规模。很明显，随着市场规模扩大，交易数量增多，交易的固定成本就会被摊薄，这样，制度变迁的成本就下降了。

关于制度变迁的趋势，诺斯和 L. E. 戴维斯认为，随着经济的发展，由政府机构进行的制度变迁变得越来越重要，从而整个经济就会越来越走向"混合经济"。

2. 制度变迁的类型

新经济史学的制度变迁理论认为，制度变迁基本上可分为两种类型：一种是诱致性制度变迁，另一种是强制性制度变迁。

诱致性制度变迁指的是，现行制度安排的变更或替代，或者是新制度安排的创造，它由个人或群体在寻求获利机会时自发倡导、组织和实行。发生诱致性制度变迁，必须要有某些来自制度结构不均衡所产生的获利机会。也就是说，由于某种原因，现行制度安排不再是最有经济效率的制度安排了。从某个均衡点开始，原有经济制度变得不再具有效率的原因大概可以归为四种：一是出现了多个可以选择的具有不同经济效率的制度；二是重要的技术发生了改变；三是对原有制度提供服务的需求发生了改变；四是出现了其他制度安排的变化。这些原因引发的不同制度差别将产生潜在的获利机会，为得到潜在获利机会带来的好处，新的制度安排将会被创造出来。当然，这种制度变迁是否会实际发生，取决于个别制度创新者的预期收益和制度创新成本。

社会的制度结构并非是单一制度，而是由许多制度构成，所以一个特定的制度结构内的某些制度效率低下并不意味着整个制度结构效率低下。由于许多制度相互之间是紧密相关联的，因此，一个特定制度的变迁，也将引起其他相关制度与它的不协调。因此，当制度之间发生不协调时，制度变迁过程最大可能是从一个制度的变化开始，并渐渐地影响和传递到其他制度上去。实际上，在制度变迁过程中，一些制度安排是可以从以前的制度结构中继承下来的。虽然某个制度结构中的基本特性，在个别制度变迁累积到某个临界点时会发生变化，但制度变迁的过程仍然类似于一种逐渐进化的过程。

强制性制度变迁一般由政府命令和法律引入与实行。国家是一种在某个确定地区内对合法使用强制性手段具有垄断权的制度安排。国家的基本功能是提供法律和秩序，并通过保护产权以换取税收。由于在使用强制力时有很大的规模经济，所以国家属于自然垄断的范畴。作为垄断者，国家可以比竞争性组织以低得多的费用提供制度性服务。诱致性制度变迁必须由某种在原有制度安排下无法得到的获利机会引起，而强制性制度变迁可以纯粹由于在不同选民集团之间对现有收入进行再分配而发生。而且国家有能力去设计和强制推行诱致性制度变迁过程所不能提供的、适当的制度安排。

3. 制度变迁的阶段

诺斯认为，制度变迁过程可以分为五个阶段，即：第一阶段，形成"第一行动集团"；第二阶段，提出制度变迁的方案；第三阶段，"第一行动集团"对制度变迁实现后预期纯收益为正数的几种制度变迁方案按照最大利润原则进行选择；第四阶段，形成"第二行动集团"；第五阶段，"第一行动集团"和"第二行动集团"共同努力，实现和完成制度变迁。

此外，诺斯和戴维斯还认为，现实世界中的制度变迁包括三种不同的层次，即分别由个人、团体或政府担任"第一行动集团"情况下所引起的制度变迁活动。制度变迁的根本动力是行动者追求利益最大化这个新古典经济学始终坚持的基本原则。

诺斯和戴维斯认为，由政府机构担任"第一行动集团"所进行的制度变迁具有一系列优越性，特别是在以下四种情况下最为明显：第一种情况是，政府机构发展得比较完善，但私人市场未得到充分发展；第二种情况是，如果外界潜在利润的获得受到私人财产权的阻碍，那么就必须依靠政府的强制力量；第三种情况是，如果制度变迁完成之后所获得的利益归于全体成员，而不归于某个个别成员，那么任何个别成员都不会愿意由自己承担这笔制度变迁的费用，这样的制度变迁就只能由政府机构来进行；第四种情况是在涉及居民收入再分配的情况下，需要伴有强制性措施的制度变迁，这时，以政府机构来进行制度变迁最为合适。

诺斯和戴维斯还指出，在经过上述这些阶段实现制度变迁后，就可能出现制度均衡的局面，也就是制度体系相对稳定的局面。制度均衡是指外界已不存在可以通过制度变迁而获得潜在利益的机会，也就没有再进行制度变迁的可能性。

不过，诺斯和戴维斯也不认为制度均衡是永久不变的。他们指出，如果下述三种情况发生，制度均衡就会被打破。第一，生产技术方面出现大的变化。第二，制度方面出现新的发明，或产生新的组织形式和经营管理方式等。第三，由于法律和政治情况的变化而使社会政治环境发生了变化。所以，制度发展变化的过程就是从制度稳定均衡到制度变迁，再到制度稳定均衡，又再到制度变迁的不断进行的过程。

（四）制度变迁理论对西方社会兴起的重新解释

1. 关于制度变迁过程的历史考察

新经济史学的制度变迁理论不仅构造了一个从制度变迁角度研究历史的全新理论框架，而且还通过对历史的实证考证来验证其理论，并重新解释历史。

诺斯和戴维斯通过对一些历史情况的考察和分析，对他们提出的制度变迁理论进行了验证。他们关于19世纪美国州政府公司一般法创立的论述，为其理论的解释提供了一个很好的例子。他们指出，1811年，美国除纽约州和康涅狄格州外，各州政府都在南北战争前要求每个新公司有一份独立的特许状。随着全国交通网的发展和新技术的进步，全国市场逐步地统一起来并扩大了市场的总体规模，有限责任公司的优越性越来越突出，通过制定一套新制度规则从而大大降低组建公司成本和风险的需求就越来越迫切了。于是，1845年后，大多数州陆续通过了普通公司法。

诺斯和戴维斯还根据对美国三个层次制度变迁的比较，得出结论：在美国，各行各业都呈现出制度变迁这一趋势，即由政府机构进行的制度变迁变得越来越重要，从而使整个经济越来越走向"混合经济"。首先，像在运输业这样比较特殊的行业中，政府机构进行的制度变迁越来越重要。其次，从制造业来看，虽然不具备运输业那种比较特殊的情况，但随着制造业的发展，特别是当制造业企业面临国外竞争加剧的时候，或者当制造业的企业自己没有力量来有效地进行制度变迁的时候，它们就必须由政府机构来进行制度变迁。诺斯和戴维斯还认为，甚至服务业的情况也是如此，随着服务技术的发展和市场的扩大，服务业也要求实行"规模节约"和加强市场信息的收集、分析。这些也有赖政府进行制度变迁。最后，从政府部门的经济作用来看，诺斯和戴维斯认为，20 世纪 30 年代的经济大萧条对美国经济留下的重要的成果，那就是通过制度变迁来摆脱困境。

2. 对西方社会兴起的重新解释

针对大多数学者都认为技术变革是西方国家兴起和经济增长的最主要的原因，诺斯和托马斯通过对公元 900—1700 年西方经济史的考察，也得出了完全不同的结论：产业革命不是经济增长的原因，而只是经济增长现象的一种表现形式，甚至是经济增长的结果。经济增长的起源和动力可以追溯到前几个世纪产权结构的缓慢确立过程。这种产权结构为更好地分配社会财富的社会活动创造了条件。

诺斯和托马斯认为，早在产业革命之前的一个世纪，经济增长现象并不是在英国，而是在资源相当贫乏的小国荷兰出现了。在 16 世纪，由于荷兰率先建立了资本的市场组织而降低了交易成本，从而大大地促进了贸易的发展，并成为最大贸易中心。荷兰的农业发展也归因于土地私有制、劳动力自由流动和市场发育等制度的创新。到 18 世纪，英国之所以能取代荷兰成为欧洲经济中心，也是因为英国较早地仿效了荷兰的制度，并在此基础上进行了一系列的制度创新活动。其在 17 世纪产生了鼓励创新的《第一专利法》，《土地使用法》的通过又消除了许多封建残余的束缚，股份公司取代了古老的特许公司，保险公司、证券市场和中央银行等金融制度的创新大大降低了市场交易成本。这一系列的制度创新为经济增长设立了一个高效率的制度框架，从而为英国的兴起提供了制度条件。与此相反，在法国和西班牙，它们从一开始就没有为经济增长提供高效的产权制度和节省市场交易成本的制度安排，错过了经济增长的良机。所以，从根本上说，高效的产权制度和经济组织的出现，是西方发达国家兴起的根源。

通过历史的考证和分析，诺斯还指出，促成制度创新和制度变迁的因素主要有三种：市场规模的变化、生产技术的发展，以及由此引起的一定社会集团或个人对自己收入预期的变化。

综上所述，以诺斯为代表的制度变迁的新经济史学，以产权、交易成本、国家理论和意识形态理论为分析工具，另辟蹊径，从制度变迁角度对于各国经济增长加以解释。这既丰富了长期以来经济学界研究经济史的传统方法，重新解释了西方社会兴起的主要原因，同时也为新制度经济学分析方法的运用开辟了一个极富潜力的研究领域，而且这也为研究经济增长和发展问题开辟了重要的研究方向。

第三节 政 策 主 张

一、强调制度确立与调整

新制度经济学家一般不像新古典经济学家和凯恩斯主义经济学家那样提出具体的经济政策，但在他们的分析中还是有着强烈的政策倾向的。他们的基本倾向仍然未能脱离让市场自由运作的政策倾向，但是，他们认为保证市场充分自由运作的条件是不存在制度障碍，也就是说不存在产权模糊和交易成本。所以，新制度经济学认为，要解决效率问题，关键就是在产权界定清楚的情况下实行充分的自由竞争。在政策主张方面，新制度经济学家强调对经济运行的具体"制度"进行调整和改革，通过自由竞争和降低交易成本来提高经济效率。

二、注重法律保障

新制度经济学认为，经济活动中的各种行为都涉及制度因素，而制度因素的确定和对这种确定性的保证是极其重要的，这就不可避免地需要法律保障。没有法律保障的制度无法发挥其应有作用。所以，新制度经济学强调，保证经济效率的最好手段，就是确立明确的产权制度，并对经济活动中的行为（主要是契约）加以法律保障。这样，就可以在自由竞争的市场环境中，由经济活动的当事人共同确立适当的价格，确定合适的交易，订立必要的契约。

第四节 评 析

改革开放以来，我国经济学界不少人对于新制度经济学流派颇感兴趣，认为该流派的理论和方法对于我国的改革开放具有很好的借鉴意义。我国的改革也的确涉及很多制度变革的情况。到底应该怎样正确认识新制度经济学流派的理论和研究方法？应该怎样认识我国改革开放中的制度变革？怎样看待新制度经济学流派对我们的启发和借鉴意义？基于这些考虑，本节对新制度经济学流派做一定的分析和评论。

一、基本理论评析

（一）基本倾向评析

新制度经济学流派的出现和发展，是现代西方经济学发展过程中一个重要的方面。科斯奠基的新制度经济学对市场经济中一些具体制度变化和创新的论述在现代西方经济学中具有一定的开拓性意义。新古典经济学长期以来一直将制度作为既定因素排除在经济模型之外，但是，这种假定显然是不符合实际的。新制度经济学在新古典经济学的同一基本方向上引进了对经济制度因素的分析，这是对于 20 世纪 60 年代以后西方经济学中新古典经济学理论体系的进一步拓展。它对于西方主流经济学中引入过去被看作异端和非主流的分析方法，从而对扩展现代西方经济学的研究范围，使其贴近现实具有重要的意义，此后现代西方经济学中许多关于制度创新需求方面的论著基本上都是遵循着科斯的观点发展和引申的。

但是，新制度经济学流派仍然遵循了西方经济学传统的基本视角和理念，即在经济人假设、供给和需求分析、成本和收益分析的框架下，通过几个主要的制度分析来构建其理论体系。新制度经济学流派认为，新制度的出现或制度的转换只有在这种变化所产生的预期收益超过它所需成本时才会发生。应该说，从市场运作的纯粹经济角度看，这是有一定积极意义的。科斯关于企业与市场边界的分析，从某种有限的意义上表明，交易成本的高低，在很大程度上决定着人们对制度选择的需求强度，决定着制度创新能否发生以及如何发生。

科斯的理论区别于大多数新古典经济学观念的隐藏含义之一是，在传统的完全自由竞争制度框架下，市场经济并非必然自动导致帕累托最优状态。在科斯看来，社会的经济制度并非单一的，也并非都是正规的。实际上，在各个层次上，都会有一些制度在不同情况下是可以进行帕累托改进的，而且导致效率变化的某些决策或制度还会导致其他决策和制度的变化。这种观点在一定程度上克服了片面性和僵化思想，因而是相对符合实际，也是具有积极意义的。

不过，新制度经济学从其基本性质和基本倾向来说仍属于资本主义生产关系和市场经济下具体运行制度的发展和改善的性质。其最大局限性在于，它们的制度分析并不触动资本主义最基本的社会经济制度。但从可资借鉴的角度说，新制度经济学对市场经济中具体运行制度的分析，对于我国在新时代深入推进改革开放，推进供给侧结构性改革，建设有中国特色的社会主义市场经济具有一定的参考意义。

（二）产权理论评析

科斯在《企业的性质》一文中提出的产权观点为后来新制度经济学流派中的产权学派指引了方向、奠定了基础，使得产权问题成为制度分析的先决条件。

科斯从法律和经济学角度强调和确认了产权和交易成本在决定制度变革中的重要作用与地位。这也是科斯为新制度经济学奠基的最重要理论意义。

应该说，产权理论并不是科斯最先发现的。在科斯之前的古代就已经涉及了产权问题，马克思更是将根本性的产权制度看作产生经济和社会问题的基本前提。马克思发现在私有制出现和保护私有制的法律出现之后，才出现产权。法律中的产权，是所有制的法律形态，是"一定所有制关系所特有的法的观念"①。但西方经济学家却在将二者混为一谈情况下，只谈所有制和所有权所派生的产权运作，而丢开了所有制和所有权。新制度经济学经济学家斯韦托扎尔·平乔维奇就是个例子。他认为："产权是人与人之间由于稀缺物品的存在而引起的、与其使用相关的关系。……产权的这一定义是与罗马法、普通法、卡尔·马克思的著作和新制度（产权）经济学相一致的。"②

科斯和新制度经济学对产权理论的贡献在于，他们大大扩展了产权的含义和运用范围，并且强调了对产权给予法律保障的重要意义。他们将产权看作一组行为权利（权利束），即与"占有权、使用权、出借权、转让权、用尽权、消费权和其他与财产有关的权利"③，这样就可以在经济运行的各种层次上借助产权来分析交易行为。应该说，产权理论对于从制度方面分析市场经济运行的过程和细节，是一个进步，比以往的西方经济学理论更贴近现实。这种对具体经济运行的制度分析对于我们社会主义市场经济运行和改革开放有一定的借鉴意义。改革开放以来，我国在以公有制为主体、多种经济成分共存的社会主义初级阶段基本所有制架构不变的基础上，对社会主义市场经济具体运行层次上的一些不利于经济发展的制度进行改革，同时也从降低交易成本角度进行制度变革，这对于提高经济效

---

① 《马克思恩格斯全集》第 30 卷，人民出版社 1975 年版，第 608 页。
② ［南］斯韦托扎尔·平乔维奇：《产权经济学——一种关于比较体制的理论》，蒋琳琦译，经济科学出版社 1999 年版，第 28 页。
③ ［英］戴维·M. 沃克：《牛津法律大辞典》，北京社会与科技发展研究所组织翻译，光明日报出版社 1988 年版，第 729 页。

率、促进经济发展都起到了积极的作用。在这一过程中，新制度经济学流派的产权和交易成本学派的分析方法对我国是具有一定积极意义的。

但是，也要客观看待这种西方产权理论的局限性，主要体现在：一是这种理论基本上还是在资本主义基本经济制度框架内的分析，局限于私有制经济，而较少涉及公共产权，没有跳出固有的束缚；二是着重涉及市场运行中的产权运用，但没有说明产权的基本性质及其具体确立原因。尽管其对于某些原始产权的形成进行过探讨，但对于现实中产权的确立，却丢掉了所有制对产权的决定性和约束作用的重视，未能从产权的根本决定因素和最初确立方面给出令人满意的解释。况且，恩格斯早在《家庭、私有制和国家的起源》中已经对原始产权的产生和变化进行过深入的研究。三是新制度经济学流派津津乐道的"科斯定理"是完全脱离现实的。从其真实含义来说，则意味着交易成本比产权更为重要，产权能否发挥作用要以交易成本状况来决定。这种观念完全是在默认资本主义私有制前提下的所谓"规律"概括，其历史局限性和适用性的局限不言而喻。

我国在具体经济制度改革中创新性的做法是，先让政策（这主要侧重于行动的合理性）开路，进行局部典型试验（如深圳经济特区），经过多方验证后，逐渐经过立法，变为正规制度（法律上的确定）。这一过程中并不排斥对新制度经济学流派理论和方法的有益借鉴。

（三）交易成本理论评析

交易成本的概念并不是科斯的首创和发现。在他之前，英国的约翰·希克斯就在成本会计核算时用到过。当时，交易成本是对生产过程结束后，进行交易过程所花费的所有费用的概括说法，并没有对各种具体花费做进一步区分。科斯的贡献在于首次把"交易成本"引入经济理论分析，从而开创了新制度经济学理论发展的先河。在传统的新古典经济学中，的确仅仅注意供求均衡分析，或市场机制运行的分析，根本没有考虑到运用市场机制进行交易要花费成本。认识到这一点，企业决策者便会进一步考虑，是选择在企业内部进行交易，还是在企业外的市场中进行交易更划算？如果在企业内组织交易的成本低于在企业外的市场上的交易，当然就选择在企业内进行交易。当企业内交易的边际成本等于市场交易的边际成本，或等于其他企业内交易的边际成本（所有企业内交易的边际成本都相等）时，企业和市场的规模就会相对固定下来。于是，科斯认为，这就是企业和市场之间存在的"界限"和各自范围大小的划分"根据"。这种分析的角度在西方经济学中是新颖的。它使新古典经济学仅仅将企业看作生产函数的理论发生了重大变化，也使新古典经济学的分析范式发生了变化。新制度经济学也就以此为起点发展起来了。虽然新制度经济学在科斯《企业的性质》发表大约 40 年以后才真正兴起，但《企业的性质》毕竟是从产权和交易成本角度成为新制度经济学发端的。

科斯引申的交易成本分析为深化西方传统的微观经济分析提供了契机。尽管交易成本问题并非是科斯最早注意到的经济现象，但对交易成本问题的重视，的确与他的理论有关。

由于科斯在分析问题的基本前提方面沿袭了西方经济学家局限于市场交易行为的传统，因而其以产权和交易成本为核心的制度分析，在总体上仍然局限于"成本—收益"分析这个市场经济表面运行层次的范围。尽管其交易成本涉及了一个传统西方经济学不曾注意的方面，但交易成本仍然不过是成本的细化和概括，既可以指具体的涉及交易行为的成本，也可以指为了最终在市场上完成交易所花费的所有成本（包括与此有关的其他社会成本在内）。

从积极意义说，科斯和新制度经济学的交易成本理论为具体分析市场经济条件下的经济活动提供了可以详细分析和提高运行效率的根据。这对于我们在一定条件下改进具体经济活动的规章制度、提高运行效率，都有很好的启发意义。

从局限性上说，新制度经济学的交易成本理论在基本经济制度和社会制度方面并不能解释和解决资本主义社会的根本局限性问题。这与马克思主义的经济发展理论和社会发展理论相比完全是不可同日而语的。我们在借鉴产权和交易成本分析时，不能仅仅关注运作层次而忘记和忽略基本生产关系和基本经济制度的决定性作用。

（四）委托—代理理论评析

委托—代理理论着重于信息不对称条件下的管理制度问题。信息不对称问题首先是由买者和卖者之间的信息不对称造成的问题引出的。买卖双方对于交易的商品以及对方的相关情况了解程度必然存在差异，而这会导致对正常市场经济秩序的破坏，导致严重的效率损失。后来，经济学家发现在经济生活中，涉及广义市场交易的情况都与信息不对称条件有关，委托—代理理论便成为制度经济学家（包括信息经济学家）广泛采用的制度性分析工具。

从哲学意义上说，人们的具体认识只具有相对确定的真理性和准确性，而认识的对象则始终处于绝对变化的具有复杂性的"彼岸"。委托—代理这一理论的合理性在于，它将市场交易的平等性引向了人们认识的局限性，以及由此产生的一系列问题。也正是由此出发，在对市场经济活动进行管理过程中，委托—代理理论成为解决信息不对称问题的有效手段，同时，也成为新的委托人和代理人之间信息不对称问题的土壤。

委托—代理理论从制度约束（包括契约）角度分析了信息不对称问题的产生和解决办法，有其合理性与实用性。这是其对于市场经济下运行规则和解决具体管理问题的重要贡献。不过，其局限性在于，该理论仍然未能脱离私有制经济的必要前提，未能脱离这一基础上的成本—收益分析的局限。跳不出这一框架，是无法彻底解决信息不对称问题的。此外，该问题的解决必须进一步引申到人们的道德和品质方面，消除唯利是图的利益至上心态才行。尽管该理论也分析了"道德风险"问题，但并没有深入下去。这是与那种认为人天生就是利己的、是为个人利益最大化而不可避免采取机会主义行为的观念相联系的。而这种观念及其行为，在资本主义市场经济下的表现是较为突出的。

由于我们目前处于社会主义初级阶段，私有制社会遗留下来的观念及相应行为还不能完全消除，个人利益也是一种客观存在，因而在社会活动和经济活动中出现委托—代理问题难以避免（例如官员腐败，以权谋私）。从这个意义上说，委托—代理理论对于我们还是有一定借鉴意义的。不过，加强对人们必要的思想教育、辅以法制和纪律约束，做好信息公开透明，对于解决委托—代理问题都是十分必要的。

当然，委托—代理理论对于信息不对称问题所引起的"市场稀薄"和"道德风险"问题的分析，对于我们完善新时代有中国特色的社会主义市场经济秩序、提高市场运作效率、进行管理体制改革，都有一定的积极意义。我们可以在加强社会主义思想文化教育的同时，强调干部深入基层、深入实际，加强民主监督和民主管理，提倡发挥个人的改革和创新积极性，坚持这些与个人利益的有机结合。通过这些就可以大大减轻信息不对称问题带来的消极影响。而这些经验和做法则是远胜于委托—代理理论所说做法的。

（五）契约理论评析

契约作为一种经济活动中的工具和惯例由来已久。契约是经济活动特别是交易活动中有关各方对该经济行为（交易）及其后果的一致约定和认可。在多数情况下，契约具有法律效力。

新制度经济学流派中的契约理论将契约看作一种影响经济效率的制度，并加以扩展，从而将产权问题、交易成本问题、信息问题、委托—代理、博弈论问题等与之相联系。从现代契约理论的简短发展历史来看，其最重要的理论贡献是：第一，它为现代新制度经济学的进一步发展提供了许多可以深入研究的问题。第二，它在经验层面上对新制度经济学的基本内容进行了较为细致的应用性分析。

第三，它提供了一种分析和解决实际经济问题的思路，即通过自愿选择建立契约来解决矛盾，达成一致。第四，它也为我们进行有中国特色的社会主义市场经济改革和解决具体问题提供了借鉴，即在肯定社会主义公有制为主体的大前提下，通过具体的产权析分、平等竞争、相互合作、公平博弈来降低交易成本，提高经济效率。

不过，西方现代契约理论存在的局限性也是明显的。首先，它主张在私有产权基础上去建立契约，这就在很大程度上将其限制在资本主义制度的框架内。其次，它主张的自由平等选择契约，在很大程度上也是理想化的，不现实的。实际上，经济生活中，特别是在资本主义市场经济中，订立契约的双方总是会受到不同的条件约束而被迫签约，特别是在缔约的一方迫于无法选择供给，或者另一方无法逃避供给过剩的具体条件时，就无法实现缔约的自由选择（比如雇佣劳动者处于没有生产资本和饥饿的约束而被迫接受某种具体契约）。最后，现代契约理论基本上仍然未能脱离新古典经济学基本假设的传统窠臼，过于追求理想的、理论意义上的最高效率（或最低交易成本），而忽略了公平与效率之间的辩证关系。

（六）制度变迁理论评析

新经济史学在研究经济史时引进制度分析和经济计量方法，是对传统经济史研究方法的一种突破和创新，在一定程度上体现了约瑟夫·熊彼特所主张的理论、历史和统计分析方法的统一；另外，他们的理论分析也是对新古典经济学的某些补充。这些都是他们的重要贡献。

诺斯继承和扩展了科斯对制度在经济活动中发挥重要作用的观点。他从西方经济发展历史上对新制度产生所进行的供求分析，尤其是通过对美国经济增长的历史和西方世界兴起的历史考察，为其新经济史理论提供了较为有力的实证资料。

当然，诺斯所发展出来的、强调制度分析的新经济史理论在相当大的程度上也得益于熊彼特、库兹涅茨和西奥多·舒尔茨的经济理论和研究方法。和诺斯同年获得诺贝尔经济学奖的罗伯特·威廉·福格尔认为："像诺斯那样有效地利用历史的理论家寥若晨星。除了库兹涅茨外，我将拿来与诺斯加以比较的 20 世纪的先驱者，还包括熊彼特和西奥多·舒尔茨。"[1]

科斯分析思路是：在原有的制度结构下，由于技术、经济的外部性、规模经

_____

[1] ［美］约翰·N. 德勒巴克、约翰·V. C. 奈：《新制度经济学前沿》，张宇燕等译，经济科学出版社 2003 年版，第 27 页。

济、风险和交易成本等因素所引起的收入的潜在增加机会不能实现时，一种新制度的出现或对旧制度的替代就可能解决这类问题。这就是说，如果预期的制度变迁净收益超过其成本，一项新的制度安排就会产生。当这一条件得到满足时，现有制度的变迁就会通过正式或隐蔽的方式进行，像中国在 20 世纪 70 年代"联产承包责任制"的出现，就多少有点这个意思。人民公社"吃大锅饭"制度下的饥饿压力迫使少数农民形成制度创新的"第一行动集团"，最终导致了原有制度的废除和新土地耕作制度的出现。这一新制度所包含的积极意义最终扩展到了更加广泛的范围，导致了更多类似的制度变化。不过，诺斯到后来也注意到了，制度的重要性不仅在于其有效性，也在于其无效性，就是说，经济效率好与好的制度密切相关，而经济效率低下同样与不好的制度密不可分。

诺斯的制度变迁思想其实也并非完全植根于科斯所创立的新制度经济学理论。他在很大程度上，还受到了马克思主义思想的影响。他在对历史上制度变迁过程的分析中，特别强调的国家和意识形态的作用，就是很好的证明。诺斯自己就在其著作中明确提到："马克思的分析框架是最有说服力的，这恰恰是因为它包括了新古典分析框架所遗漏的所有因素：制度、产权、国家和意识形态。马克思强调在有效率的经济组织中产权的主要作用，以及在现有的产权制度与新技术的生产潜力之间产生的不适应性。这是一个根本性的贡献。"[①]

尽管如此，马克思的制度分析在很多方面与诺斯的分析还是有很大不同的，也是诺斯的制度变迁理论所无法企及的。首先，马克思的唯物辩证史观正确揭示了人类社会发展的历史规律。而诺斯的新经济史观只是从市场交易的角度去说明人类社会的历史发展，虽然他也重视国家和意识形态的作用，重视制度变化的作用，但都充分表明了其资产阶级商业化的历史视角的狭隘和局限。其次，马克思对资本主义社会根本制度的分析，也是诺斯所不具备的。比如，马克思指出以古典政治经济学为代表的资产阶级经济学"把资本主义制度不是看做历史上过渡的发展阶段，而是看做社会生产的绝对的最后的形式"[②]，"把社会的一个特定历史阶段的物质规律看成同样支配着一切社会形式的抽象规律"[③]。而诺斯虽然与新古典主流经济学的观点有所不同，但他仍然未能越过资产阶级经济学家的上述局限性。再次，马克思对制度的分析既有宏观角度的，也有微观角度的，既体现了整体主

---

① ［美］道格拉斯·C. 诺斯：《经济史中的结构与变迁》，陈郁、罗华平译，上海三联书店
　　1994 年版，第 68 页。
② 《马克思恩格斯文集》第 5 卷，人民出版社 2009 年版，第 16 页。
③ 《马克思恩格斯全集》第 33 卷，人民出版社 2004 年版，第 15 页。

义的视角，也兼顾个体主义视角，而区别于资产阶级经济学家的主要是宏观的、整体视角。而诺斯的制度变迁理论则侧重个体主义视角，因而缺乏从阶级利益和阶级斗争角度对整体社会制度的变迁进行分析。诺斯缺乏对个人与阶级间关系的正确认识，他的分析不仅未能完全脱离"经济人""个体利益最大化"这种私有制下的个人主义私利至上的角度，甚至还批评马克思忽视了"搭便车"行为。最后，诺斯与马克思对制度的看法也是不同的。诺斯从个人主义、个人行为和人性出发，认为"制度是一个社会的游戏规则，或更规范地说，它们是为决定人们的相互关系而人为设定的一些制约"，包括正规约束（例如规章和法律）和非正规约束（例如习惯，行为准则、伦理规范），以及这些约束的实施特性。① 诺斯所研究和关注的制度变迁，将个别的和整体的制度混为一谈，因而对一些他自己研究范围的制度也无法从个体角度加以说明。经济史学家克拉夫茨就指出，诺斯和托马斯的制度变迁理论无法通过个人功利主义的盈亏计算来解释，作为公共产品的制度的供给不足为何不能导致制度变迁。② 哈耶克也认为，社会群体中的整体行为秩序"大于个人行为中可以观察到的规律性的总和，前者不可能全部归结为后者"，"作为整体的秩序"，"不可能完全在部分的相互作用中得到说明"。③ 而马克思则明确否认了霍布斯和卢梭等人从个人契约角度对社会制度出现的解释，强调社会制度是首先植根于物质生产的，是从经济基础上升为法律和伦理的上层建筑，并紧密联系在一起的，经济基础和上层建筑之间的辩证关系决定了社会制度的产生和变化。

总之，诺斯创立的以制度变迁分析为主要内容的新经济史理论，在思想上部分改变了新古典经济学的理论模式，在资产阶级经济史观范围内给经济史以新的解释，并在较广泛的领域产生了较大影响和连锁反应。正如福格尔在 20 世纪 90 年代中期对此评论所说："诺斯的精神影响力在迅速扩张。目前他不仅是引用率最高的经济史学家，而且还是整个经济学领域内引用率最高的经济学家之一。"④ "然而诺斯在其他社会科学领域内、特别是政治科学和社会学（两者共占所有引用的

---

① D. C. North, "Economic Performance Through Time", *American Economic Review*, 1998, 84 (3): 359—368.

② ［英］约翰·伊特韦尔、默里·米尔盖特、彼得·纽曼：《新帕尔格雷夫经济学大辞典》第 2 卷，陈岱孙等译，经济科学出版社 1996 年版，第 43 页。

③ F. A. Hayek, *Studies in Philosophy, Politics and Economics*, London: Routledge & Kegan Paul LtD, 1967, pp. 271.

④ ［美］约翰·N. 德勒巴克、约翰·V. C. 奈：《新制度经济学前沿》，张宇燕等译，经济科学出版社 2003 年版，第 36 页。

1/4）内也被广泛引用。在法学、管理科学和公共管理等领域亦是如此。"①

不过，诺斯的理论毕竟是在资产阶级历史观框架内的一种认识，并没有像马克思那样从全人类的历史发展角度看待制度的发展变化。诺斯的理论主要侧重于资本主义社会发展的经济制度分析，而对于影响人类历史发展的其他方面的作用所涉不多。

二、政策主张评析

新制度经济学在政策主张上是属于经济自由主义的，也就是说，其主张政府不干预经济活动，任由市场力量自发运作。如果要说到具体的经济政策主张，只是支持政府从法律角度确认产权，并在经济运行的具体问题上进行制度和规则的调整，为减少交易成本提供方便。新制度经济学的产权和制度不涉及改变资本主义私有产权，仅在具体经济运行层面上通过制度调整来维系资本主义市场经济的运行。这与我们所说的根本制度变革和运行机制改革是完全不同的。

所以，新制度经济学更多是从具体经济运行层面上为资本主义市场经济顺利运行出谋划策，其研究方法也是服从于这一点的。

（一）新制度经济学的方法论既是证实的又是证伪的，在某种程度上还兼有历史主义方法论的特点

经济学方法论的实证主义倾向一直是现代西方主流经济学的特征。弗里德曼认为，经济学研究的目的在于分析一组或几组变量，建立起它们之间的因果关系或函数关系，或发展一门理论或给出一个假说，这个理论或假说能对尚未观察到的现实提出可以证实的、有意义的预测。但哲学家波普尔对这种实证主义提出了尖锐的批评，指出知识是靠"证伪"而非"证实"来发展的命题。此后，新古典经济学家也在一定程度上套用了这种思维模式，即经济学的理论模型应当具有可证伪性。

新制度经济学流派沿用了许多新古典经济学的理论工具和思维模式，在实证主义方法论上超越后者。科斯指出，新制度经济学的最大特点在于讨论的是现实世界提出来的问题，在现实的制度制约中从实际出发来研究人的行动，这是一种实证主义的动机。实际上，科斯的思想隐含了经济学可以被现实所证实的观点。他认为："标志当代制度经济学特征的，应该是，在相当大的程度上也确实是：它

---

① ［美］约翰·N. 德勒巴克、约翰·V. C. 奈：《新制度经济学前沿》，张宇燕等译，经济科学出版社 2003 年版，第 36 页。

所探讨的问题是那些现实世界提出来的问题。"①诺斯利用科斯提出的产权理论和交易成本理论建立的新经济史理论，是对新制度经济学基本理论的一次应用，在某种程度上可以将诺斯的工作看作是使用哲学家拉卡托斯的"科学研究纲领方法论"的一次成功的尝试。不管诺斯是否受到过拉卡托斯的影响，但他的新经济史观与"科学研究纲领方法论"的确有异曲同工之妙。新制度经济学大量使用了证伪主义方法，对新古典经济学假设推导出的理论进行证伪，其中最大的成就是交易成本为正的证明。事实上，只要理论没有被实践经验所否定，就暂时可以算作是具有科学性的假说，理论就被认为是有用的。所以，西方经济学家们在创立理论后的一个主要任务就是看能否有人推翻自己的理论，而不是以实践来检验其有效性。

　　新制度经济学流派的方法论有时也表现出某种历史主义倾向（路径依赖）。科斯说："世界上没有任何一样东西是十全十美的，所以我们不应该仅仅因为一种旧的理论有缺陷就抛弃它另外采用一种新理论。我们抛弃一种旧理论而采用一种新理论是因为我们相信新的比旧的更好。"②这与库恩的范式更迭理论何其相似！库恩认为，只要范式所提供的工具还能够解决它所规定的问题，这些工具就有其存在的合理性，更换工具是一种浪费，只能留到需要的时候进行。理论危机的意义在于它指出更换理论工具的时代已经来临。③科斯的确受到过库恩的启发。他说："将交易成本纳入假设它为零的标准经济理论中，将会非常困难；而且正像托马斯·库恩曾经告诉我们的那样，如同大多数科学家一样，对自己的方法极端因循守旧的经济学家不曾企图这样做。"④科斯在谈到透过复杂的经济现象发现其规律，即他所谓的"基本的洞察"时指出："一个有灵感的理论家可能在没有这样的实验工作的情况下也做得很好，但我的感觉是，灵感最有可能来自通过对数据的系统收集而揭示的模型、疑难问题和异常现象带来的刺激，尤其是当基本需要将突破我们现有的思维习惯时。"⑤这一思想与库恩新范式的产生的观点十分相近。

① ［英］罗纳德·哈里·科斯：《论生产的制度结构》，盛洪、陈郁译，上海三联书店 1994 年版，第 348 页。

② ［英］罗纳德·哈里·科斯：《论生产的制度结构》，盛洪、陈郁译，上海三联书店 1994 年版，第 345—346 页。

③ ［美］T. S. 库恩：《科学革命的结构》，李宝恒、纪树立译，上海科学技术出版社 1980 年版，第 63 页。

④ ［英］罗纳德·哈里·科斯：《论生产的制度结构》，盛洪、陈郁译，上海三联书店 1994 年版，第 360 页。

⑤ R. H. Coase, *The Firm, the Market and the Law*, Chicago: The University of Chicago Press, 1988, p. 71.

（二）新制度经济学方法论既是西方经济学传统的个人主义方法论又是制度主义方法论

按照反对集体主义方法论的米塞斯的说法，个人主义方法论并不是否认社会实体对人类活动进程的决定性作用，其精髓在于强调人的个体意义的重要性。

米塞斯认为个人主义方法论的特征是：（1）强调个体独立存在的意义和利益特征，承认利己主义价值观；（2）相对于集体主义，主张通过个人之间安排来解决问题，尤其是当集体利益与个人利益不相一致时；（3）相对于制度主义，个人主义认为制度对个体影响的范围有限，个体面对外部约束条件会做出积极反应，因而忽视人与制度之间的相互关联和影响机制。制度主义来源于美国早期制度经济学，但是并不等于制度经济学，后者是一个流派，前者是抽象出来的一种经济学方法论。制度经济学是最接近于制度主义方法论的一种经济学理论。制度主义认为，经济学与自然科学有本质的区别，并且经常警告人们滥用经典科学方法论的危险。哈耶克也曾指出："当自然科学家急于尝试将其专业思维习惯应用于考虑社会问题时，却常常会不可避免地带来灾难性的后果。"①

新制度经济学的方法论既是个人主义的又是制度主义的。新制度经济学流派中的产权经济学认为，产权的结构对人类行为具有重要影响。当交易成本为正时，不同的产权制度结构对应着不同的效率和产出水平。德姆塞茨认为，产权制度只是个人行为对刺激和反刺激的集合，个人的效用和福利仍是分析的落脚点；团队生产理论有集体主义的某些特征，但这个理论要解决的问题恰恰是当个人主义不能得到良好的体现和自由运转时，如何通过机制设计来解决这个问题，让监督者这个个体分离出来并拥有剩余索取权，从而维持最大化的边际产出，这一机制促成集体主义向个人主义的回归，每个人在适当的激励或监督下，恪尽职守，并获得相应的报酬，个人的利益动机保障了集体的利益来源。由此可见，新制度经济学流派的方法论仍然倾向于个人主义，同时又具有制度主义的方法论特点。

个人主义方法论强调人与人之间相互矛盾和冲突的竞争关系，制度主义方法论除了关注竞争关系外，还给予冲突与合作关系一席之地，博弈论已经广泛地运用于新制度经济学流派的分析范式中。制度主义方法论假定人的理性是有限的，不可能对客观事物的认识一览无余，缺乏对经济过程各个细节的完全把握能力，因此，其无法把握具体的经济变量，而只能了解经济制度的模式。这正是新制度

---

① ［奥］A. 哈耶克：《个人主义与经济秩序》，贾湛等译，北京经济学院出版社 1989 年版，第55 页。

经济学流派对待经济问题的基本态度。不过，这种资产阶级个人主义的方法论，往往被资产阶级学者，特别是经济学者说成是人类与生俱来的、自然而然的普遍人性。但实际上，他们将个人主义普遍化和"本能化"，不过是将社会的人的性质贬低到原始的动物本能去了。鼓吹这种个人主义方法论，说到底只是为了将现实中资本家的经营"理性"当作人类的普遍理性，将资本家对经营制度的理解看作各种社会的普遍理解罢了。

（三）新制度经济学的方法论既强调自然秩序观又强调演化的观念

自然秩序观念曾经是法国重农学派十分崇尚的观念体系，亚当·斯密的思想中也包含这种思想。其基本观点认为人类社会和自然界一样，也存在着不以人的意志为转移的客观规律。在新制度经济学流派的制度变迁理论中，就包含着自然形成的制度是最好的制度这种思想。同时新制度经济学中又包含着演化的思想。诺斯在《制度、制度变迁与经济绩效》中就认为，制度构造了人们在政治、社会或经济方面发生变换的激励结构，制度变迁决定了社会演进的方式，它是理解历史变迁的关键。制度变迁一般是对构成制度框架的规则、准则和实施的组合所做的边际调整。变迁的原因是相对价格和偏好的变化，制度变迁一般是渐进的，这种渐进的演化观点与生物界的渐进演化是一脉相通的。我们认为，历史上很少有所谓"自然地""渐进演化"的社会制度。王朝的更替，社会制度的根本变革都是激烈阶级斗争（有时是残酷的权力斗争）的结果。即便是生产过程中的运作制度，也是人们在实践中总结经验、主动实行的，并不完全像生物界的变化那样。社会制度的变迁和历史的发展，其实正如马克思所解释的那样，在根本上，是生产力对生产关系变化的推动，是经济基础对上层建筑变化的推动，而后者也在一定条件下对前者发生反作用。

（四）新制度经济学的方法论推崇案例研究方法

这与拉卡托斯的"科学研究纲领方法论"和库恩的"范式"理论有不谋而合之处，这构成了新制度经济学流派方法论的又一个特点。作为新制度经济学流派的三大支柱理论，交易成本理论、产权理论和制度变迁理论中到处都充满着案例研究，从中引申出一些具有一般性意义的经济学原理。现代契约理论的先驱者张五常的代表作《佃农理论》，就是通过对中国台湾 1949 年土地改革的合约案例进行研究展开的。案例的研究方法正是当代西方科学哲学家波普尔、拉卡托斯、库恩等极力提倡的研究方法。为了证明其理论，他们研究了大量科学史上发生的事实，并从典型案例中引申出具有启发性意义的方法论原则。

（五）思想实验也是新制度经济学方法论的特色

思想实验是通过纯粹抽象思维对不可控的世界中复杂事物加以模型化认识，从而形成关于事物之间关系的本质性认识的方法。最早可追溯到伽利略，他在研究运动的惯性时曾设想过一种无摩擦的思想实验，其后在自然科学中广为运用。在经济学中最早使用思想实验的是纳索·西尼尔以及其后的内维尔·凯恩斯。西尼尔把思想实验仅仅作为偶尔使用的方法，而新制度经济学流派已经将其视为一个重要的方法论，如"二手车市场模型""公地悲剧模型""灯塔问题模型""狐兔博弈模型"等，特别是罗伯特·考特和托马斯·尤伦在考察财产制度的起源时，建立了一个至今为人们所津津乐道的思想实验，体现出这种方法的生命力。

综上可见，包容各种不同分支学派的新制度经济学流派的方法论是一个十分复杂的混合体，它包含了以往经济学方法论发展史上的多种成分，甚至一些相互矛盾的因素都被其吸收，体现出比其他学派较强一些的包容性，与库恩所说的思维中保持"必要的张力"有相似之处。新制度经济学流派最重要和最突出的一个特征就是其不同于西方主流经济学的方法论。① 尽管它在现代西方经济学中俨然翘楚、鹤立鸡群，但是，它远远无法与马克思主义唯物辩证的历史观相比，二者截然不同。在马克思主义方法论的雄伟山峰面前，它充其量只是个矮小土丘而已。

三、局限性及借鉴意义

（一）新制度经济学的贡献

与新古典经济学相比，新制度经济学流派比较注重理论联系实际，从分析方法上说，把实际问题作为理论研究的出发点，把脱离现实经济生活而崇尚空谈理论的经济学称作"黑板经济学"，这是使它比新古典经济学更具有生命力的原因。它研究的企业同各种要素所有者之间的契约关系，研究的企业内部通过契约关系所建立的管理与协调的关系，都是现实的市场经济生活中所要求说明的关系。在这一方面，它具有客观合理性。

当然，新制度经济学流派注重对于制度反映的人际关系进行研究，在一定程度上克服了新古典经济学传统研究的局限性，为传统的新古典经济学开辟了新的研究领域。

总的说来，新制度经济学流派的一些理论和具体分析对于现代西方经济学的

---

① 汪丁丁：《直面现象：经济学家的实然世界》，生活·读书·新知三联书店 2000 年版，第 288 页。

传统理论和分析方法来说，是有一定新意的，而且这些研究也远比新古典经济学体系更贴近现实。目前，由新制度主义经济学流派的理论所引发的经济研究，在西方经济学中已经扩展到了更广阔的范围。可以预期，在西方经济学未来的发展中，新制度经济学流派将是一个最重要的方面。

除此之外，新制度经济学流派对于现代西方经济学的贡献还包括以下四点：

第一，新制度经济学使得新古典经济学的理论框架有可能取得内在逻辑上的更加一致。新古典经济学理论的内在矛盾在于，一方面隐含着既有制度的理想化和交易成本为零这个假定的必要前提，另一方面又明确地使用着企业组织和货币这样的概念，并在其框架中讨论经济外部性问题、垄断条件下的"福利损失"问题等。在新制度经济学流派看来，企业组织和货币的出现及其作用都与交易成本密切相关。经济的外部性与福利损失问题也与正数的交易成本相联系。如果没有交易成本的概念引入，上面的这些问题便统统谈不上。

第二，新制度经济学流派对新古典经济学某些基本结论的有效性提出了怀疑。尤其是福利经济学的第二定理，即公平和效率的可分性在交易成本为正数和信息不对称的情况下不再成立。在各式各样的交易中，产权结构和财产关系、契约条款及其设计直接影响资源配置的效率。

第三，新制度经济学流派的理论和分析方法对于重新估计资本主义市场、组织及制度安排的资源配置，发挥了重要的作用。一般说来，价格失效和市场失灵通常成为新古典经济学要求国家适度干预的依据。但是，新制度主义经济学流派更进一步说明，正是与交易成本有关的价格失灵导致了各种旨在降低交易成本的组织和制度安排的出现；所以，价格或者简单的市场交易绝不是唯一的有效配置资源的手段，而国家干预也仅仅是各种可供选择的资源配置手段之一。传统的产业组织理论一直以垄断观点考察现代大型企业的反竞争和无效率的特性，而新制度经济学流派则从效率观点为研究产业组织的运行和重组提供了新的理论途径。

第四，新制度经济学流派的理论为重新解释经济发展进程中的制度结构和变迁，为解释经济增长和发展开辟了一种前所未有的广阔道路。此外，新制度经济学流派的理论和分析方法也为西方经济学的基础理论与管理科学的基础理论更为紧密地结合提供了条件。

（二）新制度经济学的具体局限性

这主要体现在以下三方面。

第一，尽管新制度经济学流派在理论分析中对西方经济学的发展做出了一定贡献，但是也存在着一些局限性，还没有对一些问题提出更有说服力的解释。例如，对于交易成本的概念，新制度经济学流派并没有解释清楚，还显得比较笼统与含糊。一些经济学家认为，把经济活动的总成本区分为生产成本和交易成本并不总是有效的。实际上，生产成本和交易成本都会受组织和技术因素的制约的，二者是相互渗透的。①

第二，许多新制度经济学家（诺斯除外）对于组织和制度分析的效率模型持有一种绝对化的观点：认为一种有效率的或者交易成本最低的经济组织和制度安排必定会取代无效率的契约安排，就像生存竞争中的"物竞天择，适者生存"的规律一样。但是，另外一些西方经济学家的最新研究表明，这种观点是不充分的，并不存在那种替代的必然性。

第三，一些经济学家认为，新制度主义经济学流派对于制度因素的重要性强调得有些过分。实际上，权力结构的分析也许是解释制度及其变迁的关键性因素。这些经济学家认为，制度变迁中的权力和再分配因素也许是更为重要的因素。②但新制度经济学流派最重要的缺陷是，在固守资本主义基本经济制度情况下，仅仅分析市场经济运行中的具体制度，而且未能完全突破古典经济学和新古典经济学最根本的局限，仅仅在一些具体的制度层面做文章。

总之，新制度经济学流派的经济理论对于我国建立和完善有中国特色的社会主义市场经济体系和作用机制，具有一定启发意义，但在借鉴时务必注意其局限性，不可盲目搬用。

关键词　产权　交易成本　不完全理性　机会主义行为　委托—代理　契约
制度变迁

思考题：

1. "科斯定理"的含义是什么，有几种解释？
2. "科斯定理"是否真的有效？

---

① ［美］保罗·米尔格罗姆、约翰·罗伯茨：《经济学、组织与管理》，费方域译，经济科学出版社 2004 年版，第 33—34 页。

② ［美］普兰纳布·巴德汉：《新制度经济学和发展理论》，《世界发展》1989 年第 17 卷第 9 期，第 1389—1395 页。

3. 产权理论对我们有无实际的借鉴价值?

4. 交易成本的提出对于经济效率分析有什么意义吗?

5. 如何看待委托—代理理论?

6. 契约理论的现实意义是什么?

7. 各国经济发展是否都可以用制度变迁理论来解释?

第九章　公共选择学派

第一节　概　况

一、学派的形成与发展

公共选择理论在英文文献里又称作"公共选择"（public choice），"集体选择"（collective choice），"公共选择经济学"（economics of public choice），"新政治经济学"（the new political economy），"政治的经济学"（economics of politics）或"政治的经济理论"（economic theory of politics）等，是一门介于经济学和政治学之间的交叉学科。它以新古典经济学的基本假设（尤其是理性人假设）、原理和方法作为分析工具，来研究和刻画政治市场上的主体（选民、利益集团、政党、官员和政治家）的行为和政治市场的运行。如果说西方主流经济学是研究市场决策的话，那么公共选择理论则是研究非市场决策，是用经济学的方法来研究政治学的主题。

1948 年英国经济学家邓肯·布莱克发表《论集体决策原理》一文（载《政治经济学杂志》1948 年 2 月号），开公共选择研究先河，该文奠定了公共选择理论的基础。他于 1958 年出版的《委员会和选举理论》一书系统地阐述了投票理论，该书被认为是公共选择理论的代表作，是现代公共选择理论大厦的支柱之一。因此，公共选择学派成员一般尊奉邓肯·布莱克为"公共选择理论之父"。

作为西方经济学中的非主流之一，公共选择学派是在 20 世纪五六十年代反对凯恩斯主义的过程中逐渐发展起来的。公共选择学派反对凯恩斯主义的政府干预论，反对政府运用赤字财政政策来扩大总需求，反对政府在经济和社会活动中起过多过大的作用。

1962 年布坎南和塔洛克合著的《同意的计算》正式出版。该书内容涉及公共选择理论的方方面面，构造了公共选择理论的分析框架，从而成为公共选择学派正式形成的标志，该书两位作者也因此成为公共选择学派的两位领袖人物。

20 世纪六七十年代公共选择学派不断发展壮大。布坎南和塔洛克在美国弗吉尼亚州的乔治·梅森（George Mason）大学创立"公共选择研究中心"，出版《公共选择》杂志。1965 年美国一些学者又发起成立公共选择学会（Public Choice Society）。这使得公共选择学派有了自己的学术阵地和学术组织。公共选择学派成员当时大多在乔治·梅森大学、弗吉尼亚大学和弗吉尼亚理工大学执教，由于这三所大学均位于美国弗吉尼亚州，所以也有人把公共选择学派称作政治经济学的弗吉尼亚学派。

1986 年布坎南因在公共选择理论方面的贡献，尤其是提出并论证了经济学和政治决策理论的契约和宪法基础而被授予诺贝尔经济学奖，这使得布坎南和公共选择学派的影响走向全世界，公共选择理论一时成为人文社会科学的大热门。

2009 年公共选择学派的另一代表人物埃莉诺·奥斯特罗姆因为"在经济治理方面的分析，特别是对公共资源管理上的分析"与美国经济学家奥利弗·威廉姆森共同获得该年度诺贝尔经济学奖，这使得公共选择理论再度成为大热门。奥斯特罗姆也是自 1969 年颁发诺贝尔经济学奖以来第一位获得这个奖项的女经济学家。

二、代表人物

公共选择学派的代表人物除了上面提到的布莱克、布坎南、塔洛克、奥斯特罗姆以外，还有唐斯、奥尔森、尼斯卡兰、威廉·瑞克等人。乔治·斯蒂格勒和佩尔森在 20 世纪 70 年代把公共选择理论应用于政府管制分析，因而也算是公共选择学派成员。肯尼斯·阿罗、奥利弗·威廉姆森和约瑟夫·熊彼特的一部分学术成果也涉及公共选择理论，例如阿罗在 1951 年出版《社会选择与个人价值》一书，因而也有学者把他们列为公共选择学派成员。

三、主要特征

公共选择理论的思想渊源最早可以追溯到 18 世纪的孔多塞，这位法国数学家、经济学家和哲学家论述了"投票悖论"或"投票循环"的问题。不过，公共选择理论的思想渊源主要还是来自 19 世纪的公共财政理论。财政理论是关于政府税收和政府支出的理论，而税收和政府支出是政府或集体的经济活动，因此研究税收和政府支出必须选择政治决策机制，政治决策就是公共选择理论研究的主题。

19 世纪末，瑞典经济学家维克赛尔提出了政治的自愿交易学说和一致性原则。维克赛尔认为，经济社会中的个人是基于自身利益通过自愿的交易，来形成所需要的政治过程的结构。在经济市场上，个人用一种物品交易另一种物品；在政治市场上，个人交易他们同意的公共需要的成本份额。政治市场上的交易同样是自愿的，从个人利益出发的。维克塞尔认为，由于政治行为人是在一定的规则内做出选择的，所以规则是极其重要的。要判断规则的改变是否有效率，就需要确立某种标准来进行检验，维克塞尔提出这种标准就是一致性原则，也就是用全体一致同意的原则来检验政府活动的效率。假如每一个人都赞成政府活动的现状，那就说明这样的活动肯定会提高经济效率。

在维克赛尔之后，另一位瑞典经济学家林达尔提出了公共物品理论。林达尔在 1919 年发表的《公平的赋税》一文中，根据维克赛尔的自愿交易学说，认为公共物品的生产同私人物品的生产一样，都是社会成员通过交易各自获益的行动的结果。人们通过公共物品的消费获得满足，人们缴纳的税款则是为公共物品的生产支付的成本价格。政府在一定时期提供的公共物品的数量不是任意的，而是由不同利益的社会成员进行相互交易的均衡点来决定的。

20 世纪初，意大利经济学家庞塔雷奥尼、德·维蒂、德·马尔科、萨克斯等人的公债理论和国家学说，成为公共选择理论的又一个理论来源。意大利财政学派否认当时的民主秩序、认为总是要由一个小集团为集体做出决策的观点，对公共选择理论产生了较大的影响。同时，意大利学者分析公债问题的方法，试图把古典边际价值论分析的模式扩大到对决定公共行动结构的理解，对布坎南和布莱克的公共选择观点的形成起了积极的作用。

19 世纪在欧洲大陆流行的霍布斯、洛克等人的政治学说，尤其是社会契约理论，也构成公共选择理论的思想来源之一。社会契约理论家们认为，人类曾经生活在一种没有法律和政府的自然状态之中，生命、自由与财产等自然权利是天赋的，人们的活动受体现理性的自然法则支配，人们彼此相互为敌。由于这种自然状态缺少一个公正的、强有力的裁判者而有许多不便，于是人们便通过相互订立契约，把部分自然权力让给社会，从而产生了国家或政府。国家的目的主要是保护私有财产和公民的自然权利。国家是不同于自然物体的人工物体。政府的权力不是无边无际的，它受宪法的制约或限制；统治者也必须遵守社会契约，否则选民有权推翻他。这种自然法思想和有限的政府学说构成公共选择理论中国家学说的潜在基础。

在美国，对公共选择理论尤其是对布坎南的思想有较大影响的，是芝加哥学派的创始人之一的弗兰克·奈特的经济自由主义学说。1945 年至 1948 年，布坎南在芝加哥大学攻读博士学位，受业于奈特教授。奈特的经济自由主义观点，尤其是他认为经济学不是一门选择科学，而是一门研究经济制度、社会组织是怎样为有关的集体、为社会而运行的学科，在布坎南的思想上打下了深深的烙印。

由于公共选择理论是一门介于经济学和政治学之间的跨界学科，所以公共选择学派由经济学家、政治学家、公共管理专家和社会学家构成，这是公共选择学派不同于其他经济学流派或政治学流派的一大特色。

公共选择学派力图把新古典经济学的原理和方法应用于政治科学，特别是政府行为和政府决策分析。公共选择学派研究的主题与政治科学的主题是一样的，这就是国家理论、投票规则、投票者行为、政党政治学、官员（僚）政治，等等。公共选择学派的研究方法是新古典经济学的方法：供求分析，成本—收益分析。如同西方主流经济学一样，公共选择理论的基本行为假设是，人是自利的、理性的、追求效用最大化的人。

公共选择理论认为，人类社会由两个市场组成，一个是经济市场，另一个是政治市场。在经济市场上活动的主体是消费者（需求者）和厂商（供给者），在政治市场上活动的主体是选民、利益集团（需求者）和政治家、官员（供给者）。在经济市场上，人们通过货币选票来选择能给他带来最大满足的私人物品；在政治市场上，人们通过民主选票来选择能给他带来最大利益的政治家、政策法案和法律制度。前一类行为是经济决策，后一类行为是政治决策，个人在社会活动中主要是要做出这两类决策。

西方主流经济学主要研究经济市场上的供求行为及其相应的经济决策，而把政治决策视作经济决策的外生因素或既定因素。西方主流经济学认为：在经济市场上，个人受利己心支配追求自身利益最大化；而在政治市场上，个人的动机和目标是利他主义的、超个人利益的。

公共选择理论认为，在经济市场和政治市场上活动的是同一个人，没有理由认为同一个人会根据两种完全不同的行为动机进行活动；同一个人在两种场合受不同的动机支配并追求不同的目标，是不可理解的，在逻辑上是自相矛盾的；这种政治、经济截然对立的"善恶二元论"是不能成立的。"经济"和"政治"是相互依从、相互影响的；正确地理解"经济"必须对"政治"有一定的了解，同样，理解"政治"必须能够理解"经济"。经济市场上存在供求双方力量的相互作用，政治市场上也同样存在供求双方力量的相互作用。公共选择理论试图把人的行为的这两个方面重新纳入一个统一的分析框架或理论模式，用经济学的方法和基本假设来统一分析人的行为的这两个方面，从而拆除传统的西方经济学在经济学和政治学这两个学科之间竖起的隔墙，创立使二者融为一体的新政治经济学体系。所以公共选择理论又被称作"政治的经济学"。

与西方主流经济学和政治学相比，公共选择理论有三个主要特点：第一，试图建立一种严谨的、原理式的政府一般理论；第二，把政治看作是一种个人相互交易的市场，并且用新古典经济学对其进行分析；第三，分析有关的政治活动，通过这些分析使人们对政府产生怀疑，进而使人们相信要缩小政府活动的范围。

第二节 基本理论

公共选择理论作为一个流派或学说体系主要包括直接民主制中的公共选择理论，代议民主制中的公共选择理论和规范的公共选择理论。直接民主制中的公共选择理论主要是各种投票理论或投票规则研究；代议民主制中的公共选择理论包括政党（竞争）理论、官员（僚）理论、利益集团理论和寻租理论；规范的公共选择理论主要包括政府失灵理论、社会契约理论和宪法理论。本章主要介绍投票理论、官员（僚）理论和政府失灵理论。

一、投票理论

在现代西方民主制度下，选举制度主要有两种：直接民主制和代议民主制（代议制），它们是非市场决策或集体决策的两种体制。直接民主制（direct democracy）是指个人自己直接进行投票，参与政治决策或集体决策的最终选择的一种选举制度。在直接民主制中，个人或选民可以通过投票直接表明自己的偏好——对某项决策表示赞同或反对，然后投票规则把不同的个人偏好总合成集体决策。在直接民主制下，集体选择的结果或资源配置效率如何取决于投票规则的性质。

投票规则有一致同意规则和多数票规则。

（一）一致同意规则

一致同意规则（unanimity rule），是指一项决策或议案，须经全体投票人一致赞同或没有任何一个投票者反对才能获得通过的一种投票规则。在这种集体决策方式下，每个投票者都拥有否决权。一致同意规则实行的是一票否决制，根据这个规则做出的集体决策，可以满足所有投票人的偏好；如果一项决策使其中的任何一个投票人的利益受到损害，它便不能获得通过。因此，通过一致同意规则做出的公共选择可以达到帕累托最优状态。经济市场上的完全竞争对应着政治市场上的一致同意。

一致同意规则在理论上是一种最优的公共选择规则，但是在实践中真正使用这种投票规则的很少①，这是因为一致同意规则由于以下三个明显的缺点而不能被普遍采用。首先，这种规则的决策成本太高。因为人们的社会地位和经济地位是不同的，因而偏好是有差异的，让这些有差异的偏好达成一致可能是困难的或成本很高的，甚至是不可能的。因此，这一规则仅仅在较小范围内的集体行动中才是可能被采用的。其次，这一规则会鼓励策略性行为。由于公共物品具有非排他性，这使得一致同意规则刺激人们在集体行动中采用"搭便车"行为。最后，这一规则往往导致威胁和敲诈。如果一个人认识到某项议案或决策可以被他否决的话，那么他就会以抗拒的形式来敲诈那些想使这项议案或决策得以通过的人，从而使自己和他的支持者获得好处。

（二）多数票规则

多数票规则（majority rule），也就是"少数服从多数"的投票规则，是指一项决策或议案须经半数以上投票人赞同才能通过的一种投票规则。多数票规则又分为简单多数（票）规则、加权多数（票）规则、比例多数（票）规则和合格（或特定）多数（票）规则。简单多数票规则是指只要赞成票超过 1/2 议案或决策就可以通过，即赞成票"过半数"即可。加权多数规则是指根据一定的标准条件给予投票人以不同的票数或不等值的投票权和多数票表决通过的一种投票制度，在这种投票制度下，不是一人一票或一国一票。例如，在国际货币基金组织（IMF）中，目前中国的投票权占 6%，美国的份额是 16.5%，印度占 2.6%；而 IMF 重大议题表决都需要 85% 的赞同票才能通过，这就使得美国实际上拥有否决权。比例多数规则是指赞成票必须以高于半数以上的相当大的比例议案才能获得通过的一种投票制度。这种比例多数规则又可以分为 2/3 多数制、3/5 多数制、4/5 多数制等。合格或特定多数规则是指赞成票必须高于半数以上达到某一较高比例，议案才能获得通过的投票规则。例如上面提到的 IMF 重大议题表决需要 85% 的赞同票才能通过。

多数票规则是经常使用的投票制度，它通常能够克服一致同意规则往往无法达成一致同意的缺点，但是，多数票规则也有其自身的缺陷，主要体现在以下几点。

1. 投票悖论

投票悖论（the paradox of voting）是指在多数票规则下有时候不能在多个备选

---

① 《联合国宪章》第 27 条规定，联合国五个常任理事国在安全理事会进行决议或决定表决时拥有一票否决权。

方案中达成均衡而在各种选择之间循环，这种现象也被称作投票循环。

假定同一个寝室的三个同学（史明，王成和李刚）就周末去什么地方春游进行表决，有三个春游地点可供选择：颐和园（A）、八达岭长城（B）和野鸭湖（C）。在这三个地点中三个人的偏好用不等号表示，史明宁愿要A而不要B，王成宁愿要B而不要A，李刚宁愿要A而不要B，如此等等，见表9-1。

表9-1　投票悖论

投票者	A 颐和园	B 八达岭长城	C 野鸭湖	A 颐和园
史　明	>	>	<	
王　成	<	>	>	
李　刚	>	<	>	

在本例中，如果在任意两个议案（旅游地点）中进行表决，其中一个议案总是会赢得多数票而获胜，这说明多数票规则可以获得一个均衡的结果。这就是为什么社会生活中常用的投票规则是多数票规则。但是，如果在3个或3个以上的议案中进行表决选择，投票的结果则是循环的。在本例中，当3个同学在颐和园和八达岭长城之间进行表决时，颐和园将以2∶1获胜，因为史明和李刚赞成，只有王成反对。如果对颐和园和野鸭湖进行表决，野鸭湖将以2∶1获胜。但是在对八达岭长城和野鸭湖进行投票时，八达岭长城又将以2∶1胜出。于是我们看到，颐和园胜过八达岭长城，八达岭长城又胜过野鸭湖，野鸭湖又胜过颐和园，表决选择在这三种方案中无穷无尽地循环。

如果每人一票，在这3个春游地点中只能选其一，那么有可能3个地点各得1票。

投票悖论说明，当投票人的偏好不同时，加总或总合这些偏好形成集体选择时，其结果可能是不相容的，投票均衡无法达成。

2. 程序决定结果

在多数票规则下，如果首先确定一个投票（或表决）程序，集体选择将会获得一个确定的结果，投票循环不再发生。但是不同的程序安排会得出不同的表决结果。在表9-1的例子中，如果我们先在A和B之间进行表决，胜者再与C进行表决，显然C将最终获胜。如果改变选择程序，先在B、C之间进行选择，胜者再与A进行表决，显然A将最终获胜。如果把表决程序改为先在A、C之间进行选择，然后胜者再与 B 进行表决，显然 B 将最终获胜。因此，在多数票规则下，究竟鹿死谁手，往往取决于表决程序安排；确定投票程序的权力常常就是决定投票结果的权力。操纵投票程序可以控制表决结果，这是多数票规则的一大缺陷。

3. "多数人的暴政"

在公共选择中，出于各种各样的原因，人们对各种备选方案的偏好强度是不一致的。多数票规则的缺陷之一是没有照顾到各个人的偏好强度。无论一个人对某种方案的偏好多么强烈，他也只能投一票，这就使他没有机会表达他的偏好强度。因此，由多数票通过的方案或政策可能会无视少数人的利益。这被称作选举表决上的"多数人的暴政"。

更为重要的是，有时候根据"少数服从多数"原则表决的结果对于整个社会来说并不一定是最优的结果。表 9-2 表示 5 个人对 3 种方案的偏好（用效用收益与损失来衡量）。如果对所有方案分别进行表决，它们都将以 3∶2 获得通过。如果把每一方案的效用水平分别加总起来（假定可以加总），就会发现这个结果不是令人满意的；根据效用标准，只有方案 C 是"合算的"，而方案 A、B 对全社会都带来负效用。

表 9-2 偏好强度与"多数人的暴政"

投票者	方案		
	A	B	C
甲	−5	2	2
乙	−5	6	6
丙	3	2	10
丁	3	−5	−5
戊	3	−7	−7
效用总和	−1	−2	6

4. 投票交易

由于多数票通过的方案或政策可能会无视或损害少数人的利益，为了避免这种结果的出现，位居少数的投票者可能会采用投票交易或互投赞成票来改变表决结果。

在表 9-2 中，通过互投赞成票，方案 A 和 B 可能会受到抵制。假定甲和戊同意"交易"投票，即甲同意否决方案 B，戊则同意否决方案 A。这种交易与方案 A、B 获得通过相比，将使他们二人的境况变好。由于进行了投票交易，方案 A、B 将以 3∶2 被否决。

投票交易可能使得多数票规则进行集体选择的结果更有效率。但是，投票交易并不能保证一切有利的方案都能被采纳，一切不利的方案都将被否决。例如，在表 9-2 的例子中，甲和戊仍然能够通过投票交易来促成方案 A（不合算的）和方案 C（合算的）都被否决。在这种场合，投票的自由交易和有效率的资源配置之间没有必然的联系。

在现实生活中，投票交易往往导致贿选、拉票和利益集团（或压力集团）操作选举等。

5. "理性的忽视"

与一致同意规则相比，在多数票规则下进行集体选择，单个投票人的选择不再能够"一票定乾坤"，他无论是投赞成票还是反对票，都无法撼动最终结果。个人投票结果的这种不确定性或无用性，极大地影响了个人参与投票的积极性，抑制了个人真实偏好的表达，使得一部分个人放弃投票权或公共选择权。这被称作公共选择中的"理性的忽视"。这可以解释为什么在一些西方民主国家，总统大选时的投票率往往在 50%~75%，有些国家甚至低于 50%。

二、官员（僚）理论

公共选择学派运用经济学的原理和方法来分析政治活动，他们把政治也看作是一种市场，在政治市场上也有需求者和供给者。政治市场上的需求者是个人和利益集团，政治市场上的供给者是政治家（立法者）和官员，政治市场上的供求对象是公共物品。

公共选择理论中的"官员"或"官僚"可以是指负责提供公共物品或政府服务的各个政府部门或政府机构（例如司、局、厅），也可以是指单个的公务员或在各级政府机构中任职的政府官员。

尼斯卡兰认为，政府官员具有以下两个特征：第一，官员机构是一个非营利性的组织或机构，它的资金主要来自一次性拨款，而不是它的产出销售（它所提供的服务）；第二，官员机构中的主管和雇员不会将预算拨款扣除支出费用后的余额私分装入腰包。

公共选择学派认为，政治市场上的官员也是理性人，他的目标是追求自身利益或效用的最大化，他对政治活动或公共选择也进行成本—收益比较分析。[①] 官员

---

① 公共选择学派认为，政治家也是理性的经济人，他也追求自身利益的最大化；与官员的目标不同，政治家追求的目标是当选或连任，即追求获得选票（支持度）最大化。

具体追求的目标是什么？马克斯·韦伯在1947年出版的《社会和经济组织理论》一书中认为，官员的目标是权力，这如同经济人的目标是利润一样。尼斯卡兰则认为，官员追求的目标是在他的任期内获得最大化预算。官员的效用函数包括他的薪金、他所在的政府机构或职员的规模、社会名望、额外所得、权力或地位等。这些因素都影响他的效用，因而都会成为他追求的目标；而这些因素大多都与政府预算规模有单调正相关关系。因此，作为效用最大化者的官员将也是预算最大化者。

在尼斯卡兰的官员模型中，官员和政府之间的关系被看作是一种双边垄断关系。官员只把他的服务"卖给"政府（政治家），而政府只从官员那里"购买"服务。在这个市场上，发生的是用某种产出来交换预算：官员每年从财政部或国家预算局那里获得一次性拨款，同时允诺提供一定量的总产出来交换预算。

官员的预算是由政治家确定的。那么，政治家又根据什么来决定这个预算规模呢？政治家主要是根据预期官员提供的产出大小来决定他所偏好的预算额的。也就是说，政治家批准给官员的预算额是官员产出预期数量的函数。

根据尼斯卡兰的分析，在多数票规则下，官员提供的产出量将比中间投票人（消费者）所愿意消费的数量大得多。因此，在给定预算的情况下，官员将过多供给这种公共物品，由此造成福利损失。在这种情况下，消费者（选民）倾向于削减预算规模。但是，如果政治家提供给官员的预算小于官员生产的总成本，那么官员的产出水平将低于消费者所需要的产出水平。在这种情况下，政府将处于消费者（选民）要求增加预算规模以满足需求的压力之下。

这样，在官员、政治家和选民之间形成了三角博弈：官员为了自身利益的最大化，将从政治家那里寻求预算规模最大化；而政治家为了获得政治支持或选票最大化，将尽可能扩大预算规模以便满足选民的需求，只要这种预算规模不是大到把选民闹翻。

在官员与政治家的博弈中，最终的结果取决于权力分配和双方在交易中的影响。虽然政治家拥有立法权和法律赋予的其他职权，但是他们常常在很大程度上要依靠官员提供与公共物品供给有关的信息。这些信息包括：有关公共物品供给状况、各种投入的价格、对公共服务需求的趋势等。由于存在信息不对称，因此政治家往往没有充分的信息对官员的预算请求提出异议。

于是就出现了这样的结果：一方面，政治家对拨出使产量最大化的预算感兴趣，因为这将有助于保证他再次当选。另一方面，官员希望最大化他的预算规模，因为这为他提供了使他的效用最大化的资源。

由于与政治家相比，官员对公共物品的生产函数和成本函数具有更多的知识，因此，在对预算进行讨价还价谈判时，官员能够榨取消费者剩余并把这种剩余转化为更多的产出以及由此而来的更大的预算。既然官员的效用是预算规模的增函数，那么官员就有扩大预算规模的刺激。

三、政府失灵理论

政府失灵（government failure）是指政府行动不能增进效率或政府把收入再分配给那些不应当获得这种收入的人。萨缪尔森给政府失灵下的定义是："当国家行动不能改善经济效率或当政府把收入再分配给不恰当的人时，政府失灵就产生了。"① 公共选择学派把政府失灵又称作官员政治的无效率或政治失灵，它表现为浪费、冗员和低生产率。

根据公共选择学派概括，重要的政府失灵特点有：

（一）没有代表性的政府

公共选择学派认为，在现代西方民主社会，民主应当是"一人一票"。但事实上却是金钱赢得选举。政治家需要金钱来资助选举，因而能够在政治上说话的是金钱而不是选民的偏好。因此，在西方民主制度下，通过政治程序做出的公共选择，如立法、政策方案，往往体现的是财力雄厚的极少数人的利益和偏好，并不能代表广大选民的利益和愿望。

（二）政府目光短浅和行为短期化

在西方民主制下，当选的政治领袖们必须经常（每隔2~6年）面临着选举，他们往往要在竞争十分激烈的选区争取再度当选或新当选的概率。并且，政治竞争与经济市场竞争不同。经济市场竞争是延续的，私人厂商只要没有倒闭或退出这个市场，它在市场竞争中就会存续下去，它在这一轮竞争中是失败者，在下一轮竞争中可能会反败为胜。但是，政治竞争是间断的，某种政策只适用于某个政治家当政的那个时期，台上的主角换了，所"唱"的内容也就随之改变；政治家即便可以连选连任，也不可以终身当政，要受法律规定的最高连任次数的限制。竞选的压力和政治竞争的间断性必然导致政治决策上的近视眼或目光短浅，政治家往往重视的是眼前的地位和未来的选票，很少看重国民的未来利益或长远利益。

这种政治上目光短浅的趋势导致政府采用那些在短期内见效的政策方案，回

---

① P. A. Samuelson and W. D. Nordhaus, *Economics* 13*th Edition*, New York：McGraw‑Hill Book Company, 1989, p. 769.

避那些现在花费而在未来获益的政策方案。政治家往往不愿干那种"前人栽树，后人乘凉"的事。

政治家把目光盯在下一届选举上的倾向会产生一种"政治的经济周期"：政治家为了赢得选举往往在竞选中向选民承诺当选后将降低失业率，增加社会福利；而当选后，面临庞大的政府开支、大量的财政赤字、巨额政府债务和通货膨胀压力，政治家往往选择的是用削减政府开支、提高失业率为代价来换取通货膨胀率的降低，抑制通货膨胀预期；当下一届大选临近时，政治家又故技重演：通过扩大政府开支来降低失业率，以便赢得更多的选票，而这又潜伏着新一轮的通货膨胀。在这种周期性的失业和通货膨胀交替过程中，由于预期的作用，长期的通货膨胀率提高了。这就是长期的菲利普斯曲线垂直的原因。

目光短浅的倾向会导致政府施政方案中的超前消费偏向。就是说，那些促进现在消费而不是未来消费的方案将获得拥护，而那些长期投资（基础研究、水土保持、环境保护）在临近政治选举的阶段会被弃之一旁或一拖再拖。因此，政府的政策方案往往只体现今日公民的要求，而无视未来公民的需要。

（三）政府活动的低效率

公共选择学派认为，政府介入经济活动的理由是市场失灵，但是事实说明，政府干预往往并不能矫正市场失灵。例如失业、经济波动、通货膨胀、环境污染、生态破坏、收入和财富分配不平等，市场不能解决，政府也不能解决；有些问题虽然政府可以解决，但是要么成本很高，要么副作用很大，20世纪七八十年代西方经济中的滞胀就是例子。

政治家为了扩大其权力范围和政府开支，往往有意夸大市场失灵，甚至创造市场不完全，这就使得"看不见的手"的作用和政府规模呈此消彼长的变化，其结果是政府干预越多，效率损失越大。

公共选择理论通过对政府行为和政府失灵的分析旨在说明，西方政治民主制度中的公共选择总是短视的、受金钱支配的和违反社会利益的。在这种民主制度下，政治竞争的结果有可能是无效率的甚至是有害的。

第三节　政　策　主　张

公共选择学派认为，政府失灵本质上是西方国家现行的政治结构和程序的失败。公共选择理论对政府失灵的分析旨在寻找矫正政府失灵的方法。公共选择理论中的芝加哥学派把这些方法概括为"重新创造市场"。公共选择理论中的弗吉尼亚学派则认为，解决政府失灵的关键是要发明一种新的政治技术和表达民主的方式来对政府权力施加制度约束或宪法约束，以便控制官员机构的蔓延滋长和国家权力的日益膨胀，这就是宪法经济学的主题。

一、重新创造市场

公共选择学派的"重新创造市场"的设想是把经济市场中的激励机制和竞争机制引入政治市场，以此改善官员政治和政府的运行效率。这是尼斯卡兰等人提出的主张，其主要内容有以下三点：

（一）把竞争引入政府机构

尼斯卡兰认为，传统的行政改革——对造成混乱的行政管理部门进行改组和调整，是毫无用处的，因为这种改革最终还是维持了由一个官方行政当局领导、服务于一种特殊需要的上层机构的格局，因而还是不能消除最大化本部门预算的动力。解决这个问题的唯一办法，是在机构之间重新建立竞争结构。

尼斯卡兰认为，在现行体制下，预算主管部门实际上成了各个行政部门提出的费用估算的俘虏，它不可能了解向它提出的经费预算是否就是保证所需公共物品生产的最有效率的办法。如果让若干办事机构就完成某些工作或某些服务提出相互竞争的预算，预算主管部门按照招标—投标方法选取"报价"最低的机构，就可以让公共部门按照最低成本进行最优化生产。

同一种工作或服务让若干机构来竞争势必会造成机构设置和职务责任的重叠。但是尼斯卡兰相信，这些浪费将由于竞争节约了生产成本而得到加倍补偿。竞争的引入，能够通过打破某些机构对某些服务供给以及他们对这些服务的成本信息的垄断，来限制官员机构的规模扩大。

（二）重建公共部门的刺激结构

尼斯卡兰认为，应该允许办事机构的负责人把他们在生产中节省的成本以奖金的形式发给官员或用作预算外投资。这种体制安排会进一步加强各公共部门之间的竞争，使官员具有最有效率地提供更多服务的动力。其结果是刺激行政部门的"经理们"像私人部门的经理们那样行动，用最小化成本的策略取代最大化本部门预算规模的策略。

为了避免官员制造虚假节省的可能性，尼斯卡兰认为，除了建立机构之间的竞争以外，还需要合理确定产出水平与初始的预算规模。为此尼斯卡兰提出了三种可能的选择途径：其一，直接分享成本节余；其二，对表现好的官员给予事后奖励；其三，对预算盈余实行有限度的自由支配权。

（三）将私人市场办法运用扩大到公共服务生产中去

尼斯卡兰认为，许多由公共部门提供的服务，如清除垃圾、消防、医院、邮政、公共运输，如果改由私人部门来提供，效率会提高。这些公共物品的生产可以更广泛地依靠私人投标制度。尼斯卡兰还支持对地方公共事业越来越大的投资份额实行免税，以便在这些部门恢复更大程度的价格真实性。

二、建立宪制政府

解决政府失灵的另一种思路是进行宪法改革，对政府权力施加宪法约束，重新确立一套经济和政治活动的宪法规则，建立宪制政府（constitutional government）。公共选择学派把解决政府失灵的这个思路称作宪法经济学（constitutional economics）或"宪法政治经济学"。

以布坎南、塔洛克为代表的弗吉尼亚学派认为，政治家和官员有一种"自然的"倾向和动力去扩张政府行动的范围和规模，去追求自身的利益和利益集团的特殊目标，西方的政治制度特别是宪法制度就是为了约束政治家和官僚动机以及政府行为而设计的，但是西方现行的宪法制度是在19世纪根据适合产业革命初期的政治技术条件设计的，现在已经不能对政府行为形成有效的约束，因而导致政府失灵。因此政府失灵的根源是宪法约束失灵。改变这种宪法约束失灵和限制这种超过公众需要的政府扩张的根本途径是宪法改革，通过这种改革来对政府权力施加宪法约束，只有通过宪法改革才能从根本上解决政府失灵。

政治活动和经济活动都是在一定的规则下进行的，政治腐败、效率低下和不平等都能从制度规则上找到原因。因此，要改善政治和经济，必须改革规则。最根本的规则就是宪法所确定的规则。宪法制度是影响政治决策的方式和行为的根本制度。公共选择学派认为，改革的努力应当放在那些约束决策或政策制定的规则上，而不是放在通过对行为人的行为施加影响来改变预期结果上。由于宪法是根本性的规则，因此改革的最高阶段是宪法改革，使制定政策的宪法而不是政策本身成为改革的对象。宪法的目的是制约政府与个人，防止各种形式的掠夺行为。宪法约束可以形成一种宪法秩序，出现有秩序的社会、组织和活动，从而为自由交易和个人自由提供保证。

布坎南主张用一种宪法民主政治来取代美国等西方发达国家现行的民主政治。之所以要在"民主"前面加上"宪法"一词，是因为"民主"一词可以用来描述结构、目的和作用十分不同的政治；而"宪法民主"是在一些特定的环境中，作为独一无二合乎理想的人们相互交易的政治秩序而出现的。具体地说，他的观点是："只有在个人自由本身具有价值，同时在有效的政治平等（这是民主发挥作用的原则）得到保证的前提下，'民主'才能具有评价的重大意义，而只有宪法的条文规定能约束或限制集体政治行动的规模和程度，政治平等才能得到保证。"[①]

布坎南提出的设计思路是：在维持秩序（保护国家）方面，政府的行动是合法的；在规定和控制纯私人的行为和私人选择方面，政府的行动是非法的；而介于二者之间的活动，由于市场的作用不能理想地处理它们，政府必须介入，但这方面的政府行动必须根据其预期成本和预期收益来加以慎重选择。布坎南认为，只有这样才能实现宪法民主，才能从根本上解决政府失灵。

第四节　评　　析

由于公共选择学派的基本理论与政策主张一致，因此本节不再单独评析其政策主张。

一、基本理论评析

对公共选择学派基本理论进行评析的关键在于对其"经济人"假设的评析。公共选择理论中的经济人范式是一个简化了的个人范式。公共选择学派认为，他们的经济人范式反映了人的基本行为特征，是社会中所有个体行为特征的统计描述，因而用这个范式，既可以用来分析经济市场上主体的行为，也可以用来分析政治市场上主体的行为；既可以用来分析官员、政治家的行为，也可以用来分析投票者（选民）的行为。

公共选择学派把经济人范式由经济活动分析推广到政治活动分析，这是一个大胆的尝试，它突破了西方主流经济学和西方正统政治学建立在关于人的动机不同假说之上的局限。西方经济学的传统是假设人是利己主义的，西方政治学的传统是假设人是利他主义的，现在公共选择学派则把人的行为纳入一个统一的经济人的分析框架，认为人的政治行为和经济行为一样，都受自利动机支配，这为制度分析提供了统一的基础，为制度选择提供了统一的标准，从而有可能对公共选

---

① ［美］詹姆斯·布坎南：《自由、市场和国家》，吴良健等译，北京经济学院出版社1989年版，第250—251页。

择活动给出与正统政治学不同的解释。

在公共选择学派看来，如果个人的行为动机都是纯洁的、利他的，就不会存在坏的制度，就不会产生坏的政策。正是由于把人设想成追求自身利益最大化的人，并防止个人利用权力或不正当的手段损害他人利益，才需要设计出约束人的行为的法律和制度；制度的优劣主要根据这种制度在促进"一般利益"方面的成功或失败来判定；好的或有效率的政策并不是产生于政治家的英明或智慧，而是产生于有效率的公共选择机制。

但是，公共选择学派用"追求个人利益最大化"来概括一切人的行为动机，用个人利益这种单一动机来解释人的一切行为，有相当大的片面性和局限性。首先，用经济人假设来刻画人的动机虽然可以获得逻辑上的一致性，但是却抹杀了人的行为动机的差异性。统一用经济人范式来说明政治家的行为，混淆了政客和政治家的区别。政治家固然会考虑他的个人利益，但是政治家之所以与一般人不同的地方在于他具有强烈的社会责任意识和社会责任担当。其次，公共选择理论中的经济人范式过分强调个人利益在支配个人行为中的地位和作用，而完全忽视了人的利他主义一面和自我牺牲精神。最后，公共选择理论中的经济人范式对个人利益和集体利益的关系的理解是片面的。人作为一种社会动物，他总是生活在一定的社会关系中，总是某个集体或集团的一员，他对他所处于的那个社会关系是没有办法选择的。因此，个人利益和集体利益就是一种辩证统一的关系：集体是个人的自愿联合体，没有个人利益集体利益就成了空中楼阁；但是个人利益又要通过集体利益才能实现或更好地实现，没有集体利益的存在，个人利益有时候无法达到最大化，这就是人们常说的"大河有水小河满，大河无水小河干""无国则无家"的道理。公共选择理论仅仅把集体利益作为个人利益的一个派生物，似乎个人对自身利益的追求会自然而然地增进集体利益。

二、局限性及借鉴意义

公共选择学派作为新自由主义经济学的一个学派与其他新自由主义学派一样，过分相信和依赖市场机制的自发性和有效性，缩小或遮蔽了市场的缺陷，低估或无视政府在现代市场经济中的地位和作用。且不说各种各样的市场失灵客观上需要政府干预，仅仅依靠市场机制的自动调节既难以保证实现充分就业，也难以克服经济波动，还难以实现公平的收入和财富分配，远的例子是20世纪30年代世界经济大萧条，近的例子如1997年至1998年的东南亚金融危机、2008年的美国次贷危机和随后的国际金融危机。在现代市场经济下，由于金融的发展深化，实体经济与货币经济日益背离，投机和经济泡沫经常存在，有时候还非常严重；社会保障制度和庞大的社会福利计划似乎是现代市场经济不可或缺的配件，没有它们社会和经济就不稳定，公平或平等就会有更多更大的问题；经济全球化在向广度和深度发展，是世界经济发展不可逆转的趋势，今天的一个经济体的波动不但源于内部冲击，还源于外部冲击，这就需要全球经济进行协调，甚至有时候需要各个主要经济体出面联手进行干预。基于这些理由，公共选择学派试图将政府拉回到亚当·斯密时代的"守夜人"位置上显然是不合时宜的。

就政治制度或政治安排来说，国家是不可或缺的，国家的存在必须要有政治家来代表公共意志和公共利益，必须要有官员（公务员）来执行这一公共意志，实现这一公共利益。如果按照公共选择学派的思路，政治家和官员都是追求自身利益最大化的经济人，他们就无法代表公共意志和执行公共意志，无法代表公共利益和实现公共利益。当然，我们不能否认或排除政治家和官员对他个人利益的追求，把政治家和官员说成是"大公无私"的人似乎也不符合实际。所以，一个适当的制度安排或宪法制度安排似乎是较好地协调政治家和官员们的个人利益与他们所代表的集体利益，较好地协调他们的个人意愿与他们所代表的公共意志。

公共选择理论的借鉴意义在于：第一，它揭示了西方民主政治的种种弊病，指出了推行凯恩斯主义政府干预主张所产生的消极后果，证明了政府干预并不能很好地消除市场缺陷，反而有可能恶化市场失灵。这对我们重新思考政府与市场的关系是有启发的。第二，公共选择理论对政治家和官员的动机是"善的"或"利他"的质疑有其正确的一面，这对于我们思考如何进行政府机构改革、国有企事业单位改革和政治体制改革都是有参考价值的，具有一定的启发性。中国全面深化改革的一项重要任务就是建立健全我们的经济体制和政治体制，减少政府官员滥用职权和贪污腐败，从制度源头上消弭贪官和懒政。第三，公共选择学派认为，政府失灵的原因不应当从政治家和政府官员的个人品质上去寻找，而应当从宪法规则上去寻找；要改善政治，首先必须改革规则，而根本的规则就是宪法制度。这表明政治体制对经济体制的影响，宪法制度对一般的法律法规和政策的影响，表明规范政府及其官员行为需要从宪法高度入手。第四，公共选择学派强调公共选择和公共决策过程中的"偏好显示机制"的重要性，并且设计了若干偏好显示机制。这种"偏好显示机制"实际上是使公众偏好和需要得到充分表达的机制，是政府决策信息公开、透明的机制。这个思路对于我们完善决策机制，提高政府制定政策的科学性和民主性，提高治国理政水平和质量是有积极意义的。

关键词　政府失灵　官僚政治　投票悖论　一致同意　多数同意

思考题：

1. 为什么公共选择理论又叫作"政治的经济学"？

2. "少数服从多数"的投票规则有什么优缺点？

3. 公共选择学派为什么强调宪法改革？

4. 公共选择学派把选民、官员和政治家都看作是经济人，你如何评价？

5. 举例说明公共选择理论对我国体制改革的借鉴意义。

第十章　新奥地利学派

第一节　概　　况

一、学派的形成与发展

"新奥地利学派"是现代经济学之中以米塞斯、哈耶克等人的思想和理论为代表的一个古典自由主义思想流派。"新奥地利学派"一方面是对以门格尔、维塞尔、庞巴维克等人为代表的"奥地利学派"思想传统和基础方法、理论的直接继承。另一方面，新奥地利学派又表现出了对旧奥地利学派思想和理论的发展和突破。这种发展和突破包括对原有方法和理论的深化、修正和领域的拓展。新奥地利学派代表人物之一罗斯巴德指出，随着早期奥地利学派代表门格尔和庞巴维克等人离世，奥地利学派经济学已经开始衰落，甚至"正统的庞巴维克的弟子强烈反对米塞斯对庞巴维克理论的发展"，因此"米塞斯就必须重新创造出有自己的学生和追随者的'新奥地利学派'"①。

新奥地利学派始于 20 世纪 30 和 40 年代西方理论界关于计划经济的"经济计算大论战"。争论的历史背景是十月革命以后苏俄开始了人类前所未有的社会主义计划经济实践，计划经济逐渐从乌托邦式的幻想和目标不断扩展为现实。当时西方思想界对于计划经济这种新事物带有惊奇和同情，而对于社会主义的批评主要集中于道德和政治等领域。路德维希·冯·米塞斯敏锐地意识到计划经济模式从基本逻辑上就存在着致命缺陷——在计划经济中进行合理的经济计算是不可能的。1920 年米塞斯发表了《社会主义共同体中的经济计算》一文首先在德语世界引发了这场"经济计算大论战"。随后米塞斯的学生哈耶克将论战引入到英国、美国，使得这场论战成为震动整个西方经济学理论界的一个重要事件。

在对计划经济模式的批判之外，"经济计算大论战"实际上产生了两个始料未及的后果。一是随着辩论的深入，新古典经济学与计划经济在逻辑上的相容性不断表现出来。二是奥地利学派逐渐与新古典主义在基础方法和思想上分道扬镳，从而以新奥地利学派的名义坚持和发展奥地利学派传统。米塞斯在辩论初期的观点主要是针对战时共产主义实践和正统马克思主义经济学有关计划经济的观点。

---

① ［奥］路德维希·冯·米塞斯：《货币、方法与市场过程》，戴忠玉、刘亚平译，新星出版社 2007 年版，第 336 页。

在泰勒、兰格等人根据新古典一般均衡理论提出竞争的社会主义模式后，米塞斯和哈耶克一方面否定市场与计划之间结合的可能性，另一方面将辩论的重点从市场的资源配置效率和静态均衡方面转移到市场过程和动态效率上来。事实上，正是这场辩论导致了新奥地利学派对自身理论体系的反思，并且决定了新奥地利学派在思想深度和领域宽度两方面的重大拓展。哈耶克在论战当中逐渐形成的知识论，使他把"自发秩序"拓展到了更具有一般性的人类扩展秩序演化思想。新奥地利学派的影响也越来越不局限于经济学领域，而是成为一种更具一般性的思想流派。

新奥地利学派的兴起还与另外一场大辩论有关，那就是围绕经济周期和大萧条的理论辩论。这与 20 世纪 30 年代经济大萧条直接相关。虽然大萧条的出现超出了许多经济理论和经济学家的预测和解释范围，但对于米塞斯和哈耶克这样的新奥地利学派经济学家来说，却并非意外。尽管对于新奥地利学派是否真的预见到了经济大萧条这一点仍存在争议，但从米塞斯和哈耶克所创建的货币和经济周期理论可以看到，他们确实提出了简明的逻辑解释：大规模地人为扭曲货币利率，将破坏迂回的生产过程，造成大量错误投资，从而形成经济泡沫和泡沫的最终破灭。解决萧条的方法不过是消除此前的货币扭曲，让市场出清。经济大萧条对于经济理论界最大的影响是凯恩斯主义宏观经济学的崛起。在凯恩斯看来，大萧条的根源就在于有效需求不足。但凯恩斯主义实际上并未提出一个对萧条原因的解释，而是模糊地提出所谓"动物精神"。哈耶克正是出于此种考虑，从奥地利前往英国伦敦经济学院，从而使新奥地利学派的影响不再局限于德语国家。

新奥地利学派开启的理论和思想征程影响深远。时至今日，"哈耶克大战凯恩斯"的辩论仍未结束。每当全局性的国际金融危机、经济大衰退等现象出现，这种辩论就会重新展开。"经济计算大论战"表面上已经平息，并且随着 20 世纪 90 年代苏联和东欧计划经济的解体而被广泛认为论战已经获得确定结论。但新奥地利学派在论战之中所揭示的思想以及对新古典主义批判的意义仍然没有得到充分发掘。从门格尔开始，到米塞斯、哈耶克以及新奥地利学派学者（例如罗斯巴德、柯兹纳、拉赫曼等人）共同构筑了延续至今相对统一的奥地利学派，并将继续影响着经济学的发展。

二、代表人物

（一）路德维希·冯·米塞斯

路德维希·冯·米塞斯是奥地利学派著名代表人物，新奥地利学派的开创者。

其主要著作有：《货币与信贷原理》《官僚体制》《反资本主义的心态》《货币、方法与市场过程》《自由与繁荣的国度》《人类行动》和《社会主义》等。其中《社会主义》一书集中表达了米塞斯在 20 世纪 30 年代的社会主义经济计算大论战之中的基本思想，而《人类行动》则被新奥利学派学者视为学派思想的集大成者。

米塞斯最把奥地利学派的主观主义扩展至货币分析。在其《货币与信贷原理》一书里，他把货币同微观理论结合了起来，论证货币的边际效用与其他商品的效用及货币的供给如何互相作用来决定货币价格。在其"回归定理"中，米塞斯指出对货币的需求可逻辑地回溯至货币商品成为货币之前，那时它有购买力只是因为它作为有价值的商品来交换。因此，任何货币在市场上都必须还原为有价值的非货币商品，而不能通过国家的强制或根据特定的社会契约来开始。通过这种论证，他解决了所谓的"奥地利学派对货币的循环论证问题"。

米塞斯在货币学派、庞巴维克的资本理论、威克塞尔的自然利率理论基础上建立了以"不恰当投资"为核心的经济周期理论。这种理论把繁荣萧条周期看作是通货膨胀性信贷扩张的必然产物，认为以人为压低利率扩张经济，不仅导致在消费商品上投资不足，而且也引起在高级别资本品上不恰当的过度投资。任何信贷扩张的停止都是投资不当和缺乏足够储蓄的结果，随之而来的衰退消除了对繁荣的扭曲，恢复了经济体的健康。

在 20 世纪 30 年代，米塞斯率先发起了对计划经济的猛烈批判，从而引发了"经济计算大论战"。米塞斯从经济计算和决策的角度分析了在计划经济体制下价格、货币等要素的作用。他认为，没有私有财产制度，就不可能有真正自由的交换和市场；没有自由交换和市场，人们就不可能根据自己的理解对各种稀缺的资源进行合理的估价；没有这种估价即市场价格，也就不能有效率地使用这些稀缺的资源。经济计算大论战引起了新古典经济学家的反击，也导致了新奥地利学派对主流静态均衡方法的批评。

米塞斯的《人类行动》在有目的地行动的个体分析基础之上构建了一套完整的经济学体系——"人类行动学"。米塞斯认为，人类行为科学主要有两个分支：行动学和历史学，分别对应行为科学的理论和经验部分。经济学又被米塞斯称为交换学，"经济学或交换学（Catallactics），截至现在为止，是处理人的行为的唯一的一门理论学科"[1]。米塞斯发展了奥地利学派的方法论，抛弃了前期奥地利学派

① Ludwig von. Mises，*The Ultimate Foundations of Economic Science：An Essay on Method*，Princeton：D. Van Nostrand，1962，p. 108.

的主观心理学基础，从"行为是有意识地达到某一目的的行为"的这一事实出发，以纯粹演绎推理的方法来阐发一般经济理论，构建了新奥地利学派经济学的理论大厦，完成新奥地利学派微观和宏观经济学的结合。奥地利学派的主观主义和个人主义方法论由此得到了进一步的发展，而以企业家竞争为主要内容的市场过程理论也被提出并且成为新奥地利学派的核心主题。

（二）弗里德里希·奥古斯特·冯·哈耶克

哈耶克于 1974 年获得诺贝尔经济学奖而使奥地利学派的声望达到了一个顶峰，并促成了奥地利学派的现代复兴。哈耶克的主要著作有《货币理论和商业循环》《物价和生产》《资本纯理论》《通往奴役之路》《个人主义和经济秩序》《科学的反革命》《感觉的秩序》《自由秩序原理》和《法律、立法和自由》。

哈耶克早年研究货币和经济周期理论，他认为资本主义经济中货币因素是促使生产结构失调的决定性原因。以没有闲置的生产资源为前提，在经济扩张阶段，资本市场上对于投资资金的需求将超过储蓄，生产者将会利用银行膨胀的信用，扩大资本品的生产，这导致部分原先用于制造消费品的土地和劳动要素转用于资本品的生产。但是，按哈耶克的假定，当银行扩大的信贷经过生产者转手变成人们的货币收入后，人们将把他们的消费恢复到正常比例。这就引起消费品价格上涨，导致生产要素又转用于生产消费品。一旦信用扩张被迫停止，危机就会爆发。危机所引起的物价下跌会自动改变储蓄率下降的趋势，一旦资本供给恢复和增加，经济也就自然地走向复苏，无须国家干预。

在追随米塞斯对计划经济进行批判时，哈耶克所重视的是独特的知识论视角。米塞斯所强调的个人在理性和认知上的局限性，被哈耶克表述为"分散的知识"或者"知识分工"。他认为，价格机制可以用来交流和协调个人的知识，使社会的成员能够达成多样化，借由自发性的自我组织原则来解决复杂的难题。

虽然哈耶克以其货币和周期理论而获得诺贝尔经济学奖，但他在职业生涯的早期和后期对心理学、社会哲学、政治哲学和科学哲学领域的研究可能影响更为深远和广泛。这些领域的研究大多围绕着其知识论的核心问题而展开。例如在政治哲学之中，他主张一个以市场秩序为轴心组织的社会，这便是从他对于人类知识有限的道德哲学理论所衍生的。在哈耶克的科学哲学理论中，他大力批评所谓的科学主义，认为其错误地将科学研究方式加于社会科学的研究之中。哈耶克指出大多数科学都牵涉复杂的多线性和多变量，而经济学和非设计秩序的复杂性则有如达尔文的生物学理论一般，使用一般的科学研究方式只会造成错误的结果。早在研究经济学之前，哈耶克对于人类认知的研究兴趣导致了其后期的心理学著作《感觉的秩序》的产生。其知识论、心理学研究成果在当代许多学科领域如神经科学、认知科学、计算机科学、行为科学等持续产生影响。

哈耶克的研究基于奥地利学派传统，同时也将奥地利学派经济学引向更为深远的哲学社会学领域，并一定程度上引发了奥地利学派内部的思想争议和革新。他的经济学思想一方面为古典自由主义提供了坚实论证，另一方面也为经济学理论和方法的发展开拓了崭新视野。

三、主要特征

广义地看，新奥地利学派思想作为一种古典自由主义可以追溯到 16 世纪和 17 世纪西班牙经院哲学家、启蒙运动中以休谟、孟德维尔、亚当·斯密等人为代表的苏格兰传统、法国重农学派的自然秩序观点以萨伊和巴斯夏等人为代表的自由放任思想。更具体地考察其经济理论和方法，新奥地利学派是以门格尔、庞巴维克、维塞尔等人为代表的奥地利学派的直接传承。

奥地利学派经济学始于门格尔 1871 年的著作《国民经济学原理》。"奥地利学派"的名称则来自门格尔 1883 年的著作《经济学方法论探究》所引发的与德国历史学派的方法论之争。门格尔在《国民经济学原理》一书中广泛涉及了物品的一般理论、经济与经济物品、价值理论、交换理论、价格理论、使用价值与交换价值、商品理论以及货币理论。对于当时的古典经济学而言，奥地利学派最具革命性的观点，是门格尔对于实际市场经济的观察后，建立的主观主义边际效用价值论。门格尔认为，价值起源于效用。这种效用不是物品本身的客观属性，而是满足人的欲望的能力。这种能力的大小取决于人的主观感觉。价格是由最终消费者的主观判断所决定的，而不像古典经济学家认为的，由劳动单位等"不变的价值决定因素"所确定。门格尔认为价值量取决于边际效用，即增加一单位物品消费所增加的效用，但边际效用是递减的，最后一单位物品的边际效用决定价值。这种边际效用原理可以解答古典政治经济学无法回答的"钻石与水"的悖论。同时，门格尔还认为，所有商品都经历一个耗时的生产过程。这种独特的观察视角也是新奥地利学派对生产过程与经济周期理论加以理解的重要来源。

在与德国历史学派的方法论论战中，门格尔及其追随者们被德国教授们贴上了"奥地利学派"的标签。德国历史学派的古斯塔夫·施穆勒等人强调对历史事实的收集、整理和分析，拒绝经济研究之中的抽象理论，并且坚持把经济看成一个与政治、法律和惯例不可分离地结合在一起的有机整体。门格尔则认为，经济理论具有科学性质，尽管它的规律不像某些科学那样严格。经济学阐述准确的规律，但是在现实上对这些规律的观察受到反映这些规律的事件的复杂性的影响，也受到进行观察的人类行为的非经济目标的冲击。因而，人们决不能以指出相反的经验例证来否定经济学的准确规律。门格尔对社会现象的有机观也做出了独特的区分。他指出了社会有机体的观念并不具有普遍适应的性质，而且也并不必然与整体主义方法相联系。门格尔实际上对古典政治经济学中"看不见的手"的理念做出了一种更为深刻和准确的解释。这一思想成了日后哈耶克所提出著名的"自发秩序"的直接理论来源。

维塞尔和庞巴维克进一步强化了门格尔开创的奥地利学派经济理论。维塞尔继承和发展了门格尔的主观价值论，最早提出"边际效用"一词，并说明价值是由"边际效用"决定的。按照维塞尔的解释，物品要具有价值，它必须既有效用，还具有稀缺性的特征。他所谓的"边际效用"是指人们在消费某一物品时，随着消费数量增加而递减的一系列效用中最后一个单位的消费品的效用，即最小效用。财货每一单位的价值都由边际效用来决定，其总价值等于边际效用与单位数的乘积。维塞尔把这种由边际效用决定的价值叫作"自然价值"。维塞尔的这种边际效用和价值理论还被应用于解释生产过程，形成了价值的"归属"理论。他认为，生产资料的价值是由它们所生产的消费品的边际效用决定的，因而要素的价值归根到底都是主观评价的结果。

庞巴维克以其对马克思主义政治经济学的批判而闻名。他对于奥地利学派的主要贡献在于其对边际效用价值理论的发展，以及对资本、利息和迂回生产过程理论的系统论述。庞巴维克发展了门格尔关于一种物品的价值决定于该物品在满足人的最后欲望时所具有效用的观点。他认为，在现实生活中大多数物品的价值往往不是由它们本身的边际效用决定，而是由买进或生产的其他代替品的代替效用决定的。庞巴维克还在边际效用价值论的基础上，将人的主观评价和时间因素相结合，提出所谓"时差利息论"。他认为，人们有重视现在、轻视未来的心理，对现在物品即消费资料的评价比同种类同数量的未来物品即生产资料（包括劳动）的评价高，因而前者的价值大于后者的价值，其间的差额构成"时差利息"。

第一次世界大战之后，奥地利学派已经势弱。庞巴维克（1914）、门格尔（1921）和维塞尔（1926）相继去世；新一代有影响力的重要经济学家相继离开维也纳大学，米塞斯1934年移居日内瓦，曾经聚集在他身边的杰出青年学者有相当一部分人离开奥地利，哈耶克前往英国。以维也纳大学为中心的奥地利学派已经不复存在。从纯学术影响的角度来看，随着门格尔等人的某些基本观点被主流的新古典主义经济学所吸纳，曾经作为新古典经济学一个支流的奥地利学似乎也就没有存在的价值。弗里茨·马克卢普曾经把 20 世纪 30 年代人们所理解的奥地利学派的观点归纳为六点：（1）方法论的个人主义。（2）方法论上的主观主义，认为只有根据个人的知识、信念、理解和预期，才能解释个人行为。（3）边际主义。（4）强调效用和边际效用对需求进而对价格的影响。（5）提出并强调边际成本对个人决策的影响。（6）用消费和生产的时间结构来表示时间偏好和"迂回"生产率。① 这些观点在那时其实都已经被经济学家在不同程度上所吸收。

时值此际，由米塞斯挑起并由哈耶克引向英语世界的关于社会主义"经济计算大论战"，开始重塑奥地利学派的独特性，并最终形成一个不同于以门格尔、维塞尔和庞巴维克等人为代表的"奥地利学派"的新学派。经济思想史学家通常把它称之为"新奥地利学派"。它的核心人物是米塞斯和哈耶克，主要追随者包括伊斯雷尔· M. 柯兹纳、默里· N. 罗斯巴德、路德维·希拉赫曼等人。既然称呼中有"奥地利学派"，新奥地利学派当然也继承和发展了奥地利学派经济学。在方法上，新奥地利学派继承了门格尔开创的主观主义和边际主义分析方法，并将这种方法论主观主义和方法论个人主义进一步深化；在理论上，新奥地利学派沿着主观价值论、财货、迂回生产过程等方向不断拓展了关于经济计算、市场过程以及经济周期等理论。

四、思想倾向和方法论特点

（一）思想倾向：古典自由主义

新奥地利学派理论通常被视为新自由主义经济学的重要代表，而奥地利学派学者则将自己称为古典自由主义者。新自由主义是在亚当·斯密古典自由主义思想基础上建立起来的一个新的理论体系。该理论体系强调以市场为导向，以反对凯恩斯主义为主要特征，是一个包含一系列有关全球秩序和主张贸易自由化、价格市场化、私有化观点的理论和思想体系，其完成形态则是所谓"华盛顿共识"②。新奥地利学派的哈耶克、货币学派的弗里德曼、理性预期学派的卢卡斯、公共选择学派的布坎南等人被广泛认为是新自由主义经济学的代表人物。

新奥地利学派学者更愿意以"古典自由主义者"自居，表明在他们的认识之中，自由主义阵营内部仍然存在着重要分歧。使用自由主义旗号的思想繁多，但

---

① 伊斯雷尔· M. 柯兹纳：《奥地利经济学派》，《新帕尔格雷夫经济学大辞典》第 1 卷，经济科学出版社 2016 年汉译本，第 279—285 页。

② ［美］诺姆·乔姆斯基：《新自由主义和全球秩序》，徐海铭、季海宏译，江苏人民出版社 2000 年版，第 4 页。

大致可以归为两个大的思想传统路线，分别是欧陆唯理主义传统和苏格兰经验主义传统。

欧洲大陆的唯理主义思想传统强调人的理性，从而与理性建构等概念相关联。这一思想传统可追溯至法国唯理主义代表笛卡尔、"百科全书"学派、重农学派以及卢梭等，甚至可以上溯至古希腊哲学家柏拉图。唯理主义在经济和社会研究之中的表现主要体现在所谓的建构理性上，即相信人类理性对于经济和社会的把握，可以通过理性设计、建构良好的制度从而进行科学管理。

苏格兰思想传统则与之相对，采取了一种经验主义的思路，通常与人的理性局限、经验主义、演化等思想相关联。这种思想传统始于 18 世纪苏格兰启蒙运动思想家，如大卫·休谟、亚当·斯密、伯纳德·孟德维尔、亚当·弗格森等人。亚当·斯密著名的"看不见的手"比喻成为这一思想传统最广为人知的典范。苏格兰启蒙运动主要围绕"自发秩序"的概念展开。弗格森指出："各国偶然建立了一些机构，事实上，这是人类行为的结果，而非人类设计的结果。"[1] 这正是哈耶克自发秩序思想的简明表达。自发秩序是指这样一类实践、规则、制度，它们并非是因为人类预见到其益处，而有意识地、自觉地创建出来的，而是按自己的计划追求自身目标的无数人类行为的无意识的结果。这种思想传统并不否认人的理性，而是强调经济社会系统的复杂性和人的认识的局限性。门格尔、米塞斯、哈耶克、罗斯巴德等奥地利学派经济学家秉承了苏格兰传统，并发展了此传统之中承认人类理性受限、尊重社会自发秩序演化、强调法治下的自由、对政府权力进行限制等理念。

哈耶克在其《个人主义：真与伪》一文中指出了自由主义内部的分歧。他旗帜鲜明地指出："我所捍卫的真个人主义在现代的发展，始于约翰·洛克，尤其是伯纳德·孟德维尔和大卫·休谟，后又经乔赛亚·塔克、亚当·弗格森和亚当·斯密，以及他们伟大的同时代人埃德蒙·伯克的努力而首次达致其鼎盛时期。"[2] 而"从笛卡尔、经卢梭和法国大革命一直到人们今天在处理社会问题时依旧信奉的那种典型的工程师态度"[3]，是伪个人主义和伪自由主义的典范。

---

[1] Adam Ferguson, *An Essay on the History of Civil Society*, Cambridge：Cambridge University Press, 1995, p. 20.

[2] ［英］F. A. 哈耶克：《个人主义与经济秩序》，邓正来译，生活·读书·新知三联书店 2003 年版，第 9 页。

[3] ［英］F. A. 哈耶克：《个人主义与经济秩序》，邓正来译，生活·读书·新知三联书店 2003 年版，第 14 页。

（二）方法论特点

有论者总结说："奥地利学派认为，应该遵守三项基本的方法论宗旨：个人主义、主观主义以及理论的注意力放在过程而不是均衡上，这是自门格尔以来，奥地利学派统一的工作与方法。"① 的确，新奥地利学派在基本方法上坚持和发展了老奥地利学派传统，表现出强烈的独特性。其方法论要点包括：主张和坚持彻底的方法论个人主义和方法论主观主义；反对新古典静态均衡分析，强调对动态过程的分析；反对过度抽象的数理模型、反对逻辑实证主义，注重对因果关系的理解和解释等。新奥地利学派在方法论上也坚持古典逻辑阐释模式，尤其是对实证方法和数学方法的排斥，使得其显得过时和保守。这也是新奥地利学派理论和思想虽然产生较大影响，但在经济学界长期处于边缘位置的一个重要原因。

在新奥地利学派看来，新奥地利学派的方法论个人主义主张，对经济现象的解释应该回溯到个人行为解释。这种观点认为，只有个人才是社会的本质，也是唯一自主的本体层次，制度、社会结构、宏观现象等都是个人行为的派生实体或者附带现象。因此，一切经济和社会的分析都必须着眼于个人的行动和选择。在新奥地利学派看来，凯恩斯及其追随者的宏观经济学正好是方法论个人主义分析的反例，是完全脱离微观个体层面分析而虚拟的空中楼阁。另一方面，主流新古典经济学所依赖的以个人、厂商为基本单位的分析方法也被视为个人主义的，然而这种方法建立在一种孤立的个人机械行动的基础之上，因而属于原子论式的个人主义。用哈耶克的话说，这是一种"伪个人主义"。"认为个人主义乃是一种以孤立或自足的个人的存在为预设的（或者是以这样一项假设为基础的）的观点，而不是一种以人的整体性质和特征都取决于他们存在于社会之中这样一个事实作为出发点"②，这种伪个人主义是"最愚蠢"的个人主义方法论。

方法论主观主义认为，只有通过有关个人的知识、信息、感觉和期望，才能理解和解释人们的行为。在其实质上，这与方法论个人主义是一致的。米塞斯提出的人类行动学的基本逻辑，即个人理性基于其有目的的行动正是这种主观主义的典型反映。新奥地利学派经济分析的对象不仅是客体的个人及其表现出来的行为，还包括了对其主观意图的理解。主观主义方法论意味着强调个体的异质性、决策的动态性和行

---

① P. J. Boettke, "Alternative paths forward for Austrian economics", in P. J. Boettke, ed., *The Elgar Companion to Austrian Economics*, Cheltenham: Edward Elgar Publishing Limited, 1994, pp. 3—4.

② ［英］F. A. 哈耶克：《个人主义与经济秩序》，邓正来译，生活·读书·新知三联书店 2003 年版，第 6 页。

动的多样性。这是他们反对静态均衡分析的重要原因。与新奥地利学派相比较，主流均衡分析方法通常采用的"代表性"厂商、家庭或者个人，其实是对个体差异的忽视和过度的简化。一个典型表现是主流理论通常将市场表现出来的均衡价格等现象错误地理解为个体理性的相似性，而不是差异化的个体理性选择动态过程的表现。市场交易，在新古典视野中是同质化的"理性经济人"所进行的"等价交换"，在新奥地利学派看来却是基于不同主观判断的个体间才可能产生的行动差异化后果。

新主观主义也不意味着否定客观世界及客观规律的存在。与新古典主义对个人预设"自利"或"最大化"的行为逻辑相比较，奥地利学派不对个人的价值判断做出任何预设。新奥地利学派将自己的经济学视为一种实证理论，虽然它也具有价值规范的含义，但仍然是一种对于客观世界的认识。新奥地利学派强调认识的主观性并不意味着认识的任意性或者否认客观，而是承认认识的局限，因此是需要在实践中加以检验和修正的。在新奥地利学派看来，从行为人的主观评价出发，而不管这些评价是否符合某种客观上"正确的"价值标准，"仅仅借助于它的主观主义，现代经济理论变成了客观的科学"①。

新奥地利学派方法的独特性从其对同为新自由主义阵营的主流新古典理论和方法的对立之中可以看得更为清晰。在新古典经济学看来，市场最典型的一般特征是均衡，可以通过假设个人偏好稳定，并借助于最大化的个人行为假设，就可以很好地分析其运行；即便其中存在不确定性，也可以把它视为风险的形式而在理论上加以处理。市场参与者被赋予完全知识，所需处理的只是最大化的边际计算问题。但是，在新奥地利经济学看来，市场本质特征是交换过程，从而包括非均衡现象；这种过程充满不确定性和风险，个人的有限理性根本不足以把握市场中的不确定性；经济行为人只能在试错的摸索过程中力图使自身利益最大化。不确定性和个人的无知会撕裂新古典的那种一般均衡模型的市场秩序，均衡至多也就是一种"最终结果"，不应成为分析的起点。概言之，这种差异在理论和分析技术上主要源于视角的不同。新古典主义经济学运用的是静态的"适应逻辑"，而新奥地利经济学运用的却是"动态过程"。对市场的这种不同处理方式，使得他们对价格、竞争、理性行为等市场现象的本质的理解都出现严重的分歧。

新自由主义阵营之中的主流新古典学派虽然具有强烈的自由市场倾向，但其逻辑支撑实质上是依赖于均衡静态分析而不是新奥地利学派的动态演化。这就导

---

① Ludwig von Mises, *Epistemological Problems of Economics 3rd*, Alabama：Ludwig von Mises Institute, 2003, p. 192.

致了新古典经济学从逻辑上仍然具有唯理主义的社会工程思想，在自由主义的立场上不够彻底。这就是新奥地利学派宁可以古典自由主义自居也要划清与新古典的界限的原因。

新奥地利学派对于逻辑实证主义的反对和对数学方法的排斥也存在其深刻的认识论基础，而并非是对现代科学方法发展成果的忽视。正是基于其方法论个人主义和方法论主观主义，一方面，新奥地利学派认为，新古典经济学采用的静态均衡方法过度简化，所建立的形式化数理模型实质上较为肤浅，脱离现实，不足以加深对经济运行的认识；另一方面，它强调，与物理学等自然科学相比较，经济学的研究对象是经济和社会这样的复杂动态演化系统，其理论难以通过实验或者孤立的历史数据进行检验。在对复杂系统的科学分析方法尚不成熟的情况下，新奥地利学派仍然坚持看起来过时的因果关系阐释的研究方法。

第二节　基本理论

一、经济计算

（一）经济计算大论战

这一论战是由米塞斯于 1920 年发表的文章《社会主义国度中的经济核算》①引发的。他认为，社会主义希望以社会所有制来取代生产资料私有制，必将导致生产要素市场的缺失，因而，以货币进行的经济计算是不可能的，社会主义制度也就不可能实现其主要的经济目标。因此，"哪里没有自由市场，哪里就没有价格机制；没有价格机制，就不会有经济核算"②，社会主义计划经济不过是"对于理性经济的废除"③。

米塞斯对计划经济的挑战首先在德语世界引发了争论，其影响逐渐扩大到包括英国和美国的经济学界。米塞斯在辩论初期的观点主要是针对战时共产主义实践和正统马克思主义经济学。在泰勒、兰格等人根据新古典一般均衡理论提出，

①　Ludwig von Mises, "Economic Calculation in the Socialism Commonwealth", in F. A. Hayek, ed., *Collective Economic Planning*, London: Routledge & Kegan Paul LtD, 2000, p. 110.

②　Ludwig von Mises, "Economic Calculation in the Socialism Commonwealth", in F. A. Hayek, ed., *Collective Economic Planning*, London: Routledge & Kegan Paul LtD, 2000, p. 110.

③　Ludwig von Mises, "Economic Calculation in the Socialism Commonwealth", in F. A. Hayek, ed., *Collective Economic Planning*, London: Routledge & Kegan Paul LtD, 2000, p. 111.

引入竞争的社会主义后，米塞斯和哈耶克一方面否定市场与计划经济结合的现实性，另一方面将辩论的重点从市场的资源配置效率和静态均衡方面转移到市场过程和动态效率上来。

F·泰勒（1929）在其美国经济协会会长的就职演讲中为社会主义体制的可行性进行辩护，认为可以通过反复实践的方式来纠正错误，从而计算出合理的生产要素价格。[①] 英国经济学者亨利·道格拉斯·迪金森认为瓦尔拉斯提出并用于分析资本主义经济选择的一般均衡逻辑，也适用于社会主义。假设中央计划当局掌握了所有相关的资料和知识，就可以计算出价格和应该生产的商品数量。[②]

在论战的初期，新奥地利学派几乎是米塞斯一人孤军奋战，但是，这种局面随着哈耶克在 20 世纪 30 年代赴英国伦敦经济学院并参与到论战之中而发生很大改变。哈耶克编辑出版了《集体主义经济计划》（1935）一书，并撰写了《问题的性质和历史》和《争论的现状》等文章直接参与到论战之中。哈耶克对迪金森和泰勒的观点进行批判，他认为，即使能够列出中央计划当局必须求解的方程组，实际上也不可能解决资源的最优配置问题。因为，这种方程组涉及的商品种类和数量巨大，所需的信息资料庞大，要解出这样的方程组，用现在所知的任何方式无法解决。

此时，奥斯卡·兰格加入论战，成为支持社会主义经济的论战主力。他发表了《社会主义经济理论》[③] 一文，其核心论点是，生产资料私有制的消失并不意味着市场交换的终结，市场交换的存在也不排除计划和社会主义价值观的实现。他在综合迪金森和泰勒观点的基础上，提出著名的"试错解"，以此回答米塞斯和哈耶克的责难。兰格也运用瓦尔拉斯一般均衡理论，但着眼点不同于迪金森。按照他设想的模式，社会主义经济将按下述方式运行：人们可以自由选择职业，消费者也可以自由选购商品，即存在劳动市场和消费品市场；但不存在生产资料市场，生产资料将由国有企业生产，并处于中央计划的控制之下；中央计划局给国有企业确定出一组价格，并促使它们在这种价格约束条件下使成本最小化。那么，中

---

① Fred Manville Taylor，"The Guidance of Production in a Socialist State"，in Peter J. Boettle，ed.，*Socialism and The Market：the Socialist Calculation Debate Revisited Vol. Ⅳ*，London：Routledge & Kegan Paul LtD，2000.

② H. D. Dickinson，"Price Formation in a Socialist Community"，in Peter J. Boettle，ed.，*Socialism and The Market：the Socialist Calculation Debate Revisited Vol. Ⅳ*，London：Routledge & Kegan Paul LtD，2000.

③ Oskar Lange，"On the Economic Theory of Socialism"，in Peter J. Boettle，ed.，*Socialism and The Market：the Socialist Calculation Debate Revisited Vol. Ⅳ*，London：Routledge & Kegan Paul LtD，2000.

央计划局如何确定价格呢？兰格的设想是，它最初确定的各种价格也许是武断的，但这并不重要。因为企业会把在这组价格下哪些产品过剩或短缺的信息传递给中央计划局。根据这些信息，计划局就可以像瓦尔拉斯的"拍卖者"那样，提高短缺品的价格，降低过剩品的价格。就这样，像真实市场经济那样，作为"试错过程"结果的价格，最终会引导社会主义经济走向均衡，实现资源的有效配置。

（二）新奥地利学派的反思

事实上，包括米塞斯、哈耶克在内的新奥地利学派在论战的初期并未表现出对于市场观念与新古典经济学不同理解。在初期，米塞斯认为的主要对手，并非瓦尔拉斯或马歇尔的追随者。他对新古典理论学派的看法，显然把承认边际效用理论的学派都视为同一阵营。因此，米塞斯早期认为，奥地利学派、英美学派和洛桑学派的不同在于他们表达相同观点的方法、使用的术语和特殊的描述，而不在于理论本质。

兰格、勒纳和迪金森等人用新古典经济学支持计划经济的立场，使得米塞斯、哈耶克意识到了新古典经济学家对市场的分析受到"专注于均衡理论"的局限。因此米塞斯在后来的论战之中逐渐将论证的重点从市场的资源配置效率和静态均衡转移到市场过程和动态效率上来，强调把市场看作企业家行为过程的重要性。米塞斯认为，兰格等人以静态的新古典视角来看待市场，将所有的系统参数看作既定的，剩下的只是产品定价核算问题，而市场经济的驱动力不在于给定框架内执行明确任务的管理，而在于投机、套利和其他承担风险的企业家活动。在兰格模式中，由于私人财产所有权的缺失，即使是保留了形式上的市场，这些真正对资源配置起着决定性作用的市场竞争过程都被计划机制废止了。因此，米塞斯认为，社会主义计划者不可能置身于静态经济之外，拥有他们所需的关于生产可能性的全面而及时的信息。可以看到，在20世纪30年代以后，米塞斯命题的论证发生了从静态均衡意义上的市场价格功能向以企业家活动为主体的市场发现过程功能的转移。

对于泰勒、迪金森、兰格等人认为社会主义可以使用相关信息和数据依据瓦尔拉斯方程体系进行经济核算的论证，哈耶克从现实的复杂性和动态性上做出了反驳。他指出："……（在实践中的运用方面），真正相关的并不是这种方程体系的形式结构，而是所求的一项数学解所必需的具体信息的数量和性质，以及这种数学解在任何现代社会中必定会涉及的任务的规模。"[1] 具体来说，这里的复杂性

---

[1] ［英］F. A. 哈耶克：《个人主义与经济秩序》，邓正来译，生活·读书·新知三联书店2003年版，第223页。

包括以下四个方面。第一，产品信息的复杂性。数量巨大的各种产品所具有的各种特性信息难以为中央计划当局获得。第二，技术知识的复杂性。特定场合的生产技术知识并非现成的，而是分散地存在于个人手中。第三，消费偏好的复杂性。消费者偏好面向未来的可变性导致这部分数据也难以掌握。第四，即使假设上述三个复杂性问题仅仅是"统计技术上的困难"且能够克服，其在每一个持续不断的时点和成千上万的数量级上求解联立方程的数学复杂性问题也是难以解决的。针对兰格所提出的"试错法"来解决一般均衡问题，哈耶克则指出，"任何单项价格发生的每一点变化都会使成百上千项其他价格的变化成为必要"①，也就是说局部变化必然导致全局变化的新情形，所有的核算都必须重新开始，而不仅仅是针对局部的调整。

哈耶克也对新古典静态均衡分析方法进行了深刻反思。"努力从给定的资源或手段中获得最大的成果"②，尽管是一种普遍流行的说法，但却是一种非常含糊甚至误入歧途的说法。对于工程技术专家而言，他们的工作通常具有明确的目标，面对的实质上是一个技术问题。而对于经济学家而言，"一旦人们为了追求不同的目的而竞相需求那些可资获得的资源，经济问题便产生了"③。按照奥地利学派的主观主义，哈耶克指出经济问题的实质是如何协调通过使用各种经济资源组合来获得满足不同个人的主观偏好的过程。这里经济问题的目标不像建造一座天文望远镜或者冶炼矿产之类的工程问题那样确定，而是满足共同体中各种需要之重要性的序列。只有每个个人的经济决策融合成整个价格体系，不同的经济资源的相对价格不仅体现了这些经济资源的相对稀缺性，而且也体现了社会对不同个人的主观偏好的加总和整理，价值序列才能显现出来。哈耶克强调，"一种得到人们一致同意的共同的价值序列根本就是不存在的"④，寄希望于通过某些技术手段来发现和实现这个价值序列，无异于缘木求鱼。因此，他认为，除各种不同性质的生产要素在不借助货币情况下无法有效流通之外，中央计划当局还面临着在没有价格体系的条件下无法有效辨识整个社会的价值偏好序列的困难。

---

① ［英］F. A. 哈耶克：《个人主义与经济秩序》，邓正来译，生活·读书·新知三联书店 2003 年版，第 229 页。
② ［英］F. A. 哈耶克：《个人主义与经济秩序》，邓正来译，生活·读书·新知三联书店 2003 年版，第 179 页。
③ ［英］F. A. 哈耶克：《个人主义与经济秩序》，邓正来译，生活·读书·新知三联书店 2003 年版，第 181 页。
④ ［英］F. A. 哈耶克：《个人主义与经济秩序》，邓正来译，生活·读书·新知三联书店 2003 年版，第 200 页。

正是在对兰格等人的反驳中，哈耶克开始认识到奥地利学派与新古典学派在基础理论和分析方法上存在着重要分歧。哈耶克反思了新古典的均衡概念，指出："形式主义的均衡分析中的同义反复，无法告诉我们任何现实世界的事情。"① 不同于新古典早期狭义的需求供给平衡的理解，哈耶克认为均衡是人的决策行动之间的协调状态，或者说，哈耶克从计划的协调性这个角度重新定义了均衡概念，并且强调了正确预期而不是完美预期是均衡分析的前提假设。

哈耶克进一步提出了"分散的知识"的观点。他认为，人们拥有的知识既是主观的，又是分散的。如果知识仅仅是主观的，那么这意味着个人所拥有的知识可能是错误的。这可以通过一个消除错误的过程，最终达到个人之间在有关未来状态的正确预期基础之上的相互调和，也就是均衡状态。但是，哈耶克的重大发现在于，个人所具有的知识或者说知识同时还是分散的，也就是不同的人拥有不同的知识，而这些知识不仅是分散的，还是局部的和断续的。在变动不居的世界之中，知识的分散性不是通过达到均衡的运动能够予以消除的暂时状态，而是一种永恒状态。基于其知识论及价格功能的诘问，构成了对兰格竞争性社会主义方案有力的反驳。他表明了奥地利学派对市场的观念与兰格的"竞争方法"之间的本质差别：市场的效率来源于通过竞争过程对分散于个人之间的"默会知识"和特定时空的具体知识的有效利用，而中央计划局不可能掌握这类知识，"生产者"也无法把这类知识传递给中央计划局。

对于新奥地利学派而言，经济计算大论战使得其反思自身理论和方法与新古典的分歧，并逐步走向对主流经济学范式的批判立场，强调市场的动态过程理论。对于哈耶克而言，论战产生的影响更为深远。1964 年哈耶克写道："我曾经是个十分单纯而狭隘的经济学理论家，后来却从专业经济学转向通常被视为有着哲学性质的各种问题。"② 他在其对新古典均衡的批评和分散知识的思想基础上，进一步提出了自发扩展秩序理念，继承和发展了古典自由主义经济演化思想。以哈耶克为代表的这种理论发展一方面使得新奥地利学派思想获得了更为深厚的哲学基础和更为广阔的视野，另一方面也让新奥地利学派在经济学领域显得更为脱离主流。

二、市场过程

经济计算大论战的一个直接后果就是新奥地利学派对于新古典静态均衡分析

---

① ［英］F. A. 哈耶克：《个人主义与经济秩序》，邓正来译，生活·读书·新知三联书店 2003 年版，第 52 页。
② ［美］布鲁斯·考德威尔：《哈耶克评传》，冯克利译，商务印书馆 2007 年版，第 246 页。

的批判，并由此形成了市场过程理论。米塞斯明确提出，"市场不是某一个地方、某一件事物或某一种集合体。市场是一个过程，是由各色人等在分工合作下的互动行动所肇发的"①，在市场过程中，个人相互竞争并合作，而市场价格指导个人进行生产和交换。这种观点被哈耶克以知识论为基础重新表述为"作为一个发现过程的竞争"②。

与新奥地利学派过程导向的分析方法不同，新古典静态均衡分析方法实际上正如米塞斯评论的，类似于"逻辑学和数学"的一种理想的思想体系，因而是"超时间的"，难以真正地把握在历史时间之中动态变化的现实。新古典动态模型之中往往也会出现时间要素，但那不过是在数学方程之中的变量 t。这只是一种静态的牛顿时间，缺乏因果功能，不包含历史和预期。过去、现在和未来在数学方程之中是没有意义的，时间是对称的。③ 新奥地利学派经济学实际上把时间和人的行动联系起来，深化了对市场过程的理解，并且表现出了与新兴的演化经济学方法的某些一致性。这是新奥地利学派经济学也被视为具有演化经济学传统的原因。

新古典经济学将市场理解为一个或无数的均衡模型，而在新奥地利学派看来，无论是一般均衡或是局部均衡模型，本质上都是对市场的静态分析，没有揭示出市场的实质特征，即市场的"动态过程"性质。从米塞斯、哈耶克到他们的追随者柯兹纳、拉赫曼等人，围绕着对市场的本质问题进行的分析，构成了一种市场过程理论体系。

新奥地利学派这种市场过程理论的核心要素在于强调对市场的动态过程的分析，即认为，经济理解的核心不在于解释满足均衡状态的条件，而在于揭示市场过程的系统特征。从门格尔开始奥地利学派就表现出了强调对过程的动态分析的思想传统。这种思维实际上是古典经济学的传统之一。米塞斯明确提出了市场过程的概念，但是，他和哈耶克对市场过程进行了不同方向上的阐释，并引起柯兹纳和拉赫曼等人的争议，形成了新奥地利学派对于市场过程的多个层次含义的解释。总体来看，新奥地利学派对于市场过程有下面不同层次的理解：第一，市场过程是企业家纠正市场价格和决策失调的过程；第二，市场过程是企业家动态竞

① ［奥］路德维希·冯·米塞斯：《人类行为的经济学分析》（上），聂薇、裴艳丽译，广东经济出版社 2010 年版，第 228 页。
② ［英］弗里德利希·冯·哈耶克：《法律、立法与自由》，邓正来等译，中国大百科全书出版社 2000 年版，第 107 页。
③ M. J. Rizzo，"Time in economics"，in P Boettke，ed.，*The Elgar Companion to Austrian Economics*，Cheltenham：Edward Elgar Publishing Limited，1998，pp. 111—117.

争的过程；第三，市场过程是企业家知识发现的过程；第四，市场过程是市场秩序演化的过程。这些对于市场过程的不同阐述，有着共同的思想基础，同时也存在各自不同的侧重点和针对性。

首先，市场过程理论分析的主体是企业家。这里企业家并不是指通常意义上的企业所有者和企业管理者，而是强调具有自主决策和行动的个人。新古典均衡分析中的个人，无论是消费者或者厂商，都仅仅是既定决策框架之下机械的反应者，按照约束条件进行最大化选择。与之相比较，新奥地利学派的个体行动者面对的是不断变动的环境，需要主观地构建自己的决策框架并依据主观预期采取行动。在这个意义上行动的个体都可以被视为企业家。值得注意的是，奥地利学派的这种企业家观念与熊彼特的企业家理论有着内在联系，同时也有所不同。熊彼特强调的"企业家精神"实质上指的是一种个人决策行为方式，因而与新奥地利学派的企业家概念有着相似的分析方法，这也反映了熊彼特具有的奥地利学派思想传统。与熊彼特对企业家"创新"的强调存在差异的是，新奥地利学派的企业家自主决策行动更一般化地指向对市场机会的利用，这里既包括了一般的发现市场价格失调，也涵盖了熊彼特意义上的"创新"，无论是技术革新，或者是新的生产方式组合、新产品的开发等。

其次，从均衡的角度来看市场过程，新奥地利学派有着不同层次的解读。新奥地利学派文献之中常常可以看到对于"均衡"概念的多种不同的，甚至是矛盾的使用。对于均衡的讨论在新奥地利学派经济学发展之中形成了较大分歧，即以柯兹纳为代表的"均衡派"和以拉赫曼为代表的"非均衡派"。然而，在反对新古典的静态均衡的立场上，新奥地利学派市场过程思想是一致的。从新奥地利学派的均衡观点来看，市场过程是企业家纠正市场价格和决策失调的过程，这个过程可以笼统地被称为一个"趋向均衡"的过程。米塞斯、柯兹纳等人认为，市场失调包括了外生和内生两个方面。失调的产生，可能来自消费者偏好、资源供应条件、生产技术可能性等方面的改变，这属于外在环境的变化；另一方面，失调同时意味着之前的企业家决策的错误判断，这可以视为内生的市场失调。这个企业家纠正失调的过程，可以视为促使市场均衡的过程，似乎与新古典的均衡分析具有某种一致性。

然而正是这种容易与新古典均衡混淆的模糊性理解，引起了新奥地利学派中"非均衡派"的不满，从而明确地反对均衡观念。以拉赫曼等人为代表的均衡反对者将市场的理解更多地与哈耶克的知识理论、根本的不确定性观点等联系起来，认为市场过程实质上并不会产生均衡，甚至不存在所谓均衡的趋势。新古典的市场均衡观本质上静态的，这是因为，从任何一个绝对静止的时点往前回溯来看，企业家的决策和行动，如果是正确的话，都将纠正市场失调，从而具有使市场趋向均衡的作用。在一个没有真正不确定性的新古典世界里，以这种外在视角来看，关于所有事物的信息都可以获得，并对任何事件的发生、发展做出准确预测。假设市场暂停于某个时点，并且可以观察到，市场之中的多数企业家做出了在既定条件下的正确预期和判断，并采取了相应的行动。当时间继续，市场恢复运转，那么可以观察到，市场的失调被企业家之前的决策和行动纠正或者缓和，预期正确的企业家获得利润，市场更加均衡。然而，新奥地利学派认识的世界是具有真正的不确定性的世界。假设暂停的时刻同时进行了从决定论的世界到具有不确定性世界的转换，那么时间之轮继续运转之后，市场变成了无法预料到的新情形，其中之前多数预期正确的企业家行动也可能成为错误决策，市场变得更加不均衡。因此，拉赫曼等人宣称，动态的、具有真正的不确定性的市场过程之中，市场不存在均衡趋势，而是无限扰动、永不均衡的过程。

最后，奥地利学派的市场过程理论还形成了以哈耶克自发秩序思想为核心的演化过程解释，这超越了纯粹经济学的分析，而成为更为广泛的哲学社会学理论。"非均衡派"在新奥地利学派内部被部分人批评为"虚无主义"，因为完全否定市场的均衡过程，在如何解释市场的自我调节和均衡能力方面似乎出现了困难。以拉赫曼为代表的非均衡派主要以哈耶克的理论为依据展开对市场过程的阐述和对自由市场的辩护。在他们看来，不确定性的市场，并非完全随机的、混乱的市场，仍然是可认知、可以采取正确决策的市场，故而预期和行动仍然具有意义。哈耶克的知识理论成为这种思路的重要基础。对于信息与知识的再认识，是新奥地利学派与新古典的一个明确区分。新奥地利学派反对主流的信息经济学方法，认为不存在完全信息，不可能对市场的信息和知识进行全面的把握，但是个人仍然能够在局部决策框架之中，根据各自的局部信息和知识进行行动。市场的价格机制恰恰是个人经济决策之中包涵信息量最全面和最准确的一种认知工具。

三、货币与经济周期理论

（一）米塞斯的货币与信用理论

古典经济学之中货币问题被置于一种与经济微观结构相独立的宏观框架之中，如李嘉图、费雪等人在通货学派理论和货币数量论等方面的分析都着眼于"价格水平""流通速度"这样的整体集合概念，而不与效用、价值等概念相互联系。米塞斯将门格尔开创的边际价值理论和主观主义分析方法应用到货币这样的传统宏观研究对象上，从而按照统一的、以人类个体行为为分析基础的逻辑将宏观和微观整合为一个整体性学科。在此过程之中，米塞斯也逐步形成了新奥地利学派独特的货币和信用理论，这成为其经济周期理论的基础。

早期奥地利学派学者实际上已经初步尝试将其基本方法应用于货币的分析。门格尔等人面临的一个主要批评是所谓的"货币循环论证"问题。按照主观主义边际价值理论，人们对于商品和服务具有自己的价值尺度，并形成了市场需求。预估的市场需求决定了市场的供给，并且与真实市场需求相互作用形成了市场价格。这个分析框架应用于对货币的分析却遭遇困难。货币本身并不被用于消费，或者说满足人们的欲望或效用。因此货币的价值似乎完全来自对货币的需求，而对货币的需求本身又需要以货币既有价值为前提。因此，用需求因果关系来解释货币价值，似乎陷入了一个不可避免的循环论证。对此，米塞斯以价值回溯的方法进行解释，他指出："在某物充当货币之前，需要一种与货币功能无关的价值。"当前货币的需求取决于之前货币的购买力和需求，这是一个不断回溯的过程，然而这个回溯过程并非无限的循环。米塞斯指出，从历史的角度来看，货币在某个时刻必然只是物物交换时的商品，其价值只与本身用于消费的功能有关。这样一个解释打破了对货币价值的逻辑循环论证链条，同时深入揭示了货币的本质及其机理，为奥地利学派反对法定货币系统、支持金本位、竞争的货币体系等理论提供了基础。

在《货币与信用原理》中，米塞斯将对银行业的分析与货币联系在一起，形成了其货币和信用理论。他区分了银行的两大功能，即作为现金保管的仓储作用和将存款转化为生产信贷的生产作用。银行部分准备金制度本身就构成了经济和金融的非稳定性。依据其对银行和信贷系统的研究，米塞斯主张对银行实行完全的准备金制度。在部分保证金制度下，"一定比例（并且是较大的比例）之信用媒介继续流通，而因此一部分信用媒介之发行所引起之债权将不会被要求履行，至少不会被同时要求履行。一旦人们对此类银行丧失其行为的信心而债权人拥挤于其柜台之前时，它们就无法避免崩溃之命运。因之，它们不能像一般其他银行或企业机构那样以维持其投资的流动能力为目标；它们只能以维持偿债能力为其政策之目标"①。

---

① ［奥］路德维希·冯·米塞斯：《货币与信用原理》，杨承厚译，台湾银行经济研究室 1967 年版，第 268 页。

　　米塞斯在对银行业活动机制分析中实际上已经初步描述了以货币和信用扩张为基础的经济繁荣—萧条周期模型。他分析了银行扩大信用导致存货紧缩和兑现需求增加的过程：所有银行在央行指示下增加货币供给，提高信用；随着信用和货币供给增长，收入和价格上升：通过国际收支逆差等方式，黄金等硬通货开始流向国外；接下来银行和信用开始崩溃，银根紧缩，价格下降，资金开始回流国内。米塞斯的这种周期描述实际上揭示了这样的事实：无论是凭空创造的信用还是通过降低利率改变市场的时间偏好，都不可避免地导致资本市场的不良投资，其产出超过消费者的需求。这种不良投资带来的表面繁荣不可持续，一旦信用增长停滞甚至只是减速，经济衰退就不可避免到来。米塞斯认为，这种经济衰退是一个市场经济中的正常现象。繁荣时期造成的不良投资需要被拆解重构，市场才能回归正确的投资消费比例。

　　（二）哈耶克三角

　　哈耶克进一步发展和深化了米塞斯的货币周期理论。他以更为形象的方式表述了利率变化与资本结构调整关系的思想。这就是他在伦敦经济学院讲课时所常用的三角形图形，通常被人称为"哈耶克三角"。哈耶克货币周期理论的核心与米塞斯的基本一致，差别是米塞斯的先验认识论以纯时间偏好代替了庞巴维克的利率时间偏好和生产力的二元解释，而哈耶克则在主观主义立场上也重视实际生产过程，将个体的主观决定与实体资本之间的相互协调联系起来。

　　按照奥地利学派"迂回生产"的基本思路，哈耶克强调了资本化生产之中的"生产结构"问题。他指出："从某一长度生产时间的生产方法转变为另一较长或较短时间的生产方法的任何这种变化，都意味着生产组织中的十分显著的变化；或者，我们就把生产组织的这 特殊方面称之为生产结构的变化。"[1]

　　图 10-1 以更为简明的方式表达迂回生产过程的资本结构，这是对庞巴维克迂回生产结构的一个转换和深化。哈耶克将迂回生产结构表达为不同的矩形块，最底层是最终消费品的总量（以货币价值计），而在其上分别是各中间产品层，对应于迂回生产过程的不同阶段；离底层越远的阶段，表明离成熟期时间越长，也就是迂回的长度越长；每一个阶段同时都需要使用到部分原始的生产资料。

　　图 10-2 是以连续的方式表达的资本生产的时间结构。这实际上是在某一个时

---

[1]　［英］F. A. 哈耶克：《物价与生产》，滕维藻、朱宗风译，上海人民出版社 1958 年版，第 37页。

点迂回生产过程的资本结构静态图，提供了一幅克拉克所说的"同时生产过程"①的图画。哈耶克三角形中的两条直角边分别为生产时间和消费，水平边代表生产过程的阶段，垂直边是以货币计算的消费品价值。新奥地利学派将投资视为资源在一个需要消耗时间的生产过程之中的配置，因此斜边揭示了人们将资源在消费和投资之间配置的权衡关系，也就是消费的时间偏好。哈耶克假设生产由若干阶段组成，与现实中的产业对照来看，采掘业、冶炼业、制造业、批发商、零售商等从左到右依次排列在表示生产时间阶段的水平边上，反映了不同产业与最终消费的距离。

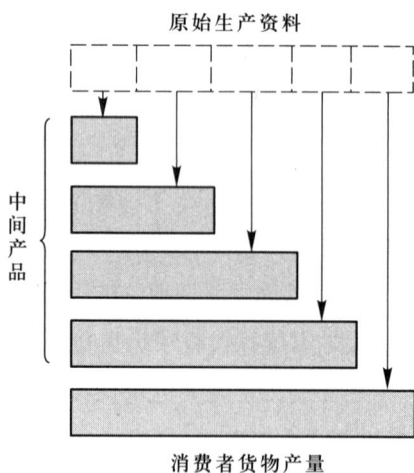

图 10-1　简明方式表达生产结构
变化的"哈耶克三角"②

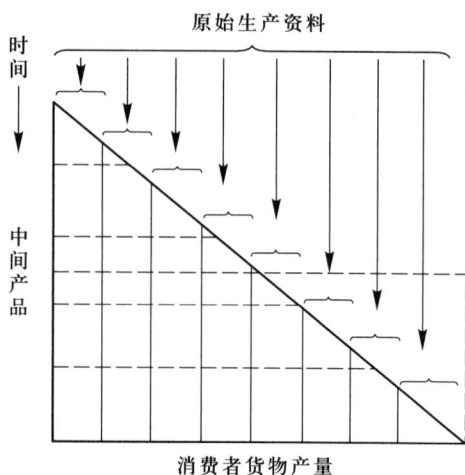

图 10-2　连续方式表达生产结构
变化的"哈耶克三角"③

假设货币量和货币流通速度不变时，哈耶克三角会随人们的消费时间偏好改变而改变。假设人们时间偏好下降，也就是对现期消费需求下降，而偏好将来的消费，从而消费减少，储蓄上升，并且投资增加。在奥地利学派看来，投资增加的关键不仅仅反映在数量上，而且改变了生产的时间结构。如图 10-2 中虚线所显示，时间偏好下降表现为斜边顺时针旋转，现期最终消费减少了，资源被配置到距离消费更远的生产阶段中，或者是以更加迂回的生产方式被创造出来。哈耶克

---

① ［英］F. A. 哈耶克：《物价与生产》，滕维藻、朱宗风译，上海人民出版社 1958 年版，第 37 页。

② ［英］F. A. 哈耶克：《物价与生产》，滕维藻、朱宗风译，上海人民出版社 1958 年版，第 41 页。

③ ［英］F. A. 哈耶克：《物价与生产》，滕维藻、朱宗风译，上海人民出版社 1958 年版，第 38 页。

三角中的斜率与时间偏好、利率相对应，低的利率和时间偏好意味着人们更节约或者是在时间上更偏好未来。由此，哈耶克将利率变动与资本结构调整联系起来。在真实的时间偏好改变的条件下，最终消费的减少是暂时现象，更迂回的生产过程最终将扩大消费，消费、生产和时间偏好将形成更高消费水平、不同斜率的哈耶克三角均衡。然而，如果不是真实的时间偏好变化，而是人为地增加货币供给改变利率水平，则这个动态过程的性质就完全不同了。人为扭曲利率将破坏储蓄与投资之间的时际均衡，经济波动将不可避免。

（三）新奥地利学派周期理论的现代表述

加里森（2001）将这个过程用更接近主流形式的模型表达出来，见图 10-3。

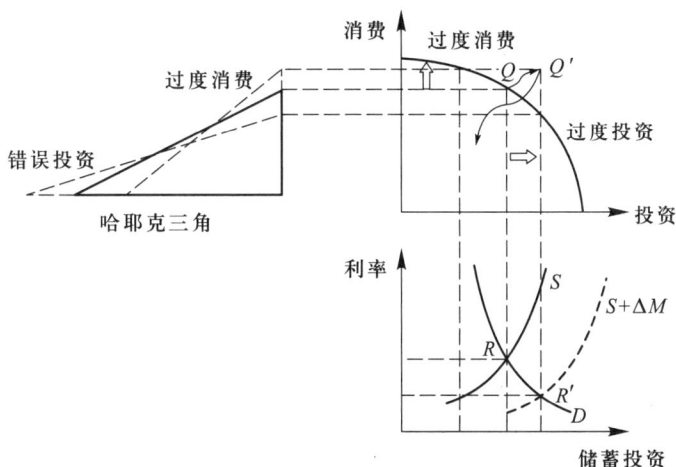

图 10-3　新奥地利学派经济周期模型①（加里森，2001）

在加里森的模型解释中，资本市场投资的需求与供给决定利率水平均衡点 R，投资和消费的生产可能性边界上均衡点 Q 和哈耶克三角中真实的时间偏好的斜率相互对应。当货币当局通过增发货币 ΔM，降低利率水平，使得资本市场形成新的均衡点 R'，此时会产生两种资源配置的偏差。一是利率水平的降低促使了投资水平的提高，与自然利率均衡水平相比，形成了过度投资；二是名义收入的上升和投资增加也将刺激消费水平的提高，即过度消费。两种错误的资源配置使得经济超越了原来在生产可能性边界上的均衡点 Q，而向外部新的均衡点 Q' 扩展。对于资源在消费和投资两个方面的错误同时发生的现象，用静态均衡的观点来看，是不可能存在的。但是，在新奥地利学派的动态过程中，这两种错误的发生包含了

---

① R. W. Garriso, *Time and Money*: *The Macroeconomics of Capital Structure*, London：Routledge & Kegan Paul LtD, 2001, p. 69.

事前—事后的时间过程和预期决策。以新奥地利学派的观点来看，错误的投资和消费计划过程有相当部分将永远无法实现，这体现在哈耶克三角中的斜率的扭曲同时在两个方向上发生。货币供给的人为扰动将使得经济出现暂时的繁荣，然而这种变化不是以真实的时间偏好为依据的，错误的投资和消费扩大终将缺乏实际资源的支持，因而必然从 Q' 点向内收缩，并且会产生过度的紧缩，或者说次生紧缩，经济倒退到生产的可能性边界之内。这种萧条过程也是对上述错误进行清理的过程，在无外部干扰的情况之下，经济将恢复到生产的可能性边界，但若政府加强干预则只能阻挠清理过程，使得衰退的程度加深，恢复过程更为漫长。这就是米塞斯—哈耶克货币经济周期的基本逻辑。

四、经济与制度演化理论

新奥地利学派在门格尔的方法和理论基础上还开辟了一条视野更为广阔、更加深刻的研究思路，这就是新奥地利学派的经济与制度演化理论。新奥地利学派经济与制度演化理论是奥地利学派经济学的逻辑拓展和深化，使得新奥地利学派成为一种对人类个体行动、经济和社会运行研究更具一般性解释力的思想流派，而不仅仅局限于经济分析。

（一）哈耶克"自发秩序"的知识论基础

经历了 20 世纪 30 年代社会主义经济计算论战，新奥地利学派经济学在哈耶克这里形成了其独特的知识论。在论战之中，米塞斯对兰格等人的"新古典社会主义"进行的批判主要在于：缺乏货币，社会主义经济的全面合理计算是不可能的，以及公有产权不能提供有效的激励。哈耶克则以对价格功能的思考为出发点，揭示了人类理性的局限性，或者说知识的分散性导致了有效率的经济计算必须依赖于市场，并且价格在其中是信息成本最低同时最为有效的信息工具。正是这种对于经济核算的思考，促使哈耶克对于人类理性进一步加以研究，并转到秩序演化的理论上来。

与其他新奥地利学派的学者相比，哈耶克表现出对心理学和认知论的特别兴趣。事实上哈耶克最先从事的研究是哲学，而且首先是心理学。他早期提出的理论心理学观点，在一定程度上奠定了他日后的研究基础，并且于 1952 年发表了心理学研究专著《感觉的秩序》。他从人类认知模式的微观分析入手，认为人类的感觉以"分类"作为终结，而这种形式又以现存的秩序模式作为前提条件。因而，感觉就等于一种诠释，是对各种印象进行分门别类的处理。它始终只选择某一待定情况的单个方面，所以它掌握的也就不是客观的事实存在，而只是形成一些抽象的关联，需要借助现有的范畴来真正理解外部事物。哈耶克指出："我们所称之为的'心智'，因此也就是某种有机体中发生的一系列事件的特殊秩序，而且在某个方面与特定环境中的事件的物理秩序相关联但却并不一致。"① 了解哈耶克的这种研究出发点，就会发现哈耶克的社会自发秩序理论实际上是他建立一种更具一般性的基础理论雄心的体现。

因此，在某种程度上可以说新奥地利学派的经济学契合并强化了哈耶克的心智理论，而哈耶克的经济理论不过是其自发秩序一般理论的一个具体应用。新奥地利学派的主观主义立场和不确定性观点导致了哈耶克对人类"无知"的深刻认识，并且将亚当·斯密的劳动分工的观点进一步发展为"知识分工"。

"知识分工"有时也被称为"分散知识"，指的是在市场之中个人由于各自不同的行动经历所形成的各自独特的认知结构和知识背景，而且这种知识结构是不可能被单独的决策个体或者当局所完全掌握的。唯一能够将这些知识完全呈现出来的，只有市场过程本身。哈耶克指出，"人往往会对其知识的增长感到自豪和得意。但不容忽视的是，在知识增长的同时，作为人自身创造的结果，对于人有意识的行动会产生重要影响的人的有意识知识的局限，从而也使人的无知范围会不断地增加和扩大"，并且"人类的知识愈多，每个个人的心智从中所能汲取的知识份额也就愈少，我们的文明程度愈高，那么每一个个人对文明进程所依凭的事实就一定知之愈少。知识分工特性，当会扩大个人的必然无知的范围，亦即使个人对这种知识中的大部分知识必然处于无知的状态"②。

哈耶克将其知识分工的观点与其社会进化思想相结合，形成了演进理性或者说进化论理性的观点。他这种演进理性的哲学思想，首先来自奥地利学派的方法论。门格尔和米塞斯等人所坚持的方法论主观主义强调人的行动的主体性和目的性，以及人们相互关系中的不确定性，从而反对将人类行动等同于物理现象的科学主义倾向。另一方面，奥地利学派反对纯粹的经验积累方法，而坚持探求普适性的命题，在米塞斯那里甚至发展为先验论的"人类行动学"。哈耶克同时受到波普尔和迈克尔·波兰尼等人的科学哲学的重要影响，事实上，演进理性的概念是哈耶克用以表明自己和波普尔等人一致的哲学观点。哈耶克所主张的演进是在与他所批判的建构理性或者说"建构论唯理主义"的对照中凸显其自身特征的。哈耶克认为，这两个理论传统有着根本差异，"一为经验的且非系统的自由理论传

---

① F. A. Hayek, *The Sensory Order*, London: Routledge & Kegan Paul LtD, 1952, p. 16.
② [英] 弗里德利希·冯·哈耶克：《自由秩序原理》（上），邓正来译，生活·读书·新知三联书店 1997 年版，第 25 页。

统，另一为思辨的及唯理主义的自由理论传统。前者立基于对自生自发发展的但却未被完全理解的各种传统和制度所做的解释，而后者则旨在建构一种乌托邦"①。演进理性的观点认为科学知识的获得与积累过程同样服从演进的而不是理性设计的法则。基于这样的知识论，他对人类理性的自负表达了批判："人的理性既不能预见未来，亦不可能经由审慎思考而型构出理性自身的未来，诸多乌托邦式的建构方案之所以毫无价值，乃是因为它们都出自那些预设了我们拥有知识的理论家之手。"②

（二）"自发秩序"的社会进化思想

自发秩序的概念是哈耶克的演化核心思想，在他最后的著作《致命的自负》中将之称为"人类合作的扩展秩序"，这两者存在差别，但不影响哈耶克秩序演化思想的主旨。哈耶克后期的研究被认为基本脱离了经济学领域，而进入到政治社会研究领域之中。事实上哈耶克后期的研究基本上都是围绕着秩序演化这个核心主题而展开，其秩序演化的研究可以视为一种更一般化意义上的对社会和经济的研究。

哈耶克的自发秩序原理可以从以下几个方面来理解。首先，自发秩序原理的核心在于其社会进化论思想；其次，以不确定性和分立知识论说明人类理性的演进性质；最后，基于演进理性的认识论，论证个人自由对于人类经济和社会进化的意义。

哈耶克对于自发秩序原理的论证，其最根本的逻辑来自社会进化论思想，在哈耶克时代，达尔文的进化论已经成为权威的自然科学理论，而社会科学也出现了对达尔文进化论基本思路的模仿。哈耶克多次指出，事实上进化的观念肇始于社会科学领域。例如，他谈道："生物进化的观念，是从对一些文化发展过程的研究中诞生的，对于这些过程，例如导致语言、法律、道德原则和货币等各种制度形成的过程，人们早有所知（如琼斯的著作所示）……我甚至打算证明，达尔文是从经济学那儿得到了进化的基本观念。"③ 他指出，甚至遗传这样的词汇都是来自社会学者。他力图表明的是，虽然达尔文的生物进化论比起社会科学中的进化

---

① ［英］弗里德利希·冯·哈耶克：《自由秩序原理》（上），邓正来译，生活·读书·新知三联书店 1997 年版，第 61—62 页。

② ［英］弗里德利希·冯·哈耶克：《自由秩序原理》（上），邓正来译，生活·读书·新知三联书店 1997 年版，第 44 页。

③ ［英］哈耶克：《致命的自负》，冯克利、胡晋华等译，中国社会科学出版社 2000 年版，第 23 页。

思想要更为系统缜密，并且得到了更多的实证支持，但这并不表明生物进化论比社会进化论更为优越。他相信可能存在着一种统一的进化理论，而生物进化论与社会进化论无非都是属于这个统一理论的个别应用。生物进化论与社会进化论存在着某些共同之处："一切进化，无论是文化的还是生物的，都是对不可预见的事情、无法预知的环境变化不断适应的过程。"① "生物进化和文化进化还有另一些共同特征。例如，它们都遵循着同样的自然选择原理：生存优势或繁殖优势。变异、适应和竞争，不管它们——尤其在繁殖方式上——有怎样的特殊机制，从本质上说都是同样的过程。不但所有的进化都取决于竞争，甚至仅仅为了维持现有的成就，竞争也是必要的。"②

在哈耶克看来，生物进化论与社会进化论具有相同的逻辑基础，即自然选择过程之中的竞争和适应。在认识到生物进化与社会进化具有某些共同基础的同时，他也多次强调了两者的不同。"当代'社会生物学'的主要错误在于，它假定语言、道德和法律等现象，不是经由模仿式的学习传递在自然选择的进化中产生，而是通过现在由分子生物学阐明的'遗传'过程传递的。"③ 引述了波普尔等人的观点，指出社会进化更有可能是"模拟拉马克主义"方式，而非达尔文方式。社会进化论在当时主要以社会达尔文主义的面貌出现，并且受到了较多的批判，哈耶克却坚持不能简单地将进化论思想等同于达尔文进化论，更不能由此否定进化理论。他为此而辩解道："社会达尔文主义从许多方面看都是错误的，但是今天对它的深恶痛绝，部分地也要归因于它同致命的自负相冲突，这种态度认为人能够按照自己的愿望改造他周围的环境。虽然这与理解正确的进化论了无干系，但是那些在研究人类事务上持建构主义态度的人，却经常以社会达尔文主义的不当之处（和如此明显的错误）为由，全盘否定进化理论。"④

哈耶克认为社会进化也存在着自然选择机制，即"优胜劣汰的选择过程所凭借的竞争"，这种竞争在从个人到社会群体等多个层次全面展开，"它不仅涉及有

---

① ［英］哈耶克，《致命的自负》，冯克利、胡晋华等译，中国社会科学出版社 2000 年版，第 24 页。
② ［英］哈耶克：《致命的自负》，冯克利、胡晋华等译，中国社会科学出版社 2000 年版，第 25 页。
③ ［英］哈耶克：《致命的自负》，冯克利、胡晋华等译，中国社会科学出版社 2000 年版，第 23 页。
④ ［英］哈耶克：《致命的自负》，冯克利、胡晋华等译，中国社会科学出版社 2000 年版，第 26 页。

组织的群体与无组织的群体间的竞争，而且还涉及个人之间的竞争"①。在社会进化中选择的对象如文化、道德等的价值和目标不是由人类智慧来评判，"而是由那些坚持'错误'信念的群体的衰弱或减少而决定的"②。

在《感觉的秩序》中，哈耶克不仅把"自发秩序"概念应用于解释人类以及生物的感官发展，还全面应用于物种、文化和心智三个层次上展开的进化思想。他认为，物种的进化，包括生物的感觉器官和各种神经系统的进化，可以理解为生物体在运动中寻找机会和应付外界不确定性事件时按照进化论选择所形成的自发秩序；文化的演进是在生物个体或群体主动寻找机会和适应环境不确定性时，通过长期竞争形成的协调机制，这也可以称为自发秩序；心智的演化则是指每一个人的心理秩序都是这个人积极寻找发展机会并且适应环境不确定性的产物。按照哈耶克对进化的这样三个层次的划分，实际上已经是一种涵盖生物进化和社会进化的广义的进化理论了，并且自发秩序的概念在三个层次虽然具体表现形式不同，却具有本质上的一致性，它们都符合哈耶克对于秩序的广泛定义，并且都是自然选择和适应的产物。

在演进理性的基础之上，哈耶克论证了个人自由对于人类社会进化的重要意义。由于世界的不确定性和人类知识的演进性质，没有人能够掌握资源有效配置所需的全部信息或知识。既然我们不知道如何最有效地集中利用稀缺资源，我们就只能调动所有个体的积极性，让他们尽量有效率地利用这些资源，而衡量资源配置是否有效率的唯一的也是能使人类在长期演化中继续生存下去的准则就是人类的继续生存和繁荣。

因此，哈耶克认为不确定性问题至关重要，因为"我们必须承认，文明的发展，甚至维系，都取决于我们是否能为未知之事象（或偶然之事象）的发展提供最多的机会"③。而个人自由之所以成为人类社会的必要，根本在于人类所面临的真正的不确定性，在于人类必须在各个方向上不断实验新的生活方式，才可能应付未来的未知的灾难和挑战。他认为："人从其期望屡屡落空而产生的失望中习得知识。尽管有诸多事象是我们不可预知的，但是毋庸赘言，我们绝不应当用愚昧

① ［英］弗里德利希·冯·哈耶克：《自由秩序原理》（上），邓正来译，生活·读书·新知三
    联书店 1997 年版，第 38 页。
② ［英］弗里德利希·冯·哈耶克，《自由秩序原理》（上），邓正来译，生活·读书·新知三
    联书店 1997 年版，第 37 页。
③ ［英］弗里德利希·冯·哈耶克，《自由秩序原理》（上），邓正来译，生活·读书·新知三
    联书店 1997 年版，第 29 页。

的制度去增加各种事象的不可预测性。我们的目标应当是尽可能地去完善或改进我们的制度，以增加做出正确预测的机遇。然而最为重要的是，我们应当为不确定的任何个人提供最多的机会，以使他们有可能知悉那些连我们自己都尚未意识到的事实并在其行动中运用这种知识。"①

哈耶克心目中理想的人类秩序应当鼓励一切个体在方向上进行创新，真正的不确定性表明成功的机会可能从任何方向降临，这种秩序能够给予所有的个体充分的自由去支配资源。这样做的目的不在于将自由作为价值追求，而在于每当机会降临时，往往是少数人看到这些机会并且准备好了去抓住机会。自由的意义在于让这些未知的少数人得到成功的机会。人类的生存和繁荣就是这样一个少数人创新和多数人模仿成功者的过程。哈耶克以知识观点来看待社会进化中的自由问题，在于要找到这样一个方法：不仅能够最大限度地利用散布在社会成员之中的知识，而且能够最大限度地发挥人们发现和开发新事物的能力。在哈耶克看来，这种自由权利只能通过建立最一般化的、非人格的抽象规则来保障，这也就构成了哈耶克自由主义的基本思想。

（三）"自发秩序"中政府的作用

在哈耶克的"自发秩序"理论中，人类理性并非完全失去作用，而是主要体现于人类社会一般规则的形成。一般规则在现实社会之中经过政府明确成文的即为法律或者正式制度，而其他部分表现为习俗、文化等一般制度。在一定意义上，政府也是人类社会演化的产物，也是一种自发秩序。政府在自发秩序的演化之中所起到的作用有两方面：一是对既有的一般规则进行确认，并强制实行，这是有利于演化效率提高的方面；二是政府在一定程度上拥有了对法律的垄断权力，导致"人为自然界立法"的建构理性的错误可能，同时损失了一般规则随着社会动态演化不断发展的弹性。哈耶克通过对一般规则的论述提出了宪法自由主义思想并阐明了对政府的观点。

自由与竞争是哈耶克自发秩序演化中的核心驱动力，但人类社会的演化并非霍布斯所谓的"丛林战争"，理性能够促成人类社会的合作使得社会演化在更高的层次有效进行。因此，哈耶克强调，一般性规则乃是"自发社会秩序"的生成和存在最重要的条件。

他认为，"我们之所以能够彼此理解并相互交往，且能够成功地根据我们的计

---

① ［英］弗里德利希·冯·哈耶克：《自由秩序原理》（上），邓正来译，生活·读书·新知三联书店 1997 年版，第 30 页。

划行事，是因为在大多数的时间中，我们文明社会中的成员都遵循一些并非有意构建的行为模式，从而在他们的行动中表现出了某种常规性；这里需要强调指出的是，这种行动的常规性并不是命令或强制的结果，甚至常常也不是有意识地遵循众所周知的规则的结果，而是牢固确立的习惯和传统所导致的结果。对这类惯例的普遍遵守，乃是我们生存于其间的世界得以有序的必要条件，也是我们在这个世界上得以生存的必要条件，尽管我们并不知道这些惯例的重要性，甚或对这些惯例的存在亦可能不具有很明确的意识。"①

哈耶克区分了两种规则，即"内部规则"与"外部规则"。"内部规则"是指："在他们所描述的客观情势中适用于无数未来事例和平等适用于所有的人的普遍的正当行为规则，而不论个人在一特定情形中遵循此一规则所会导致的后果。"②这种内部规则是人类个体在长期生存之中经过不断行动和实验获得的最有利的生存经验法则。人类个体或者通过理性认识并接受这种规则，或者由于理性缺乏和行动错误导致在进化之中被淘汰。

与之相对的"外部规则"是指"那种只适用于特定之人或服务于统治者的目的的规则。尽管这种规则仍具有各种程度的一般性，而且也指向各种各样的特定事例，但是它们仍将在不知不觉中从一般意义上的规则转变为特定的命令。它们是运作一个组织或外部秩序所必要的工具"③。每个个人在确定的结构中的地位是由特定的组织所发布的命令决定的，而且他所必须遵循的规则也取决于那个确定他的地位和发布命令的组织对他所规定的特定目的，所以这种外部规则在意图上就不可能是普遍的或是目的独立的，而只能始终依附于组织所发布的相关的具体命令。

内部规则是一种普遍有效的制度结构，而外部规则则建立在某些个体或集团的利益基础之上，或者依赖于某种错误的理性建构，从而导致整体的无效率。哈耶克主张的市场秩序不同于罗斯巴德的绝对自由放任的无政府秩序，也不同于干预主义市场，而是建立在一般性原则或者说宪法基础上的政府维护下的秩序。他认为市场秩序的关键在于保障个人自由，"因为自由就意味着对直接控制个人努力

---

① ［英］弗里德利希·冯·哈耶克：《自由秩序原理》（上），邓正来译，生活·读书·新知三联书店 1997 年版，第 71 页。

② F. A. Hayek, *New Studies in Philosophy*, *Politics*, *Economics and the History of Ideas*, London: Routledge & Kegan Paul LtD, 1978, p. 77.

③ F. A. Hayek, *New Studies in Philosophy*, *Politics*, *Economics and the History of Ideas*, London: Routledge & Kegan Paul LtD, 1978, p. 77.

之措施的否定，一个自由的社会所能使用的知识才会远较最明智的统治者的心智所能想象者为多"①。而自由则需要"一般性规则"的存在才是可能的，保障"一般性规则"的存在就有赖于政府的力量。哈耶克指出："文明以普遍的非个人化抽象规则保障个人免于他人之专断暴力，并且让每个人能为自己建立一个不受他人干预的私人领域，能够在当中为自身的目的而运用自己的知识。我们全靠约束自由才得到自由"。在不确定性的世界里，个人行动需要遵循规则以克服无知的障碍，而制定规则的行动也要遵循更高层次的"元规则"。这种元规则的特征应该包括：一般性、抽象性以及普适性。② 哈耶克的宪法自由主义与民主制度具有某种一致性，但更强调其中对于自由的保障，而不是民主理论之中的"多数人权力"。他对于民主这样论述道："民主的价值在于它的动态方面而不在于静态方面，无论民主或者自由都是如此，虽然暂时的成就可能不如其他政体，民主政体的优势在长期之中必然显现出来。"③

第三节　政　策　主　张

一、政策倾向

新奥地利学派在经济政策上的基本倾向是反对政府干预，其代表人物米塞斯和哈耶克虽然表现出某些差别，但基本立场都较为接近自由放任主义。

在新奥地利学派内部，米塞斯和罗斯巴德是更为接近自由放任主义的"激进派"，具有无政府主义的倾向，而哈耶克则是新奥地利学派内部的相对"温和派"。米塞斯承认："在我们这样一个热切希望政府万能的时代，'自由放任'这个概念声名狼藉……人们普遍地将其视为道德堕落及极端无知的表现。"④ 但他坚持认为"自由放任"不过是反对干涉主义的另外一个称呼而已。在坚信自己的理论提供了对干涉主义完整批判的基础上，米塞斯毫不避讳"自由放任"的"恶名"，一针见

---

① ［英］弗里德利希·冯·哈耶克：《自由秩序原理》（上），邓正来译，生活·读书·新知三联书店 1997 年版，第 30 页。

② ［英］弗里德利希·冯·哈耶克：《法律、立法与自由》第二卷，邓正来等译，中国大百科全书出版社 2000 年版，第 15 页。

③ ［英］弗里德利希·冯·哈耶克：《自由秩序原理》（上），邓正来译，生活·读书·新知三联书店 1997 年版，第 108—109 页。

④ ［奥］路德维希·冯·米塞斯：《人类行为的经济学分析》（下），赵磊、李淑敏、黄丽丽译，广东经济出版社 2010 年版，第 605 页。

血地指出："自由放任的含义是：让公民自己选择及行动；不要迫使他听命于一个独裁者。"①

米塞斯等人主张的"自由放任"市场经济，应当与以凯恩斯主义为代表的干预思想相对照来理解，这种主张的逻辑是对于计划经济的批判思想的延伸。米塞斯将经济秩序划分为市场经济与计划经济两种类型，并且认为"这两种社会经济组织都有精确和明确的描述与定义。它们永远不会被混淆；它们不能被混合或结构；也不能从一种形式向另外一种形式逐渐转化；它们的逻辑是矛盾的"②。在米塞斯看来，干预主义下的市场经济实质上仍然属于市场经济，只是干预主义学说及其推行的最终趋势，不但会放弃其原本与彻底的社会主义不同的初衷，而且必然完全选择全面计划的整体主义原则。这是因为，干预主义市场的特征在于，政府不仅把其活动限于私有产权的维护，使其免于暴力和欺诈的侵害，还用命令和禁令来干涉工商业活动。干预主义市场之所以也不可行，原因与新奥地利学派对于计划经济的批判中所指出政府的缺陷完全一致，也就是不存在一种客观的绝对的价值判断，因而政府对市场的干预也不存在合理性基础。正如米塞斯所言，"政府不用去告诉每个人要从自己的利益出发，市场本身精确地告诉每个人去做什么以及如何去做"③。对于什么是正确的选择和行动，政府并不具备比个人更高的理性，干预主义妄图以"良心、正义、利他主义或者仁爱"等动机来替换个人的利己动机，不但是狂妄自大的愚蠢，同时也是无法实现的。

新奥地利学派代表罗斯巴德延续了米塞斯的"自由放任"市场经济的观点，并有些极端地以"权力与市场"的两分法将政府与市场置于完全对立的状态。他反对用满足个人需求的两种方式的划分来解释政府与市场的不同，即与市场对应的是通过自愿的交换方式，而与政府对应的则是强行占有方式④，由此产生了市场与强权两种基本原则。"无人否认这一事实，即从历史上讲，政治体制在程度上的确不同——政治体制从来不是市场原则或者霸权原则的纯粹例子"，但是"各种混合体制只能通过分解到其关键的组成部分来分析，即分解到它们对两种原则的不同结合"。罗斯巴德在"自由放任"方面比米塞斯更进一步发展到接近于无政府主

①　［奥］路德维希·冯·米塞斯：《人类行为的经济学分析》（下），赵磊、李淑敏、黄丽丽译，广东经济出版社 2010 年版，第 607 页。

②　［奥］路德维希·冯·米塞斯：《人类行为的经济学分析》（下），赵磊、李淑敏、黄丽丽译，广东经济出版社 2010 年版，第 595 页。

③　［奥］路德维希·冯·米塞斯：《人类行为的经济学分析》（下），赵磊、李淑敏、黄丽丽译，广东经济出版社 2010 年版，第 602 页。

④　［美］穆雷·罗斯巴德：《权力与市场》，刘云鹏等译，新星出版社 2007 年版，第 11 页。

义的程度，他以"防卫和强制执行"这样的典型的政府职能为例分析了自由市场替代的可能，从而坚信"任何物品或服务的供给都不需要政府的存在"①。

与他们不同，哈耶克表现出了相对温和的立场。他明确地指出："对于自由主义事业危害最大的，莫过于某些自由主义者单纯从某种经验主义出发的顽固态度，而尤以'自由放任'原则为甚。"② 他的自由主义思想有两个突出的特征：第一，评判政府干预的本质（即是否与自由制度相容）的最重要标准是，看法治是否支配政府的经济政策。法治意味着，政府的所有活动都要受事先确定并公布的规则的约束。哈耶克想寻求的是使政府任意行使权力的能力最小化的制度。在他看来，以法治为本的政治秩序，具有最高的生产效率。"动辄诉诸不干涉原则，往往也会导致下述结果，即从根本上混淆那些符合自由制度的措施与那些不符合自由制度的措施之间的差异"③。第二，基于经验，哈耶克对现代福利国家的基础提出尖锐的批评，认为任何纠正经济不均等的政府行为都可能导致经济和政治的灾难；但他也否定"最小政府"的观念，而是正面肯定国家在纠正某些"市场失灵"中的职能，按照他的思想，这类政府职能可以称之为"零星的社会工程"。

总体而言，新奥地利学派没有完全否认政府的作用，这只是一种历史性的观点表达，即承认历史和现实中政府的存在及其必要性，而在理论上，对于市场秩序基础性的维护是否必须由政府来提供，奥地利学派是持保留态度的。罗斯巴德的无政府主义观点将奥地利学派的这种存而不论的立场激进地表达了出来。主流经济学认为政府提供的正式制度在降低交易成本、风险和不确定性，以及提供公共物品和服务等方面发挥着不可替代的作用。新奥地利学派难以直接否认这些观点，甚至在哈耶克的秩序演进理论之中对于法律制度和组织秩序在应对不确定性方面作用的论述与这种对于政府的观点具有某些一致性。按照秩序演进观点，"政府"本身就是一个动态的演进秩序，历史上的各种统治、政体虽然都可以被称为"政府"，但其实质结构和形式都发生了巨大的改变。哈耶克的自由主义观点指出了"政府"秩序进一步演进的一种可能的方向。

二、经济周期与政府干预

根据新奥地利学派的经济周期理论，经济的正常运行并非新古典主流理论一

---

① ［美］穆雷·罗斯巴德：《权力与市场》，刘云鹏等译，新星出版社 2007 年版，前言第 1—2 页。

② ［英］哈耶克：《通向奴役之路》，王明毅等译，中国社会科学出版社 1997 年版，第 24 页。

③ ［英］弗里德利希·冯·哈耶克：《自由秩序原理》（上），邓正来译，生活·读书·新知三联书店 1997 年版，第 281 页。

般均衡模型所描绘的持续稳定状态，而是在无数个体持续行动中所形成的一种不断的小幅度调整的动态均衡；市场价格机制提供了良好的负反馈机制，以应对经济的波动和各种冲击，个体理性决策是"熨平"经济波动的天然有效手段；而20世纪30年代的"经济大萧条"这种经济的大幅波动以及繁荣—萧条交替出现的所谓"经济周期"，其动因恰恰是政府对于货币利息和信贷的人为干预和扭曲，并且通常源自政府压制了真实利率，制造错误投资和虚假繁荣的不可持续。由此，新奥地利学派应对经济危机和经济周期的政策是"无为而治"——即应对危机的政府政策恰恰是"不干预政策"。在新奥地利学派看来，衰退或萧条是必然也必要的，这会使市场自动地纠正开始因为政府错误的政策而导致的错误行为。同时按照奥地利学派理论，萧条不会持续太长时间，经济慢慢就会恢复，而这样的恢复也是健康的。如果政府人为地阻止萧条的到来，延长繁荣时间，则将来萧条的时间会更长。

新奥地利学派这种应对经济周期和经济危机的思路从罗斯巴德依据米塞斯和哈耶克基本理论对"大萧条"的详细分析之中可以得到一定的验证。罗斯巴德的《美国大萧条》一书对1929年至1933年世界范围的经济危机进行了深入研究和分析，依据奥地利学派基本理论和大量实证数据分析，罗斯巴德描绘了迥异于主流经济理论视角中"大萧条"。

依据米塞斯和哈耶克的周期理论，罗斯巴德分析考察了大萧条之前的经济数据，他指出，在1921年至1929年的繁荣期间，美国货币供给增加了280亿美元，8年的增幅为61.8%，平均年增幅为7.7%。[1] 货币与信贷扩张主要来自美联储将再贴现利率控制在低于市场利率的水平，以及美联储有意将承兑汇票利率保持在很低的水平上。这首先符合了米塞斯和哈耶克的周期理论之中的货币当局对于货币和利率的人为压低，从而为随后的经济萧条埋下了伏笔。另一方面，20世纪20年代美国的消费物价指数和批发价格走势极为类似，1925年前经历了小幅上升，而后又小幅下跌，一般价格水平却在这一时期大幅上升，并且整个时期股票价格上涨了四倍，耐用品和钢铁生产增加了160%，消费品只增加了60%。[2] 按照其周期理论，这表明了货币扩张导致处在生产结构前端的资本品相比处在生产结构后端的消费品增长过快，扩张性货币政策带来了新奥地利学派商业周期理论所指出的投资和生产结构向资本品行业转移，以及对资本品进行了不当投资。这正是新

---

① ［美］默里·罗斯巴德：《美国大萧条》，谢华育译，上海人民出版社2009年版，第103页。
② ［美］默里·罗斯巴德：《美国大萧条》，谢华育译，上海人民出版社2009年版，第168页。

奥地利学派经济萧条的实现机制。由此,虽然大萧条的出现对于当时大多数经济学研究者都可谓出乎意料,但对于新奥地利学派学者而言,却是合乎逻辑的推论而已。

罗斯巴德清算是解决萧条的根本途径。依赖过度信贷造就的"繁荣"中,充斥着错误而浪费的投资和扭曲的生产结构,不能为消费者提供合理服务。经济萧条意味着生产结构扭曲状况濒临结束,也意味着在繁荣期产生的不当投资将被清算。罗斯巴德指出在20世纪30年代政府大规模干预经济之前,所有的经济衰退都是很短暂的,例如,1921年的萧条虽然严重,但很快就过去了,当总统决定进行干预时,萧条结束,繁荣已经到来。1929年10月,股票市场崩溃时,美国政府迅速开展了大规模的干预经济的行动,这种干预政策阻碍了市场自身的调整,使经济经历了漫长而严重的萧条。因此,罗斯巴德认为,在任何经济危机中,坚持自由放任主义,政府严格遵守不干预政策,是唯一可以确保经济快速复苏的方法。

三、自由货币制度

(一)米塞斯:完全准备金制度、金本位

针对政府垄断货币发行导致经济波动的可能以及其他一些弊端,新奥地利学派倡导建立更为健全的自由货币制度。其中米塞斯等人主张恢复或重建金本位货币体系,对银行建立完全的准备金制度,以遏制政府主导下的信贷扩张。哈耶克则提出更为一般化的解决方案,即货币的非国家化。

米塞斯和罗斯巴德等人主张恢复金本位货币体系。米塞斯指出:"通货膨胀和信贷扩张受到大众的青睐,这正是政府不断通过信贷扩张来维持表明繁荣的最终原因,从而也导致商业呈周期性波动。"[1] 按照新奥地利学派经济周期理论,经济周期和波动本质上是政府垄断了货币发行权并滥用之而造成的,如果能约束政府的这一权利,则市场不会出现经济周期。米塞斯认为:"金本位之卓越,乃在它使货币单位之购买力的决定,不受政府及政党等政策之干涉",并且"它使执政者不能逃避民意机构对于金融及预算方面之控制权力"。与金本位限制政府滥用货币发行权的好处相比,金本位所存在的一些缺陷并不重要,比如黄金产量的不稳定、黄金的价值不稳定等。

---

[1] [奥]路德维希·冯·米塞斯:《人类行为的经济学分析》(下),赵磊、李淑敏、黄丽丽译,广东经济出版社2010年版,第471页。

虽然金本位被凯恩斯蔑称为"野蛮时代的遗物"①，并且"在今天，如果有人敢提出各国也许会有恢复国内黄金本位之可能性的暗示，它一定被斥为狂人"，但米塞斯指出，"黄金为世界本位之地位则仍固若金汤"。从当今的全球化市场来看，虽然黄金并非占主导地位，但其价值中枢的地位仍然得以保持。

此外米塞斯认为恢复金本位制度也具有现实可行性。如果政府想回到金本位制，无须任何国际协议或国际计划。每一个国家，不论富裕或贫穷，强大或软弱，都可以在任何时候重新采用金本位制。唯一的条件是放弃宽松的货币政策，并放弃用贬值来打击进口的努力。

在金本位主张之外，米塞斯还针对央行主导下的银行信贷扩张机制提出批评，认为银行部分准备金制度本身就构成了经济和金融的非稳定性。米塞斯赞同李嘉图通货学派的看法，认为部分准备金的信贷制度造成一种缺乏硬通货支持的虚假信用，从而扩大货币的供给并造成通货膨胀，因而要避免这种情况就必须对银行执行100%的完全准备金制度。此外米塞斯认为政府和各国央行有动力和能力协调并推动银行信贷增长，而自由银行制度中的私人银行则很难随意扩张信贷，因而不易导致通胀。

（二）哈耶克：货币的非国家化

哈耶克将新奥地利学派的货币主张进行了更为一般化的推演，提出了货币的非国家化的建议。米塞斯的金本位主张是一种权宜之计，他承认"金本位当然不是完美或理想的标准"②，并且认识到"有一天可能开采黄金的技术大大减小了黄金的成本，使它丧失了作为货币的职能，那时人们必须以其他的货币本位制来替代金本位制"③。

哈耶克的货币非国家化方案，也被称为"竞争性货币"，其核心观点在于认为货币与其他商品并无不同，通过私人发行者之间的竞争来供应，要好于政府的垄断。与米塞斯类似，哈耶克认为当前市场秩序的主要缺陷"容易导致周期性的萧条和失业，其实主要是政府长期以来垄断货币发行所致"④。

---

① ［奥］路德维希·冯·米塞斯：《人类行为的经济学分析》（下），赵磊、李淑敏、黄丽丽译，广东经济出版社2010年版，第390页。

② ［奥］路德维希·冯·米塞斯：《人类行为的经济学分析》（下），赵磊、李淑敏、黄丽丽译，广东经济出版社2010年版，第391页。

③ ［奥］路德维希·冯·米塞斯：《人类行为的经济学分析》（下），赵磊、李淑敏、黄丽丽译，广东经济出版社2010年版，第393页。

④ ［英］弗里德利希·冯·哈耶克：《货币的非国家化》，姚中秋译，新星出版社2007年版，第17页。

哈耶克承认在货币经济缓慢扩展的早期阶段，政府垄断发行的货币具有统一、易识别和权威保障等优点，能够促进竞争的深化和市场的发育。但这种货币制度"具有一切垄断行为的弊端"①，货币的垄断发行机制导致了周期性通货膨胀和币值不稳定，更是得不偿失了。

哈耶克批驳了对所谓"格雷欣法则"的错误认识。"因为劣币有驱逐良币的趋势所以需要政府来垄断货币发行，这是对所谓'格雷欣法则'的误解"②。"格雷欣法则只适用于由法律强制规定几种不同的货币之间维持一个固定的兑换率之时"③。如果认清了货币的一般商品的本质，就很容易理解在没有政府的强制干预之下，市场之中的理性人必然在交易之中选择良币而拒绝劣币。因此如果兑换率是可变的，则质量低劣的货币就只能得到较低的估值，从而逐渐被市场淘汰。在符号货币时代，货币的商品本质并没有改变。虽然政府垄断发行的货币制度在各国都基本确立，但货币的"逆格雷欣法则"即"良币驱逐劣币"在国际市场之中表现为常态。

第四节 评 析

一、基本理论评析

与新古典经济学一样，新奥地利学派坚持方法论个人主义。这种方法论侧重于深入分析个体行为及其影响。但它是一种带有片面性的分析方法。它把一切社会经济现象都简化还原为个人的偏好和目的，却拒绝分析决定个人偏好、目的的社会和制度因素，否定"社会整体"的存在。这就使它成了一种极端的还原论，把个体置身于社会整体之外。

新奥地利学派与新古典经济学有重大差异的是，前者把方法论主观主义贯穿于主要研究领域，进而，从根本上反对新古典主义经济学所坚持的逻辑实证主义和工具主义。

---

① ［英］弗里德利希·冯·哈耶克：《货币的非国家化》，姚中秋译，新星出版社2007年版，第26页。
② ［英］弗里德利希·冯·哈耶克：《货币的非国家化》，姚中秋译，新星出版社2007年版，第43页。
③ ［英］弗里德利希·冯·哈耶克：《货币的非国家化》，姚中秋译，新星出版社2007年版，第45页。

这种逻辑实证主义在新古典主义经济学的数学化中获得充分的体现。或者说,新古典主义经济学的数学化采取的是一种特殊形态的逻辑实证主义。在哈耶克看来,这种经济学中的实证主义是滥用理性的"科学主义"的一种具体表现形式。这种经济学的数学结构是最无用的形式主义,不仅不能提供有用的见解,反而掩盖了对市场本质的认识。新奥地利学派认为,这种数学化无法处理经济世界的时间因素、人们面对不确定性环境时的无知,因而也就无法正确地理解市场的本质。例如,在新古典经济学中,"选择",作为一种先验逻辑,能够成功地描述经济的均衡状态以及这种均衡状态必须满足的条件。但是,这种逻辑演练不能解释、描述和预测走向均衡的过程,从而误解了市场中的不确定性和交换的本质。

此外,新奥地利学派也反对主流经济学的工具主义。工具主义是逻辑实证主义的一种变种。以弗里德曼为代表的实证主义实质上是工具主义实证方法。在其著名的《实证主义方法论》一文中,弗里德曼曾强调指出,实证经济学在原则上是独立于任何价值判断的,"作为一种实证科学,经济学是一种被尝试接受的、关于经济现象的概括体系,用以对条件变化的结果做出预测"[1]。根据这种工具论主张,一个理论是否比另一个理论更好,关键就在于这种理论是否能够有效地指导经验研究,是否能够展示各种可观测到的现象之间的关系。新奥地利学派对这种所谓的"工具主义"也很不以为然,认为它不可能揭示出社会经济现象中起决定作用的真正因果关系。据此,新奥地利学派拒绝试图确定经济变量之间的数量关系的计量经济学。

新奥地利学派虽然看到了新古典经济学的逻辑实证主义和过度数学化的缺陷,但却由此走向了另一个极端。最极端者是米塞斯。他强烈地反对经济学数学化和计量经济学,曾表示:我们之所以反对数学的方法,不仅仅因为它的无效性,而且因为它完全是一个劣质的方法,它从错误的假设开始,导致荒谬的结论。它的推论不仅是徒劳的,而且使我们的心智远离实际问题的研究,同时曲解了各种现象之间的关系。这种对经济学数学化和计量经济学的决绝态度,不仅给其追随者们带来了某些困惑,也使他们远离了经济学的主流。因为,这种态度完全否定了数学化和计量经济学给经济学理论所带来的进步。

对新奥地利学派影响极大的所谓"人类行动学"的方法论,本身就存在极大的缺陷。借助于这种方法论,米塞斯力图将奥地利学派的演绎方法发展成为一种先验主义理论体系。他认为,"科学的"经济学必须是一种彻底先验论的科学,仅

---

① [美]丹尼尔·豪斯曼:《经济学的哲学》,丁建峰译,上海人民出版社 2007 年版,第 174 页。

仅只需要以不证自明的个人行为假设（即"有目的的行动"）为基础的演绎推理，无须借助于经验的存在。在他看来，知识来自我们的内心思考，通过内心的思考就可以获得真理。他反对任何形式的归纳方法，反对运用经验研究或历史事实来检验一种理论的合理性。经济学，"正如逻辑学和数学一样，它不是得自于经验，它先于经验。它现在就像过去一样，是行动和事实的逻辑。"① 那么，什么是经济学不言而喻的公理呢？他认为，最重要的是"人的行动是有目的"的假设。在这种假设上，他也走得太远，断言"一切人类行动都是理性行为"。

虽然这种方法论受到普遍的质疑，却对新奥地利学派产生了极大的负面影响。他们只关心阐述理论，而不去验证理论。因为，在他们看来，经济学的基础都是一些不证自明之理。而这些理论之所以是不证自明的，皆因为它们是关于人的行动的理论，而研究者自己就是人，通过内省的方式，再加上逻辑推演，即可获得真理。因此，终极的知识只存在于我们的内心世界之中，任何检验方法都不可能驳倒它们。

这种先验主义方法论的根本缺陷是：如果研究者总是回到自己内心的、不证自明的所谓"真理"，那么，当发生意见分歧时，如何解决呢？在这方面，波普的方法论要比这种"人类行动学"好多了。按照波普的方法论原则，当出现意见分歧时，我们必须求助于经验证据，看一看谁的论点更接近事实。

与米塞斯不同，哈耶克采取了一种较为调和的方法论观点。一方面，他承认经济理论，尤其是米塞斯的人类行动学作为一种"选择的纯逻辑"具有先验的有效性，另一方面，他也强调经济学是经验科学，并且必须接受波普尔的科学证伪主义原则。

新奥地利学派对新古典的背离是其独特方法论的彰显，同时在一定程度上造成了奥地利学派经济学的式微。对新奥地利学派方法论的争议主要围绕着逻辑实证主义、方法论个人主义和主观主义以及先验主义等方面展开。同时在新奥地利学派内部也就基础方法论产生了一些分歧，并由此导致了新奥地利学派不同的发展思路。主流经济学的基础方法论也经历了一个复杂的争论和演变过程，这个过程还远未结束。当前经济学形成的较为主流的方法论立场是逻辑实证主义和工具主义，而这正是新奥地利学派从根本上加以反对的。

19 世纪西方进入了以牛顿力学为代表的近代科学时期，同时在方法论上也进

---

① ［奥］路德维希·冯·米塞斯：《经济学的认识论问题》，梁小民译，经济科学出版社 2001 年版，第 12 页。

入了一个实证主义时代。实证主义在发展中出现过早期实证主义、逻辑实证主义等发展方向，强调以"实证"为中心的科学标准，对当代自然科学和社会科学产生了巨大影响，对经济学的影响更是显著，并直接对经济学的现代发展方向产生了关键性影响。

早在古典经济学的形成之初，经济学研究中就存在关于实证方法与规范方法的运用及其相互关系的争论。18世纪西方哲学在知识认识论上形成了所谓唯理论与经验论之间的对立，后来演变为方法论上的演绎主义和归纳主义之争，在经济学界的具体体现是奥地利学派创始人门格尔与德国历史学派的"方法论大论战"。在论战之中，门格尔主张依据基本假设对经济学进行逻辑演绎，而反对德国历史学派片面强调历史数据积累的归纳法。随着20世纪初逻辑实证主义的兴起，实证主义方法逐渐在经济学研究领域成为主流。然而，当代经济学并不重视方法论的分析，其基本方法论与逻辑实证主义仍有差异，以弗里德曼为代表的实证主义实质上是工具主义实证方法。在其著名的《实证主义方法论》一文中，弗里德曼曾强调指出，实证经济学在原则上是独立于任何价值判断的。根据这种工具论主张，一个理论是否比另一个理论更好，关键就在于这种理论是否能够有效地指导实验研究，是否能够展示各种可观测到的现象之间的关系。新奥地利学派对此持强烈的怀疑态度。

弗里德曼的逻辑实证主义果真能够解释或预测现实吗？从现代经济学发展来看，主流经济学并未在预测功能方面得出让人满意的结果，另一方面其解释的合理性也是大受怀疑的。从哲学认识论的发展来看，实际上经济学中的工具主义并未跟上时代。逻辑实证主义强调知识的实证性，主张只有能被经验证实的知识才是真知识。然而，波普尔的证伪主义对此提出了挑战。按照波普尔认识论，人类知识的增长过程是不断将错误理论排除，同时不断提出更好的理论的过程。其核心是将不可检验的理论体系从科学认识中剔除，同时承认既有理论的相对正确性以及可发展性。波普尔证伪主义认为所有理论都不过是有待检验的假设，否定性的经验和数据可以证伪一个假设，但与假设理论相符的数据并不足以保证理论的正确性。按照波普尔的观点，"经验性数据不能用于证实理论，而只能用于反驳"[①]。与波普尔证伪主义认识论相对立的是托马斯·库恩的范式理论，其主张与波普尔的不同之处在于并不强调理论体系的相对正确性，从而一定程度上否认了后者所主张的人类认识的不断进步过程。

---

① ［美］劳伦斯·A.博兰：《批判的经济学方法论》，王铁生、尹俊骅、陈越译，经济科学出版社2000年版，第20页。

　　新奥地利学派的方法论实际上也存在着一个不断明确和不断修正的过程。从门格尔参与的"方法论大论战"之中可以看到，早期奥地利学派在归纳与演绎的方法之中强调理论的演绎方法，同时在实证与规范方面坚持实证立场。米塞斯将奥地利学派的实证演绎方法发展成为一种先验主义理论体系，他认为经济学是一种先验的科学。所谓先验的理论，即是先于经验存在的，而不是从经验中依据统计和归纳得出来的。在《经济学的认识论问题》一书中，米塞斯明确表示："努力得出普遍正确知识的人类行动的科学是一个理论体系，它迄今为止最为精心地构建的一个分支是经济学。在其所有的分支中，这门科学是先验的，而不是经验的。正如逻辑学和数学一样，它不是得自于经验，它先于经验。它现在就像过去一样，是行动和事实的逻辑。"① 米塞斯的先验主义立场导致新奥地利学派理论呈现出某种封闭性，他的一些追随者如罗斯巴德等人进一步强化了这种封闭性。这使得新奥地利学派理论遭到波普尔主义者的批评："对于特定的绝无谬误主义知识来说，是实用主义的，并且如果这些定理反过来是不可证伪的，那么米塞斯的体系就不可能被接纳到科学的范畴之中。"②

　　由于哈耶克在心理学、知识论方面的独特知识结构和研究，他的方法论观点则更接近于波普尔证伪主义。哈耶克采取了一种较为调和的方法论观点。一方面，他承认经济理论，尤其是米塞斯的人类行动学作为一种"选择的纯逻辑"具有先验的有效性，但是反对主流经济学的过度简化和形式化。哈耶克指出："我对晚近把经济学变得越来越形式化的种种趋势所做的批评，并不是说这些趋势发展得过头了，而是说它们尚未被推进到足以把这门逻辑学分支完全分离出来的程度，而且也不足以把探究因果关系的工作恢复到确当的地位。"③ 另外一方面，哈耶克同时也承认经济学是经验科学，并且必须接受波普尔的科学证伪主义原则。在此意义上，新奥地利学派理论需要接受实践和经验数据的检验，而不能够仅仅以其逻辑自洽而成立。

　　哈耶克在方法论上的差别导致了新奥地利学派内部出现分歧。如卡伦·沃恩所指出，新奥地利学派中"柯兹纳与拉赫曼之争"分歧在于是否彻底抛弃主流经

---

① ［奥］路德维希·冯·米塞斯：《经济学的认识论问题》，梁小民译，经济科学出版社2001年版，第12页。

② ［美］劳伦斯·A.博兰：《批判的经济学方法论》，王铁生、尹俊骅、陈越译，科学出版社2000年，第18页。

③ ［英］F.A.哈耶克：《个人主义与经济秩序》，邓正来译，生活·读书·新知三联书店2003年版，第55页。

济学的均衡模式来重建奥地利学派新范式①；葛劳蕾则认为这种现代分歧实质上源自新奥地利学派的代表人物米塞斯和哈耶克对于"先验论"方法的冲突之中。② 对米塞斯人类行动学和哈耶克知识扩散原理的不同继承产生了新奥地利学派以罗斯巴德、柯兹纳和拉赫曼为代表的三个内部流派。克莱因则指出奥地利学派经济学的"硬核"仍然在于传统的经济分析如价值理论，生产、交换、价格、货币和资本等主题，而非市场过程、主观主义或者是自发秩序等理论。这种传统的经济分析被克莱因称为"普通经济学"③。新奥地利学派的这些分歧的关键在于奥地利学派经济学传统的继承与突破之间的矛盾。显然，新奥地利学派的基础方法论也和其理论一样处于不断明确和修正的发展过程之中。

新奥地利学派曾经以批判社会主义而闻名。特别是米塞斯、哈耶克和罗斯巴德的批判，充满意识形态偏见的色彩。例如，哈耶克认为，社会主义是一种返祖现象，代表着原始社会经历中所获得的天生的道德情感和本能，追求一种根本就不可能实现的所谓"社会正义"。在《通向奴役的道路》中，他甚至把形形色色的社会主义都等同于专制主义。这类观点显然是错误的。

但是，我们不能由此而否定他们发起的"经济核算争论"在客观上所带来的积极意义。它产生了两个积极的理论成果。一是深化了我们对价格机制的认识，把价格体系视为是一个信息交流和传递机制，且所传递的信息中包含着个人的"默会知识"，这种观点是哈耶克对经济学的原创性贡献。二是"市场社会主义"概念的诞生。这是这场争论的副产品，成为社会主义经济纳入市场因素改革早期的一个重要思想起源。虽然兰格模式对计划经济的论证存在严重的缺陷，但最终让人们认识到一种可行的社会主义经济必须利用市场来配置资源。

新奥地利学派利用市场过程理论对均衡理论的批判，在一定程度上击中了新古典主义经济学的要害。新古典主义经济学的均衡模式不过是描述了市场过程中的一种状态，但市场的动态过程本身更有意义。从这种角度来看，在接受均衡理论的合理部分的同时，我们也可以把新奥地利学派的市场过程理论视为一种必要的补充，从而让我们进一步思考市场均衡是如何实现的。市场过程理论重视时间、

---

① ［美］卡伦·沃恩：《奥地利学派经济学在美国：一个传统的迁入》，朱全红、彭永春、宋正刚、王军译，浙江大学出版社 2008 年版。

② S. Gloria, *The Evolution of Austrian Economics*: *From Menger to Lachman*, London: Routledge & Kegan Paul LtD, 1999.

③ Peter G. Klein, "The Mundane Economics of the Austrian School", *The Quarterly Journal of Austrian Economics*, 2008, p. 11.

企业家、不确定性对市场运行的作用，并在某种程度上恢复了市场竞争的真实含义。就这些方面来说，比之于新古典经济学，新奥地利经济学的分析无疑要深刻得多，且更贴近现实世界的市场经济。这种视角和有关观点有助于我们深化对中国特色社会主义市场经济机制问题的思考。

至于新奥地利学派的经济周期理论，诺贝尔经济学奖委员会对哈耶克贡献的评论说："哈耶克在经济理论领域的贡献也是既深入又具开创性。……尤其是他的商业周期理论、对货币与信贷政策效应的概念引起世人注目。他通过在分析中引入资本和结构理论，试图更深入地渗透到周期的相互关系之中。可能部分地因为深入的商业周期分析，哈耶克是极少数能预见到 20 世纪 20 年代重大经济危机风险的经济学家之一。"可以说，这种理论要比流行的随机动态一般均衡模型更好地解释了现实中的经济周期现象。

此外，"自发秩序"理论为我们思考制度的演化提供了一种有价值的研究思路。它可以让我们认识到改进制度的一种重要内生力量，即民间力量。这对于我们理解中国改革开放过程中制度安排演变的各种力量，特别是政府和民间力量的互动过程，具有借鉴意义。但是，哈耶克过分强调"自发秩序"的天生优越性并贬低"人为秩序"，从而在理论上必然陷入"哈耶克悖论"①。按照演进的观点来看，这种矛盾表现为秩序演进的自发属性与人为属性的对立，而按照知识论观点看，则表现为演进理性与建构理性的矛盾。事实上，哈耶克悖论也是政府问题在市场秩序演进理论中两难困境的体现。一方面，哈耶克坚持人类的理性不足以认识西方文明赖以存在、发展的规则体系，因而任何"理性建构主义"对制度的设计只会导致灾难。例如，他认为，"我们绝不能假设我们有能力建构出一套新的道德规则体系，我们也绝不能假设我们有能力充分认识到遵循众所周知的道德规则于某一特定情形中所具有的各种含义，并试图在这种充分认识的基础上去遵循这种规律"②。但是，另一方面哈耶克所提出的秩序理论本身也可以视为是"建构理性"。他所倡导的一般性规则和宪法思想其实也是对人类社会秩序的设计。

二、政策主张评析

新奥地利学派对"用集中计划代替市场机制"的批评在特定历史阶段内是成功的。但是，与它在理论上的某些成就相比，在政策方面，它除了提出"无为而

---

① 姚中秋主编：《自发秩序与理性》，浙江大学出版社 2008 年版，第 138 页。

② ［英］弗里德利希·冯·哈耶克：《自由秩序原理》（上），邓正来译，生活·读书·新知三联书店 1997 年版，第 74 页。

治”的建议之外，几乎乏善可陈。在倡导自由市场的过程中，新奥地利学派对市场有一种盲目的信任，似乎市场是万能的。它所提出的政策建议，不是充满空想的乌托邦精神，就是带有极端的性质。

例如，该学派有关货币制度的建议就属于乌托邦性质的东西。它所提出的恢复金本位制和“竞争性货币制度”的观点，用意在于使货币发行量与实体经济的需求相适应，但却是不可行的空想。且不论这类制度是否可以根除他们所说的经济周期，现代社会金融市场之发展注定了这类制度根本就没有现实的基础。再说他们所主张的市场自由“清算主义”。如果经济衰退只是轻微的，那么，让市场在时间的过程中进行清算，也许是比较好的政策建议。但是，如果面对的是比较严重的经济衰退，哪个现代国家的政府敢实施这种无为的“清算主义”？

至于更极端的政策建议，是罗斯巴德的“无政府资本主义”。米塞斯、哈耶克等人多少还给政府在经济中的作用留下一点空间，而罗斯巴德却没有留下任何空间。他设计出这样一种自由市场制度：在这种市场中，所有的问题都可以通过市场竞争和自由交换来解决，无须政府行为；所有的政府部门都将私有化，包括国防、治安、司法，更别说其他类型的所谓“公共产品”。例如，公民个人可以自由决定：是自己提供自身安全的保护还是雇用私人保安机构来保护自身安全？个人之间的纠纷全部提交给私人仲裁机构来裁决。在罗斯巴德看来，根本就不存在需要政府提供的“公共物品”，也不存在什么“公共利益”。他认为，真正的自由市场经济学家是不应该持有下述观点的：一方面相信市场的自由会获得支持，相信财产权会获得保护，另一方面又相信政府可以提供这类支持和保护。因为，在他看来，这种立场是矛盾的。只要试图让政府提供这类保护，政府就必然要对私有财产征收税赋。这也就必然造成个人自由私有财产权的侵犯。

当然，即便是自由至上主义者，也很少有人会同意罗斯巴德的这种论证。米塞斯、哈耶克也都认可政府自有其合法的作用，只是对这种作用到底是什么的问题上，他们之间存在着意见分歧。即便如此，较为温和的哈耶克也对社会福利政策持强烈的批评态度。在他看来，在市场经济社会中，根本就不存在所谓的“分配的公正”问题。唯一可以称得上“公正”的是支配市场交换的一般规则，其次就是相关的个人技能、机会、出身、受教育程度等因素。无论市场会带来多大的收入和财富的不均等，只要不违反支配市场秩序的一般规则，它们就是公正的。在这里，我们再次看到了新奥地利经济学的极端表现。

新奥地利学派上述类型的政策建议，对西方社会实践几乎没有什么直接的影响。但是，它与其他新自由主义经济学一起倡导的“自由市场”理念，对最近几十年欧美社会的政策思路却产生了巨大的影响。这种理念在政策方面的核心观点是："市场的自我监管优于政府监管"。这种影响的标志是 20 世纪 70 年代末至 80 年代初的美国里根主义和英国撒切尔主义。其中，里根主义最为典型。美国始于 20 世纪 70 年代的反监管运动，原来主要放松对各产业的规制措施，包括电信、输油管道、运输业等领域。这对美国后来的经济繁荣（特别是 IT 产业的发展）奠定了坚实的基础。对金融业放松管制的结果，虽然带来了金融业的繁荣，却也埋下了金融危机的祸根。放松管制之后，美国银行和金融之间在核心领域的竞争日益激烈，通过各种衍生金融产品的不断创新，使金融风险更加分散化。但是，与此同时，高杠杆率、对金融高管激励导向型的薪酬机制和"羊群效应"构成一种不稳定的组合，使金融市场内部的风险不断增大，从而使金融市场的内在不稳定性更为强烈，最终导致 21 世纪初的金融危机。虽然人们对这场危机的根源存在争议，但是有一点共识，那就是政府在这场危机中应对其对金融市场的放任或不作为承担责任。而自由市场倡导者们的"市场的自我监管优于政府监管"理念，自然不能免除其道义上的责任。

三、局限性及借鉴意义

经济学界认为，新奥地利学派对于经济计算的论述和对于计划经济的批判是较为成功的，对于新古典静态均衡分析的局限性的强调以及其他一些独特思想和观点也是具有启发性的，但总体而言新奥地利学派经济学理论的缺陷在于其方法的保守和观点的激进，并且似乎不能提出除了"无为而治"之外的建设性意见，因而并不能作为现有主流理论的替代品。

无人否认新古典主义经济学对理解市场运行方面所取得的成就，但也无人能否认它在这方面所存在的理论缺陷和视野局限。其中，最为严重的是它无法令人满意地解释市场活动的动态过程及其特征。新奥地利学派正是针对这些缺陷来批评新古典经济学的，并由此引起人们越来越多的关注。新奥地利学派批评的核心思想是：静态的均衡理论并不能捕捉真实市场经济的重要特征，不仅个人在收益与成本核算时的估价本质上是主观的，而且，个人的预期和知识也是主观的。对这些方面的强调使新奥地利学派非常重视哈耶克在《经济学与知识》一文中所体现的那些思想；类似地，拒绝把静态均衡作为设计一种经济体制的工具，使这一学派更重视真实时间的重要性；对"社会主义经济核算争论"的反思，使他们对制度、规则结构与市场活动之间的一般关系做出新的探讨。

新奥地利学派货币及经济周期理论的核心思路非常简明，即人为的货币和利率扭曲造成了投资和市场的偏离，从而导致虚假繁荣及萧条的调整。但另一方面，这种简化及其模型化隐藏了新奥地利学派许多重要的思想和观点，如主观主义的应用、不确定性问题的本质、迂回的生产过程以及动态的市场过程等。新奥地利学派货币及经济周期理论尽管在逻辑上能够自洽，但在现实之中却难以得到实践检验。这有经济和市场运行的复杂性因素，同时也由于当前西方经济中政府主导力量不断增强的趋势。新奥地利学派的周期理论有待更长时间的检验。

以哈耶克的"自发秩序"理论为代表的演化思路使得奥地利学派经济研究范式与主流经济学范式表现出更大隔阂，并且其理论体系的自洽性也遭到批评。哈耶克对于市场秩序演进所提出的自由主义观点，显示出了所谓"哈耶克悖论"①。按照演进的观点来看，这种矛盾表现为秩序演进的自发属性与人为属性的对立，而按照知识论观点看，则表现为演进理性与建构理性的矛盾。事实上，哈耶克悖论也是政府问题在市场秩序演进理论中两难困境的体现。一方面，哈耶克坚持人类的理性不足以认识那些文明赖以存在、发展的规则体系，因而任何"理性建构主义"对制度的设计只会导致灾难。例如，他认为，"我们绝不能假设我们有能力建构出一套新的道德规则体系，我们也绝不能假设我们有能力充分认识到遵循众所周知的道德规则于某一特定情形中所具有的各种含义，并试图在这种充分认识的基础上去遵循这种规律"②。但是，另一方面，他所提出的秩序理论本身也被视为"建构理性"，其一般性规则和宪法思想是对人类社会秩序的设计。

新奥地利学派经济学的现实核心是对资本主义自由市场的认识问题。西方理论界长期存在着对资本主义自身的反思，其关键点在于认识市场与政府之间的关系。这种反思往往随着现实经济发展冲击而呈现出数次理论转折思潮。第一次重大的反思以 20 世纪 30 年代大萧条事件为高潮。在此之前，虽然西方学界对资本主义制度的批评和批判大量存在，但总体来说主流思想虽然承认资本主义存在弊端，却仍然坚持"自由放任主义"。大萧条的直接后果是产生了以凯恩斯主义为代表的"萧条经济学"和宏观经济学。"大萧条"的灾难性影响和第二次世界大战后社会主义阵营的扩大，迫使西方社会不得不改造原来的资本主义形态。这次改造的主旋律以建立社会福利制度为核心，重新塑造市场与政府之间的关系，并对政府的功能给予积极的评价。第二次重大的转折和反思在 20 世纪 70 年代经济"滞胀时代"达到高潮，以保守主义经济学获得主导为标志。20 世纪 80 年代，"撒切尔主

---

① 姚中秋主编：《自发秩序与理性》，浙江大学出版社 2008 年版，第 138 页。
② ［英］弗里德利希·冯·哈耶克：《自由秩序原理》（上），邓正来译，生活·读书·新知三联书店 1997 年版，第 74 页。

义"和"里根主义"的实践标志着以强化自由市场为导向的政策转向。而最为晚近的思潮转变是 2008 年美国次贷危机引发的金融危机使自由市场经济学处于守势，但是要依此而认为保守主义经济学已经失败却为时尚早。

市场不完美的事实并不意味着政府会做得更好，也不意味着所有的市场都需要政府的密切监管。同理，政府不完善的事实也不意味着市场必然就会做得更好，更不意味着"市场的自我监管优于政府监管"。美国次贷危机和欧洲债务危机促使经济学家重新思考市场与政府干预之间的关系，放弃对自由市场或干涉主义的盲目信任。创造一个高效率的经济体制的核心问题在于：如何在自由放任与政府干预之间找到一个合理的结合地带？问题还在于，市场失败本身并不能在严格逻辑上自动证明政府干预行为的合理性。通常所列举的所谓"市场失败"类型，例如外部性、公共物品、规模经济、信息的不对称性等，仅仅只是说明纯粹的私有市场决策会出现故障，因为市场价格无法用需求近似地反映真实的稀缺价值、私有决策会无视其行为的社会和私人成本的不一致性等。所以，要解决这些问题，由政府出面，就是可行的选择。

如何进一步探讨这些问题，把由此而获得的理论成果增添到现有的成就之中，从而形成对市场经济的更完整的理解，正是经济学家努力的方向。如果我们要想对市场之所以有效率的广泛基础和某些重要细节获得更好的理解，自然不能忽视新奥地利经济学家的努力。新奥地利学派提供了一个宏大的并且是逻辑自洽的经济学理论体系，但由于经济社会的复杂性，却难以被实证检验。事实上，新奥地利学派反对逻辑实证主义方法，并不表明其反对实证检验。经济周期理论就能够在相对长期之中得到检验，金融危机的不断出现及其深化将使得新奥地利学派思想和理论重获重视。按照波普尔的认识论，好的理论终将在长期的竞争之中胜出。

关键词　个人主义　知识的分散性　科学主义　市场过程理论　自发秩序
古典自由主义　唯理主义

思考题：

1. 按照新奥地利学派货币和周期理论，在政府对货币进行干预造成繁荣泡沫的情况下，是否应当使用通货紧缩政策以消除泡沫？

2. 哈耶克所谓的"自发秩序"在非市场经济之中是否存在?

3. "金本位"存在哪些优点和缺点,恢复金本位可能遇到什么样的困难?

4. 在金本位体系之中,是否存在银行信贷扩展机制?

5. 奥地利学派的经济周期理论是否具备波普尔的"可证伪"标准?

第十一章 新制度学派

第一节 概 况

一、学派的渊源及形成

新制度学派起源于老制度学派，其发展经历了三个阶段：19 世纪末期到 20 世纪 30 年代初期是老制度学派的创立及发展时期，20 世纪 30 年代中期到 50 年代初期是老制度学派向新制度学派的过渡期，20 世纪 50 年代之后则是新制度学派的形成和发展时期。

老制度学派产生于 19 世纪末 20 世纪初私人垄断资本主义发展的后期，它是作为正统的古典和新古典经济学的批判者出现的。它主要分析了制度变迁与社会经济之间的关系，强调制度因素对经济活动的重要作用。老制度学派的创始者和主要代表是美国著名经济学家凡勃伦，他在《有闲阶级论》（1899）等著作中创立了一套制度经济学的理论体系，为制度主义经济学的发展奠定了基础，形成了所谓的"凡勃伦传统"。除凡勃伦外，早期制度主义代表人物还有康芒斯、米切尔、克拉克、汉密尔顿等。20 世纪二三十年代是制度主义发展的黄金时期，在那段时间内，涌现了大量与老制度主义相关的文章、演说、研讨会、著作和教科书等，制度主义经济学迅速成为当时美国最有影响的经济学说，制度主义学者也成为美国最有影响的经济学家。但是，老制度学派关注的重心，不是理论上的构建，而是追求理论的现实性和对社会问题的关注，并积极寻求改革建议。对于他们来说，理论是为实现对经济的理解和控制而服务的。老制度学派也的确对罗斯福新政和战时美国的社会和经济政策产生了重大的影响。[①]

然而，自 20 世纪 40 年代开始，随着社会经济环境的变化，加上老制度学派自身的各种原因，制度主义逐渐淡出人们的视野，制度主义经济学的发展经历了一段黑暗时期。欧洲制度主义的代表性人物霍奇逊对美国老制度学派衰退的原因做了如下归纳。[②]

---

① 杨伟、张林：《制度主义运动的科学知识社会学分析》，《思想战线》2008 年第 5 期，第 59—65 页。

② ［英］杰弗里·M. 霍奇逊：《制度经济学的演化——美国制度主义中的能动性、结构和达尔文主义》，杨虎涛等译，北京大学出版社 2012 年版，第 374—393 页。

第一，学术环境的改变。一方面是制度主义最初的哲学和心理学（即实用主义哲学和本能—习惯心理学）假定前提被瓦解，实际上到了 20 世纪 30 年代，诸如康芒斯、米切尔、克拉克等制度经济学家开始逐步吸纳、甚至完全臣服于正在兴起的行为主义心理学，对科学哲学中的经验主义态度也是如此。另一方面是社会科学中广泛兴起的对生物学或者达尔文观点的排斥，这使得社会科学家要追随凡勃伦并发展一种"后达尔文主义经济学"面临着更大的困难。

第二，经济大危机和凯恩斯主义的影响。1929 年爆发的经济大危机验证了凡勃伦对金钱挥霍和投机行为的著名批评，但对于如何处理经济萧条造成的实际问题，处于当权地位的制度主义者没有比新古典经济学家对大萧条做出更好的解释，虽然他们在新政政策的设计和实施方面发挥了主要作用，但实践上的重大贡献并不能克服其理论上的缺陷。相反，20 世纪 30 年代，新古典—凯恩斯学派的综合理论奠定了自己的基础，由于它们穿着数学和科学的华丽外衣，因此在当时的技术统治论文化中备受推崇，这阻碍了 20 世纪 70 年代才由后凯恩斯主义经济学开始进行的制度主义与凯恩斯主义的互补性发展，新古典经济学借凯恩斯经济学之名对制度主义发起了挑战。

第三，第二次世界大战的影响。第二次世界大战大大改变了美国的经济和社会状况，进而对美国科学研究的目标和行为产生了影响。尤其是，科学活动的大面积军事化并将各种资源配置给涉及数学和统计学的研究，经济学家要解决的问题非常明确——在给定的技术和制度条件下，在固定的生产函数中，如何使稀缺的资源配置达到效率最大化。可以说，战争加速了经济学的数学化过程，而对于像知识、心理、组织和制度这类问题的探讨往往被忽视。

第四，其他外部原因。由于两次世界大战和纳粹的影响，许多重量级的经济学家从欧洲大陆迁移到美国，而这些经济学家一般都有数学偏好。此外，冷战和美国学术界的麦卡锡主义打击了本已开始破碎的、备受攻击的制度主义，受到打压的经济学家只能转向符号的世界以寻求专业的慰藉。因此，欧洲经济学家的移民以及麦卡锡主义都进一步强化了经济学的形式化发展。

第五，内部原因。老制度学派理论上的缺陷也导致了制度学派的衰退，它的最大疏漏就在于没有能够对制度主义的理论进行系统的阐述，凡勃伦没有这样做，康芒斯、米切尔等后继者也没能做到，而且他们甚至没能理解凡勃伦认为经济学必须转向"后达尔文主义学说"和"演化"的科学观点的内涵及其重要意义，他们抛弃了作为制度经济学基础的达尔文学说的因果关系和演化观点，从而丧失了其关键的研究方法和自身的许多特征。

　　由于上述各种原因，制度主义经历了 20 余年的黑暗时期，除贝利、米恩斯、艾尔斯、缪尔达尔等少数学者外，制度主义者在学术界几乎没有什么发言权。但制度主义并未消失，米恩斯、艾尔斯等制度主义者仍然沿着凡勃伦开辟的道路不断前进，逐渐完善了老制度学派的理论。尤其是经过艾尔斯的努力，形成了制度主义中的凡勃伦—艾尔斯传统，使得制度主义的薪火得以延续。

　　到了 20 世纪 60 年代，随着学术以及制度环境的变化，制度主义又逐渐得以复兴。一方面，20 世纪早期那些在学术上摧毁制度主义的力量——哲学的实证主义、心理学中的行为主义、拒绝涌现特征的还原论以及生物学与社会科学连接的中断等——在"二战"之后经历了较大的修正，影响力逐渐下降。行为主义逐渐衰落而本能主义开始复苏、涌现特征开始出现在经济学讨论中、经济学演化观开始复苏、普遍达尔文主义从生物学走进社会科学，所有这些都为制度主义的复苏创造了良好的学术环境。另一方面，凯恩斯主义在经历了"二战"后二十余年的资本主义黄金时代之后，由于其长期忽视经济、社会、政治、文化等"制度"因素，不考虑技术进步对整个制度体系演变的作用，使得主流经济理论在面对 20 世纪 60 年代末 70 年代初出现的滞胀局面显得束手无策。而制度主义者认为，只有在他们的理论指导下才能解决资本主义制度面临的各种经济问题，这就为制度主义的复苏创造了现实条件。最终，经过艾尔斯的学生对凡勃伦—艾尔斯传统的继承和发扬，特别是通过加尔布雷思的大量著述，制度主义的影响力越来越大，因而从老制度学派最终发展成为新制度学派。

二、代表人物

　　新制度学派的主要代表人物是美国经济学家加尔布雷思、贝尔、科姆、海尔布伦纳、博尔丁、格鲁奇，瑞典的缪尔达尔，英国的甘布尔，法国的佩鲁等。新制度学派兴起的两个标志性事件就是演化经济学会（AFEE）（1965）的成立与《经济问题杂志》（JEI）（1967）的创刊，意味着新制度学派有了自己的主阵地，从而为制度主义的发展壮大奠定了基础。

　　新制度学派是在继承凡勃伦传统的基础上发展而来的，因此它和老制度学派并无本质区别。但和老制度学派一样，新制度学派也面临着一个同样的问题，即它本身并不是一个严格的、具有统一理论观点和政策主张的当代经济学流派，制度主义内部的各个经济学家都有自己的观点主张，他们自成体系、相互之间分歧严重，只是他们都强调制度因素和结构分析，强调整体和演化的分析方法，认为资本主义现存的弊端在于制度结构方面的失调，才被统称为制度主义，也正是由于这个原因，使得制度主义的发展受到很大限制。用格鲁奇（1982）的话说就是，"由于制度主义内部缺乏团结，而且他们也没有兴趣去发展一种统一的理论，因此制度主义运动对传统科学的影响是有限的"①。格鲁奇对这种现象进行了详细的分析，他根据各个制度主义者研究问题的侧重点不同，将该学派分为理论派和应用派，理论派又包括主流派、综合派和激进派。

新制度学派中的主流派即狭义的制度主义，主要指继承凡勃伦和米切尔传统的一派，其代表人物有艾尔斯、加尔布雷思、缪尔达尔、科姆，其基本理论与政策主张包括：权力转移论与企业目标的变化、二元体系论与新社会主义理论、信念的解放和公共目标理论、技术决定论、后工业社会论、中轴原理、国际经济二元结构理论、第三世界经济发展问题以及社会统制与国民经济计划思想等等。综合派对上述主流派持反对态度，其主要代表人物有海尔布罗纳、塞缪尔斯，他们认为从凡勃伦到加尔布雷思的主流制度主义者的分析是有缺陷的，并没有建立一套高于传统经济学的理论。综合派试图建立一种比主流派更加抽象的一般理论，这种一般理论就是要告诉人们自由如何与秩序相结合并不断发生变化，他们试图在大量的经济和社会科学研究的基础上建立一个有关权力、知识和心理的一般模型。新制度学派中的激进派则是想建立一种既不同于主流派也有异于综合派的、关于发达的工业体系理论，他们用马克思主义解释发达工业体系的作用，寻求以社会主义取代资本主义的革命转变，其代表人物是谢尔曼等，他们承认主流派分析过若干重要问题，如经济制度与政治制度之间的相互作用、技术在制度变迁中的作用等，但认为它未能建立一种令人满意的制度分析理论。他们强调马克思主义的制度分析，试图建立消费者主导的民主社会主义，改进社会主义模式。应用派的关注点主要在于经济事实，他们对制度主义并没有做出任何理论上的贡献，只是通过他们的专业化研究为现有理论提供经验支持，其代表人物主要是布莱尔和梅尔曼等，他们认为，当今社会是一个不断变化的经济世界，制度框架处于不断演进的过程中，因此他们更强调短期发展策略，这也使得他们更为关注那些近在咫尺的紧迫问题。

格鲁奇从对制度经济学的代表性、对标准经济学的影响力、政策影响力三个方面对上述四个制度主义派别进行了对比，其中被经济学界认可的最能代表新制度学派的是主流派，激进派对标准经济学的影响最大，而应用派的政策影响力则

---

① Allan G. Gruchy，"The Current State of Institutional Economics"，*American Journal of Economics & Sociology*，1982，41（3）：pp. 225—242.

是最大的。需要指出的是，格鲁奇的这种划分与比较并不是为了对新制度学派进行更加详细的解释，而是为了指出新制度学派存在的问题与解决之道。为什么新制度学派内部会有如此大的分歧？如何消除这些分歧以提高新制度学派的凝聚力，从而提高它在经济学中的地位？在格鲁奇看来，新制度学派的进一步复兴需要一个旗帜鲜明的领导者，需要一个清晰的、有别于主流经济理论的政策定位，需要构建一个一般性的共同理论，而不是只关注某些特定的经济问题。

经过 20 世纪七八十年代的内部争斗之后，制度主义逐步向格鲁奇所描述的方向发展，如今在经济学内仍颇具影响力的只有主流派和激进派。主流派的发展是在继承凡勃伦理论"硬核"的基础上，逐步向正统经济学理论以及它所维护的社会秩序妥协，因而丢掉了凡勃伦思想中所具有的尖锐的批判性。这与主流派的制度主义者所处的社会经济环境有关。凡勃伦的时代正是自由资本主义向垄断资本主义的过渡时期，社会和经济体系发生较大变革，社会矛盾比较突出，因此其理论中表现出的批判性是理所当然的。而制度主义的形成与发展是在"二战"胜利之后，整个资本主义社会经历了一段长时间的发展，社会经济矛盾已不像凡勃伦时代那样突出，因此制度主义者的理论中的批判性自然没有凡勃伦那么强烈。但是，激进制度主义学派则努力维护凡勃伦传统中的批判精神，甚至在此基础上还有所发展。凡勃伦对资本主义的批判还只是一种改良主义，他并没有提出一个完全替代资本主义的社会体制，而激进制度学派甚至寻求以社会主义取代资本主义的革命转变。尽管如此，激进派与主流派之间并没有非常严格的界限，一些主流派学者的理论中也有激进的观点，如加尔布雷思的抗衡力量理论，缪尔达尔对歧视和不公平的分析等。又或许，主流派和激进派之间的兼容并进才是制度主义强化自身发展的必然选择。

上面的分析都是从制度主义内部着手的，而随着正统经济学的不断修正与完善，以及现实经济状况的变化，制度主义所面临的外部环境正朝着有利于其发展的方向变化。例如，自 20 世纪 80 年代起，主流经济学的一般均衡分析遇到了无法克服的难题，因此不得不求助于一些新的分析方法，如博弈论、演化博弈论、实验经济学和行为主义等，这使得演化思想以及对制度的研究在经济学中变得流行起来。[1] 而 2008 年爆发的国际金融危机也表明主流经济理论和政策存在很大的问题，传统的经济模型无法理解制度性的市场机制，无法解释真实世界的不确定性、

---

[1] G. M. Hodgson, "The Revival of Veblenian Institutional Economics", *Journal of Economic Issues*, 2007, 41 (2): pp. 324—340.

复杂性与开放性，因此也无法对现实经济作出准确的诊断，从而给出正确的政策建议，这也重新唤起了人们对制度主义分析方法和理论的重视。这些都表明了制度主义的影响力，其发展也早已跨越美国本土。自 20 世纪 80 年代末以来，制度主义在欧洲的发展势头比美国更为强劲。1988 年，欧洲制度主义者成立了由霍奇逊任秘书长的欧洲演化政治经济学协会，目前，这个协会已成为具有广泛基础和多元化的协会。除了美国制度主义的影响外，欧洲制度主义者还继承了缪尔达尔、卡普和波拉尼这些欧洲制度主义先驱者的遗产。此外，马克思和德国历史学派的遗产目前也开始对欧洲制度主义的发展产生影响。2002 年，霍奇逊系统地总结了欧洲老制度主义的演化经济学原理。①

三、基本特征

新制度学派与老制度学派一样，并不是一个严格的、具有统一理论观点和政策主张的经济学流派。但是，新制度学派与老制度学派是同宗同源的，都遵循着凡勃伦的基本传统，因此他们有一些基本的共同特征。例如在研究对象上，新制度学派和老制度学派一样，认为经济学的研究对象应该是人类生活中各种制度的产生、发展和变化，而且除了经济制度之外，还要研究社会、政治、文化等各方面的制度。因此，新制度学派的研究对象已远远超出传统经济学的研究范畴，囊括了政治学、社会学和心理学等学科的内容。新制度学派比较注重对经济活动的价值判断，而且判断标准与西方主流经济学不一样。主流经济学在对经济活动的价值判断上只涉及经济价值，而制度主义则在价值判断中加入了伦理标准，除了单纯追求经济增长外，我们还应该寻求包括社会公平、环境保护、健康等在内的各种其他价值。

新制度学派，或者说包括老制度学派在内的整个制度主义与传统经济学最大的区别在于其理论"硬核"的不同，这种"硬核"是把观点各异的制度主义者连接在一起的纽带，也是制度主义最突出的特点。按照拉卡托斯科学革命的理论，科学研究的纲领是由纲领不变的硬核和可变的保护带两部分所构成，只有硬核要素的改变才意味着一种新的研究纲领或范式的形成。一般认为，理性最大化、稳定性偏好和相互作用的均衡结构构成了占主流地位的新古典范式的硬核。凡勃伦不仅对新古典主义进行了全面的抨击，而且试图代之以一种新的理论硬核。为了

---

① ［英］杰弗里·M. 霍奇逊：《制度与演化经济学现代文选——关键性概念》，贾根良等译，高等教育出版社 2005 年版。

叙述的方便，我们以简化的方式对新制度学派与新古典主流经济学在硬核上的三种要素加以对比。

新制度学派在否定"理性最大化"假定的基础之上，提供了一种关于人性的新理论。新古典主义把人性看作是呆滞的和不变的，而凡勃伦依据进化论和新的心理学提出人性是演进的，是与文化交互作用的产物，"它们是他的遗传特性和过去经历之产物，是在既定的传统、习俗和物质条件下累积形成的"①，这就是本能和习惯假定的由来。凡勃伦认为，人性由六大本能倾向所组成：操作本能、父母的天性、闲散好奇心、关心自我、获取的倾向和习以为常的天性。对于每个个体来说，这些本能倾向互相交织对行为产生影响。然而，虽然本能是遗传品质，但它不是不可改变的。因为生活的本能和目的是在既定文化条件下产生的，换言之是以过去几代人的经验为基础的，所以它要受制于习惯的发展并由习惯而修正。与目前主流经济学用理性解释习惯相反，新制度学派认为次序恰好是颠倒的，因为有意识的选择虽然在社会规定借以内在化的习惯形成中起着重要作用，但许多可观察的行为往往是无意识适应的结果。实际上，当理性在很大程度上受到习惯的巨大影响时，常常是"非理性的"，因而对于解释人类行为来说，本能和习惯的假定比理性假定更为基本。

新古典范式采用的是一种个体主义的分析方法，虽然许多新古典主义经济学家承认个体的偏好或需要是可以改变的，但为了经济分析的目的，他们却假定偏好函数是给定的。与此不同，新制度学派经济学家，无论是其创始人凡勃伦，还是当代著名代表人物缪尔达尔和加尔布雷思，都认为个体偏好并不能总看作是给定的，凡勃伦甚至认为，个体偏好可以发生剧烈的变化，"不仅个人行为被他与群体中其他人的习惯性联系所包围和引导，而且这些联系，作为一项制度的特性，随制度场景的改变而改变。需要与愿望，结果与目标，方法与手段，个人行为的变化与趋势，都是制度变量的函数，而制度具有高度的复杂性及整体不稳定性"②。那么偏好是如何形成和改变的呢？对此，凡勃伦试图从两方面加以解释，一是个体偏好受到经济社会环境的塑造，它是文化的产物，二是个体偏好的改变也受所谓"闲散好奇心"的支配。闲散好奇心是一种理解事物和建构系统性知识的本能驱动，正如凡勃伦指出的，虽然人像所有动物一样受本能和习惯支配，但人在智力

---

① ［美］索尔斯坦·邦德·凡勃伦：《经济学为什么不是一门演化（进化）科学？》，贾根良译，《政治经济学评论》2004 年第 2 期，第 127—137 页。

② ［英］杰弗里·M. 霍奇逊：《现代制度主义经济学宣言》，向以斌等译，北京大学出版社1993 年版，第 166 页。

上能领会指导其行为之习惯的要旨，评价其本能倾向和习惯的趋势。因此，闲散好奇心的本能导致了对知识的追求，它可以内在地改变对事物或世界的看法。以上这两方面交互作用，共同演进，不仅导致个体偏好发生变化，并且有可能最终导致社会流行的思想习惯即制度发生改变。

对于新古典均衡分析结构来说，正如霍奇逊指出的，"所有过去伟大的经济思想的叛逆者，包括马克思、凡勃伦和凯恩斯，都试图扩展经济学研究的范围，使之不仅仅纠缠于均衡推理"①，凡勃伦的贡献是最早提出用进化论替代均衡观。与新古典经济学假定偏好、技术和制度不变相反，凡勃伦认为，恰恰正是这些方面应成为制度（演化）经济学研究的主题，因为经济变化是由"人类的力量"所造成的，这种"人类的力量"即"人类的知识、技能和偏好"；换言之，它们"实质上是流行的思想习惯"，即凡勃伦所谓的制度。"演化经济学必定是一种由经济利益决定的文化增长理论，一种用过程本身来说明的经济制度累积变化的序列。"②在这里，凡勃伦提出了"累积因果原理"，后来凡勃伦又进一步指出，进化科学的基本原理……是累积因果序列的观念。累积因果原理的提出，说明凡勃伦试图用一种系统的、动态的和整体的分析结构替代静态均衡分析结构，这在缪尔达尔的"循环累积因果原理"中得到了更明确的阐释③，它不仅成为新制度学派方法论的突出特征之一，也是其理论的重要组成部分。

第二节　基　本　理　论

一、美国新制度学派

（一）凡勃伦—艾尔斯传统

凡勃伦是美国制度学派的创始人和主要代表，他在《有闲阶级论》（1899 年）等著作中，通过对资本主义制度以及维护这一制度的正统经济学的批判，创立了一套独特的制度分析理论，为制度经济学的发展奠定了基础，在经过艾尔斯、福

---

① ［英］杰弗里·M. 霍奇逊：《现代制度主义经济学宣言》，向以斌等译，北京大学出版社1993 年版，第 167 页。

② Thorstein B. Veblen，"Why is economics not an evolutionary science"，*Cambridge Journal of Economics*，July 1998，Vol. 22，No. 4，p. 413.

③ 张宇燕：《制度经济学：异端的见解》，《现代经济学前沿专题》（第二集），商务印书馆 1993年版，第 230 页。

斯特以及福斯特的学生图尔、布什等制度主义者的发展和完善之后，从而形成了以后所有新老制度学派都遵循的凡勃伦传统。凡勃伦传统的主要表现就在于其批判性和建设性，它批判正统的经济学，主张建立以研究制度演进为基本内容的经济理论，批判资本主义社会，主张从制度或结构改革资本主义社会。经济理论上的批判形成了制度学派独特的研究对象与研究方法。而对资本主义现实制度的批判，则涉及制度变迁的问题，也就是凡勃伦传统的制度变迁理论，这也是凡勃伦传统中的核心议题。

凡勃伦传统的制度变迁，不同于现在的新制度经济学在假定制度结构不变情况下对单项制度安排及其变迁的研究，而是着重于制度结构自身的历史性变迁，这种变迁采取了制度的价值结构变化的形式。要说明这点，必须从凡勃伦传统的制度分析框架谈起。凡勃伦认为，"制度实质上就是个人或社会对有关的某些关系或某些作用的一般思想习惯"[①]，艾尔斯等凡勃伦的追随者把制度进一步精炼定义为"社会所规定的相关行为之模式"。由于以思想和行为习惯作为内核的行为模式是有目的的，它通过作为行为规范的价值判断相互关联，正是制度的价值结构提供了制度内行为模式的功能性内在联系。

艾尔斯认为，任何社会的制度结构都包括两个相互对立、相互联系的价值体系：工具价值与礼仪价值。工具价值是共同体在解决问题过程中，工具和技能等知识的担保性应用，其价值所在是提高生活质量、丰富生活过程的效率，其判断标准是"工具效率"。由工具价值判断相关联的行为被称作是工具担保的行为模式。工具价值是一种"自我修正"的价值判断，即具有自动性的特征。礼仪价值是为了达到人们相互区别身份、地位等目的，对工具及其产品"用益权"礼仪性使用的估价。礼仪价值在制度内通过提供"令人厌恶"的判断标准使行为相关联，这些令人厌恶的标准规定了地位、不同的特权、主从关系以及一个阶级对另一个阶级行使权力的措施等。礼仪价值的证实依赖于使其起源和存在合理化的意识形态。与礼仪价值相关的行为模式称作"礼仪担保的行为模式"，其判断标准是"礼仪充足"。

当上述两种价值体系内在不相容时，它们却通过复杂的关系在制度结构内缠结在一起，其根源在于人类行为的辩证性质和行为模式的不纯粹性。这种行为模式的不纯粹性是因为所有社会成员的知识结构中都含有对其知识使用的两种辩证

---

① ［美］索尔斯坦·邦德·凡勃伦：《有闲阶级论》，蔡受百译，商务印书馆1964年版，第139页。

的估价，从而结合成连续一致的行为模式。艾尔斯等人把知识区分为人类文化的两个方面：工具性知识和礼仪性知识。技术即为文化组成之中的工具性知识部分，技术变化在给定制度结构未耗尽其工具性知识积累的功能时，是自动发生的，因而本质上是动态的。制度变迁的本质是能动和动态的技术创新导致"流行思想习惯"的改变。艾尔斯用"礼仪支配"表征制度的价值结构中"流行思想习惯"的关键作用。凡勃伦、艾尔斯等人认为，任何人类行为都是利益先导的，纯工具性行为只有得到社会的许可才能使之结合到可辨别的、稳定的行为模式之中。因此，任何社会的经济政治变迁受制于社会礼仪实践"容许"的相对程度，保罗·布什把它称作是"礼仪支配指数"。凡勃伦传统的制度学派用"礼仪支配指数"的变化衡量制度变迁是否发生。如果工具担保的行为模式任一增长被礼仪担保行为模式的共生增长所抵消，礼仪支配指数没有发生变化，即使共同体的知识存量增加，也不能说发生了制度变迁。当礼仪支配指数上升和下降时，社会共同体中则发生了"退步的"和"进步的"制度变迁。因而在凡勃伦传统的制度变迁大纲中，正是礼仪支配（意识形态及其政治结构）导致了制度变迁的路径歧异。

为说明在什么情况下没有发生制度变迁，艾尔斯和布什在礼仪支配基础之上提出了礼仪包容的概念。礼仪包容是指工具担保行为模式的增长被新的礼仪担保模式所包容，共同体在技术创新面前试图保持现存价值结构。布什区分了三种礼仪包容的形式：第一种是"既往约束型"，它是共同体对于技术创新的吸收和扩散"既往约束"的抵制传统。第二种是"将来约束型"，它是既得利益集团为了加强和扩大对共同体生活的控制，积极引进技术创新的礼仪包容活动。在以上两种礼仪包容实践中，礼仪支配指数没有发生变化，因而不能称之为制度变迁。"退步的"制度变迁是指礼仪包容的第三种形式，它是以苏联"农业生物学家"李森科[①]命名的。在"李森科类"的礼仪包容中，共同体试图通过礼仪担保的行为模式达到工具上不可行的结果，这是礼仪实践模仿工具效率的极端例子。

在上述"既往约束"或"将来约束"型的礼仪包容中，真正的知识仍被包容在共同体礼仪信念及其实践之中，但在"李森科类"的礼仪包容中，虚假的知识替代了真正的知识，礼仪担保的行为模式在共同体的关键领域中取代了工具性担保模式。由于"李森科类"的礼仪包容通过礼仪担保行为模式对工具担保行为模

---

① 李森科，苏联生物学家，农学家，乌克兰人。李森科出于政治与其他方面的考虑，坚持生物进化中的获得性遗传观念，否定孟德尔的基于基因的遗传学，并利用政治权威和使用政治迫害的手段打击学术上的反对者，给苏联和包括当时中国在内的众多社会主义阵营国家的生物学研究造成了严重的破坏。

式的置换，提高了共同体礼仪支配的指数，从而产生了"退步的"制度变迁。虽然礼仪包容在制度变迁中是一个突出的现象，但对于共同体来说，礼仪实践在努力"包容"新知识时并不是无所不知的（不完全信息）。与现存价值结构存在严重冲突的技术创新有可能滑过礼仪之网被采用，而这种技术创新有可能通过自增强机制最终带来未曾预料的后果，即在相关行为中工具判断标准置换礼仪判断标准。凡勃伦用"累积因果"原理说明了这种制度变迁的动态过程：技术创新改变了共同体的物质环境，新的条件转变了思想与行为习惯，这些新的思想和行为习惯被扩散到共同体其他领域的经验之中，引起了艺术和科学的进一步创新，因而在知识存量的增长与制度变迁之间存在着动态相关的正反馈关系，这是一个累积的过程。

新制度学派认为，在上述累积因果变化的过程中，导致"进步的"制度变迁的关键因素是共同体需要一种清楚的认识：修正思想与行为习惯以达到更高水平的工具效率。这种认识的来源包括技术进步所带来的物质环境的变化、新领域的经验、环境灾变以及与其他文化的接触。新制度学派认为，进步的制度变迁并不是必然的，他们在心中牢记着凡勃伦的这种观察："历史记录下了更经常和更惊人的有关低能儿制度对生活和文化的胜利的许多例子，而不是人们有独特的洞察力把他们自己从极端危险的境地中拯救出来。"① 虽然如此，艾尔斯和布什还是对影响"进步的"制度变迁的因素做了研究：第一，知识的可得性。知识积累的范围与深度清楚地限制了制度变迁的可能性。第二，理解和适应的能力。社会成员理解和适应技术创新对思想和行为习惯改变要求的能力影响到技术创新及其扩散的速率，如果进步的制度变迁发生，一定存在着某些便利思想习惯改变的社会机制。

（二）加尔布雷思的发展

约翰·肯尼思·加尔布雷思是当代美国著名经济学家，新制度学派的主要代表人物。1908 年出生于加拿大一个农场主家庭，是苏格兰移民的后代。早年在加拿大求学，1931 年毕业于加拿大安大略农学院，获学士学位，大学毕业后赴美国加利福尼亚大学伯克利分校继续研究农业经济，1933 年获硕士学位，1934 年获博士学位。在伯克利期间，加尔布雷思研究了马歇尔的《经济学原理》，学习了凡勃伦的著作，凯恩斯的思想也对他产生了一定的影响。1934 年加尔布雷思到哈佛大学任讲师，担任农业经济的教学工作，在那里他与约翰·肯尼迪相识。后来担任

---

① ［瑞士］库尔特·多普菲：《演化经济学：纲领与范围》，贾根良等译，高等教育出版社 2004 年版，第 201 页。

过普林斯顿大学的副教授、美国物价管理局副局长等职务。从 1949 年起任哈佛大学经济学教授，直到 1975 年退休。在此期间，他曾任印度、巴基斯坦和斯里兰卡政府顾问、民主党顾问委员会经济顾问委员会主席、美国驻印度大使等职，1972年当选为美国经济学会会长。加尔布雷思一生著作颇丰，其主要代表作有：《美国资本主义：抗衡力量的概念》（1952）、《丰裕社会》（1958）、《新工业国》（1967）、《经济学和公共目标》（1973）等。加尔布雷思对新制度学派的发展是在继承凡勃伦传统的基础上，通过对不断变化的现实社会经济状况的思考而逐步形成的，内容繁杂，主要包括："抗衡力量"理论、"丰裕社会"理论、"新工业国"理论和"二元体系"理论等。

1."抗衡力量"理论

抗衡力量这个概念是针对垄断资本主义提出的。抗衡力量理论认为，虽然现代资本主义市场中占统治地位的是为数不多的一些卖方寡头，资本也越来越向少数大公司集中，这就需要对立的、中和的和抵抗性的抗衡力量，加尔布雷思把这种抗衡力量归结为三种：工会、合作社、买方或卖方的大公司和新出现的资本主义联合组织。它们为了保护自己不受损害，组织反击性的议价力量，以"钳制""抵消""中和"寡头的垄断权力，并分享这些寡头的一部分垄断利润。因此，寡头市场并不会产生垄断，而我们还可以利用它的大生产的优越性来为社会谋福利。例如，有了工会，工人既能保护自己，又能分享一部分利润。加尔布雷思还认为，工会作为一种强大的"垄断势力"与大公司一样已成为"既得利益者"；而市场上的小商品生产者则可以建立合作社组织，形成同垄断组织抗衡的一种力量；而在生产资料销售市场上，厂商数目虽然不多，但作为买主的大公司钳制了作为卖主的大公司。在大公司与工会之间，强大的卖主和买主之间，经常会形成一种相互抗衡的力量。在这种抗衡局面下，双方均会注意消费者的作用，故有时能增加消费者的利益。同时，在抗衡双方力量失衡的情况下，国家可出面协助其中较弱的一方以使双方趋于均衡。抗衡力量的概念是新制度经济学的一个基本概念，加尔布雷思提出这个概念的重点在于，他不认为市场机制能自动地平衡经济活动，相反地，他认为各大组织之间的相互抗衡可以使经济趋于平衡，必要时可辅以政府的干预，因此传统经济学的观点是错误的。

2."丰裕社会"理论

加尔布雷思认为，"二战"后的许多国家，尤其是美国已经进入一个"丰裕社会"的时代。丰裕社会的主要表现是：贫富悬殊现象逐步消除、收入均等化、社会福利水平大幅提高、就业状况大大改善以及经济安全等。经济社会形势的变化必然要求经济理论作出相应的变化，传统的经济理论建立在贫困假设的基础之上，但如今已经进入"丰裕社会"，依传统经济理论行事将会造成理论和实际的脱节，引起许多问题。首先，传统理论认为生产越多越能满足消费者的欲望和增进福利，但在丰裕社会，消费者的基本需求已经得到满足，生产者的广告和推销术以及信用的扩张使得消费者过度消费、透支消费，这一方面会导致通货膨胀，另一方面也会导致消费者债台高筑，当许多人无法按时还款、银行紧缩信用之后，投资就会出现下降，经济出现波动。其次，传统经济理论只研究生产和消费在数量上的均衡，而对于结构上的均衡则考虑较少。而在公共服务需求大幅增加的条件下，经济理论必须注重对公共产品的生产和消费的研究，否则会导致公共产品供给严重不足。最后，传统的经济增长理论只关注资本积累，而忽视了技术进步的重要作用，这必然会导致对技术发展的投资不足，从而影响经济的长期发展。

对此，加尔布雷思认为，要抛弃不合时宜的传统经济理论，改变人们关于经济增长和福利的旧观念。首先，可以通过征收销售税来削减富裕阶层对非必需品和有害物质的购买，并增加政府的公共收入，以此解决生产和消费的结构性失衡以及公共服务资金不足的问题。其次，实施"商业循环分等补偿"制度以弥补当前失业救济制度的不足，使失业补偿金随着失业率的上升而增加，当接近充分就业时，失业补偿金就减少。再次，实施人力投资政策解决贫困问题。政府应侧重对少数贫穷人口和贫穷地区的教育、文化和卫生设施的投资，以补救人力投资的不足。最后，削减军费，以此加速科技事业的发展。

3. "新工业国"理论

在"抗衡力量"和"丰裕社会"理论的基础上，加尔布雷思形成了他的"新工业国"理论。他认为，在当代社会中，科学技术进步对经济和社会发展具有决定性的作用，这使得以现代大公司为基础的美国社会经济性质发生了根本变化，进入了一个新的发展阶段，即新工业国阶段。处于新工业国阶段的美国社会已经不是以前的资本主义社会，以大公司为基础的工业系统发生了一系列根本性变化。

第一，权力从资本家手中转移到"技术结构阶层"手中。加尔布雷思认为，在任何社会，权力总是与最难获得或最难替代的要素联系在一起的，谁拥有这种要素，谁就可以控制其他要素，从而掌握权力。农业社会中是土地，工业社会中是资本，在现代社会，由于工业的不断发展和科学技术的飞速进步，专门知识已成为企业发展的决定性生产要素。于是，权力就从资本家手中转移到拥有专门知识的人手中，这些人被称为"技术结构阶层"，它包括科学家、工程师、企业经营管理人员、律师等。"技术结构阶层"并不是指某一个具体的掌权人，而是一个专家决策集团。

第二，企业目标发生变化。随着企业的权力从股东手中转移到"技术结构阶层"，企业的目标也就不再是利润最大化，因为"技术结构阶层"的收入来自薪水和奖金而不是股息，追求利润最大化要冒很大的风险，而收益主要归于股东。因此，"技术结构阶层"从自身利益出发，将以维持企业的稳定和增长为企业的主要目标。

第三，"消费者主权"被"生产者主权"所取代。加尔布雷思认为，消费者主权是建立在满足人们的衣食住行等自然需求的基础之上的，它存在于收入水平较低的工业社会的早期阶段。而在"丰裕社会"里，人们的基本生活需要已经得到满足，而心理需要变得越来越重要。这样，生产者就可以通过广告、推销术来改变大众的偏好，刺激他们的需求，生产者主权自然就取代了消费者主权。此外，"技术结构阶层"为了保持企业的稳定发展，相互之间会形成一种默契，避免激烈竞争，从而使得生产和销售实现"计划化"。

第四，由于权力的转移，企业与外界关系发生变化。首先，工业资本战胜银行资本。由于"技术结构阶层"不再以利润最大化为目标，而追求企业的稳定发展，因此会减少对银行界的依附。而且现代企业一般都会保存大量未分配收入，从而增加企业的内部积累，这也会降低企业对银行的依赖。其次，企业与工人的关系得到改善。企业的目标变为稳定和增长之后，会尽量满足工人的需求，而工人为了获得稳定的工作，满足自身消费需求，也会与企业保持密切合作。再次，企业与国家之间的关系日益密切，现代大公司在研发、人才供给、工资及价格稳定等方面都对国家有较大的依赖性。最后，企业与科教界的联系更加紧密。在"技术结构阶层"掌权后，他们更懂得从科教机构吸纳人才、取得新科研成果。因此，企业会尽量与科教界搞好关系。

第五，资本主义和社会主义"趋同"。加尔布雷思认为，资本主义和社会主义不过是现代工业系统的不同技术组织形式，两种制度的"趋同"是经济和技术发展的必然结果。他认为，资本主义和社会主义有下列共同趋势：市场被计划所代替；大公司及"专家组合"力图保持自己的独立性；国家调节总需求以保证居民有最必需的购买力、保持价格和工资的稳定；国家在培训人员方面的作用加强等。

4."二元体系"理论

"二元体系"是加尔布雷思在《经济学和公共目标》一书中所提出的核心观点。加尔布雷思指出，当代资本主义经济不是由互相竞争的私人企业组成的单一的结构，它是由"二元体系"组成的"二元结构"。所谓"二元体系"，一个是指

"计划体系"，它是一个有组织的、由能够实行计划生产和销售的大企业组成的体系，其权力掌握在技术结构阶层手中。另一个是指"市场体系"，它由众多分散的小工商企业组成，受市场力量支配。计划体系的主要特征就是加尔布雷思在"新工业国"中提到的几点新变化，而市场体系则没有发生什么变化，技术简陋、力量单薄、无法支配价格和消费者。因此，在整个经济体系中，二者的地位是不平等的，计划体系占支配地位，而市场体系处于被支配、被剥削的地位。二元体系的存在给整个资本主义社会经济带来了严重影响：一是造成社会经济各部门畸形发展、比例失调，计划体系的生产发展过快而市场体系的生产则发展缓慢。二是造成两个体系间人们收入的不平等，富者愈富而贫者愈贫。

对此，加尔布雷思主张政府和公众支持小企业的发展，从而提高市场体系的地位，同时限制计划体系的权力并消除它对市场体系的剥削，只有这样才能使两个体系的权力均等化。加尔布雷思把实现了这种权力均等化的社会称为"新社会主义"。对于他所说的"新社会主义"，加尔布雷思主要指出了三点：首先，推行"新社会主义"改革措施的主体应该是政府。其次，这种改革措施的起点是"信念的解放"。信念的解放是改革中最艰巨的任务，其他各项改革都有赖于它的实现。所谓信念的解放是指人们要从传统观念，也就是传统经济学的束缚中解放出来。传统经济学一直把经济增长和产品的丰裕看成是成功的标准，只考虑经济增长而不考虑经济增长的后果如何。实际上，经济增长只是大公司的目标，并不是公众的目标，传统经济学把公众与大公司捆绑在一起。而政府只有从计划体系的控制中、从传统观念的束缚中解放出来才能成为"公共的政府"。最后是改革的具体措施，如实行累进收入税制以保证收入的公平分配、实施反通货膨胀措施、国家调节总需求以纠正需求不足或需求过度，从而保证经济的均衡发展、对职工进行教育和培训以解决失业问题等。

（三）博尔丁与格鲁奇的发展

1. 博尔丁的主要理论

肯尼思·艾瓦特·博尔丁是美国经济学家，新制度学派的代表人物之一。博尔丁 1910 年出生于英国利物浦的一个工人阶级家庭，1922 年进入利物浦高等学院学习，1928 年进入牛津大学学习并获得牛津大学新学院自然科学奖学金，一年后开始学习政治学、哲学和经济学，1931 年毕业并获得牛津大学一级荣誉文学学士学位。1932—1934 年在芝加哥大学留学并获美国国家研究员奖学金，曾受教于弗兰克·奈特、亨利·舒尔茨等，随后又到了哈佛大学，跟随熊彼特学习。1934 年回到英国，任教于爱丁堡大学。1937 年又到美国科尔盖特大学任教，从此开始了他在美国和加拿大一段辉煌的职业生涯。1948 年加入美国籍，1980 年退休后任科罗拉多大学经济学特聘教授。博尔丁一生研究成果非常丰富，著作有 30 多部，公开发表的文章有 150 多篇，其主要的代表作有：《经济学的重建》（1950）、《意象：生活与社会中的知识》（1956）、《经济动态学》（1978）、《演化经济学》（1981）等。

博尔丁的研究范围非常广，涉及进化生物学、生态学、凯恩斯经济学、冲突研究、社会经济学和环境经济学等。他对正统经济学一直持批评态度，并寻求经济思维范式的某种转变。这种思维范式的转变在他的《经济动态学》和《演化经济学》中表现得尤为明显。因此，我们在此将主要介绍博尔丁的演化经济学思想。拉塞尔对他的演化思想评价颇高，甚至认为他是第一个真正的演化经济学家。博尔丁的演化经济学的创建是从对主流经济学模型的质疑开始的，他认为那是一种机械的模型。而博尔丁对经济学则有着不一样的认识，他一方面把经济嵌入一种更为广阔的生态环境中来考察，因此他也是最早认识到经济的系统性特征的经济学家之一；另一方面他强调时间的不对称性以及经济过程的不可逆性，而这与新古典模型是格格不入的。博尔丁的演化经济学看起来更像是从生态学的角度对人工产品①的转化所作的一个解释。例如，博尔丁认为演化就是一个遗传结构（如知识、技能、信息等）不断变化的过程，通常会导致复杂性的不断增加，而一个基本的演化过程也是一个知识累积的过程，换句话说，也就是物种遗传结构的变化，而一个生态系统有着无数个生态位，以容纳不同类型的生物和行为。在他看来，生物和社会演化都是指在变异和选择过程中不断地填充空的生态位。环境是由许多生态位构成的，其中有些生态位是相互竞争的，有些则是相互补充的，它们之间的相互作用决定了每一个生态位的潜在规模。在任何一个时空点上，都将存在一个生态系统，在参数集给定的情况下，生态系统将会趋于一种均衡状态，此时，增长率为零，而且所有的生态位都被填满。然而，由于变异和其他外生环境因素的存在，这种均衡将永远无法达到。有些生态位是满的，有些不是，这取决于系统的适应能力，每一次成功的变异都将打开一些生态位，同时也会关闭其他一些生态位。在生态系统中，最基本的变化就是遗传结构的改变，正是对遗传结构变异的不断选择推动了演化过程的发展。

在谈到社会发展时，博尔丁认为，社会发展模式是生物发展模式的扩展、延

---

①　在博尔丁看来，所谓的人工产品不仅包括物质结构和对象，比如建筑物、机器等，还包括一些组织和组织结构，例如部落、国家、企业、宗教、政党等，甚至人类本身也是一种人工产品。

伸和加速。在社会发展中，变异采取的形式是发明、发现以及意识圈和意识遗传结构①的扩张。人类的决策制定能力就是对复杂的未来形成影像的能力，而这些影像是实现未来的必要的先决条件。他指出，这种影像形成能力已经创造了社会、社会演变以及人工产品。博尔丁把商品视为社会和经济生态系统中的物种或人工产品。在这里，变异主要针对知识的遗传结构——新思想、新技能和新窍门，而选择则针对表型。遗传结构的一个不成功的变异将无法产生一个成功的表型——在整个生态系统中拥有自己的生态位。例如，技能或思想发生变异，而生产的新产品在合理的价位上并没有市场需求，那么这种产品将不会被生产，即使被生产出来也会很快消失。另一方面，新的成功表型将改变整个生态系统以及所有原有物种的生态位，其中一些生态位可能会消失，相应的物种也会灭绝。表型的生产涉及三个基本要素：知识、能量和物质。在生产过程开始时，遗传结构或知识必须能够指导能量，以维持适宜的温度，并把所选择的物质转换成表型的各种结构。总的来看，博尔丁的演化经济学阐述的主要内容就是知识的演化。知识通过人类的发现、发明、创造和企业家精神而不断增加。新知识在生产过程中被运用，而生产出的产品则接受市场的检验，检验的结果传达到消费者那里，从而改变他们的行为习惯。这一过程不断重复，从而不断增加可利用的知识。

2. 格鲁奇的主要理论

阿兰·G. 格鲁奇，是美国新制度学派主要代表人物之一，马里兰大学经济学教授。他曾花大量的时间和精力创办了美国演化经济学协会，并出任会长。他的主要著作有《现代经济思想——美国的贡献》（1947）、《比较经济制度》（1966）、《当代经济思想——制度主义经济学的贡献》（1972）、《经济学的重构——制度经济学的分析基础》（1987）等。格鲁奇著作的内容十分广泛，主要涉及经济制度、经济思想史和国民经济计划等领域。

（1）新制度经济理论。作为新制度学派的代表人物，格鲁奇在对以凡勃伦为代表的老制度学派和以加尔布雷思为代表的制度主义深入研究的基础上形成了他的新制度学派观点。他的理论是对新制度学派经济理论的系统化和发展，主要有以下两个方面：一是关于制度经济学的研究对象和研究方法。格鲁奇认为，制度经济学的研究对象是经济制度的产生、发展及其对经济生活的作用。他强调制度

---

① 意识圈就是人类神经系统的全部认知加上一些假体装置，通过这些假体装置，神经系统就能以图书馆、计算机等人工产品的形式得以扩充和整合。意识遗传指神经系统中的结构，包括大脑等。

经济学不仅要分析市场机制等经济制度的运行机制，还要研究影响制度变革的其他因素，如历史与文化等，尤其重视科学技术和知识分子的作用。在制度分析的方法上，格鲁奇用文化主义方法取代传统经济学的形式主义的分析方法，将经济制度看成历史文化的产物。他主张一种机能整体的方法论，注重现实世界的演进性质，认为只有在不断发展的历史文化进程中才能理解经济现实。二是格鲁奇的新二元经济理论。旧的二元经济理论是加尔布雷思提出的，他认为，现代经济是由计划系统和市场系统组成的，寡头垄断部门的大规模工业企业剥削自由市场部门中小规模的竞争性厂商。格鲁奇认为当今的二元经济是由传统的重工业化体系，知识、信息等高技术产业，以及私人和公共服务事业构成的，叫新二元经济。新二元经济中的主要问题是平等问题，传统工业和新兴工业之间、两大行业的工资收入者之间、发达国家与落后国家之间都存在着不平等。

（2）比较经济制度理论。格鲁奇的比较经济制度是其新制度学派经济理论的一个重要组成部分。格鲁奇认为，经济制度可分为狭义和广义的两种。狭义经济制度是指传统经济学家所说的经济组织，其主要任务是解决一个国家所面临的基本经济问题，即生产什么、如何生产和为谁生产，这一定义没有考虑导致经济制度发展或在它们的结构和职能方面发生根本变化的力量。广义经济制度考虑到导致经济制度发生变化的动态力量，是指各个参加者的组织发展的复合体。经济制度的比较研究主要包括以下四个方面的内容：一是关系到广泛影响经济制度的背景力量或因素；二是涉及经济制度的本质及职能；三是各种经济制度的成就；四是经济制度运行的方向及这些制度在其发展过程中出现的各个阶段的主要特点。格鲁奇还研究了经济制度的结构和职能。经济制度的结构是由它的组成部分，如住户、工业企业、农场、农业合作社、工会、银行和其他金融机构、政府部门和机构等决定的。从广义来说，经济制度的结构可以分为公有和私有两部分。经济制度的职能是指经济制度如何运行、经济运行的方式和为谁的利益服务，而不是谁占有生产资料。

格鲁奇根据经济制度的定义、结构和职能分析，将当代经济制度分为四种类型：成熟的资本主义经济模式，如美国、英国等；成熟的民主社会主义的经济模式，如瑞典、挪威；发达的独裁主义社会主义或共产主义的经济模式，如苏联；经济不发达的国家，包括中国、印度以及非洲等国家。不同类型的经济制度具有不同的特征。资本主义制度的基本特征包括生产资料私人所有制、私人财产制度基础上的分散决策、以市场为基础提供决策信息、物质利益刺激是实现经济目标的基本手段。民主社会主义制度的基本特征包括私有经济为主、关键部门实行国有化、一定程度的政府控制、较完善的收入分配制度和社会保障体系。格鲁奇把苏联和东欧的社会主义经济制度叫作共产主义经济制度，认为这种制度又可分为四种基本类型：动员的共产主义经济（反对市场机制的作用）、正统的斯大林命令主义经济（追求高水平的强制经济增长，不讲经济效率）、改良的命令主义经济（不触动党政官僚权力结构的情况下使经济更有效率）、分散的面向市场的共产主义经济（放弃大部分中央计划、实行工人自治）。这几种类型的制度的共同特征是：社会意识形态上信仰马克思主义经济学和政治学、在经济制度上实行生产资料的国家所有制和集体所有制、在国民经济管理上实行以工业化为目标的计划经济。不发达国家的主要特征包括生产力水平低、用政府计划促进经济增长、扩大国有经济，优先发展工业，尤其是重工业。

在对经济制度分类的基础上，格鲁奇又分析了不同经济制度的趋同现象。他认为，经济制度是不断发展的，在东方和西方经济中，长期的经济发展不断地将这些经济制度推向新阶段，使经济结构和职能发生变化，两种经济制度趋向共同的模式。如美国等西方国家政府对经济进行干预，抑制了自发的市场势力，法国、日本等国采用了指导性国家计划；实行共产主义的国家放弃了高度集中的命令经济形式，注意发挥市场的自发调节作用，允许市场机制配置资源。两种经济制度可能趋于同一，成为某种中间的或统一的制度。

二、欧洲新制度学派

（一）欧洲制度学派传统

制度主义在美国有着悠久而又辉煌的历史，它的诞生可以追溯到 1898 年凡勃伦发表的《经济学为什么不是一门演化（进化）科学？》，而到了 20 世纪 20 年代，制度主义思想在美国大学中实际上已经获得主导地位。相比之下，在 20 世纪的欧洲，尽管也有像霍布森、波拉尼、缪尔达尔、卡普等一些主要的欧洲制度主义经济学家对制度经济学的发展做出过重要贡献，但制度主义从没有在欧洲牢牢地扎下根来。在霍奇逊（1998）看来，欧洲制度主义的发展缺乏一种连续性，不像美国制度主义那样有着鲜明的代际传承，从凡勃伦到艾尔斯再到加尔布雷思等人。对于制度主义在美国与欧洲不同的发展状况，霍奇逊把它归结于以下几点；首先，从 1890 年到 20 世纪 30 年代这段时间，美国人口和大学数量都快速增长，学术环境较为宽松，因此异端经济学的生存空间较大，以凡勃伦为代表的老制度学派也得以在这段时间站稳脚跟并蓬勃发展；其次，第一次世界大战之前，尽管社会主义思想在美国也有所传播，但马克思主义从没有获得像在欧洲那样的突出地位，也正因为如此，美国老制度学派的发展少了另一种异端经济学的竞争，从而获得更多的成长空间；再次，当时的美国是一个新兴的、扩张中的国家，它的制度与组织建设、长期发展等问题都非常紧迫，而主要欧洲国家则呈现出一种相对僵化的状态，存在了几个世纪的制度被视为理所当然，经济学的发展表现出一种自满状态，常常忽视长期发展以及制度变迁等问题；最后，老制度学派未能从美国扩展至欧洲，还因为美国老制度学派的经济理论自身有一定的局限性。不管是老制度学派的支持者还是反对者，他们都承认，美国老制度学派未能形成像新古典主义、马克思主义那样一种系统的理论，而且老制度学派的代表人物之间也存在严重分歧。因此，尽管老制度学派在美国硕果累累，但它无法形成一种标准化的理论而对外输出。而到了第二次世界大战之后，当美国成为一个经济理论输出国的时候，老制度学派已经丧失了自己的优势，被新古典经济学所取代。所以，直至 1988 年欧洲演化政治经济学协会成立之前，制度主义在欧洲的发展都是零散的、片段化的。

虽然制度主义在欧洲的发展缺乏一个完整的链条，但制度主义思想在欧洲却有其历史渊源，其中之一就是德国历史学派。美国许多经济学家都曾在 19 世纪七八十年代的德国学习经济学，并受教于历史学派的领军人物。但德国历史学派并没有为美国式制度主义的发展耕耘出一片沃土。随后，由于纳粹主义的破坏性影响，历史学派逐渐消失了。此外，历史学派与美国老制度学派在理论上也存在着重大差异。这些都阻止了老制度学派在欧洲的孕育和发展。而在"二战"结束之前一直作为世界经济科学中心的英国，虽然有着对凡勃伦产生重大影响的达尔文和斯宾塞等思想家，但能够贴上制度主义标签的英国经济学家却非常少，其中最著名的是霍布森。但霍布森本人却从未获得任何一所英国大学的学术职位，也没有获得英国学术界的足够重视，但他的思想却影响了诸如列宁和凯恩斯等一些重要的思想家。

在欧洲大陆，除了历史学派，与美国老制度学派存在着很大类似性的制度主义经济学家主要有三位：卡普、缪尔达尔和波拉尼。卡普的主要理论有社会成本理论、企业的环境影响分析以及一般制度理论；缪尔达尔的主要理论有货币理论、累积因果循环理论等；波拉尼则在经济史、经济人类学和制度理论方面贡献较大。尽管如此，他们三人的理论都没有在欧洲的大学中产生重大影响并形成一个繁荣发展的学派。此外，如果我们从广义上来定义新老制度学派的制度主义，即反对方法论个人主义、把制度作为基本分析单位、把经济视为一个开放系统、用累积因果的概念替代均衡概念，那么与制度主义相关的欧洲学者就更多了，如马克思和熊彼特，即使像斯密、凯恩斯、马歇尔和哈耶克等人的理论中也存在着制度主义的思想片段。因此，欧洲制度主义的复兴要从这些人的思想中吸取灵感。事实上，欧洲制度主义的复兴条件在近些年也已改善。首先是欧洲正在经历重大的制度、文化和技术变迁，东欧发生剧变，西欧则走向一体化。其次，正统的新古典理论一般都忽视技术变迁问题，而且缺乏制度理论，这种失败为制度主义的发展提供了契机。还有一个原因就是欧洲有着与美国不一样的企业与政治文化。现在的欧洲强调"合作主义"和"社会市场"的资本主义模式，而美国则奉行个人主义的"赌场经济"。

霍奇逊分析了欧洲制度主义与美国制度主义的一些差异，这些差异主要源于其不同的哲学与文化传统，表现在以下三方面。第一，关于制度的作用。美国制度主义，尤其是艾尔斯的技术—制度二分法强调制度对人的约束作用，把制度视为进步的阻碍，是消极的，这种极端看法为"二战"后的美国制度主义打上了一个鲜明的烙印。而欧洲制度主义除了强调制度的约束性外，也强调制度的能动作用。第二，关于价值判断与福利理论。虽然两种制度主义传统都反对新古典经济学基于个人效用的价值理论与福利理论，但它们之间也有不同。美国制度主义根据艾尔斯的二分法，提出了工具价值理论，但艾尔斯对欧洲制度主义影响甚小，工具价值理论也没能在欧洲扎根。而欧洲关于价值论的探讨可以追溯到亚里士多德，他最早把价值区分为使用价值和交换价值，他的这种价值二分法被后来的斯密、李嘉图和马克思等人所接受，也被后来的欧洲制度主义者波拉尼所采用。而英国制度主义者霍布森则受罗斯金[①]的影响，认为在经济和社会政策中应强调道德的作用，因此他尤其强调道德价值。涂尔干[②]也对实用主义哲学提出批评，强调社会中需要道德、政治和经济秩序，以及技术规则。罗斯金和涂尔干的思想对欧洲的社会科学产生了非常大的影响，而这一传统与美国社会科学传统完全不同。第三，对凡勃伦传统思想的继承。霍奇逊认为美国制度主义在经历了20世纪40年代的调整之后，已经放弃了凡勃伦的一些关键性概念和方法，例如凡勃伦期望建立一种基于后达尔文主义的演化经济学，但其后继者逐渐放弃了这一目标，生物学与社会科学的联系渐行渐远；凡勃伦建立在本能哲学基础上的行为理论也被边缘化，而且一些制度主义者受当时的数学化思潮的影响，逐步转向数据收集和统计工作。相比之下，欧洲制度主义者则很好地继承了凡勃伦的衣钵，他们与其他众

---

① 罗斯金是19世纪英国维多利亚时期的著名艺术评论家、社会思想家和慈善家。

② 涂尔干是法国著名的古典社会学家之一，对社会学的早期发展做出了巨大贡献。

多异端经济学进行密切交流，凡勃伦的演化思想、生物学隐喻都被保留了下来。由于篇幅所限，我们在本节将重点介绍缪尔达尔和霍奇逊对新制度学派发展的贡献。

（二）缪尔达尔的发展

缪尔达尔是欧洲制度主义的重要代表人物，1898 年出生于瑞典中部达拉纳省一个普通家庭。1918 年进入斯德哥尔摩大学学习法律，1923 年毕业后从事律师业务，同时在斯德哥尔摩大学读经济学，1925—1927 年间在英国、法国和德国留学，1927 年，缪尔达尔获斯德哥尔摩大学经济学博士学位，并留校任政治经济学讲师，1929—1930 年以洛克菲勒基金会研究员的名义去美国深造。1931—1932 年在瑞士日内瓦国际研究院任副教授，之后，他于 1933 年作为卡塞尔的继承人，被任命为斯德哥尔摩大学拉尔斯·希尔塔讲座政治经济学和财政学教授，直至 1939 年。后来又投身于政治活动，并于 1945—1947 年出任瑞典商业部部长，l948—1957 年间任联合国欧洲经济委员会执行秘书长，1957 年开始对南亚和东南亚 11 个国家的政治经济问题进行了长达 10 年的研究，1961 年再次回到瑞典斯德哥尔摩任国际经济学教授，1974 年他同哈耶克一起获得诺贝尔经济学奖。

缪尔达尔在经济理论方面的研究先后经历了两个截然不同的阶段。第一个阶段是在 20 世纪 20—30 年代。那时他的研究属于新古典主义传统，研究纯粹理论问题。第二阶段开始于 20 世纪 30 年代末。1929 年以后，缪尔达尔的兴趣转向了政治问题，他积极参与政治，从理论经济学家转变成了一位政治经济学家，他自称为制度主义者。从此以后，他研究的主要内容是对政治、社会和经济现象之间的内在联系进行分析，如对美国黑人问题的调查研究，对南亚和东南亚国家政治经济问题的研究等。缪尔达尔一生著作很多，主要有：《货币均衡论》（1931）、《美国的困境：黑人问题与现代民主》（1944）、《经济理论和不发达地区》（1957）、《富裕国家和贫困国家》（1957）、《亚洲的戏剧：各国贫困考察》（1968）、《世界贫困的挑战：世界反贫困计划纲要》（1972）等。

缪尔达尔的经济学成就主要体现在两大方面，一是新古典经济学的货币理论和经济波动理论，二是在制度经济学和发展经济学方面的卓越贡献。实际上，缪尔达尔一生中真正从事货币和宏观经济理论研究的时间并不长，前后不超过十年，且都在其学术生涯的早期。他的大部分时间都在从事关于社会平等和经济平等问题的研究，正是这些研究使得他成了一位制度主义经济学家。而他作为制度主义代表人物的主要理论贡献就是循环累积因果理论。

缪尔达尔的循环累积因果理论主要是针对传统经济理论的缺陷而提出的，这种缺陷主要体现在两方面，一是它的静态均衡分析法；二是它对社会经济过程的分析仅仅集中在少数几个经济变量上。对此，缪尔达尔运用"整体性"方法，对经济、社会和制度现象进行综合分析，进而提出"社会过程理论"，以解释社会经济体系的演变过程。在他看来，社会经济体系在演进过程中受到各种力量的推动，但它并不一定会趋向某个均衡点。因为社会经济的各种因素之间是互相联系、互相影响、互为因果的，最初某一社会经济因素的变动会引起具有强化作用的另一社会经济因素的引申变动，从而使得社会经济过程朝着最初变动的方面做更进一步的发展。简而言之，这种循环因果使得社会经济过程以一种累积的、加速的方式变迁，而不稳定性是变迁过程的主要特点。

缪尔达尔的循环累积因果理论最初是在《美国的困境：黑人问题与现代民主》一书的附录中提出的。他突破传统经济学的狭隘边界，在经济分析中引入众多非经济变量，经济变量和非经济变量之间的交互作用使得社会经济系统始终处于一种不稳定状态。例如，种族歧视可能会影响那些弱势群体的就业机会，从而导致这些人收入水平低下，而低收入水平又会加剧社会偏见。他把非经济变量纳入分析当中，开拓了众多的累积过程的可能性，而这种分析在传统经济学中是没有的。此外，缪尔达尔的循环累积因果理论还涉及价值判断问题，他除了运用循环累积因果原理分析经济增长外，还对社会平等、人口、健康、文化等对经济社会发展的影响进行了研究，从而弥补了主流经济理论中缺少价值判断的问题。

缪尔达尔在运用循环累积因果原理的过程中，还进一步明确指出循环累积运动分为向上累积和向下累积两种情况，前者即"扩散效应"，即某一地区的发展具有正反馈效应，它会带动周围地区的发展。后者指"回波效应"，即某一地区的发展具有负反馈效应，由于种种原因它会引起别的地区的衰落。缪尔达尔认为，正是因为存在着"扩散效应"和"回波效应"，国际贸易会加剧发达国家与欠发达国家发展的不平衡，因为发达国家利用自己的技术、管理等优势，以质优价廉的产品抢占欠发达国家的市场，在加强自身竞争力的同时大大限制了欠发达国家的产业发展，因此国际贸易对欠发达国家具有明显的"回波效应"。所以国际贸易并不总是对贸易国双方都有利，只有在贸易双方经济发展水平差不多时，国际贸易才是互利的。除了分析国际经济不平等外，循环累积因果理论贯穿于缪尔达尔后半期的整个研究体系之中。

缪尔达尔的循环累积因果原理的思想在一些早期的老制度学派文献中已初见端倪，例如，凡勃伦在其经典论文《经济学为什么不是一门演化的科学？》中就已经提出了"累积变迁"的概念。但凡勃伦的累积变迁与缪尔达尔的循环累积因果有着很大的不同，凡勃伦关注制度因素相对于非制度因素的潜在强化性质，以及整个社会经济过程的自我强化特点，但他的累积概念本身并不包含自我强化的正反馈思想，甚至认为在累积因果中并不存在某种"趋势"，这与缪尔达尔的循环累积因果思想完全相悖。这也是为什么缪尔达尔在获得凡勃伦—康芒斯奖时没有明确提及凡勃伦的累积变迁概念的原因。因此，缪尔达尔的循环累积因果理论不能简单地视为凡勃伦累积变迁理论的再现。

（三）霍奇逊的发展

杰弗里·霍奇逊是英国著名经济学家，老制度主义的当代传人，欧洲演化政治经济学协会的创始人之一，毕业于英国剑桥大学，并曾在剑桥大学任教 8 年，现为英国赫特福德（Hertfordshire）大学研究教授、博士生导师，制度经济学研究中心主任。霍奇逊是当今国际演化经济学界知名学者之一，曾被聘为法国、奥地利、瑞典、日本、美国等多所大学的客座教授。他还是《制度经济学》杂志主编，英国当代资深的马克思主义研究者。霍奇逊教授是一位高产的学者，迄今为止已经出版了 10 多本著作，在学术期刊上发表 170 多篇论文，他的研究兴趣和研究领域广泛，主要有制度经济学、演化经济学、经济学方法论、经济思想史、企业理论和社会理论等。

作为老制度主义的当代传人，霍奇逊通过对美国制度主义的兴起、衰败和复兴历史的考察，指出了美国制度主义发展中存在的问题，并提出了重建老制度学派制度主义经济学的设想。霍奇逊认为，重建的关键点在于把握住凡勃伦制度主义的精髓，也就是达尔文主义。凡勃伦制度主义的最大特点，就是实现了达尔文理论与社会经济分析的创造性结合。

关于达尔文主义，霍奇逊首先指出，人们对于它以及它与社会科学之间的关系存在很多误解，例如，一战后出现的与生物还原论、种族主义、优生学挂上钩的社会达尔文主义与达尔文主义是根本不相关的。霍奇逊指出："达尔文主义并不支持任何形式的种族主义、性别歧视、民族主义或者帝国主义，也不为"适者生存"提供任何道德上的辩护。它也不意味着暴力冲突不可避免，或者合作与利他主义是不重要或反常的。"[①] 在谈到社会经济的演化机制时，霍奇逊认为它与生物进化机制有很大的不同，因为在研究社会经济的演化时，关注的是人类福利和幸福状况，而不仅仅是生存与繁殖。虽然如此，达尔文主义并非仅仅适用于生物的

[①]　G. M. Hodgson, "Darwinism and Institutional Economics", *Journal of economic issues*, 2003, vol. 37（1）: pp. 85—97.

进化，而且现代发展的普遍达尔文主义进化机制能够被应用于所有的复杂性开放系统，因为"如果从一个足够抽象的层面上去考虑，生物进化和经济演化具有同种类型的过程和结构"[①]。此外，对于达尔文主义，霍奇逊反复强调了它的累积因果原则。他认为达尔文主义就意味着因果性解释，而且达尔文主义的永恒价值就体现在对包括变异、遗传和选择的演化的因果机制的解释。总的来说，在霍奇逊看来，达尔文主义不和任何的决定论和意识形态挂钩，而只是一个普适的解释因果变迁的分析框架，它不仅为我们提供了一个生物进化的理论，同时也是一种有助于我们理解人类社会经济系统演化的理论。

而首先尝试沿着达尔文的思路发展一种经济和制度演化理论的社会科学家正是凡勃伦。在霍奇逊看来，凡勃伦的达尔文主义理念主要表现在三个方面：首先，凡勃伦支持作为达尔文主义基础的因果关系原理。对凡勃伦来说，达尔文主义对目的论的拒绝，成为经济和社会科学领域中科学和后达尔文主义研究方法论的必要基础。因此，他将达尔文学说的累积因果和连续性假设提升到方法论意义上，在经济和社会分析中主张相互作用和诸事有因。其次，凡勃伦将达尔文的自然选择思想创造性地运用于社会经济制度的分析，用变异、遗传和选择去解释社会制度的存续与效率，制度成为社会经济演化所选择的对象。但需要指出的是，凡勃伦的达尔文主义经济学并不意味着经济演化可以或必须简化为一系列生物学术语。虽然社会经济系统的演化与达尔文的遗传、变异和选择原理在方式上是一致的，但自然演化和社会演化之间在选择单位和演化过程的细节等方面是不同的。最后，凡勃伦将本能这一人的生物属性的起源和现实作用纳入分析框架之中。虽然在社会经济分析中，是否应该以及如何包容人的生物属性一直是个有争议的话题，但凡勃伦坚持认为，人没有豁免于自然选择的特权，因此也具有长期演化而来的生物属性。

虽然霍奇逊把达尔文主义视为凡勃伦制度主义的精髓，但由于当时一些不利的社会科学风向的影响，如行为主义心理学、实证主义哲学占据上风，本能习惯心理学被逐渐抛弃等，所以当凡勃伦在1929年去世之后，其后继者就放弃了他的思想精髓，不再将达尔文主义引入到经济学中。如康芒斯不仅没有采纳凡勃伦的本能—习惯心理学，而且还接受了行为主义的某些观点。康芒斯认为，凡勃伦把自然选择的思想引入到社会经济演化分析之中是不合适的，因为主导经济现象的

---

① G. M. Hodgson，"The Mystery of the Routine：The Darwinian Destiny of An Evolutionary Theory of Economic Change"，*Revue économique*. 2003，54（2）：pp. 355—384.

是人为选择而不是自然选择，而这两者之间又存在本质上的不同。艾尔斯是后凡勃伦时代制度主义的领军人物，他对达尔文主义的拒绝也最具戏剧性和讽刺性。艾尔斯比康芒斯更彻底地支持新兴的行为主义，并排斥本能概念。他认为达尔文的主要思想，如变异、适者生存、自然选择、性别选择等都已经过时。他虽然也分析社会经济的演变过程，但是用非达尔文的方式。同样的，米切尔最终也放弃了作为制度主义基础的达尔文主义和本能习惯心理学。

针对凡勃伦制度主义的后继者对其思想精髓的这种遗弃，霍奇逊则致力于把达尔文主义重新引入到制度分析之中，并结合生物哲学的新发展，恢复并完善凡勃伦的制度主义思想。而现代普遍达尔文主义的发展为包括生物、社会和其他系统在内的所有复杂开放系统的演化提供了一个统一的框架，这无疑为恢复达尔文主义在经济制度演化中的应用提供了很好的契机。关于普遍达尔文主义，霍奇逊和克努森采取了一种宽泛的定义，达尔文主义是"复杂有机系统演化的理论，涉及单个实体的基因指令的遗传，基因型的变异，以及根据表现型和环境的适应性进行的选择过程"[1]。他们认为最基本的一点在于区分复制子和交互元。复制子是一个能够在连续复制中忠实地保持原有复制对象结构的实体，它与复制创造的过程是因果关联的。交互元是一个具有内聚力的实体，与其环境直接互动，互动行为产生差异化复制。而差异化复制是达尔文理论中选择过程的基础。如何把普遍达尔文主义从生物学推广到社会科学，其中的关键在于对进化论核心概念——复制子、交互元、选择等概念的重新诠释。在生物学中，人们普遍把基因看成是复制子，而有机体是交互元。在我们用一般性术语定义这些核心概念时，就必须考虑在社会领域内，复制子、交互元和选择过程的对应物是什么。对此，霍奇逊认为，个人的习惯和组织、群体层面的惯例与基因极为类似，它不仅是行为基础，同时也具有相对稳定性和普遍性，因此可以看成是人类社会的复制子。当然习惯与基因的复制、变异和选择机理是不一样的，习惯不是直接复制自身的，而是通过表达出来的行为间接复制。"选择"概念也面临着同样的问题，将这一概念运用在社会经济系统的演化中，必须用精练的定义准确表达其含义。霍奇逊认为，选择并不一定指的是生物学中的自然选择机制，而是被定义为任何一组实体和它们的环境之间相互作用之后不同实体之间的频度改变的事实，因此选择机制的作用并非预先假设一个不变的"选择环境"，而只是认识到系统之间的高度相互依

---

① G. M. Hodgson, Knudsen and Thorbjørn, "The Complex Evolution of a Simple Traffic Convention: The Functions and Implications of Habit", *Journal of Economic Behavior and Organization*, 2004, (54)(1): pp. 19—47.

赖性。

按照霍奇逊的思路，制度分析的基本框架是习惯和制度及其演化。个人习惯并非来源于理性计算之后的选择，而在于人们在有限的信息和计算能力条件下，无法对各种情况按照成本—收益原则做出闪电式的计算时，依照社会上普遍采用的行为方式来行事。因此，习惯"是非深思熟虑的和自我驱使的采用从前行为模式的倾向，它是在重复的情境中自保持的和没有思考的行为"[①]。制度可以按照凡勃伦的方式被定义为流行的思想习惯，它"是部分地通过思维和习惯的生产和再生产对人类行为所施加的形式和社会内聚力，这涉及概念修辞手段、习得的符号的创造和传播"[②]，制度是与人类的认知相关联的，而理性本身依赖于制度的支持。个人习惯强化了制度，又被制度所强化，正是由于这个相互加强的循环，制度就有了一种稳定和惰性的禀赋。而且，在为理解感觉资料提供认知框架上，在把信息转变成有用的知识提供智力习惯或惯例上，制度发挥着基本的作用。但是把制度作为分析对象并不必然意味着个人就必须受制度的支配，相反的是，制度分析既要强调制度结构，也必须强调人的能动性作用。

第三节 政策主张

一、基本政策倾向

正如在本章开头已经指出的，新制度学派是由艾尔斯把凡勃伦的分析与约翰·杜威的哲学相结合而形成的，该学派或者明确地基于凡勃伦—杜威的方法论，或者被认为与之基本上相容。美国老制度学派是美国实用主义哲学和达尔文革命的产物，美国实用主义哲学主要是由查尔斯·皮尔斯、约翰·杜威和威廉·詹姆斯发展起来的，但作为美国老制度学派的创始人，凡勃伦没有受到约翰·杜威工具主义的影响。也许是受到皮尔斯科学观的影响，凡勃伦认为，科学仅仅创造理论，它是"发生什么"而不是"应该做什么"的知识，因此，虽然凡勃伦对现存制度大加批判，但他不是一个积极的改革者，也没有提出比较系统的经济政策主张，这种态度与老制度学派的其他两位代表人物康芒斯、米切尔以及后来的新制

[①] ［英］杰弗里·M. 霍奇逊主编：《制度与演化经济学现代文选：关键性概念》，贾根良等译，高等教育出版社 2005 年版，第 307 页。

[②] ［英］杰弗里·M. 霍奇逊主编：《制度与演化经济学现代文选：关键性概念》，贾根良等译，高等教育出版社 2005 年版，第 309 页。

度学派形成了鲜明的对照。

与凡勃伦不同，康芒斯和米切尔不仅强调政府干预在实现制度和经济改革中的重大作用，而且还积极参与了当时美国经济制度改革的设计和重大经济政策的制定，因此，他们对老制度学派的主要贡献在于经验研究和对经济政策制定方面的重大影响。例如，康芒斯几乎主导了威斯康星州的公用事业管制和劳动立法的改革；并被美国政府任命为"美国产业关系委员会"的专家和"总统失业委员会"的顾问。又如，米切尔不仅是美国国民经济研究局的创立者之一，而且他还曾建议美国成立一个咨询性的国家计划委员会，以便使经济学在经济政策的制定中发挥重要作用；在第一次世界大战期间，米切尔被任命为战时工业委员会价格部门的主管。

美国老制度学派对美国经济政策制定的影响并不限于康芒斯和米切尔。从1918年到20世纪30年代后期，美国老制度学派在美国经济学界曾掀起了一场反对正统经济学、改革经济学教学内容、提倡政府对经济进行干预、积极设计和参与各种社会福利改革方案的运动，史称"制度主义运动"。美国老制度学派的这场运动对美国的影响主要体现在经济政策的制定方面，举凡劳动立法、失业和社会保障、经济计划、管制、货币政策等领域，老制度学派在这个时期为美国的经济政策留下了丰富的遗产，特别是在解决"大萧条"的问题上，美国老制度主义者发挥了重要作用，他们普遍持有的计划观念对罗斯福"新政"产生了直接作用，通过参与"新政"政策的制定和执行，他们成了"新政"的主力军，至少在"新政"的第一阶段是如此，例如，老制度学派的特格维尔和伯利是"新政"初期罗斯福智囊团的重要成员，他们和同是老制度学派的伊奇基尔一起，在"新政"的决策中发挥了核心作用。①

康芒斯、米切尔以及凡勃伦之后的美国制度主义者之所以积极参与经济政策的制定是与他们受约翰·杜威实用主义的工具主义思想的影响分不开的。例如，米切尔"有关制度改革及社会价值的讨论，就是将凡勃伦对商业制度的批判，同明确的改革主义立场和科学的工具主义哲学相结合的第一步"②。在卢瑟福看来，工具主义哲学已经成为美国新老制度学派的显著标志。约翰·杜威的工具主义哲学强调了包括社会科学研究在内的科学研究在解决人类实际问题上的工具性价值，这种工具性价值是通过其社会价值来评价的。米切尔指出，社会价值本身的演进

① 张林编：《经济思想史》，科学出版社2008年版，第187页。
② ［英］马尔科姆·卢瑟福：《经济学中的制度：老制度主义和新制度主义》，陈建波、郁仲莉译，中国社会科学出版社1999年版，第160页。

来自努力运用知识解决社会问题的过程，国家计划人员"通过明确揭示不同行为产生的后果，可以使社会估价更有理性。或从长期来看，试着根据政策的可能结果制定国家政策，会让我们获得比我们现行社会价值更有效的社会价值"①。

新制度学派的开创者艾尔斯也深受约翰·杜威工具主义哲学的影响，他大大地拓展了米切尔的上述观点。艾尔斯一方面赞同凡勃伦的许多思想，包括强调技术以及技术对人类长期发展有重要作用的思想，另一方面又对科学知识和民主过程在解决问题、规定社会价值方面的潜力持有非常乐观的态度。福斯特、图尔和布什等整理和扩展了艾尔斯的原创性主题，形成了新制度学派的凡勃伦—艾尔斯传统，提出了政策制定的"社会价值原理"：制度变迁定义了共同体生活过程的演化，而人类在引导制度变迁的方向上可以行使其处置权。政策制定的中心目标是，在提出问题时用工具判断和行动替代礼仪或令人厌恶的判断和行动，其目的是通过知识的工具性使用，达到人类生活的连续性和非令人厌恶的共同体的再创造。"社会价值原理"为政策制定提供了一种规范性的参考框架，给"公共利益"这个术语赋予了含义，并从基础上对进步和退步的制度变迁的判断提供了支持。

二、具体政策主张

首先，政策制定要以实验和过程为导向。通过对制度变迁的历史经验和经济政策史的研究，新制度学派认为，在制定政策时要明确地认识到，人们的行为将怎样被这种政策环境所塑造。因此，按照上述社会价值原理，制定政策要因时因地而异，要以解决问题的实用性而非预先假定的意识形态或目标为标准。"社会价值原理"是"非意识形态的。确实，它是工具性评价之类的，照此它在政策形成中要经受其结果的检验。在处理共同体的事物上，它不认为，一种特定的制度安排的集合（例如，资本主义，社会主义）必须被看作是正确的和适当的方式"②。由于意识到制度变迁是一个充满风险并往往产生意外结果的过程，意识到政策及其制度选择对人性的塑造作用，新制度学派主张，政策应以实验和过程为导向，不追求普遍的真理，而只希望暂时的改进。特别是由于经济变化基本上是一个自组织过程，制度创新的真正源泉来自民间，所以公共政策应该鼓励而非压制多样化的尝试。

---

① ［英］马尔科姆·卢瑟福：《经济学中的制度：老制度主义和新制度主义》，陈建波、郁仲莉译，中国社会科学出版社 1999 年版，第 161 页。

② ［瑞士］库尔特·多普菲：《演化经济学：纲领与范围》，贾根良等译，高等教育出版社 2004年版，第 204 页。

其次,新制度学派提出了"最小限度打乱原理",这也就是说,如果进步的制度变迁是可持续的,就需要工具性行为模式的置换必须是最小限度的。这是因为工具性行为可以被囊括在礼仪上有根据的行为模式中。这意味着置换礼仪上有根据的行为模式的技术创新可能要涉及被囊括的技术性行为的并行被置换,由于工具上有根据的行为模式被"锁定"在礼仪支配的系统中,所以,有可能产生共同体的工具效率损失。因此,如果工具上有根据的行为模式在最低程度上被打乱,共同体从任何给定技术创新中得到的收益将被提高。例如,在从中央计划到"市场制度"的转轨中,西方经济学家建议俄罗斯和其他东欧国家采用"市场震荡"的战略,这明显地忽视了最小限度打乱原理,在很多情况下导致了灾难性的后果。制度变迁的巨大、意识形态的特点和对可能后果认识的缺乏,这些因素导致了产出的下降、失业增加和生活标准的恶化。[①]

再次,政府干预政策。新制度学派和老制度学派一样,认为现行资本主义制度不能产生最大的社会利益,批评自由市场机制造成收入、财富和经济机会分配的不平等,造成垄断、大公司控制,造成金融操纵、生产的低效率和环境破坏,造成技术和工具进步减缓,但他们反对社会主义革命,希望通过不太激进的变革如政府立法、调节和国民经济计划等手段解决这些问题。这主要包括三个方面。第一,自米切尔之后,拥护某种类型的国家计划委员会成了新老制度学派的主流,他们通常将计划看作是克服宏观经济不稳定的唯一途径。第二,解决收入分配问题的政策措施。艾尔斯1952年提出了两种政策措施:一是最低收入保障计划,即为所有人提供一个基本收入,他认为这是新制度学派在实践方面最重要的贡献。二是负所得税计划,即传统的家庭福利保障措施是对低收入家庭采取税收削减的方式,这种方式可以简化为向收入处于纳税水平之下的家庭成员直接发放补贴。这一负所得税计划不仅操作简单,而且可以兼顾单身的低收入者。艾尔斯提出这个建议的时间比弗里德曼的相同建议要早。第三,对于垄断、大公司控制和造成金融操纵以及收入分配等问题,加尔布雷思提出了许多具体的政策主张,前面已有所讨论,此不赘述。

最后,缪尔达尔有关发展中国家社会改革的政策主张。缪尔达尔根据"循环累积因果"理论,认为影响经济发展的因素是多方面的,政策措施不能只局限于经济方面,因此,他提出了四个方面的改革主张。第一,权力关系的改革,在许

多发展中国家，权力掌握在地主、实业家、大商人和该级官员组成的特权集团手中，这阻碍了国家的顺利发展，所以，需要将权力从特权集团手中转移到下层大众手中。第二，土地改革，实现缪尔达尔"耕者有其田"的政策。第三，教育改革，优先发展初等教育、技术教育和职业教育。第四，制定国民经济计划。国家应该用计划干预市场经济活动，用计划促进社会过程的向上运动，发展中国家的对外贸易要置于国家计划的管制下，实行贸易保护政策。[①]

第四节　评　析

一、基本理论评析

新制度学派继承老制度学派的传统，坚持一种远比今天西方主流经济学在学科思想上更加宽广的经济学概念，试图提供一种对新古典经济学进行替代的经济学体系，虽然这种尝试到目前为止并不成功，但它为自 2000 年以来西方经济学界出现的"经济学改革国际运动"[②] 提供了重要的思想资源。霍奇逊总结的"制度和演化经济学的历史和理论基础"同样适合于对新制度学派经济理论意义的评价。[③]

（一）历史特定性

新制度学派赞成在老制度学派、德国历史学派和马克思主义经济学中居支配地位的主题，即社会经济体制在历史上已发生了实质性的和巨大的变迁，在历史的任何时点上，不同的社会经济体制之间也存在着重要的变异。在社会科学中试图建立普遍性的理论，或者就其自身已失败了，或者它只有非常有限的解释力，因为它无法处理社会经济体制的变异和多样性问题。因此，经济和社会理论家们在建立他们的理论时不得不部分地涉及历史和地理特定的假定，虽然所有的理论

---

① 蒋自强、史晋川：《当代西方经济学流派》（第二版），复旦大学出版社 2001 年版，第 410—411 页。

② "经济学改革国际运动"是由法国学生在 2000 年 6 月发起的反对西方主流经济学在西方经济学界占统治地位的学术运动，英文原名为 post-autistic economics movement。在英文中，autistic 是精神病学上的一个术语，其含义是"自封闭的""幻想的"或"虚构的"，由于 post-autistic 在中文中难以找到相对应的术语，因此，这个运动被介绍到国内时，称为"经济学改革国际运动"。

③ 以下对新制度学派经济理论意义的评价改编自 ［英］杰弗里·M. 霍奇逊主编：《制度与演化经济学现代文选：关键性概念》，贾根良等译，高等教育出版社 2005 年版，前言第 6—12 页。

都要涉及某些普遍的范畴和要素，但有效的理论也要涉及特定的假定，新制度学派注意力的焦点放在了特定的体制、制度和机制上。历史特定性问题近年来得到西方非正统经济学的高度重视，新制度学派在这方面的理论得失值得借鉴。

（二）演化倾向性

与西方主流经济学在理论建构上的均衡和稳定态倾向不同，新制度学派更多地强调过程、变化和结构转变。社会经济体制的历史特定性这种认识本身就意味着历史的演化过程和体制变迁。当大多数经济理论试图把焦点主要集中在所有社会经济体制中共同的因素时，新制度学派也强调了社会经济体制的差异和变化，并试图对所假定条件的起源给出有理由的演化和历史的解释。如果这类解释仍没有被提供，那么作为科学家，我们应该把它列入未来的研究议程。例如，如果人类被假定具有理性思考的能力，那么我们至少应该纲要性地对这种能力提供一种演化的解释。理性不能被假定为在人类演化的某种阶段中是从天而降的。因此，我们需要某种演化的图景，类似于詹姆斯和其他人所发展的解释，在这种解释中，理性建立在习惯上，而习惯又是建立在本能的基础上。在实践上，正如老制度学派经济学家约翰·莫里斯·克拉克指出的，"只是由于习惯的帮助，边际效用原理在真实生活中才是近似的"。即使行为者按照新古典经济学的假定是理性的，这种能力本身也依赖于从前的习性化。人类的理性是在习惯的基础上演化的，所有人类的理性都取决于先前的习惯，新制度学派有关本能—习惯—制度的演化分析框架对现代演化经济学的发展仍具有重要意义。

（三）嵌入文化的个人

对因果解释持久追求的一般意义是，没有任何实体最终被看作是给定的，应用到人类个体，这是重要的。相反，西方主流经济学家典型的把个体看作是给定的，这不可避免地存在着严重的理论缺陷。新制度学派没有把理论构建限制在从个人到制度的"向上的因果关系"，虽然制度清楚地取决于个人行为，但个人也受到他们的制度环境的影响，也存在着"向下的因果关系"，这也就是说，正如制度是由个人所构成的一样，个人也是由制度所构成的。对于新制度学派来说，个人受到环境的塑造这种思想是基本的：个人偏好和目的可以受到行为、经验、文化和制度的影响。没有采用原子化的个人作为假定，新制度学派把焦点集中在社会和文化嵌入的个人上。但是，只是提到文化和社会"力量"是不够的，重要的是如何正确处理社会、文化和制度等结构与个人能动性之间的因果关系。

（四）多层次分析

方法论个人主义把对社会现象的解释简化为个人的偏好和目的，而方法论集体主义把对社会现象的解释简化为集体、结构、文化和制度。一旦我们放弃方法论个人主义和方法论集体主义这种虚假的两分法，有关个人与结构交互作用的第三种观点的可能性就出现了。新制度学派把制度和个人看作共同的分析单位，按照这种看法，它应该排除完全用一方对另一方进行解释的简化论方法，这两类分析单位应该同等对待。凡勃伦把制度、文化、个人和生物都看作是合法的分析单位，但是，在他看来，没有一个层次可以简化为另一个层次，这种多层次分析方法也是目前新制度学派基本的方法。多年以来，西方主流经济学一直试图通过微观经济行为推导出宏观经济学的命题，但按照这种多层次分析的本体论假设，总量的宏观现象具有本体论和经验上的合法性，他们不能完全简化为微观基础。西方主流经济学如果不接受新制度学派这种劝告，那么，他们长期以来一直致力于的"寻找宏观经济学的微观基础"的努力将会失败。

（五）方法论分析

本体论预设在很大程度上决定了经济研究方法论的一般性原则。老制度学派开创者凡勃伦在 1898 年就批评新古典经济学是前达尔文的，他认为，经济学应该以达尔文革命所产生的进化生物学为原型，所谓演化经济学实质上就是用动态的、在生物学意义上不断变化的眼光来考察人类行为，从而拒绝包括新制度经济学在内的主流经济学所使用的均衡方法。演化方法的核心是"累积因果"的概念，卢瑟福指出，这个概念含有明确的路径依赖思想，在凡勃伦看来，初始条件的微小差异可能会产生明显不同的后果；即使起点差不多，不同的文化还是会按不同的方式发展。

累积因果的概念必然反对个人主义方法论，因为累积因果的变化过程是以社会经济系统的演进和整体性质为条件的。整体论的基本含义是研究制度必须考虑整个人类社会系统，只考虑经济部分就无法理解制度的内生演进过程，这就是为什么新制度学派对技术变迁、权力结构和文化价值观给予很大关注的原因。而这在正统的新制度经济学那里是缺乏的，正如卢瑟福所指出的，"新制度经济学不去分析系统的内部动力，它只考虑理性如何对人口、技术、贸易机会或者意识形态外生既定变化做出反应"[1]，新制度经济学本质上仍是一种静态的经济理论。

新制度学派反对高度抽象和形式化的模型，因为他们认为形式化模型必然会丢失对制度特定的情境和脉络这些重要的因素。威尔伯和哈里森认为，能够抓住

---

[1] ［英］马尔科姆·卢瑟福：《经济学中的制度：老制度主义和新制度主义》，陈建波、郁仲莉译，中国社会科学出版社 1999 年版，第 12 页。

制度主义整体、系统和演化方法论特征的是由某些科学哲学家所称作的"型态模型"。型态模型与形式化模型在解释结构上是相当不同的,形式化模型按照演绎方法,在解释结构上呈现为从解释变量到被解释变量的层级,而型态模型则是由几个相对独立的部分联结在一起。每一部分的理论独立于其他部分,并首先在特定情境与脉络中被发展、理解和检验,然后以某种形态联结在一起,它对研究主题提供了多层面的和复杂的图景,[①] 而形式化模型则是单方面的,它是从有机整体中抽出某部分进行逻辑研究。

形式化模型与型态模型的区别可以用新制度学派与新制度经济学在处理路径依赖这个概念上的不同来说明。与新制度学派型态模型中各要素之间平等联结的解释结构不同,诺斯对路径依赖概念的应用是演绎结构的,即结构生产边界是由产权体制决定的,产权体制又取决于共同体的政治结构,而政治市场性质的基础是当事人的信仰体系,所以文化构成了路径依赖的关键因素。[②] 显而易见,诺斯对路径依赖概念的处理把复杂的社会经济系统简单化了,产权、政治、文化以及技术等系统要素自身都可能存在着路径依赖的性质;同时,在理论的解释结构中,这些系统要素之间应"平等"地联结,但却存在着非线性的反馈机制。

二、政策主张评析

新制度学派与以科斯、诺斯和威廉姆森等为代表的新制度经济学,既存在本质上的区别,又有着诸多联系,但这些联系都非常脆弱,例如,新制度学派与新制度经济学都以制度作为其研究对象,但二者对制度的理解则完全不同。在新制度学派中,制度被视为思想习惯和行为模式,它既是人们主观想象的产物,也是人所面对的客观结构,因此,人与制度之间是相互作用、相互依赖的。而在新制度经济学中,制度被视为一种游戏规则,它强调对人的行为的限制,但是制度并不改变个人,因此,新制度经济学的制度概念没有考虑制度对个人行为的塑造。

新制度学派与新制度经济学所有重要的差别都来自它们在世界观上的不同,或者说来自有关世界是怎样的本体论假定的不同,这是导致它们在对社会经济系统的认识、政策建议等方面存在本质不同的根本原因。正如霍奇逊指出的,虽然新制度学派并未明确地提出社会结构的观念,但在其本体论预设中,制度被视为社会结构的一种特定类型,它能够潜在地改变行为者的目标或偏好,这种社会结

---

① C. K. Wilber and R. S. Harrison, "The Methodological Basis of Institutional Economics: Pattern Model, Storytelling, and Holism", *Journal of Economic Issues*, March 1978, pp. 80—81.

② 贾根良:《劳动分工、制度变迁与经济发展》,南开大学出版社 1999 年版,第 122 页。

构在人类社会的复杂层级上处于个人之上，与这个较高层级相关的因果力量不只是简单地约束而且也能影响和改变个人的特征、力量和倾向，这被称作是重组的向下因果关系，在社会结构的组成要素中，具有这种能力的要素就被称作制度。

与新制度学派不同，新制度经济学则承袭了新古典经济学有关人类行为的基本假定，即个人被看作是给定的，在本体论预设上，这种假定来自原子本体论：任何实体所拥有的特征都独立于与其他实体的联系，个体尽管在形态上不同，但却完全是同质的。虽然现代物理学已用有机或关系本体论替代了这种过时的宇宙观，但它仍是新古典经济学和新制度经济学的本体论预设，因为"在他们看来，这种个人不是历史的结果，而是历史的起点"①，抽象的、先验的和普适的人性假定即源于这种本体论。因此，在新制度经济学的本体论预设中并不存在作为凸显层级的社会结构观念，制度只被看作是个人创造的结果，这是诺斯在分析国家和秩序产生时遭遇困难，并逐渐转向老制度主义的重要原因。②

因此，新制度学派与新制度经济学属于不同范式的经济学。虽然两者都对新古典经济学提出了批评，都反对新古典的"理性经济人"假设，反对经济学的形式主义，但新制度经济学只是在新古典经济学的框架内对其进行一些修补，如用有限理性替代完全理性、在生产成本基础上提出交易成本概念等，而新制度学派则是对新古典分析范式的彻底否定和替代。正如新制度经济学代表人物威廉姆森指出的，新制度经济学是对正统新古典理论的补充而非替代；新制度学派代表人物霍奇逊也写道，"制度主义（在此是指新制度经济学）不是通过传统的制度主义的再现，而主要是在现代正统理论的心脏中成长起来的。具有讽刺意味的是，凡勃伦等最初的制度主义主要是通过对正统理论的假设进行批判而产生的"③。

三、局限性及借鉴意义

相对于西方主流经济学，新制度学派在理论建构中所强调的历史特定性、演化倾向性、嵌入文化的个人和多层次分析，对经济学的发展无疑具有重要借鉴意义。但是，该学派在其理论发展中由于存在一些严重局限性，这就使得它们试图发展一种对西方主流经济学进行替代的经济学体系难以取得成功。归纳起来，主要有以下四个方面。

---

① 《马克思恩格斯文集》第 8 卷，人民出版社 2009 年版，第 6 页。
② 贾根良：《劳动分工、制度变迁与经济发展》，南开大学出版社 1999 年版，第 110—126 页。
③ G. M. Hodgson, "Institutional Economic Theory：The old Versus the New", *Review of Political Economy*, November 1989, p. 249.

首先，新制度学派技术—制度两分法的僵化。正如图尔在 1994 年指出的，艾尔斯和他的学生是在第二次世界大战后五十年对制度学派发展做出最杰出贡献的人。艾尔斯对"二战"后新制度学派的发展产生了巨大的影响，但霍奇逊却认为，艾尔斯领导"二战"后的新制度学派只是获得了暂时生存的地位，长期影响却大大被削弱了。造成这种状况的原因是多方面的，除了前面提到的抛弃了作为制度学派基础的达尔文主义理论框架外，另一个重要因素是艾尔斯的技术—制度两分法的僵化，它陷入了"技术推动变革、制度抗拒变化"或"技术好、制度坏"的僵化思维中。正如新制度学派的达格后来指出的，技术进步在有些情况下会威胁到环境安全，导致政治权力的加强，甚至威胁到公民自由，它有可能是反工具的，因此，技术进步并不总是好的，应该重新界定新制度学派工具价值的内容。按照达格的看法，制度可以分为工具理性的制度和礼仪的制度，只有礼仪的制度会对工具理性产生阻碍，但它不是来源于对过去的迷信、传统或者制度的惯性，而是现实生活中的权力。① 达格的这种修正确实增加了技术—制度两分法在理论上的灵活性，但它不足以改变其两分法的僵化问题。

其次，霍奇逊提倡的以普遍达尔文主义为基础重建制度主义传统在新制度学派中并没有得到更多的响应。霍奇逊认为，凡伯伦之后的新制度学派丢失了凡伯伦思想的精髓，因此，他提出了将凡勃伦的思想基础与普遍达尔文主义相结合作为制度主义现代重建的思路。这种不仅能够超越狭隘和僵化的技术—制度两分法，为新制度学派的发展提供更为坚实的理论基础，也能为该学派与演化经济学其他流派之间的交流建立共同的基础。然而，就目前而言，普遍达尔文主义的框架内容和在社会科学中的适用性等问题仍然存在着相当多的争议，虽然其在经济学研究中有关演化路径的形成、变迁和演化的基本单位等方面，已经取得了一些进展，但如何在普遍达尔文主义或者类似一般性的演化框架内重新讨论新老制度学派的内容，值得引起重视，但我们遗憾地发现，新制度学派在这个方面目前并没有取得值得注意的重要进展。

再次，具体经济政策制定方面存在的缺陷。亚瑟·施莱辛格曾写道："政治领导人寄希望于凡伯伦、康芒斯、米切尔和艾尔斯，希望从他们身上得到治国之道，但却没有得到具体政治决策的提示，比如怎么处理预算、利率、交易波动和关税

---

① William M. Dugger, *Radical Institutionalism*: *Contemporary Voice*, New York: Greenwood Press, 1989, p. 8.

等。"① 亚瑟·施莱辛格这段话对错参半，因为正如我们在前面已经指出的，包括康芒斯和米切尔在内的众多老制度学派学者在 20 世纪初美国的劳动立法、失业和社会保障制度建设以及罗斯福"新政"中发挥了重要作用，但自艾尔斯开始，除了加尔布雷思外，新制度学派的这种作用大大降低了。可以这样说，新老制度学派在经济政策方面的长处在于对资本主义制度改革方面进行建议，但在"怎么处理预算、利率、交易波动和关税等"方面却是弱项。由于制度改革是非常规性的，而后者却是成年累月的日常事务，所以，新制度学派影响力的下降是不可避免的，而这种下降与艾尔斯抛弃价格理论和许多应用性研究内容有很大关系。

最后，制度改革建议的局限性。新制度学派是当前资本主义制度的批评者，例如，加尔布雷思认为，当前的资本主义社会虽然是一个经济高度发达的社会，但却是一个病态的社会，诸如环境破坏、城市人口拥挤、道德败坏、通货膨胀、失业、经济结构畸形化、收入分配不均以及加尔布雷思没有提到的债务膨胀等，都是资本主义社会病症的表现。在新制度学派看来，这些病症的根源就在于资本主义现有制度的缺陷，如权力分配不均，垄断利益集团特别是美国的军工联合体对国民经济的支配等，要解决这些问题，就必须进行制度和结构改革。但是，正如康芒斯在自传中明确承认的，"我所做的一切，就是努力让资本主义更加完美，从而拯救它"②，新制度学派的制度改革实际上是为了维护和完善资本主义制度，根本就不触及资本主义的基本经济制度，这种改革是不可能取得成功的。

关键词 思想习惯 利益支配 循环累积因果联系 抗衡力量 丰裕社会 新工业国 二元体系 达尔文演化 比较经济制度

思考题：

1. 简述美国老制度学派在 20 世纪 30 年代到 50 年代衰退的原因。

2. 新制度学派具有哪些基本特征？

3. 简述艾尔斯和布什对凡勃伦制度变迁理论的发展。

---

① ［日］繁人都重：《制度经济学回顾与反思》，张敬惠等译，西南财经大学出版社 2004 年版，第 74 页。

② John Commons, *Myself*, London: Macmillan Publishers Limited, 1934, p. 143.

4. 简评加尔布雷思的经济理论。

5. 欧洲制度主义与美国制度主义存在哪些差异？这些差异是什么因素造成的？

6. 简述缪尔达尔的制度演化理论。

7. 试评霍奇逊对美国老制度主义的复兴和发展所做出的理论贡献。

8. 简述新制度学派的基本政策倾向和具体政策主张。

9. 简述新制度学派理论框架的四大特点：历史特定性、演化倾向性、嵌入文化的个人和多层次分析。

10. 试讨论新制度学派理论和政策的局限性。

第十二章　新熊彼特学派

第一节　概　　况

一、熊彼特的经济学说

约瑟夫·阿洛伊斯·熊彼特，美籍奥地利人，1883 年出生于奥匈帝国摩拉维亚省（今捷克境内）特利希镇的一个织布厂主的家庭。1901—1906 年就读于维也纳大学，攻读法律和经济。当时他的同学好友中有后来成为奥地利社会民主党领导人的奥托·鲍威尔，以及后来成为德国社会民主党人、第二国际首领之一的希法亭。1919 年，熊彼特出任由考茨基、希法亭等人领导的德国社会民主党"社会化委员会"顾问；并于该年 3—10 月担任财政部长。1921 年，熊彼特任私营比德曼银行行长，1924 年银行破产，他的私人积蓄不得不受牵连而用于偿债，直到 1932 年其到美国后才还清债务。1925 年，熊彼特又重新回到学术界，1932 年迁居美国，任哈佛大学经济学教授，直到 1950 年 1 月逝世。1937—1941 年任"计量经济学会"第一届会长；1948—1949 年任"美国经济学会"会长；如果不是过早去世，他还会担任"国际经济学会"第一届会长。

（一）熊彼特经济学的起源和自相矛盾

熊彼特是一个早慧的学者，自 1906 年从维也纳大学毕业到 1914 年的 8 年间，他出版了 3 部著作：1908 年出版的《理论经济学的本质与概要》研究的是经济学方法论，1912 年出版的《经济发展理论》成为经济学的经典之作，1914 的《经济学说和方法：一个历史性的纲要》是一部经济理论简史。正如阿瑟·斯皮托夫所说的："人们很少知道是哪一点更为引人入胜：一个 25 岁和 27 岁的人撼动了他所爱的学科的基础，或者，一个 30 岁的人书写了那门学科的历史。"[①] 熊彼特创造力的源泉是什么？熊彼特认为，在他的学术生涯中，他主要的工作就是要弄明白他在年轻时就产生的那些想法。熊彼特本人的经历也证明了这一点：他后来的著作如《经济周期》和《经济分析史》基本上都是在锤炼他在青年时代开拓的那些概念。

熊彼特创造力的重要源泉之一就是通过对几种不同来源的思想源流的杂交，综合性地发展他自己的经济学理论体系，其思想是在方法论多元主义的氛围中孕

---

① ［瑞典］理查德·斯威德伯格：《熊彼特》，安佳译，江苏人民出版社 2005 年版，第 31 页。

育的,他似乎自相矛盾地接受了互相对立的经济学理论。在其思想来源中,最早也是第一个对熊彼特产生影响的经济学流派是新古典经济学,熊彼特的第一部著作就反映了这种深刻的影响。第二个来源是德国历史学派经济学,包括施穆勒、桑巴特和通常被看作是经济社会学家的马克斯·韦伯的影响。第三个来源是马克思关于资本主义演化的思想以及奥地利马克思主义者奥托·鲍尔和鲁道夫·希法亭的影响,熊彼特在《经济发展理论》日文版(1934)前言说明了他是如何探寻"经济体系能量的源泉的,这个源泉自身将打破任何可能达到的均衡……我当初并不清楚……这些思想和目的正是马克思的学说中所蕴含的"①。他还不无自谦地说:"但是,我的结构只包括他的研究领域的一小部分。"② 第四个来源是奥地利学派的市场经济理论。③ 第五个是尼采的"超人"理论以及作为其背景的德意志文化中"创造性毁灭"④ 思想的影响。如图 12-1 所示。

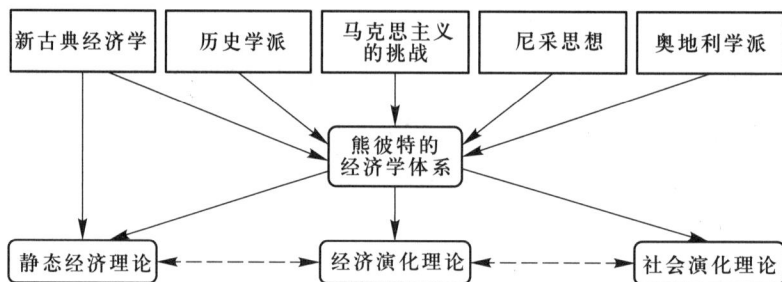

图 12-1 熊彼特的经济学体系和经济演化理论的来源

　　熊彼特在青年时代对相互对立的经济学理论体系的兼容并包使他的一生充满着矛盾和悖论。在他的第一部著作中,他推崇的是瓦尔拉斯的均衡经济学,并试图通过数学形式主义重建经济学。但在 1908 年之后,他很快就发现了瓦尔拉斯理论体系的巨大缺陷,这使他转向了动态理论。赖纳特认为,熊彼特的思想使英语世界感到非常新颖,但实际上对德国经济学传统来说并不陌生,也不是那么具有原创性。不仅德国历史学派和奥地利经济学给他以启迪,而且,尼采的思想也对

① [挪威] 赖纳特、[中国] 贾根良主编:《穷国的国富论:演化发展经济学论文选》(下卷),贾根良等译,高等教育出版社 2007 年版,第 4 页。
② [美] 约瑟夫·熊彼特:《经济发展理论》,何畏等译,商务印书馆 1990 年,第 68 页。
③ 奥地利学派不能归入新古典经济学,两者之间的区别和历史起源,请见贾根良《演化经济学:经济学革命的策源地》,山西人民出版社 2004 年版。
④ [挪威] 赖纳特、[中国] 贾根良主编:《穷国的国富论:演化发展经济学论文选》(下卷),高等教育出版社 2007 年版,第 19 章《经济学中的创造性毁灭:尼采、桑巴特和熊彼特》。

他产生了巨大影响，"实际上，作为熊彼特经济学主要特征的企业家（变革的促进者）和企业家的'权力意志'及创造性毁灭都来自尼采"①。在德奥经济学的传统中，熊彼特把尼采的思想转换成经济学语言，这就催生了《经济发展理论》这部经济学名著的诞生。

而对于经济学的数学形式主义问题，熊彼特一直到晚年才改变了看法。在哈佛大学任教期间，他不仅是哈佛大学经济学系大力推行经济学数学化的发起者，而且也是筹办"计量经济学会"的最热心者。然而，1949年熊彼特在一次学术会议上谈到他的研究方法时，却再也没有提及计量经济学，"这使古德温和萨缪尔森极为震惊"②。虽然熊彼特像马歇尔一样，把演化经济学看作是经济学家们未来的"麦加"③，但熊彼特终生摇摆于均衡经济学和演化经济学之间，他试图建立一种可以调和两者之间矛盾的经济学理论体系，然而，这实际上是枉然的。长期以来，当代新熊彼特主义经济学的开拓者纳尔逊一直就没有对熊彼特的这种自相矛盾发表看法，但在他82岁高龄时，他得出的结论是："熊彼特似乎认为他的经济动态理论与新古典的价格均衡理论（尽管针对的是不同现象）是可以坦然共存的，但在我看来，把这两种理论整合在一起是不可能的。"④

（二）熊彼特经济理论的主要内容

熊彼特在其理论贡献中对后人启迪和影响最大的，是他在1912年出版的成名作《经济发展理论》中初创，而后在1939年的《经济周期》中系统完成，并通过生前最后一部力作《资本主义、社会主义和民主主义》（1942）成熟，在作为一种文化进程的资本主义整体背景上发挥到极致的"创新理论"。

熊彼特首先假设在完全竞争经济中存在着一种没有利润、利息、投资和非自愿失业的静止均衡状态，称之为"循环流转"——就像血液在生物有机体中循环一样，年复一年地在相同的轨道上运行。随之而来的经济发展，会打破这种静止均衡状态。在熊彼特看来，"仅仅是经济的增长，如人口和财富的增长所表明的，在这里也不能称作是发展过程。因为它没有产生在质上是新的现象，而只是有同

---

① ［挪威］赖纳特、［中国］贾根良主编：《穷国的国富论：演化发展经济学论文选》（下卷），高等教育出版社2007年版，第320页。

② ［瑞典］理查德·斯威德伯格：《熊彼特》，安佳译，江苏人民出版社2005年版，第275页。

③ 熊彼特说"动态分析仍处于初级阶段；它是'未来的沃土'"，见［瑞典］理查德·斯威德伯格：《熊彼特》，安佳译，江苏人民出版社2005年版，第44页。

④ 陈劲、贾根良主编：《理解熊彼特：创新与经济发展的再思考》，清华大学出版社2013年版，第10页。

一适应过程"①。"我们所指的'发展'只是经济生活中并非从外部强加于它的，而是从内部自行发生的变化"②。在此，经济发展仅仅被定义为是经济生活本身所发生的非连续变化与移动，是某种破坏均衡而又恢复均衡的力量作用的结果。这种推动经济发展的内在力量就是创新。

什么是创新呢？按照熊彼特的观点，所谓创新就是建立一种"新的生产函数"。生产函数即生产要素的一种组合比率（$P=f(a, b, c, \cdots, n)$），也就是说，将一种从来没有过的生产要素和生产条件的"新组合"引入生产体系。

熊彼特列举了创新的五种存在形式：（1）引进新产品或提供一种产品的新质量；（2）采用新技术新生产方法；（3）开辟新市场；（4）获得原材料的新来源；（5）实现企业组织的新形式。

熊彼特是在资本主义动态发展的广阔背景下运用创新概念的。他把资本主义理解为一个在破坏中创新、在创造中毁灭的生命过程，强调生产技术的革新和生产方法的变革在资本主义经济发展过程中至高无上的作用，把这种创新或生产要素的新组合视为资本主义最本质的特征，从而认为：如果没有创新，资本主义就无从谈起，既没有资本主义的产生，也没有资本主义的发展。

显然，创新不是某项单纯的技术或工艺发明而是一种运转不息的机制；它是一个经济概念，而不是技术概念。熊彼特将"创新"和"发明"这两个概念严格区别开。他说，"发明"是新技术的发现，而"创新"则是将发明应用到经济活动中去。一种新发明只有当它被应用到经济活动中去，为生产当事人带来利润时，才成为"创新"，单纯的科技与工艺发明并不等于就是创新机制。

强调企业家在创新过程中的决定性作用是熊彼特创新理论的一大特色。企业家是这样一种人：他寻找机会引入新的技术、新的产品；实行得到改善的组织管理形式，促进新开发资源的发展。他积累财富去创建新企业，集中生产要素、选择总经理和安排组织经营。在熊彼特看来，企业家并不需要成为一个资本家，不必提供任何属于他自己的财产，也不一定是某个托拉斯的总经理，通常他也不是一个天资聪颖的发明家或研究者，仅靠他自己去发明或发现不可能产生多大的经济效益。只有那些对新企业的发展具有远见卓识和捕捉能力，对发明或资源开发高瞻远瞩，对审度其经济潜力具有特殊天资并使其在投入使用后不断臻于完善的

---

① ［美］约瑟夫·熊彼特：《经济发展理论》，何畏等译，商务印书馆 1990 年版，第 70—71 页。
② ［美］约瑟夫·熊彼特：《经济发展理论》，何畏等译，商务印书馆 1990 年版，第 70—71 页。

人，才堪称企业家。

是什么驱动着企业家去从事创新活动呢？熊彼特认为，尽管企业家也为谋取额外利润而进行冒险投资，但追求利润只构成其动机的一部分。企业家的创新活动受到三种力量的驱使：一是发现一个私人商业王国的愿望；二是征服困难和表明自己出类拔萃的意志；三是创造和发挥自己才能带来的欢乐。在这三种力量的联合推动下，企业家具有一种"战斗的冲动"，一种非特质的精神力量，这就是所谓"企业家精神"。强调企业家的素质、才干、预见性、首创性与敢冒风险的品格对于社会生产的推进作用，构成熊彼特创新理论的又一特色。企业家从事创新活动需要具备两个条件：创新所必需的技术知识和以信贷形式支配生产要素的权力。当企业家克服了组织和经营一项新事业的困难，实行创新以后，他便在成本、质量、效益的竞争中占据优势，从而获得额外利润。当一个企业成功之后，其他企业为分享利益便纷纷模仿，甚至顽固采用旧的生产方式的企业为了维护自己的生存也不得不适应潮流。创新、模仿、适应的浪潮推动了经济的增长和发展。但与此同时，技术扩散和竞争又会导致价格下跌、赢利机会消失。当价格下跌到与生产费用相等时，利润又趋于零，出现一个新的均衡状态，从而提出凭借更高的技术基础开始新的创新活动的要求。

（三）中观经济学革命

在汉施和派卡看来，经济学流派之间决定性的差别是经济分析的不同层次和它们之间特定的相互关联，强调中观层次对经济体系的重要性是新熊彼特经济学区别于古典经济学、新古典经济学和凯恩斯经济学的重要特征之一，正是在中观层次，发生了可以被观察到的决定性的结构变迁和质变。为了理解在中观层次所发生的驱动经济发展的过程，新熊彼特经济学强调了知识、创新和企业家在微观层次上的重要性。[1] 新熊彼特学派的这一洞见来自熊彼特，作为"中观经济学革命"的先驱，熊彼特认为，创新总是首先在中观层次的某些部门最活跃，然后其影响才在整个经济中扩散开来。在熊彼特看来，古典经济学和新古典经济学的基本缺陷就是没有认识到创新和企业家对结构变迁和经济发展的关键性作用。[2]

---

[1] Horst Hanusch and Andreas Pyka, *Elgar Companion to Neo-schumpeterian Economics*, Cheltenham：Edward Elgar Publishing Limited, 2007, p. 1.

[2] K. Dopfer, "The pillars of Schumpeter's economics：micro, meso, macro", in Horst Hanusch and Andreas Pyka, eds., *Elgar Companion to Neo-schumpeterian Economics*, Cheltenham：Edward Elgar Publishing Limited, 2007, pp. 65—77.

首先，除了亚当·斯密或多或少地把分工看作是与创新相类似的作用外，其他古典经济学几乎完全忽视了个人的能动性和创新在经济发展中的作用。众所周知，古典经济学从其研究中得出了这样一个结论：所有的经济发展注定都要趋于一种长期停滞的状态，特别是在大卫·李嘉图和马尔萨斯的著作中，这种悲观主义的发展观似乎成了一种客观的规律，因而为经济学赢得了"阴郁科学"的别号。熊彼特反对这种观点，他指出，在古典经济学中完全看不到个人的作用，个人的活动至多是由总量关系所解释的现象，因而古典经济学不可能认识到，个人的创造性活动最终能逆转这种所谓的内在客观力量，人类社会不可能进入长期静止状态。熊彼特认为，经济变迁不能在古典经济学的这种客观规律基础上被解释，因为在技术和组织的进步中，本质上并不存在着发展规律发挥作用的动力，正是企业家的创新活动推动着经济发展。

其次，新古典经济学虽然把个人置于经济分析的核心，但"经济人"的假设把个人看作是呆滞的和无生机的。在熊彼特看来，"经济人"只是被动地对机会做出反应，而决不会改变它，这个概念旨在解决静态分析问题，但对于解决动态问题则是完全不适合的，后者需要熊彼特具有创造活力的"企业家"，他们的创新活动能够改变经济发展的条件并创造新的机会。由于新古典经济学假定偏好是稳定的，因此，"如果存在真正的选择，社会个体相互之间在偏好上必须是非同质的，个人偏好也必须是可变的。而新古典经济学所讲述的是一个在给定偏好和目标约束条件下效用最大化的故事，在这种情况下，个人行为已经预先机械式地被决定了。我们不难理解，诺贝尔经济学奖得主森为什么要把这种新古典行为讽刺为'理性傻瓜'。新古典经济学是自相矛盾的，虽然它自称为'选择的科学'，但实际上有目的的行为和选择在其理论体系中是没有地位的，它无法容纳个人的创造性和新奇行为"①。因此，熊彼特应该在他发明的"方法论个人主义"这个术语基础之上，进一步区分"积极的个人主义"和"被动的个人主义"，这是他与新古典经济学之间的重要差别。

此外，熊彼特还通过对凯恩斯总量分析方法论的批评，强调了中观层次在经济学体系中的重要性。"在总量均衡的基础上推论是具有误导性的，似乎总量均衡揭示了那些推动变化的因素，似乎作为整体的经济体系中的波动仅仅产生于这些总量。这样的推论构成了许多对商业周期的错误分析的基础。它使分析停留于事物的表面，妨碍了对表面之下的产业过程进行深入的分析，而这些分析才是真正

---

① 贾根良：《演化经济学：现代流派与创造性综合》，《学术月刊》2002 年第 12 期。

重要的。它招致对一些孤立的轮廓线进行机械的、形式主义的处理，并且赋予总量以自己的生命和一种它们并不具有的因果意义……现代商业周期研究最严重的缺点在于，没有人理解、甚至没有人在乎个别产业和企业究竟怎样兴起和衰落，它们的兴衰怎样影响着总量以及我们一般所谓的'总的商业环境'。"① 因此，只有对中观层次的部门创新过程进行研究，才能揭示经济周期变动和资本主义发展的动态过程。

多普菲认为，在熊彼特的研究纲领中，中观居于核心地位，他为演化经济学的"中观经济学革命"奠定了基础。尤其是，在 20 世纪 70 年代以后出现的"新熊彼特主义长波理论"继承和进一步发展了这种研究纲领。② 在这种认识基础上，多普菲、波茨和福斯特对中观经济学的研究纲领做了如下阐述：经济系统可以被看做是具有巨大复杂性的历经长期演化的规则结构，具有"通类"性质的新规则在经济系统中创生、采用和扩散的过程推动着知识的增长、经济系统及其组成部分的演化。所谓规则的"通类"性质是指这类规则在许多领域具有一般性和普遍性。"通类"规则的创生、采用、适应和扩散的过程主要是在中观层次上发生的。某种"通类"规则加上它的个体群就构成了演化经济学的中观单位，演化经济学的核心概念如过程、个体群、联结、变异、交互作用、知识、制度和能力等都是从中观层次上加以观察的开放的复杂系统的分析维度。当我们观察中观的变化时，我们指的是"通类"规则、知识基础和它们各自群体的变化，而微观则涉及规则携带者的组成变化以及它们的交互作用，宏观涉及中观之间协调结构的变化。③

二、新熊彼特学派概况

一般地，人们习惯上把在科学技术与创新经济学、长波、企业理论等问题研究上遵循熊彼特思路的研究方法称为"新熊彼特主义的"方法，其代表人物包括纳尔逊、温特、弗里曼、伦德瓦尔、多西、佩蕾丝、多普菲、福斯特、卢桑、梅特卡夫和罗森伯格等众多经济学家。

（一）学派的形成和思想来源

熊彼特在日记中曾写道："采用我的部分思想就可以创建一门崭新的经济

① 孟捷：《熊彼特的资本主义演化理论——一个再评价》，中国人民大学学报 2003 年第 2 期。
② 孟捷：《熊彼特的资本主义演化理论——一个再评价》，中国人民大学学报 2003 年第 2 期。
③ K. Dopfer, J. Foster and J. Potts, "Micro-meso-macro", *Journal of Evolutionary Economics*, 2004, 14: pp. 263—279.

学"①，但熊彼特始终也没有创建一个新的经济学流派的意识。② 实际上，无论是在熊彼特在世的时候，还是直到 20 世纪 70 年代，由于新古典经济学正处于迅速上升的时期，熊彼特也不会有多少追随者，从新熊彼特学派代表人物没有一人是熊彼特的学生就可以看出这一点。更有趣的是，熊彼特在哈佛大学任教时就读于此的研究生、其经济学观点对后半个世纪的经济学产生巨大影响的保罗·萨缪尔森甚至认为熊彼特是一位极为博学而深刻的学者，但却算不上一名经济理论家。③

造成这种状况的重要原因除了新古典经济学的统治地位外，还有以下三个原因。首先，创新理论以及科学技术问题是熊彼特经济学的核心，但当时许多经济学家认为，科学技术进步问题不是其专业的研究对象，它是科学家和工程师的事情，这导致主流经济学把科学技术看作是外生的"神赐之物"，以至于罗森伯格在 20 世纪 70 年代指出，科学技术对经济学来说是一个未经打开的黑箱；其次，许多经济学家认为几乎没有统计资料引导他们从事这方面的研究；最后，自 20 世纪 30 年代世界经济大危机直到 20 世纪 70 年代，对需求管理、就业和通货膨胀问题予以关注，而未对科学技术给予关注，以至于熊彼特在经济学中的地位长期处于凯恩斯巨大声誉的遮蔽之下。

但自 20 世纪 70 年代以来，随着凯恩斯经济学危机的发展，经济学家们的注意力重新转向供给方面，同时熊彼特对非线性动态系统的直觉推理契合了自然科学的变化，熊彼特的经济学说开始引起愈来愈多经济学家的注意。例如，罗格斯撰写《创新与扩散》一书时，在 50 年代只能查找到一篇关于创新扩散的论文，但到 1986 年他发现了数十篇，这些研究论文大多与企业行为、增长、发展经济学及国际贸易等领域相关。1986 年，经济学家们成立了"国际熊彼特学会"，每两年召开一次会议，并于 1991 年创建了《演化经济学杂志》，这大大有助于打开科学技术这个经济学的黑箱，研究在企业、产业、国家之内及其之间的发明创新和扩散的过程和机制。因此，一个有意识的"新熊彼特主义"学派在 20 世纪 80 年代开始

① ［瑞典］理查德·斯威德伯格：《熊彼特》，安佳译，江苏人民出版社 2005 年版，第 227 页。
② 熊彼特在离开德国波恩大学去美国哈佛大学任教前，在学生为他举办的饯行晚宴上，曾做了题为"科学的起源与目的"的演讲。在演讲中他说道"我从未想过要创建一个熊彼特学派。它不存在，也不应该存在。经济学是科学而非哲学，因此在经济学领域内不应该存在任何学派。"见洛林·艾伦：《开门：创新理论大师熊彼特》，马春文译，吉林人民出版社 2003 年版，第 338 页。
③ ［美］理查德·R. 纳尔逊：《为什么熊彼特对当今主流经济学的影响一直如此微弱，为什么这种状况可能正在改变》，陈劲、贾根良：《中国如何理解熊彼特：纪念〈经济发展理论〉100 周年》，浙江大学出版社 2013 年版。

形成，熊彼特成为其首要的思想来源。

"新熊彼特主义"学派的第二个思想来源是达尔文主义。熊彼特曾经质疑并强烈反对经济学运用生物学隐喻，反对在经济学中引入达尔文进化论，甚至在其遗著《经济分析史》中仍把生物学进化论断然描述为"一个受到意识形态偏见和浅薄感染如此之深，以至超过我们经济学家习以为常的领域"①，造成熊彼特对达尔文进化论产生如此偏见的重要原因，是他错把社会达尔文主义当作达尔文主义，正是前者使社会科学中的演化主义或者说达尔文主义在 1910 年至 1940 年期间坠入了"黑暗时代"。但是，熊彼特的经济学说虽然不是以生物学隐喻为基础的，但仍旧是一种演化论，"因为它基于两个核心概念：第一，将经济定义为突变的发展过程推动的'有机'整体；第二，由第一点所决定，他对资本主义采取了一种非机械的历史视角，把资本主义视为一个创造性毁灭过程"②。熊彼特还曾经赞同地指出，"强调经济过程的'有机性质'表达了显然合理的方法论原则——譬如马歇尔就持有这样的看法"③，这已经接近生物学隐喻了。熊彼特在这个问题上的矛盾态度是由两个原因造成的：一是他对达尔文主义的误解，二是他担心赞成生物学隐喻将使他名声受到严重损害。

但到了"新熊彼特主义"学派兴起的前夜，也就是 20 世纪 70 年代，人们已经能够较普遍地把达尔文主义与社会达尔文主义区分开来了，达尔文主义或进化论在社会科学中的正面影响与日俱增。1982 年，纳尔逊和温特在其名著《经济变迁的演化理论》中明确地把达尔文主义引入到熊彼特经济学的研究主题之中，使用达尔文主义的"变异、选择和保留（遗传）"的分析框架对企业创新过程进行解释。纳尔逊和温特的企业理论具有三个要点：第一，企业惯例类似于基因，它是知识和经验的载体，执行着传递信息和决策原则的功能，企业依据惯例对内外环境的变化做出决策，并通过模仿、人员流动、建立新的分支机构和兼并途径使其得到复制和传播。第二，企业惯例的变革主要是通过搜寻来实现的，企业依据满意原则选择是否进行搜寻：如果能够获得满意的利润，它们就会维持其现有的惯例而不进行搜寻；如果利润率降到满意水平之下，企业就会被迫选择搜寻新的惯例来替代现有的惯例。企业惯例的变革即创新，这类似于生物学中的变异。但是，这种惯例与生物的基因不同，其突变是有目的而非随机的，具有拉马克式获

---

① ［瑞典］理查德·斯威德伯格：《熊彼特》，安佳译，江苏人民出版社 2005 年版，第 51 页。
② ［瑞典］理查德·斯威德伯格：《熊彼特》，安佳译，江苏人民出版社 2005 年版，第 51—52 页，略有修改。
③ ［瑞典］理查德·斯威德伯格：《熊彼特》，安佳译，江苏人民出版社 2005 年版，第 52 页。

得性遗传的特征。第三，企业惯例通过市场选择实现优胜劣汰。在市场中，具有不同惯例的企业之间通过竞争导致了企业群体中的"自然选择"过程：赢利率高的企业规模扩大，赢利率较低的企业规模缩小，从而引起了市场和产业的结构变迁，并推动了总体经济的增长。纳尔逊和温特运用达尔文主义的分析框架，从微观基础上对创新在经济体系中的内生化提供了解释，这对"新熊彼特主义"学派的发展产生了重要影响。自纳尔逊和温特1982年的著作出版以来，达尔文主义的演化分析框架被运用到了发明、创新、技术扩散、产业动力学、竞争、增长和创新的制度基础等越来越多的主题上。

　　"新熊彼特主义"学派的思想还有其他三个来源：首先是复杂性科学。社会经济系统是典型的复杂性系统，在过去20年，复杂性科学发展了描述和分析复杂性系统的工具，这些工具日益被应用于研究社会经济现象，新熊彼特学派在将复杂性科学引入经济学中一直走在经济学界的前列。其次是系统论的深刻影响。新熊彼特学派把学习和竞争看作是一个相互作用和集体激励的过程，涉及由企业、大学、公共研究实验室、政府作用和政府结构等所组成的创新网络，这也可以被称作是创新体系或创新系统，这种系统论体现在从企业到国际等各个层次的研究上。最后，经典发展经济学和经济思想史上李斯特的经济学说对"新熊彼特主义"学派也产生了某种影响。

　　（二）对熊彼特经济学说的批评和发展

　　正如熊彼特自己所建议的，人们不应把他的著作看做是一种教条，而只不过是需要根据新的证据加以引申和修正的一套思想。新熊彼特学派按照其精神，在新的经验研究基础之上，对其一些重要的命题提出了批评，这主要集中于以下几个方面。第一，熊彼特研究的重点不在于新知识如何产生，而是如何实现的过程，因此他明显地低估了新知识及其创造过程。新知识如何产生？研究、发现、试验和采用之间是什么关系，所有这些并未给予充分说明，实际上正如熊彼特自己在《经济发展理论》中所声明的，他并不是要探究"是哪一些这样的变化实际上使得现代经济制度成为现在这个样子的？也不去问：这种变化的条件是什么？而是要说明这种变化是怎样发生的，它们又将会引起什么样经济现象？"[①] 然而，正如怀特海所指出的，"19世纪最大的发明就是找到了发明的方法"[②]，如果忽视制度变化对新知识产生的影响，它将无助于对经济发展内生累积过程的说明，从这种意

①　［美］约瑟夫·熊彼特：《经济发展理论》，何畏等译，商务印书馆1990年版，第69页。
②　［英］怀特海：《科学与近代世界》，何钦译，商务印书馆1959年版，第59页。

义上来说，创新对熊彼特来说仍是外生的。

第二，有研究表明，尼采及其支持者的"超人"理论对熊彼特产生了强烈的影响。熊彼特把人区分为两类：作为社会精英的企业家和对其英雄行为进行模仿的芸芸众生，并用此解释资本主义经济周期，把创新高潮看作是企业家的群集。然而过分依赖人格化的企业家形象及其心理基础使之忽略了对更深刻原因的探讨。

第三，经济学家已区分出"两个熊彼特"：强调企业家与小企业创新作用，第一次世界大战以前的"青年"经济学家熊彼特；强调大垄断公司优势及技术进步官僚化过程的"老年"熊彼特。在他论经济发展的书（1912 年）中，新企业的创新被看成是新组合的典型例子。1939 年在论经济周期的著作中他直率地谈到了新企业的作用，其基本宗旨是新生产函数通过新企业被引入到经济系统中来，只要有新思想，新企业就能建立。但在 1942 年《资本主义、社会主义和民主主义》一书中，他不再谈论新企业的建立或新企业家的进入，相反他认为创新已成为官僚化和惯例式的工作，是大公司受训的专业人士的事情。实际上熊彼特低估了小企业在重大创新中的重要性。实际上我们在 20 世纪已清楚地看到，尽管存在着并不断出现大的垄断公司，技术变迁仍为小企业提供了丰富的机会，它在推动信息革命取得重大进展方面产生了不可低估的作用。

"新熊彼特"学派与熊彼特所做工作的一个重大区别是，他们对科学技术在经济发展中的作用做了大量经验研究，从中概括出了有关创新的一些典型化事实，这主要表现在以下五个方面：

第一，创新活动的不确定性特征是第一项典型化事实。创新所包括的一个基本要素是不确定性，这不仅仅是指缺乏有关已知事实是如何发生的信息，更根本的因素还包括存在着尚不知道如何解决的技术经济问题，准确地追踪行为结果是不可能的（"……假如我这样做，那将必然发生……"）等。

第二，"存在着某些尚未利用的机会"这样的直觉和信念并不总是令人失望：现代经济中技术进步的历程，至少是自产业革命以来，在这个方面提供了引人瞩目的证据。事实上，技术创新一直可以从科学进步（从热力学到生物学、电子学、相对论和量子力学等）创造的机会中得来，20 世纪以来，这种趋势更加明显。因而主要的新技术机会越来越依赖于科学知识的进步是当代创新的第二项典型化事实。

第三，自 19 世纪末德国企业首创研究开发部门以来，导致新产品和新工艺产生的研究活动在本质上已发生了很大变化：研究与创新活动复杂性的增加使得正式组织（企业研究开发实验室、政府实验室、大学等）作为创新产生的最佳环境比个体创新者更为有利。另外，在或多或少的综合制造类企业中，工商企业部门的正式研究活动也趋向于一体化，这是创新活动的第三项典型化事实。

第四，除了前面这类和各个方面对它的补充外，相当数目的创新和改进产生于"边干边学"和"边用边学"，即人和组织，主要是企业，可以通过各种实践过程，或通过解决生产问题的非正式活动，或通过满足特殊顾客的要求，克服各类"瓶颈"等学习如何使用、改进和生产，这是第四项典型化事实。

第五，似乎技术进步的模式还可能被描述成对市场条件变化的简单而灵活的反应：（1）尽管对专门的创新来讲，变化的意义很大，但似乎技术进步的方向由已在使用中的技术的发展水平所决定；（2）决定产品和工艺适应变化的经济条件的范围正是技术本身的性质；（3）在多数情况下，企业、组织甚至国家，实现技术进步的可能性由他们已经达到的技术水平决定。换句话说，技术进步的累积性特征是第五项典型化事实。

第二节　基本理论和政策主张

由于新熊彼特学派的基本理论和政策主张基本一致，因此将二者放在一节阐述。

新熊彼特学派是在 20 世纪 80 年代以后逐渐形成的，但在此之前，熊彼特的追随者就已经开始了有计划的研究活动，为新熊彼特学派的形成准备了条件，其基本理论与熊彼特经济学不尽相同，此处不再赘述。在新熊彼特学派的形成过程中，有三个方面的研究起到了重要作用：一是从 20 世纪 60 年代末开始，英国苏塞克斯大学的"科学政策研究小组"在克里斯多夫·弗里曼的领导下，对产业技术创新与扩散进行的研究，以及在此基础上对技术、增长与贸易间动态关系的研究。二是在 20 世纪 70 年代以后，由于"滞胀"的出现，佩蕾丝等围绕"长波"问题开展的研究，从而在长波研究上形成了与马克思主义学派不同的新熊彼特学派。三是围绕"创新体系"的研究，这种研究是将技术创新和扩散过程与社会、制度、政治等因素结合起来进行的。由于篇幅所限，该学派的政策主张主要介绍国家创新体系和佩蕾丝对技术革命与金融资本关系的研究。

一、国家创新体系

国家创新系统这一概念的出现，说明人们对科技创新在经济发展中作用的认识已发生了质的变化，它从系统论角度深入地考察了创新的动态交互反馈过程，这一概念或研究范式的确立与知识经济的出现本质上是一致的，它对于提高发展中国家的创新能力，改革科技创新体制提供了重要的理论基础。

从创新理论发展史角度来看，以往人们对创新的认识持有一种静态的观念，这对于分析一些具体的、微观层次的简单创新活动可能是有效的，但它并不适于理解复杂的创新活动，它是长期以来受自然科学中的还原论和经济学的均衡分析方法影响所形成的范式。创新活动的静态观点有以下三个特征。第一，认为创新遵循从研究到试验开发，再到生产，最后到销售这样一种线性过程，从而把科学研究、技术发明与创新割裂开来了。第二，创新与扩散的误导性区分：第一步是重要创新的开发及初步商业化；第二步是这些创新的广泛应用（即扩散），前者集中于工业化国家，而在发展中国家技术发展只有达到国际前沿时才变得重要，在此之前，因为发展中国家被认为只与技术的扩散或已有技术的选择有关，创造性的革新和技术变迁似乎是相干的。第三，把企业视作创新的唯一主体或场所，如"青年熊彼特"倾向于把个人视为创新主体；"老年熊彼特"则强调了垄断性大公司的主体地位。尽管有这种变化，熊彼特仍倾向于从总体上把企业视为创新的唯一主体或场所。

静态创新观在相当长的时间内产生着广泛的影响，但随着研究的深入，受到自然科学革命性进展的影响，创新系统观逐渐形成。这首先表现在对传统创新观的突破上。第一，从一般系统论角度对科技进步进行分析，把它看作是一种累积的和长期变化的不可逆的"组织复杂性"的过程。系统论的观点强调了互为因果的交互作用，它注意到复杂的反馈环的作用，着重分析了在正反馈情况下多重均衡的存在，以及动态反应中突变式非连续的非线性过程。第二，创新不是一蹴而就的，如果把基本创新视作传统的创新概念，那么在扩散过程中仍有大量的增量创新。换言之，扩散不仅包括机器设备、生产设计和相关技能的获得，它还包括不断的、渐进的技术变迁，这些技术变迁或为满足特定的条件，或为达到更高的标准。这通常包括两个步骤：首先，进入后采纳阶段，此时既提高了原有的生产效率，又为适应投入品与产品市场的改变而修改技术。因此，对于发展中国家来说，创新应采用较广泛的定义，即创新并不一定是全世界最先进的技术、工艺，最领先的产品，而是指在产品设计和生产过程中对一个国家和地区的企业、研究与开发机构等来说是"新"的内容——这些内容对于其他的国家和地区也许已经不是新的了。第三，创新主体或场所的多元化。20 世纪 70 年代后，人们逐渐注意到创新主体的复合性，开始对创新主体的理解不仅仅局限于企业。如冯·希培尔在 1976 年通过实证研究发现了用户（消费者）在创新过程中的作用，提出了"使用者即创新者"的观点。在创新主体或场所的认识上的实质性变化，始于把创新看作一个系统之时，1997 年经济合作与发展组织在《国家创新系统报告》中指出，创新是不同主体和机构间复杂的互相作用的结果，它是系统内部各要素之间互相作用和反馈的结果。据此我们可把创新主体看作是企业、科研机构、学校、中介机构和使用者等所组成的复合体。

国家创新系统的概念渊源可以追溯到 19 世纪德国经济学家李斯特。当时，李斯特主张采取广泛的措施，促进技术的学习、创新以及经济增长，以使当时处于欠发达状态的德国以及其他当时的"不发达国家"能在经济上赶上英国。最早提出国家创新系统概念的是英国著名经济学家弗里曼，他发现，日本在技术落后的情况下，以技术创新为主导，以组织创新和制度创新为动力，只用了几十年的时间，便使其经济出现了强劲的发展势头，成为工业大国。这说明国家在推动企业的技术创新中起着十分重要的作用。他认为，在人类历史上，技术领先国家从英国到德国、美国，再到日本，这种追赶、跨越，不仅是技术创新的结果，而且还有许多制度、组织的创新，从而是一种国家创新系统演变的结果。换句话说，在一国的经济发展中，仅靠自由竞争的市场是远远不够的，政府不仅需要提供公共产品，而且还需要在产业政策、科技政策、贸易政策、财政金融体系和市场监管等诸多方面发挥积极作用，以推动科技创新。因此，弗里曼把国家创新系统定义为是由公共部门和私营部门中各种机构组成的网络，这些机构的活动和相互影响促进了新技术的开发、引进、改进和扩散。

目前，国际上对国家创新系统的研究比较有代表性的学者是伦德瓦尔和纳尔逊。伦德瓦尔认为，国家创新系统是一些要素及其相互联系作用构成的复合体，这些要素在生产、扩散和使用新的、经济上有用的知识过程中相互作用，形成一个网络系统。他还认为，国家创新系统是一个社会系统，创新系统中的中心活动是学习，学习是一种社会活动，它包含生产厂商与用户之间的相互作用；国家创新系统还是一个动态系统，以知识积极的反馈和再生产为特征。伦德瓦尔所分析的侧重点在于生产厂商与用户之间的相互作用。纳尔逊认为国家创新系统是一组制度，因此制度的设定和功能是决定创新系统效率的关键。在纳尔逊的著作中，一共讨论了 15 个国家的案例，并对不同国家的创新系统做了比较。但是伦德瓦尔和纳尔逊都没有给国家创新系统下明确的定义。

目前引用比较多的是经济合作与发展组织对国家创新系统的定义：国家创新系统由参加技术发展和扩散的企业、大学和研究机构组成，是一个为创造、储备和转让知识、技能和新产品相互作用的网络系统，政府对创新政策的制定着眼于创造、应用和扩散知识的相互作用过程以及各类机构间的相互影响和作用上。值得注意的是，经济合作与发展组织对国家创新系统的定义是与对知识经济的探讨内在一致的。实际上，1996 年发表的著名报告《以知识为基础的经济》是该组织"国家创新系统项目"系列研究报告之一。该报告明确指出，经济合作与发展组织制定科学、技术和产业政策的目的是使"以知识为基础的经济"充分健康地运行，这种经济直接建立在知识和信息的生产、分配和使用上。在知识经济中，生产者在可整理知识与意会知识的相互作用下推动了创新活动，国家创新系统是其重要的制度维度，它是由产业界、政府和学术界在发展科学和技术上所形成的相互关系所构成的。

国家创新体系的分析不仅是系统论的，而且它是以制度分析为基础的。在国家创新体系分析框架中，学者们对制度的定义是新老制度经济学家们普遍接受的，他们同样把作为管束人类经济行为的制度分为两大类：有形制度安排如产权、金融制度等形式化规则，以及作为文化外在形式的意识形态、价值观、习俗和习惯的非正式规则。国家创新体系分析框架的创新之处有以下三点。第一，它把制度分析与创新研究紧密结合起来了。由于新制度经济学的内在缺陷，使得它无法处理创新问题。而在老制度主义经济学中，这是一个被忽视的问题。第二，国家创新体系分析框架继承了古典经济学把研究重点放在生产或资源创造上的传统，它所研究的制度主要是围绕生产问题展开的。这与新制度经济学研究的以交换为核心的理论是不同的。第三，与新制度经济学以新古典经济学为理论基础不同，国家创新体系的分析是以演化经济学为基础的，或者说，它是演化经济学的一种应用。

为了发展更宽广的国家创新体系研究框架，伦德瓦尔追溯了国家创新体系概念的三种不同起源，提出了能力建设与创新的国家体系概念。狭义的创新体系概念来自美国学者的思路，这种思路把国家创新体系的概念与高技术产业联系起来，把企业、大学和国家技术政策置于分析框架的核心。然而，克里斯托弗·弗里曼在他对日本的分析中，引入了比美国学者更宽广的观点，考虑到了企业组织形式的国家特定性，如他强调日本企业怎样日益"把工厂作为实验室"来使用；同时，以伦德瓦尔为代表的奥尔堡大学的学者们也采用了更宽广的概念，认为创新体系植根于生产体系之中。但是，伦德瓦尔又指出，这三种分析框架都没有注意到，诸如劳动力市场、教育和培训体系等最具有国家特定性的宽广制度在一国能力建设及其塑造创新过程的基础上起着关键性的作用。① 因此，伦德瓦尔提出了以生产和人力资源开发为核心的能力建设与创新的国家体系概念。

20 世纪 90 年代初，在国家创新体系的概念基础上，卡森和他的同事们又提出了技术体系的概念；同时，在国家创新体系概念基础之上，经济学家们又发展了对区域创新体系的研究，并将其与产业动力学研究结合起来。1997 年，弗朗哥·马莱巴提出了部门（也译作产业）创新体系的概念。所有这些概念的提出和发展都极大地丰富了创新体系分析的方法和框架。

二、技术革命与金融资本

自 2002 年《技术革命与金融资本》出版以来，佩蕾丝陆续发表一系列论文和讲演，对 21 世纪上半叶世界经济面临的难题和长期发展趋势提出了许多非常富有见地的观点，并在美国金融危机爆发前，多次谈到金融体系将出现重大震荡。2008 年 9 月，在哈佛商学院百年纪念讲演中，佩蕾丝指出，为了理解目前"百年一遇"的国际金融危机，必须采用长期的历史观点，以便从历史的规律性中进行学习，并确认当前情况的独特性，这是制定正确政策的前提条件。下面我们就结合 2008 年开始的世界金融危机，简介《技术革命与金融资本》一书的主要观点。

（一）技术革命的"巨浪"以及与技术相关的泡沫经济

佩蕾丝认为，2008 年以来的国际金融危机是自由市场意识形态的恶果，而自由市场意识形态则与世界经济每次发展"巨浪"的阶段性有直接联系。所谓发展的"巨浪"是指每次技术革命从大爆炸到产业成熟所历经的扩散和社会吸收的全过程。自 18 世纪末以来，世界经济出现了五次发展的巨浪，它们是：1771 年开始的英国工业革命；1829 年开始的蒸汽动力、煤炭、铁和铁路的时代；1875 年开始的以钢、重型机械制造业和电力等为标志的时代，它产生了第一次经济全球化；第四次则是从 1908 年开始，这是一个石油、汽车、石化产品和大量生产的时代；我们目前的第五次是信息和通信技术革命的时代，它开始于 1971 年英特尔微处理器的诞生，目前还有 20 多年的技术拓展时期。而下一次也就是第六次发展巨浪将由生物技术、生物电子、纳米和新材料等技术革命所引发。

发展的巨浪每次要持续 45~60 年，虽然在技术上是极其不同的，但每次革命都遵循着类似的阶段和商业氛围。每次技术革命都提供了一种由通用技术、基础

---

① Edward Lorenz and Bengt‐Åke Lundvall, *How Europe's economies learn: coordinating competing models*, Oxford: Oxford University Press, 2006, pp. 115—116.

设施和经济组织原则所构成的新技术经济范式，这种新的技术经济范式能够逐渐地使整个经济现代化并逐步提高其生产率。因此，每次革命都具有双重性质：创造作为经济增长发动机的新产业以及新的技术经济范式，它首先创造了爆炸性的增长，然后使传统产业现代化并恢复活力。由于每次技术革命的扩散都要遭遇根植于上一技术经济范式在制度上的巨大抵抗，这些制度包括老式的实践、标准、习惯、思想和惯例等，所以，每次技术革命的扩散都分裂为 20~30 年的两个不同时期：导入期和拓展期，见图 12-2。

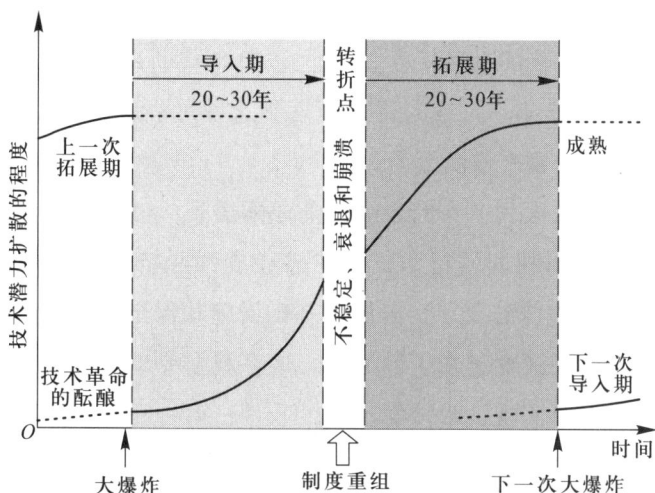

图 12-2　历次技术革命浪潮的导入期、转折点和拓展期

导入期是新旧范式的斗争时期，这是一个创造性毁灭时期，由金融资本接管过经济的控制权，强调自由放任的市场经济，在其领导下，学习新范式并遗忘旧范式，进行各种市场实验，为新技术建立基础设施，通常伴随着过度的投资和泡沫经济，但最后却终结于股票市场的崩溃。那么，在这一时期，为什么金融资本取得了控制权？与国家相比较，为什么自由市场力量占上风？这是因为在每次发展巨浪的成熟期，由于生产资本在原先革命性的技术经济范式下对固定资本、供销网络和管理经验进行了大量投资，并对这种成功产生了自满心理，因而锁定在这种潜力已趋于枯竭的技术经济轨道中，并顽固地抵制新范式的创新。而金融资本则避免了任何与实体经济的这种锁定性联系，它本质上是灵活和自由自在的并具有投机性的短期营利倾向。佩蕾丝认为，由于在驱动力、性质和功能上的不同，生产资本和金融资本在技术革命的导入期和拓展期发挥着截然不同的作用。

在拓展期的末端也就是成熟期到来时，由于缺乏有利可图的投资机会，产生了大量的游资。在这种情况下，锁定于原来技术经济轨道的生产资本不得不到越来越遥远的市场中去寻找机会，而一些金融资本虽然也陪伴了这种远行，但它们也在走自己的道路，寻求新奇的和冒险的投资机会。在这时，由新技术革命所产生的新型企业家们只有技术能力和雄心勃勃的野心，但缺乏资金和政治力量，而后者恰好是金融资本所拥有的，这就是为什么金融资本在导入期逐渐地接管过经济领导权的原因，它使用金融力量支持新技术企业家，并广泛地发起对已经成为障碍的现有制度框架的斗争，在这个时期，国家同样被看作是障碍物。同时，由于每次重大的技术革命都是以新型基础设施为特征的，因此，在过去240年间的每次发展的巨浪中，都出现了由金融资本所主导的对新型基础设施过度投资的狂潮阶段，如18世纪80年代的运河狂热、19世纪40年代的铁路狂热和20世纪90年代的通信和互联网狂热等，大量的货币倾泻到这种过程中，最后在泡沫破灭后，大量堆积的纸面上的财富就被消灭了。

只有当技术泡沫破灭后，人们才能逐渐地醒悟到，过去引导变革的金融资本因为其投机和寻求短期利润的行为，现在已经成为经济增长的障碍。通过这种"创造性毁灭"，虽然泡沫破灭了，但新的基础设施却保留下来了，新范式也被人们接受了，主导产业也建立起来了，因此，这客观上要求生产和市场的扩张。但是，这种扩张如果想要实现，必须满足三个条件：第一，长期投资决策要在没有股票市场压力情况下做出，因此，金融资本必须向生产资本移交经济的领导权。第二，生产的扩张反过来需要需求扩大，而这种需求扩大常常是以收入分配为前提的，因此它意味着福利型的政府政策。第三，为了从普遍的增长中获益，社会价值观念要从个人主义的生存竞争转变为对合作和集体福利的强调。佩蕾丝指出，这些条件就是她称之为转折点的实质。一旦这些条件被满足，每次发展巨浪的拓展期就到来了，它持续20~30年，这个时期通常被称作"黄金时期"。在这个时期，新范式所包含的财富创造的整个潜力可以被充分挖掘出来，它产生了使整个社会普遍受益的经济增长。但是，如何才能实现从导入期到拓展期的过渡？在转折点会发生哪些事情呢？在讨论这些问题之前，我们首先看一下2008年泡沫经济破灭的具体情况。

（二）美国金融危机与2000年的互联网泡沫在本质上的不同

在每次发展巨浪的导入期，虽然金融资本在把资源重新配置到新技术和新产业并加强新技术经济范式的力量上具有积极作用，但它也产生了以财富再分配为特征的具有消极后果的四种难以克服的冲突。第一，在导入期结束时，出现了纸面财富与实际财富不可持续的冲突，股票市场的价值严重背离其实际价值，这种冲突通过泡沫破灭只能得到部分的解决。第二，严重地偏向金融利润的倾向。美国经济分析局网站的资料说明，自 20 世纪 80 年代初以来，美国金融业在国内总利润当中所分割的比重越来越大，从 80 年代初的不足 20% 上升到 30% 左右，并在 21 世纪初一度达到 45%，而同期制造业的比重则大幅度下降，一度降到 10% 以下，目前也低于 20%，这严重地挫伤了生产资本扩张技术革命成果的积极性。第三，严重的两极分化。在每次发展巨浪的导入期都会发生穷者愈穷和富者愈富的现象，特别是在泡沫破灭后更是如此。根据美国财政部数据，在第四次发展巨浪和第五次发展巨浪的泡沫经济中，也就是 20 世纪 20 年代和目前的美国，只占纳税人 0.1% 的人口却占有国民收入的 10%，但到了拓展期，这个比例下降为 6%。这种收入分配的两极分化不会因为泡沫的破灭而得到克服，反而因其所加重，其结果是在经济上导致了有效需求的严重不足和潜在供给的大量过剩。第四，收入分配的两极分化在社会政治领域导致了社会道德水准的不断降低、暴力事件的急剧增加和发展中国家巨大的移民压力，甚至酿成严重的社会和政治动荡，从而使转折点成为各种矛盾的爆发期。

按照上述讨论，在每次大的技术泡沫破灭后，不仅要对金融进行严厉的管制，而且还必须进行广泛的社会制度变革，以便创造有利于生产资本扩张的条件，这就是历史上前四次发展巨浪在转折点时曾经发生的事情。但是，目前我们所处的第五次发展巨浪却与之不同，其独特之处就在于，在这次巨浪的中途所发生的泡沫经济被劈分成了两个阶段：第一个阶段是 20 世纪 90 年代的互联网狂热以及 2000 年互联网技术泡沫的破灭；第二个阶段则是 2003 年至 2007 年的信用扩张泡沫。换言之，历史上曾经发生的前四次大规模的泡沫经济只有第一个阶段，也就是只有技术革命的狂热所产生的泡沫经济，但这次却增加了由信用扩张的泡沫（简称信用泡沫）所导致的"信用崩溃"的泡沫经济。佩蕾丝指出，区分这两种不同的泡沫经济对于确认目前危机的性质、后果以及解决办法都是关键性的。

严重的技术泡沫都是特定的：每隔大约半个世纪出现一次；它们都是以实际的创新机会为基础的，并伴随着技术风险的降低；它们推动了新的基础设施的建设；它们虽然是由金融资本主导的，但却是以技术为核心，并留下了积极的遗产：新的生产和消费模式建立起来了，新的范式被接受为"常识"，产生了新的企业巨头，诞生了新的增长的发动机，它们为经济的充分扩张做好了准备。因此，政府在转折点有效地解决它所遗留的严重冲突就构成了转入技术革命拓展期的前提条件。但是，在目前第五次发展巨浪的转折点上，由于美国政府不仅没有着手解决技术泡沫所产生的上述四种冲突，反而继续推行放松金融管制的自由市场制度，实施错误的低利率政策，纵容伪劣的房贷信用扩张泡沫，终于酿成了史无前例的金融大危机，这是导致美国金融危机爆发的主要原因。因此，佩蕾丝在美国金融危机爆发前的两三年内曾多次谈到，互联网泡沫的破灭不足以打击金融资本的猖狂，今后肯定要发生一到两次大规模的经济动荡才能解决问题。

除了上述原因外，中国和印度等从前被排除在资本主义经济体系之外的许多国家突然的市场开放也是造成此次金融大危机的重要原因。在目前的第五次发展巨浪中，发达国家把工作外包给中国和印度等发展中国家被看作一种对其经济困境的"奇异治愈"，特别是美国更是如此。一方面，它通过成本的降低和更低的消费品价格暂时缓和了发达国家市场饱和的问题；另一方面，中国等东亚地区国家的外汇盈余在美国金融市场的再投资助长了美国的过度消费和金融投机。这似乎是一种"良性循环"，但却是一种饮鸩止渴式的缓和矛盾的做法，一旦出现问题，就会变成恶性循环。其结果是，在发达国家失业率上升和实际工资不断下降的情况下，特别是在纸上的财富通过次级住宅信贷、衍生工具和对冲基金等所谓金融创新不断导致资产膨胀的情况下，进一步加剧了资产持有者和工资收入者之间的两极分化，我们前面谈到的在转折点时期所发生的四种冲突就变得更加严重了。

综上所述，佩蕾丝认为，美国金融危机与 2000 年的互联网泡沫在本质上是不同的。技术泡沫是由技术革命所推动的，是经济增长过程中所内生的和无法避免的。而美国金融危机则是由寻求投机对象的信用扩张泡沫所导致的，并非是不可避免的，而是放任自由市场的恶果。与技术泡沫为实体经济的未来发展创造了机会以及对实体经济不会产生破坏性影响有本质上的不同，这种信用扩张的泡沫起不到任何一种转变性作用，它从不产生新的财富创造能力，它只是通过资产膨胀进行大规模的财富再分配，因而不仅没有逆转反而却加剧了收入分配的两极分化；它把投资引向了金融赌博，对生产企业产生了短期视野的压力，其结果必然导致不稳定、不平衡、系统性风险和目前的崩溃，堵塞了目前所有国家实现经济增长潜力的道路，并有可能产生类似于 20 世纪 30 年代大萧条的全球大衰退。因此，佩蕾丝指出，在目前转折点上的制度变革不能再延迟了，我们必须把投资和创新从金融赌博中拯救出来，使其进入生产和实体经济，现在就是采取行动的时刻！

（三）转折点的制度大转型

按照佩蕾丝的这种以经济史为基础的历史模型，由于技术革命的内在动力，自英国工业革命以来，存在着一种每隔 20～30 年，自由市场和政府干预的地位就像钟摆一样，向相反方向摆动的轮回：在技术革命导入期开始时，由于经济停滞是如此深重，因此，为了唤起市场的动力，自由市场意识形态开始处于上升地位，例如，在 20 世纪 70 年代美欧国家的滞胀危机中，所谓"凯恩斯主义的终结"导致新自由主义的兴起；但到了拓展期开始时，这种方向就又颠倒过来了，在导入期结束时，由于自由市场产生了严重的社会、经济和政治冲突，因此，金融垮台力度必须相当大，才能大大削弱金融资本的权力，恢复并加强国家管制的力量以及对公共福利的关注，如 20 世纪 30 年代的大萧条导致了凯恩斯主义的兴起。目前的世界经济正以其独特的方式遇到了同样的问题，在金融资本垮台之后，争论已经不再是要不要管制，而是好的还是坏的管制。而且，整个社会现在需要达成一种共识，为了收获信息革命的丰硕成果，必须重新强调政府作用和福利型政策，进行广泛的制度变革。

我们前面已经谈到了在转折点所存在的需要克服的四种冲突和必须满足的三个条件，这是势在必行的任务。显而易见，依靠自由市场是无法达到这种目标的，这是因为在转折点所存在的四种冲突正是自由市场的结果，没有约束的自由市场将会使状况更坏。目前的自由市场意识形态就像 20 世纪七八十年代的国家宗教激进主义一样已经成为世界经济增长的最大障碍。然而，尽管自由市场意识形态因金融资本的垮台和严重的社会经济问题而大伤元气，但如果要强调政府干预、集体价值观念、生产资本主导和福利型政策等这些与自由市场意识形态大相径庭的制度大转型，遭遇抵抗也是不可避免的，正如美国在 20 世纪 30 年代大萧条的转折点时实施"罗斯福新政"所遭遇的。在"罗斯福新政"时，除了抑制金融资本的猖獗外，美国政府还采取了补贴农民和穷人以及直接建立国有企业等许多措施。但这些政策遭遇到美国企业界的极度反对，他们声称罗斯福所实施的这些政府干预措施正在把美国引向共产主义。当然，因为有成功的历史经验可资借鉴，目前的美国采取类似的措施不会再遭遇较大抵抗，反而在一些新兴经济中，阻力要更大一些，而转型的时间也要更长一些。

在理解每次发展巨浪所导致的制度大转型上，佩蕾丝还指出了以下值得注意的两点。第一，转折点的制度变革并不一定会导致诸如第二次世界大战后发达国家经济增长的"黄金时代"，而有可能产生所谓的"镀金时代"（1870—1920），这就是第三次发展巨浪在美国所发生的事情，其后期史称美国"进步时代"（1900—1917）。在这个时代，虽然采取了市场监管、最低工资、保护中下阶层利益的措施和立法以纠正自由市场经济所带来的破坏性影响，但由于改革不彻底，因此其经济增长并没有使普通老百姓普遍地受益，这就是为什么它被称作是"镀金时代"而非"黄金时代"的基本原因。第二，转折点的制度变革虽然是由技术革命的内在特点所决定的，但其产生的制度框架却取决于技术之外的社会政治等诸多因素。例如，发端于 1908 年的技术革命具有规模经济和标准化大量消费的特点，它内生地要求通过政府干预调节需求、促进就业和管理国民经济，但是这种共同的要求却因为不同国家所面临的社会、政治和经济发展阶段的具体情况不同，产生了社会主义、福利国家、法西斯主义和东亚"发展型国家"这四种不同的社会类型。①

第三节　评　　析

在过去三十多年中，新熊彼特经济学得到了很大发展，它不仅在科学技术与创新、国家创新体系、产业竞争以及经济增长等方面的理论及其政策研究上做出了突出贡献，而且也推动了一些经济学科的发展，如创新经济学主要是依靠新熊彼特主义经济学发展起来的；又如该学派以创新竞争为核心发展起来的"产业动态学"与目前以价格竞争为核心的产业经济学具有互补关系，甚至可以说是一种替代后者的"演化产业经济学"。我们在这里对新熊彼特主义经济学的主要理论、政策主张、局限性和未来发展方向做出简要的评价。

一、基本理论评析

（一）强调创新在经济理论体系中核心作用的重要意义

新熊彼特主义经济学秉承熊彼特的理论创新，在其理论框架中，创新竞争而非价格竞争成为其理论分析的核心，强调了创新竞争而非价格竞争作为经济协调的主要机制。新熊彼特主义学者汉施和派卡甚至指出，在熊彼特经济学没有得到发展的情况下，经济发展的许多复杂现象仍是无法弄清的，因为对于其他经济学流派来说，创新现象是难以理解的。② 我国已故经济学家张培刚教授对熊彼特创新理论的意义也给予了积极的评价。他说："熊彼特'创新理论'最大的特点，就是强调生产技术的革新和生产方法的变革在资本主义经济发展过程中的至高无上的作用，把这种'创新'或者生产要素的'新组合'看成是资本主义最根本的特征，因而认为没有'创新'就没有资本主义。这一看法，在某些方面有其可取之处。因为：第一，马克思主义政治经济学从来就重视生产技术和生产方法的变革在人

---

① 贾根良：《评佩蕾斯的技术革命、金融危机与制度大转型》，《经济理论与经济管理》2009 年第 2 期。

② H. Hanusch and A. Pyka, "Principles of Neo-Schumpeterian Economics", *Cambridge Journal of Economics*, 2007, 31 (2): pp. 275—289.

类历史发展中的作用，从来就认为生产力是社会发展的最革命最活跃的因素。这不仅对资本主义是这样，对社会主义以及整个人类历史也仍然应该是这样。第二，在分析中熊彼特强调了'变动'和'发展'的观点，并且认为'创新'是一个'内在的因素'，'经济发展''是来自内部自身创造的'一种变动，从而强调了'内在因素'作用。这和庸俗经济学的传统分析不大相同。"①

（二）中观经济学革命

熊彼特是演化经济学的"中观经济学革命"的先驱，新熊彼特主义经济学现有的贡献有相当部分反映的是熊彼特的这种原创性的研究纲领。实际上，在发展经济学中，可能是受到熊彼特的影响，罗斯托在"新熊彼特学派"之前指出，由于技术扩散只被特定部门所吸收，而总量方法是由许多"并不与经济中吸收的程度相联系的变量所决定"，因此，宏观经济学的分析不足以解释经济增长过程。对此，罗斯托提出了部门分析法的解决方案。但在演化经济学看来，决定性的结构变迁和质变是在经济系统的中观层次上得以发生并能被观察到，部门和产业分析则隶属于这种微观和宏观框架都无法处理的中观领域。强调中观经济学对理解经济发展过程和资本主义演化过程的重要性是"新熊彼特学派"在经济学理论上的一大贡献。"微观—中观—宏观"的框架对目前的经济学课程体系建设也具有重要意义，作为经济学基础课程，有必要在开设微观经济学和宏观经济学的同时，开设中观经济学课程。

二、政策主张评析

（一）国家创新体系

国家创新体系的理论框架和分析方法自产生以来就对经济政策的制定产生了深远的影响。芬兰在 20 世纪 90 年代初把它应用到政策制定上，现在这个国家已经成功地把一种以资源为基础的经济转变成了一种以知识为基础的经济。世纪之交，创新体系的研究框架和政策工具主导了欧盟在经济和社会政策上的研究；21 世纪以来，创新体系的概念也进入了世界银行政策研究部门的视野。在国家创新体系概念基础之上，新熊彼特学派的经济学家们又提出了创新型国家的概念，对世界各国的经济政策特别是科学、技术和创新政策产生了重要影响。

国家创新体系的理论对我国也产生了持久的重要影响。1998 年，江泽民提出了建设中国国家创新体系的历史任务。2006 年 1 月 9 日，在第三次全国科技大会

---

① 外国经济学说研究会编：《国外经济学讲座》第三册，中国社会科学出版社 1981 年版，第 6 页。

上，胡锦涛提出了今后二十年为建设创新型国家而奋斗的战略目标。党的十八大以来，习近平在多次讲话中强调实施创新驱动发展战略的重要意义，并做出了重大的部署。2015 年 3 月，党中央和国务院出台了《中共中央、国务院关于深化体制机制改革加快实施创新驱动发展战略的若干意见》（以下简称《意见》），《意见》指出，到 2020 年，基本形成适应创新驱动发展要求的制度环境和政策法律体系，为进入创新型国家行列提供有力保障。2017 年 10 月，党的十九大报告提出到 2035 年基本实现社会主义现代化，我国经济实力、科技实力将大幅跃升，跻身创新型国家前列。

新熊彼特学派有关创新和国家创新体系的理论对中国特色社会主义市场经济理论和实践具有重要借鉴意义，但我国国家创新体系和创新型国家建设也有一些成功的经验是该学派研究框架无法容纳和解释的。例如，我国的科学、技术和创新具有社会主义市场经济条件下新型举国体制的优势，这在高铁、特变电压、国家电网和北斗定位系统等方面的创新表现尤为突出。总结我们在国家创新体系和创新型国家建设方面成功的经验和失败的教训不仅将丰富并推动新熊彼特学派的发展，而且对建设中国特色社会主义国家创新体系和创新型国家的理论具有更重要的意义。

（二）佩蕾丝关于信息革命进入拓展期的政策主张

佩蕾丝根据历史经验，把每次技术革命浪潮划分为各为二三十年的两个不同时期：导入期和拓展期，导入期是激进创新的引入时期，金融资本起着主导作用，而在拓展期，激进创新得到全面发展和扩散，并对传统产业进行改造，产业资本起主导作用。在她看来，只有在拓展期才有可能出现经济增长的"黄金时期"，但这与导入期形成的许多制度框架不可避免地发生冲突，因此，这就需要在转折点进行制度改革，见表 12-1。

表 12-1　导入期和拓展期需要不同的制度

导入期	拓展期
自由竞争	政府干预
个人主义的生存竞争观	合作和集体价值观
金融资本主导	生产资本主导
社会保障市场化	福利型政策

佩蕾丝的这种从历史模型中推论出的政策主张是符合实际的。自国际金融危机爆发以来，目前的经济体制确实需要金融资本向生产资本移交经济的控制权；为了扩大内需，需要福利型政策；在拓展期，渐进创新成为技术创新的主要形式，

这就需要调动工人、技术人员和管理人员从事创新活动的积极性，因而需要合作和集体主义的价值观；导入期的自由竞争产生了产品质量和市场监管的放松等，这就需要重新加强政府干预。为了使广大人民群众广泛地分享信息革命的丰硕成果，包括我国在内的世界经济确实需要这些政策措施。但是，由于金融资本主义的出现，这种历史模式很可能在一定程度上要失效了。在发达资本主义国家，金融资本拒绝向生产资本移交经济控制权，即使 2011 年发生了席卷美国的"占领华尔街"运动，金融资本的统治地位仍然稳如泰山，这对发达资本主义国家利用技术革命浪潮拓展期的增长潜力产生了严重的不利影响。国际金融危机爆发后，在我国，也曾一度出现过金融资本支配生产资本和银行业资金"脱实向虚"的现象，好在这种现象不断得到纠正。2017 年党的十九大报告强调，深化金融体制改革，增强金融服务实体经济能力，对我国顺利进入信息革命拓展期并使广大群众分享技术革命创新成果具有重要意义。

三、局限性及借鉴意义

（一）国家创新体系分析框架的局限性

许多学者认为，国家创新体系分析框架的不足之处是没有考虑发展中国家如何成功地推进创新体系的建设问题。正如阿罗西纳和苏齐指出的，国家创新体系的分析方法可以被用于描述、分析和对相对强有力和多样化的创新体系进行比较，但在某种程度上，它并没有被应用于如何建造国家创新体系的问题。[1] 本特-阿克·伦德瓦尔等人也指出，在相对"完善"的创新体系中，分析特定的亚体系问题不大。如果存在着适宜的知识基础设施和知识产权，存在着很好的网络化能力和高水平的信任，那么也存在着研发的有效体系，但在发展中国家并不是这样。[2]

发展中国家的主要问题是，由于现代市场制度发育程度低，分工程度低，微观创新的力量是孤立的，弱化了它对国民经济竞争力的潜在贡献，它们在国家层次上的创新行为几乎从不是系统的，因此不存在一种行之有效的国家创新体系。与工业化国家创新体系相比，发展中国家如何成功地推进创新体系建设是与之不同的。因此，在这种情况下，我们就需要对目前发达国家创新体系的历史进行比较研究，这种研究的重点不是集中在发达国家创新体系的现在和未来上，而是集

---

[1] R. Arocena and J. Sutz, "Innovation Systems and Developing Countries", *Druid Working Papers*, 2002, No. 02-05.

[2] Bengt-Åke Lundvall, "National Systems of Production, Innovation and Competence Building", *Research Policy*, 2002, 31: p. 226.

中在它们的过去上，其目的就是研究这些国家在从贫困走向富裕的过程中是如何建设国家创新体系的，以识别埃里克·S.赖纳特所说的国家富裕所"必须的通过点"①，以便为目前发展中国家的经济发展提供借鉴。

（二）整个理论体系结构存在的缺陷

新熊彼特主义经济学在其他方面也存在很多缺陷。汉施和派卡认为，"新熊彼特"学派在微观和中观有许多重要贡献，但在微观和中观之间如何交互作用以及无休止地"从内部"历时变迁如何导致复杂结构在宏观上的突现等方面的研究却贡献不多。② 挪威演化经济学家赖纳特指出，"新熊彼特"学派很少研究技术变迁和市场力量对国家工资水平的影响；③ 很少研究在完全竞争和垄断市场的不同条件下，创新扩散的不同方式对宏观经济产生的重要影响；熊彼特认为很重要的在创新与金融之间的关键性联系在当今也没有得到他的追随者的发展。④ 由于缺乏对阶级、阶层和经济利益等问题的关注，由于熊彼特自己承认他的理论结构只包括马克思研究领域的一小部分，因此，熊彼特不可能成功地提出一个分析资本主义内生演化的理论框架，新熊彼特主义虽然在这个问题上取得了一些重要的进展，但仍不能完成这项工作。实际上，汉施、派卡和赖纳特对"新熊彼特"学派的批评反映的就是该学派在理论体系结构上存在缺陷的具体表现。

关键词　创新　新熊彼特主义　国家创新体系　技术革命　长波

思考题：

1. 熊彼特经济学的五个理论来源是什么？

---

① ［挪威］埃里克·S.赖纳特：《国家在经济增长中的作用》，［英］杰弗里·M.霍奇逊：《制度与演化经济学现代文选——关键性概念》，贾根良、徐尚、王晓蓉、马国旺译，高等教育出版社 2005 年版。

② H. Hanusch and A. Pyka, "Principles of Neo-schumpeterian Economics", *Discussion Paper* no. 278, 2005.

③ ［挪威］赖纳特、［中国］贾根良主编：《穷国的国富论：演化发展经济学论文选》（下卷），高等教育出版社 2007 年版，第 10 章。

④ ［挪威］赖纳特、［中国］贾根良主编：《穷国的国富论：演化发展经济学论文选》（上卷），高等教育出版社 2007 年版，前言。

2. 简述熊彼特的"创新理论"。

3. 为了发动"中观经济学革命"，熊彼特对古典经济学和新古典经济学分别提
   出了哪些批评？

4. 新熊彼特学派的五个思想来源是什么？

5. 新熊彼特学派的三个规范性原则是什么？

6. 新熊彼特学派的五项典型化事实是什么？

7. 国家创新体系分析框架的创新之处有哪三点？

8. 在每次技术革命巨浪导入期结束时将产生哪四种难以克服的冲突？

9. 每次技术革命的巨浪在导入期和拓展期分别需要哪些不同的制度？

10. 新熊彼特学派存在哪些局限性？

第十三章 激进政治经济学派

第一节 概 况

激进经济学派（Radical Economics School）在广义上是指在西方国家批判正统经济学、具有激进色彩的经济思潮的总称。在广义上，它包括以罗宾逊夫人和斯拉法等人为代表的凯恩斯左派或后凯恩斯主义、斯拉法主义或李嘉图主义、西方马克思经济学等。这一内容广泛庞杂的学派（思潮）大致包括四个老的传统：第一，古典经济学传统，以新李嘉图学派为代表。第二，马克思主义的若干传统，把它作为一种有力的前提，而不是一种永恒不变的真理。第三，凯恩斯主义左派的传统。第四，受美国制度学派影响而批评美国资本主义具体制度的理论。所有这些传统都在某种程度上汇集在现代激进政治经济学里，体现在不同作家的不同著作里，程度各有不同。①

狭义的激进经济学派则专指产生于 20 世纪 60 年代西方国家和第三世界国家且自称运用马克思主义和社会主义观点批判西方正统经济学和资本主义制度并推崇社会主义的经济思潮，又称为"新左派政治经济学""新马克思主义""激进的社会主义""激进政治经济学"或"异端经济学"。最早起源于美国的激进经济学，迄今已经发展成为一种国际性思潮，已经渗透到欧洲、拉丁美洲、日本和第三世界国家。② 本章的论述将限制在狭义的激进经济学派理论范围。

一、学派的形成及发展

第二次世界大战结束后，美苏冷战爆发，在美国国内导致了"麦卡锡主义"的诞生，言论自由遭到限制，任何与共产主义或社会主义相关的东西都遭到明令禁止。联邦政府对激进思想进行了清洗，共产党和其他左翼政党均被取消。联邦调查局对所有的反对派团体进行了渗透。③ 整个美国大学的管理者和学者遭到了麦卡锡主义大潮的袭击，学术自由被限制在社会普遍接受的程度上。

在 20 世纪 50 年代中后期美国的经济繁荣期，社会的各种矛盾日益突出。收入

---

① ［美］霍华德·谢尔曼：《激进政治经济学基础》，云岭译，商务印书馆 1993 年版，第 6 页。
② 颜鹏飞：《激进政治经济学派》，武汉大学出版社 1996 年版，第 2—3 页。
③ ［英］大卫·哈维：《新帝国主义》，初立忠、沈晓雪译，社会科学文献出版社 2009 年版，第 42—43 页。

不平等的扩大和贫困的加剧，与 20 世纪 60 年代的学生运动、女权运动，特别是与反对侵略越南战争的群众性反战运动的汇合，掀起了第二次世界大战后美国最严重的政治、经济和社会危机的抗议运动高潮。受 1968 年法国"五月风暴"的影响与启示，美国的大学生和青年知识分子展开了以"民权运动"与"女权运动"为代表的激进主义抗议运动，被称为"新左派"运动。面对凯恩斯主义经济政策的失败、失业的扩大和经济停滞的加剧，"新左派"运动促进和加速了激进政治经济学的形成与发展。

但是，在 20 世纪 60 年代组建激进政治经济学联盟之前，激进马克思主义经济学家的核心成员还相对较少，只是有多股力量支持着激进马克思主义经济学。首先是美国《左派研究》《科学与社会》和《每月评论》在促进激进马克思主义经济理论学说方面的作用，其次是社会主义学者大会和《激进美国》对社会主义学说的推动，最后是一些非社会主义国家的共产党通过学术和大众教育，推动了一些马克思主义思想的传播。对于美国年轻激进经济学家来说，尽管增加对激进马克思主义经济学的兴趣和学术研究是重要的，但这并不能完全满足他们的学术需要。因此，为自己把握命运，他们建立了激进政治经济学联盟（Union for Radical Political Economics，简称 URPE）。

1968 年 9 月 4—8 日，来自美国密歇根大学、哈佛大学、伯克利大学、哥伦比亚大学等高校的教师与学生在密歇根大学的安娜堡校区召开了一次为期 5 天的激进政治经济学会议，讨论的主题是：（1）对当代经济学的激进批评；（2）激进的教学和研究；（3）贫困问题；（4）经济发展与帝国主义；（5）民主控制的经济学；（6）马克思主义、新古典和制度主义经济分析与当前问题的相关性。大会还达成了一个行动纲领，决定组建"激进政治经济学联盟"。激进政治经济学秘书处设立在密歇根大学，同时起草了激进政治经济学联盟章程，并试图成立左派政治经济学家的专业组织，提供一个探讨理论和政策的平台。

URPE 章程的主要内容包括：第一，它是一个致力于研究、发展和运用激进的政治经济学分析方法来解决社会问题的跨学科组织。第二，它的目的是坚持站在左派的立场批判资本主义体系与各种形式的剥削与压迫，同时帮助制定进步的社会政策，创造替代型社会主义。第三，它的目标是开设新的教学课程和发掘新的研究领域，包括对贫困、帝国主义、利益集团和军工混合体等领域展开讨论，倡议对时代的社会运动保持敏感性，建立一个把众多问题联系在一起的广泛的研究分析框架。

URPE 成立后出版了《激进政治经济学评论》杂志，为左派经济学家提供了一个理论阵地，并且召开年会出版激进政治经济学通信。URPE 通信每季出版一次，内容包括一些联盟的新闻和会员正在研究的课题。

在斯拉法的《用商品生产商品》（1960 年）、巴兰的《增长的政治经济学》（1957 年）、巴兰和斯威齐的《垄断资本》（1965 年）后，20 世纪 70 年代以来，在欧美激进政治经济学界，保罗·马蒂克的《马克思和凯恩斯》（1970）、哈里·马格多夫的《帝国主义时代》（1968 年）、詹姆斯·奥康纳的《国家政府危机》（1973 年）、哈里·布雷弗曼的《劳动与垄断资本》（1974 年）等著作相继出版的基础上，鲍尔斯和金蒂斯的《美国：经济生活与教育改革》（1976 年）和《民主和资本主义》（1986 年）、马尔科姆·索耶的《激进政治经济学的挑战》（1987 年）、霍德华·谢尔曼的《经济周期：资本主义的增长和危机》（1991 年）等著作的公开发行，标志着激进政治经济学从原先的对正统经济学全面系统的批判和试图重塑马克思主义经济理论，延伸到了对现行的资本主义制度、社会主义模式和国家与阶级的研究与探讨，特别是开展了对经济制度和经济危机、社会公正、异化与环境恶化等社会问题的研究。

经过 20 世纪 80 年代激进经济学派的沉寂、东欧剧变与苏联解体，激进政治经济学家在面对计划经济的崩溃和资本主义自我恢复能力的问题上，被迫重新思考和解释资本主义经济制度，重新反思主流的新古典经济学理论。20 世纪 90 年代中期至今，激进政治经济学进入了稳定的发展期，在研究方法上更具包容性，在理论研究所选择的研究领域上，除了保持传统的对资本主义生产过程和劳动过程实现关系的分析外，更加关注现实生活中的问题。它开始了全球化的研究，并在全球化的框架下研究劳动、就业、平等、发展、贸易等问题，新帝国主义、女性经济学、环境经济学等问题。

二、学派的特点

URPE 与后凯恩斯主义者的联系也开始加强并变得紧密。在这个过程中，世界经济处于一个剧烈波动与恶化的转换期，20 世纪 70 年代后的全球生产过剩，以及资本主义经济发展的长期相对停滞，针对如何展开对当代资本主义的危机时代劳动过程的分析和劳资关系的理解与认识，在法国形成了调节学派，在美国形成了积累的社会结构学派，以及分析的马克思主义学派。20 世纪 90 年代以后，URPE 加强了与其他学术团体的联系与沟通，比如演化经济学会、欧洲演化政治经济学会等。

　　根据艾琳·阿普尔鲍姆的看法，激进主义观点包括以下三种:①（1）主要的社会经济问题只能通过对社会的激进调整得到解决。贫困、种族歧视、性别歧视、环境破坏以及工人的离间并不是制度的病态畸形，而是直接源于资本主义的正常运转。（2）新古典理论与现实世界经验之间存在着主要矛盾。西方主流经济学家看到社会和谐的地方，激进主义者则看到冲突。（3）激进主义者根据其传统，将社会看作一个存在于具体历史环境中的综合的社会制度。而西方主流经济学简单地认同现存制度，例如市场，将其视为既定的，不考虑改变这些制度的广泛建议。

　　从这些观点可以看出，对经济体的激进主义分析与主流分析有着重大的差异。激进主义的前提是，西方社会中的问题是资本主义制度结构不可避免的结果。激进主义者在其分析中强调，技术体现了个人之间的社会关系，任何分析都必须研究为什么资本主义会存在，而不是将其视为既定的。

　　20世纪70年代可以说是狭义的激进政治经济学发展的黄金时代。除了《激进政治经济学评论》外，美国还有《每月评论》（Monthly Review）、《今日马克思主义》、《科学与社会》（Science&Society）和《左派研究》（Study on the Left）等杂志发表了大量的论文，流传全美国，使得其学术地位不断上升。许多论文以马克思主义理论为中心来研究理论问题，比如利润率下降、马克思主义与垄断资本、再生产和危机、生产劳动和非生产劳动、帝国主义以及价值理论。《每月评论》也刊载了大量论文，论及帝国主义、经济停滞和垄断资本、经济计划、垄断以及公司。在英国，1970年成立的"社会主义经济学家联合会"发行了《社会主义经济学家联合会通讯》（后改名为《资本和阶级》），老牌激进杂志《新左派评论》依旧鲜明地标榜自己的立场立足于马克思主义。在这个过程中，采用博弈论和理性选择理论等新古典经济学分析方法论证剥削与阶级等问题的分析马克思主义学派，也创立了属于他们的《反思马克思主义》杂志。

　　激进政治经济学派的代表人物鲍尔斯和金蒂斯在《美国：经济生活与教育改革》中，提出了"一致的原则"的重要表述，探讨了20世纪80年代以来西方资本主义国家中，教育与经济生活的关系，强调与分析了在新社会背景下，教育与经济生活之间的对应关系愈趋紧密，并呈现诸多新特征的现象。② 在《民主与资本主义》中，则从传统的政治学与经济学的整合出发，对经济思想作了政治批判，

---

① ［美］哈里·兰德雷斯、大卫·C. 柯南德尔：《经济思想史》（第4版），周文译，人民邮电出版社2011年版，第490页。

② ［美］塞缪尔·鲍尔斯、赫伯特·金蒂斯：《美国：经济生活与教育改革》，王佩雄等译，上海教育出版社1990年版。

把有关权力和人类发展的现实的政治概念运用到资本主义经济体系的分析之中，并对当前民主主义者面临的来自全球、各国内部及未来时代的挑战提出了新的问题。①

鲍尔斯等人强调，在某一阶级背景的学生的教育和他们最终被雇佣的劳动力市场部门之间有种"一致的原则"。来自低收入家庭的年轻人更多地被纳入注重二级劳动力市场工作所需的观念和行为的特种学校中（以及学校内部的相应轨道），这与那些高收入家庭学生就读院校所注重的行为和观念相去甚远。教育中"前市场分割"限定了学生离开学校后的机会，而劳动力市场已存在的经济等级又使之合理化。并且，学校影响受教育者的工作态度，并作为一种分流输送机制向分割的劳动力市场输送新的劳动力。各种学校都力图培养学生遵守纪律、服从领导的品质。学校教育和劳动力市场反映出经济和社会各阶层之间的相互关系，并且成为衡量工人阶层力量的一个指标，两者进行勾结，保障资产阶级的利益。

这两本著作中所反映的社会观念既是激进政治经济学对经典马克思主义的经济基础与上层建筑的相互关系以及阶级理论的否定，又是对基于个人理性选择理论的主流经济学或者是对分析马克思主义学派理论的批判。

鲍尔斯等学者认为，在以美国为代表的自由民主主义的资本主义社会中，存在各种权利的关键是个人的权利与所有权。个人的权利等同于自由、民主与大众的主权，所有权则是资本的经济特权。个人权利与所有权之间的冲突或妥协，以及矛盾的激化与调解的过程就是资本主义的发展过程。因此，激进政治经济学派的经济理论强调分析研究经济过程中的政治与权力的影响与作用，强调分析研究权利的社会或者政府与国家的责任，从而认为他们的经济学属于"政治"的经济学。从鲍尔斯等人著的《理解资本主义》（1985 年、1993 年和 2004 年各版）一书中，大致可以得知，激进政治经济学目前的研究内容和范围。②

鲍尔斯等人认为，理解一个资本主义经济的发展过程（以及为什么某些资本主义国家不发展），不仅需要经济学的标准分析工具，诸如市场竞争和总需求，而且需要经济学研究的某些较新的工具和思想。其中有四个是最为重要的方面：

第一，经济学的心理学基础在最近二十年间业已被重新表述，并用于解释经验上确凿的事实，即人不仅是自私的，他们还往往慷慨大方，并乐于支持社会准

---

① ［美］塞缪尔·鲍尔斯、赫伯特·金蒂斯：《民主与资本主义》，韩水法译，商务印书馆 2013 年版。

② ［美］塞缪尔·鲍尔斯、理查德·爱德华兹、弗兰克·罗斯福：《理解资本主义：竞争、统制与变革》（第 3 版），孟捷、赵准、徐华译，中国人民大学出版社 2010 年版。

则，即便在他们能够因破坏这些准则而获益时也是如此。

第二，在现代资本主义经济的大多数最重要的市场上（例如，劳动、信贷、信息和其他产品及服务市场），合约并没有涵盖缔约各方至关重要的一切；这即是说，合约是不完备的。成功的交易往往需要运用权力或遵奉社会规范，以作为对合约的弥补。

第三，历史、制度和社会传统深刻地影响着经济的运行，从而带来了许多种资本主义，而非单一的资本主义模式。譬如在美国、日本和德国经济运行之间的反差上，可以发现这一点。

第四，理解资本主义意味着理解技术、社会生活、产权及其他制度乃至价值体系的前所未有的转变。均衡概念有时候是有用的，但是，现在资本主义经济中的大多数重要的发展更适于作为非均衡的结果来解释。

鲍尔斯等人强调，经济制度是每个社会中为了生存生产各种产品和服务所必需的劳动的组织方式。经济制度是存在于人们之间的各种关系。经济关系得以塑造的重要途径，不仅有生产过程中采用的物质和技术，还有地理、风俗、宗教以及生产，主要是农业、工业还有后工业等因素。因此，任何经济制度的显著特征可能见诸各种经济行为者的社会互动，这些互动的性质在不同程度上变化着，或竞争或合作，或利他或利己，或公平或不公平，或民主或专制。而要了解一个特定的社会中劳动是如何组织的，就必须分析其所在的经济制度。

因此，鲍尔斯等学者提出考察资本主义经济的各种复杂关系，应该从三个方面即竞争、统制与变革三方面进行综合的整体的分析研究。经济中的竞争维度是一个水平维度，可以认为竞争所涉及的是一种权利的相对平等。这一平等存在于那些提供选择、从事交换以及与他人竞争的人们之间。统制被认为是纵向维度，因为它们涉及人和团体的不平等，它包括权力、高压政策、等级制度和权威。在资本主义以及许多社会中，统制是劳动场所、家庭和政府中的中心环节。它涉及国家间、阶级间、男性、女性和其他一些团体之间的关系。由于变革总要经历时间过程，因而变革被称为时间维度，它涉及自身随时间的推移而发生改变。激进政治经济学强调，一种经济制度是否有利于所有社会成员过上富裕的生活，依赖于经济制度运行上的各个方面，其中包括效率、公平以及民主的程度。

维克托·利皮特则强调，激进政治经济学吸收了马克思主义的分析传统，但他们不像传统马克思主义那样强调演绎推理，而是更加强调现实世界的经济问题，通过借用西方正统经济学发展的经验分析工具来解释现实世界。它同时关注历史和社会变迁，希望将阶级和国家之类的因素整合到社会公正这一主题的分析中。

因此，激进政治经济学反对所谓价值中立和"科学"的经济学的观念。它承认阶级利益是普遍存在的现象，认为特定的社会结构总是通过它所维持的思想环境来支持统治阶级的利益。①

三、与马克思主义经济学的关系

按照巴里·克拉克的分类，当代经济学可以分为古典自由主义、保守主义、现代自由主义和激进主义四大流派。② 后马克思主义是激进主义学派的三大学派之一（另两派为制度经济学和社会经济学）。而后马克思主义总体上可以划分成四大分支派别：一是包括霍华德·谢尔曼、邓肯·弗利和大卫·利伯曼在内的一些理论家保留了劳动价值论和利润率下降等传统的马克思主义思想。二是以赫伯特·金蒂斯、大卫·高顿、查理德·爱德华兹和托马斯·韦斯卡夫为代表的学者则抛弃了马克思的大部分理论范畴。他们认为，由于资本主义的变化，马克思最初的理论分析已经过时，马克思本人未能充分考虑个性、种族、性别和多元论问题。实际上，这一分支的理论家们极为关注保护个人权利和扩大自由与民主的范围。从这一点上说，将他们称作"后自由主义者"比称为后马克思主义者更合适。三是约翰·罗默和琼·埃尔斯特等人的所谓分析马克思主义学派，他们采用包括博弈论和数学模型在内的新古典经济学分析方法，来论证剥削、阶级冲突等马克思主义的概念。四是理尔德·沃尔夫、斯蒂芬·莱斯尼克和杰克·阿马里格利奥等其他后马克思主义理论家，他们试图通过引入包括后结构主义和后现代主义在内的现代哲学概念来复兴马克思主义理论。

尽管激进学派鲜明地标榜自己的灵感来源于马克思主义，但是它的激进理论与正统的马克思主义传统还是有明显的区别，特别是对"马克思政治经济学正式的理论结构——主要对劳动价值论和利润率趋于下降的分析方法"③ 的否定。特别是分析马克思主义学派认为："为了解释社会现象，有必要表明理性的个体能够自由地选择行为方式，其行为将造成有待解释的现象。起码可以说，他们所持的观

---

① Victor D. Lippit, *Radical Political Economy: Explorations in Alternative Economic Analysis*, New York: M. E. Sharpe, 1996.

② ［美］巴里·克拉克:《政治经济学：比较的视点》（第二版），王询译，经济科学出版社2002年版，第84—85页。

③ ［法］雅克·比岱等主编:《当代马克思辞典》，许国艳等译，社会科学文献出版社2011年版，第278页。

点是一种背离和谬误。不足为奇的是,这样一来,马克思(的思想)就所存无几了。"①

但是,随着激进学派在"重新研究"和"重新塑造"马克思经济学理论的过程中,"背离"马克思和"发展"马克思经济学理论是交互作用,相互递进的。积累的社会结构学派的大卫·科茨教授认为,20世纪60年代以来,政治经济学在很多领域都取得了很大的进展,这种进展主要表现在以下七个方面:②

第一,运用数学方法对价值与剩余价值理论的分析与研究。在21世纪的今天,数学自身有了巨大的发展,数学的应用领域也变得非常广泛。因为,数学方法的使用有助于更为科学准确地反映资产阶级对工人的剥削,例如对剩余价值率的推导,能够使我们更清楚地看到资本家对工人的剥削程度,并进一步科学地揭示资本主义的剥削本质及其积累趋势。数学方法还能够用来论证马克思的一些基本理论,如平均利润率下降规律等。

第二,资本主义劳动过程理论的新发展。与仅对生产做技术分析的古典经济学或新李嘉图学派以及其他的资产阶级经济学派不同,强调劳动过程是马克思的经济分析区别于其他经济学派的最重要的特征。资本主义经济制度不能正常运转是其内在结构性矛盾运动的必然结果。这种结构性矛盾的核心就在于资本和劳动之间必定存在一种资本剥削劳动的关系。马克思主义学者对当前劳动过程的具体分析揭示了资本主义的劳资关系在当前特定条件下的表现形式及其本质特征。

第三,经济危机理论的进一步发展。马克思主义经济学家通过对资本主义基本矛盾的剖析,进一步完善了有关资本主义基本制度必然导致经济危机的理论。当前西方主流经济学家认为当代资本主义制度是很稳定的,但是马克思主义经济学家认为正是新自由主义导致了2008年的金融危机和经济危机。

第四,对少数民族及妇女的歧视理论。有很多这方面的理论家通过运用马克思主义基本原理对少数民族及妇女受到歧视的根源进行了分析与探讨,并对新古典经济学进行了批判。

第五,关于发达国家与发展中国家关系的理论。国际贸易中发达国家与发展中国家的获利是非均衡的,特别是对于不发达国家来说,贸易自由化及资本自由

---

① [英]戴维·麦克莱伦:《马克思以后的马克思主义》(第3版),李智译,中国人民大学出版社2008年版,第367页。"背离和谬误"是编者修改的,比书中原译为"背谬"一词是更明白的译法。

② [美]大卫·科茨、高静宇、韩冬筠:《当代世界的马克思主义政治经济学》,《马克思主义研究》2008年第9期。

流动没有为他们带来发展，相反却使他们陷入自然资源被掠夺和相对于发达国家而言更加贫困的局面。

第六，关于国际经济关系的理论。随着经济的发展，世界各国经济之间相互开放，世界经济成为一个相互联系、相互依赖的有机体。自由贸易区、贸易同盟、资本市场国际化、经济调节国际化等使得国际经济关系日益复杂，提出了很多新课题。

第七，关于社会主义及共产主义的理论。马克思在人类思想史上第一次提出比较系统的社会经济调节理论，使当前马克思主义学者在经济调节的理论与实践方面都获得了很大的进展。

第二节　基本理论

激进政治经济学派将社会的政治、文化和历史的关系纳入政治经济学的研究范围之内，并且将诸如后凯恩斯经济学、制度主义经济学、社会经济学和马克思经济学等广泛的经济理论的概念与分析手法结合在一起，对经济权力、收入与财富分配、种族和性别歧视、发达与不发达国家的成因，以及剥削与不平等、阶级、增长与失业、资源与环境，甚至资本主义的多样性、社会主义的可行性和共产主义的模式等问题展开了讨论与研究。

虽然多学科多种理论的交流与融合，丰富了激进政治经济学派的学术研究的方法、分析主题与分析工具，但不可避免地出现被新古典经济学同化的倾向与趋势。对新古典经济学分析方法和工具的吸收、交流、结合与相互借鉴，使得激进政治经济学派面临着如何保持其对西方主流经济学一贯的批判和对资本主义制度否定的传统的同时，又如何继续保持与新古典经济学术思想的距离而坚守其独特的理论批判性的难题。

一、对主流经济学的批判

西方经济学有主流和非主流之分。不同的西方经济学流派间相互批判争论的结果逐渐形成了主流经济学与非主流经济学。所谓主流经济学就是受到学术界普遍推崇，其学术话语与思想长期出现在广泛使用的教科书上，并受到政府的经济政策制定者的青睐与运用的经济学理论。当代西方经济学界将凯恩斯主义学说与新古典主义学说综合后的"新古典综合"视为主流经济学。就其基本的理论特征与研究方法而言，当今西方正统经济学实际上就是新古典经济学。因此，对西方主流经济学的批判，也就是"反对和批判新古典的学术思想与传统"。

（一）关于新古典经济学的定义与特征

对新古典经济学作精确的定义是比较困难的。但是，这一理论体系的核心，通常是由一系列理性、经济过程、知识和人类的思想所组成。皮奇强调，新古典经济学的核心特征在于牛顿主义的均衡方法、给定约束下的最优化和方法论个人主义。埃格特森（1996）坚称，稳定性偏好、理性选择和均衡结构是新古典经济学研究纲领的三个硬核。尼尔森则认为，新古典经济学的研究纲领包括：实证主义、方法论个人主义、公理化演绎、数学、效用主义、享乐主义、理性选择、原子论、静态学、均衡和市场主义意识形态。而积累的社会结构学派的主要代表人物之一大卫·科茨教授则认为，新古典经济理论的基本观点是，个体在市场经济中的自利行为会在效率、收入的公平分配和技术进步方面产生最优的结果。

（二）对新古典经济学假设前提的质疑

激进政治经济学家维克托·利皮特曾经强调，正统经济学的假设前提是不合理的，它将整个现实世界都排除在外。正统经济学从理性的追求最大化的个体出发来分析问题，激进政治经济学认为个人确实是追求自身利益的最大化，但这只是人类特征的一个方面而已。人类动机更加复杂，而且从根本上说，人是社会动物。人们要根据习惯来行事，受到制度力量的约束，表现出利他主义等行为，而且他们关于自身福利的感受是与周围其他人的状态密切相关的。激进政治经济学承认这种交互的特征以及社会制度的非稳定性，寻求发展一种能够分析基于行为复杂性和现实世界的经济行为的框架。由于主要关注社会公正，也就是一个没有剥削、没有种族主义、没有性别歧视、没有失业、没有不平等、没有任意划分等级的世界，激进政治经济学家认为他们的分析对于考察经济行为和经济变迁提供了一个更令人满意的框架。也正是从这个角度来说，有的激进政治经济学家认为这种经济学称为"社会经济学"可能更为合适。

（三）对新古典经济学经济理论的质疑

欧洲激进政治经济学派的代表人物杰弗里·M. 霍奇逊对新古典经济学理论提出了以下批判和质疑：[①]

第一，所有经济当事者的理性的、最大化的行为，是因为这些当事者被假定为根据外部给定的偏好最优化。

---

① ［英］杰弗·霍奇森：《资本主义、价值和剥削：一种激进理论》，于树生、陈东威译，商务印书馆2013年版，第一编。

第二，没有严重的信息问题，包括与未来有关的根本的不确定性、对复杂世界的结构和参数的广泛无知以及个人对普遍现象认识的分歧。

第三，理论的焦点为趋向或达到了的静止均衡状态，而不是整个历史时期中的连续的转变过程。

在最近 20 年中，在许多经济学杂志里，对新古典理论的批评正在日益增加。但是，由于受这些杂志的编辑方针的限制，这些批评在范围上常常是狭窄的，在方式上常常是形式主义的。如果最终要建立取而代之的理论，就必须在可以证明新古典理论的许多解释对大多数这类批评是脆弱的同时，建立一个比较综合性的理论和概念框架。

除了滥用意识形态而外，西方经济学的理论还一直竭力用不充分的学术根据来寻求各种经济问题的新答案，虽然先前的经济政策始终不见效。因此，许多西方国家的失业仍然出奇地高，即使像英国和美国这样的先进工业国家，贫困者也仍大批存在，而持续不断的饥荒则一直缠绕着不发达国家。不过，这些问题并不是绝大多数经济学家最关心的问题。

相反，西方主流经济理论经常成为经济理论家的一种艺术博弈，并由那些长于利用这种技能和能够按照那些荒谬的形式和风格为杂志撰稿的人，以其获得学术成就奖励。把数学形式主义与蒙昧主义的术语混合在一起的著作，将比直接公开地研究探讨当代紧迫问题的著作，往往具有更多的出版机会，并变得"可尊可敬"。

（四）对新古典经济学分析方法的质疑

美国激进学派的鲍尔斯等学者同样对新古典经济学的分析方法展开了批判和质疑：[①] 他们认为，新古典的分析方法可以归纳为相互联系的三点。

第一，对于新古典经济学家来说，经济机器的基本部件不会发生变革，尽管有时候也需要维修，但不会危及机器本身，像萧条和结构性失业，被看作是非常容易解决的问题。

第二，变革并不是经济运行的必然结果。如果经济中的某些要素发生了改变，那么它一定是外部影响的结果，比如出现了重大的技术革新或是新的消费时尚，如互联网带来的通信革命，跑鞋和时装的风靡一时，这些都可算是所谓的"外部影响"。而实际上，像消费潮流就不完全是外部力量的结果，相反，它的根源在于

---

① ［美］塞缪尔·鲍尔斯、理查德·爱德华兹、弗兰克·罗斯福：《理解资本主义：竞争、统制与变革》（第 3 版），孟捷、赵准、徐华译，中国人民大学出版社 2010 年版，第 54 页。

资本家对于利润和市场份额的狂热追求。

第三，由于经济体不会受到自身运行的影响，因为它无所谓历史一说，即它的过去、现在和将来都没有区别。因此，新古典经济学的工作仅限于静态的经济分析，而非考虑历史的动态分析，不仅如此，加之它还缺乏对统制关系的分析，因而我们可以说，正统的经济学分析范式仅限于一维，即仅仅着眼于市场内部的竞争和交换关系。

新古典经济学的三个假设实际上反映了 17 世纪牛顿时代的世界观。依照这种世界观，任何社会和自然现象都可以看作是原子微粒的运动集合，而且这种运动是可以了解并预知的。因此，完全契约假设实际上限制了个体对于运动全貌的了解，这样，新古典经济学就可以堂而皇之地假设交易行为严格遵照几条简单的法则。类似的，经济人假设则规定了社会中每一个体的行为准则。最后，假定"规模报酬递增不存在"消除了领先地位的作用，并抹去了一切偶然因素，他们进而可以认为，相互作用的个体以往的历史也就不能影响到他们当前的关系。于是，新古典经济学将经济看做一架平滑运行的机器，而否认人们之间的关系除和谐之外，而更多时候是矛盾和杂乱无章的。

（五）对新古典经济学科学性的质疑

积累的社会结构学派的主要代表人物之一大卫·科茨强调，新古典理论存在着以下十个方面的科学性问题：①（1）新古典理论是一种静态均衡的理论。而资本主义则是动态的体系，它总是处于运动之中。（2）新古典理论假设个体是完全自私的。然而如果情况真是那样，那么社会就不可能运转了。（3）新古典理论认为满足仅来自消费，忽视了满足还可能来自工作和其他的活动及相互关系，工作被视为负效用。（4）新古典理论忽视了各种制度对经济活动的管制作用，因而也忽视了不同社会经济体制之间存在的差别。（5）新古典理论将经济活动看作仅仅是交换，贬低了生产的作用。（6）由于交换总是为了每个人的利益而进行的自愿活动，因而新古典理论完全忽视了经济体制中不平等权力关系的作用。（7）新古典理论关注静态效率，忽视了资本主义真正的长处——推动了资本积累和新生产技术的发明。（8）对市场经济最优性的证明是建立在各种不切实际的假设之上的，如市场交易不会对第三方产生外部影响。（9）没有人能够证明完全竞争市场均衡的唯一性或动态稳定性，这就削弱了市场经济最优性的论断。（10）市场价格代表

① ［美］大卫·科茨、高静宇、韩冬筠：《当代世界的马克思主义政治经济学》，《马克思主义研究》2008 年第 9 期。

了生产的"真实成本"的观点站不住脚，因为各类劳动的工资是由相对的议价权力决定的，而不是由"机会成本"决定的。

因此，大卫·科茨认为，根据物理学的科学理论的标准，新古典理论存在的这十个问题使其不能被称为科学的理论。

二、对现代资本主义的分析

资本主义的工业化过程奠定了资本主义的物质基础，资本主义已成为世界经济中占主导地位的生产方式与经济形态。不同的人基于不同的立场对资本主义有不同的判断与理解。可以基于效率与公正的关系与视角，将当代资本主义分为盎格鲁—撒克逊模式和莱茵模式。前者以美国、英国为代表，还包括北美洲和大洋洲的许多国家，后者以德国和日本为代表。也可基于市场与政府的关系与视角，将当代资本主义区分为以美国为代表的市场导向资本主义，以日本为代表的政府导向和以英国为代表的谈判或协商资本主义。

激进政治经济学认为资本主义的经济体制具有三个特征：第一，市场是产品、服务和生产要素的基本配置手段。第二，私人财产权利至高无上，财产拥有者获取利润的欲望是他们从事经营活动的第一动力。第三，政府、教会或慈善基金会等的群体组织在经济中的直接作用较小。

法国调节学派强调资本主义在复杂的经济社会发展过程中具有自我修复调整的能力，按照各国具体情况的差异与调整方式的差异，形成了不同的资本主义经济模式。而美国的积累的社会结构理论则认为存在着一系列不同的、赋予一国资本主义历史以特征的积累的社会结构。它们用"积累的社会结构"来指称这一整套社会制度，这些制度在特定的时间和地点对积累起到促进作用。

因此，这两个模式的经济学流派都将20世纪30年代的大萧条和当代资本主义危机的成因描述和论证为是积累和制度间的矛盾与不协调所致。他们强调的是如何保持资本主义的基本制度不变而改变与调整积累和制度间的矛盾与非协调状况，在资本主义内部进行非革命性的改良与调整。

（一）市场与政府

部分激进政治经济学者批评说，政府实际上的职能是为资产阶级的利益服务。由于资产阶级利用政府保护自己的利益，因而其他阶级只能在市场上靠自己谋生，现代社会是按"富人的社会主义，穷人的资本主义"原则运行的。也有部分激进政治经济学者同意政府主要是在为资产阶级利益服务的观点，但他们认为，这种职能是由经济结构决定的，而不是由于统治阶级实行了直接的控制。不同行业间的利益是相互冲突的，因而他们不能统一地控制政府，但政府仍然能够从总体上促进资本积累。

鲍莫尔认为，现代资本主义经济增长的原因是自由的市场经济制度，自由市场的资本主义或许不是最优的技术进步体制，但也不是最坏的制度。因此，不论自由市场存在什么样的缺陷，它有一个方面的表现无疑是优秀的，那就是制造经济增长。自由市场，一旦充分消除了所有不利于发展的制度性障碍，就会自发地成长，并自动地成为制造大规模创新和经济增长的机器。①

鲍莫尔强调，自由市场能够促进资本主义经济增长主要归功于竞争压力，这种压力在其他类型的经济中是不存在的，它迫使经济相关部门中的企业坚持不懈地投资于创新活动。还有就是寡头竞争、创新活动的常规化、生产性的创新精神、法治化以及技术的自由贸易是资本主义或者自由市场经济所具备的特征，这些特征对于解释自由市场的增长是十分重要的。②

伍尔夫则认为，国家资本主义的出现可以使私人资本主义的危机得以控制。国家资本主义可以是温和的，也可以是极端的。温和的国家资本主义形式包括较少的政府干预、社会福利计划等；极端的国家资本主义则不同，它在私人资本主义面临严重危机时作用凸显，如政府或者要求私人资本主义服从国家复兴计划，或者用政府官员取代私人资本家，让他们把私人企业作为国家资本主义企业那样经营，这时作为"利润"的剩余价值就由政府官员占有，而不是原来的资本家。③

伍尔夫强调，美国以往的"繁荣"最终都以崩溃为大衰退或大萧条作为终结。为了解决经济危机，美国就只得降低工资和社会福利，直至可以与世界其他地区的生产条件相竞争，而降低福利支出可以降低税收和减少雇佣工人，这就增加了资本家的利润。资本家获得增大的利润和节省的税收主要用于：第一，采用信息技术以增强竞争力；第二，给股东增发利息；第三，并购其他企业以创造大企业的竞争优势。而其他资本主义国家独特的社会历史条件阻碍了他们同时、同等程度地采取相同的政策。④

---

① ［美］威廉·鲍莫尔：《资本主义的增长奇迹——自由市场创新机器》，郭梅军等译，中信出版社 2003 年版。
② ［美］威廉·鲍莫尔：《资本主义的增长奇迹——自由市场创新机器》，郭梅军等译，中信出版社 2003 年版。
③ ［美］里查德·D. 伍尔夫：《2000 年的美国经济：一个马克思主义的分析》，《当代经济研究》2001 年第 1 期。
④ ［美］里查德·D. 伍尔夫：《2000 年的美国经济：一个马克思主义的分析》，《当代经济研究》2001 年第 1 期。

积累的社会结构学派则认为，积累的社会结构是一个连贯的持久的促进营利和作为资本积累过程的框架的体制结构，但并不一定能促进经济的快速增长，因为作为一个整体来快速积累并不是单个资本家的核心利益，一般也不是资本家能够克服困难来合作重建社会结构的基础。科茨（2003）将积累的社会结构分为自由积累和管制积累的社会结构两种类型。前者具有如下特征：有限的国家管制、资本对劳动力的主导优势、激烈的竞争以及自由的市场理念。后者则具有如下特点：国家干预、劳资之间合作妥协、企业之间的适度竞争、承认政府和其他非市场机制的积极作用。虽然两种积累的社会结构都有助于剩余价值的有效分配，但只有管制的积累的社会结构才能促进快速积累和经济增长。

（二）劳动过程与劳动异化

哈里·布雷弗曼的《劳动与垄断资本》（1974）对资本主义劳动过程"合理化"的性质及其变化趋势做了"开创性"的研究。由于 19 世纪最后 25 年科学技术的巨大进步，引起了新的不同的劳动过程，布雷弗曼从资本活动的管理和科学技术两个方面对资本主义劳动过程进行了分析，认为资本主义劳动过程发生了新的变化，因此，有必要做出新的"科学的"分析。[①]

布雷弗曼认为，资本家对劳动管理过程的实质就是：最大限度地控制工人，最小限度地依靠工人。因此，19 世纪以来，资本主义劳动过程发展的一般趋势是，最大限度地把直接生产过程的知识交由管理者本身掌握，劳动的技能和操作的技巧则由机器和工具来承担，工人逐渐成为只能从事单调乏味的、无须更高技能和技巧的非熟练劳动。资本主义劳动过程的"合理化"，绝不是为了劳动者体力或脑力上的"解放"，相反是为了进一步控制工人，加深劳动过程中劳动的"异化"状况。科学技术的广泛应用，并不单纯是为了提高劳动效率，而是为了造就一个由无技能的、劳动者组织的劳动过程，是为了强化资本所有者在劳动中对劳动者的统治和控制。[②]

理查德·爱德华兹在《争夺的场所：20 世纪车间的变化》（1979 年）一书中提出，19 世纪 80 年代以前，美国企业劳动过程的特点是"企业主控制"，因为这时企业规模很小，企业所有的问题都可以由企业主本人解决，其既是所有者也是管理者，劳资双方处在直接对立之中。随着资本主义企业规模的扩大，"企业主控

---

① ［美］哈里·布雷弗曼：《劳动与垄断资本——二十世纪中劳动的退化》，方生等译，商务印书馆 1979 年版。

② ［美］哈里·布雷弗曼：《劳动与垄断资本——二十世纪中劳动的退化》，方生等译，商务印书馆 1979 年版。

制"逐步转化为"等级控制"。在"等级控制"中，工头有雇佣和解雇工人的权力，工头对工人进行严密的监督，工头成了劳资双方斗争的"中介"。爱德华兹把"企业主控制"和"等级控制"看作是"简单控制体系"发展的两个阶段。20 世纪初，美国资本主义企业劳动过程开始向"结构体系"过渡，爱德华兹把这一体系划分为"技术控制"和"科层控制"两个阶段。[①]

资本家主要通过三种基本的方式来控制劳动过程：第一种是简单控制，这是 19 世纪资本主义企业的一种典型的控制方式，它依赖于管理人员对每个工人的直接监督。在整个控制体系中，权力集中在经理或者企业所有者的手中。这种方式的问题在于如果参与劳动过程的工人的数目很大时，资本家实施有效监督的成本太高。因此随着资本主义企业规模的扩大，产生了第二种控制方式——技术控制：资本家通过引入流水线生产以及对劳动过程进行科学设计和划分，控制生产的速度、限制工人在生产过程中与生产无关的各种非生产性行为。但是这种控制方式并没有消除劳资之间的矛盾，甚至在某种程度上激化了劳资矛盾。为了解决技术控制引起的这些问题，资本家建立了第三种控制方式——科层制：将企业内部工作的层级制度化，通过详细的工作规章等规范每一个岗位的职责，并且随着工人在企业的时间的增加和在层级中地位的提高，给予相应更高的工资和其他财务上的收益（比如，更高的退休金、更好的培训等）。这种控制方式可以引导工人自觉地为了"共同的"目标而努力工作，缓和了劳资之间的利益冲突。

爱德华兹强调，从"简单控制体系"到"结构控制体系"的发展过程，并不只是管理者的纯技术方面的发展过程，而是资本在劳动过程中对工人控制不断强化的发展过程，同时也是资本家阶级和雇佣工人阶级斗争形势不断深化和复杂化的过程。[②]

第二次世界大战后，日本丰田公司提出了企业如何设法从小批量生产中获利的问题。与大批量生产需要消耗巨大的库存费用和生产用面积，并且会造成资本流转停滞相比，小批量生产，尤其是市场上真正急需的产品的生产，可以节省大量空间和费用。这种满负荷生产模式从资本的观点出发，要求生产资料始终处于运动状态。相应地，劳动力也就同样必须随着生产资料的运转而处于不停地运动之中。从某种意义上讲，这种模式把以前福特"流水生产线"的概念扩大运用到

---

① ［美］Richard Edwards，Contested Terrain：The Transformation of the Workplace in the Twentieth Century，Basic Books，Inc.，1979.

② ［美］Richard Edwards，Contested Terrain：The Transformation of the Workplace in the Twentieth Century，Basic Books，Inc.，1979.

了全部生产过程。

为了配合"满负荷流水制"的实施，企业还提出了"全面质量管理""产量持久稳定保证""全社会技术改良体制"等一整套的系列化管理办法。在20世纪80年代，西方资本主义国家的企业还兴起了吸引工人"参与企业管理"的尝试。一系列管理措施的实施，目的都在于迫使工人在生产中投入更多的精力，并且持久地高度集中注意力，并且要求工人发挥主动性，与企业融为一体。为了达到这些目的，企业主想方设法诱使工人为企业所面临的竞争和压力而共同努力，为了共同的生存而组成企业利益共同体，加强企业内部凝聚力。有人认为，"满负荷流水制"强调发挥工人的"自觉主动性"是与早期"泰罗制"明显的不同之处。

因此，阿德勒从生产力与生产关系的矛盾运动出发，重塑了资本主义劳动过程理论。[①] 他将生产力定义为技术、生产工具、物质资料和工人的生产性设备；而生产关系是对生产力的所有权和控制权。在资本积累的推动下，生产力的发展推动了生产的客观和主观社会化；但在资本主义生产关系下，价值增值的要求形成了一种排斥力，阻碍了社会化的进程。这两种相反力量并存于资本主义劳动过程的动态变迁之中。传统劳动过程理论所关注的车间中的阶级斗争、技能变化也取决于这两种力量的矛盾运动。经过长期过程，社会化过程将逐渐形成推翻资本主义社会的主客观条件，从而带来资本主义生产方式的"扬弃"。在这个过程中，工人将发挥核心作用。

哈佛大学的马格林教授则关注资本主义体制下劳动的异化，认为工人不能控制自己的产物的原因，从外部环境来看，不是技术强制力产生的工作中层级管理结构的结果，而是社会原因造成的。因为在机器大生产出现之前，工厂体制已经确立，因此资本主义生产的层级结构对此并无影响。或者说，资本主义制度下工作的组织形式并非劳动者被异化的主要原因。那么，在资本主义体制下，工人为何默许了这种在日常工作中剥夺他们的意义和满足的行为？马格林教授承认，单个工人没有能力去改变环境，但为什么以工会形式组织起来的工人在集体议价的时候总是关心经济上的需求，而忽略了工人生产活动中满意度的问题？马格林认为，这是因为工人的利益缺乏文化上的支持。[②]

马格林认为，西方世界的知识有两类：第一类是占支配地位的知识，即

---

① Adler, P. S. The Future of Critical Management Studies. Organization Studies, 2007, 28（9），1313—1345.

② ［美］斯蒂芬·马格林：《老板们在做什么？——等级制与储蓄》，张淼、冯志轩译，《政治经济学评论》2010年第4期。

"episteme"，是以从自明的基本原理出发的逻辑演绎为基础的；第二种类型的知识，即"techne"，是以经验和实践为基础，这种类型的知识是与工匠等相联系的。在生产中，工人的知识是第二种类型的。因为第一种类型的知识一般要通过正规教育才能获得，因而它不仅是一种知识形式，还代表着一种优越感。由于这样的知识结构，工人相信自己的知识是低等的，从而反对改变那种剥夺工作的本质含义的工作组织形式。

（三）劳动力市场的分割理论

1. 二元劳动市场理论

迈克尔·皮奥里、约翰·邓洛普、克拉克·科尔和瑞特·巴基等人认为，"人力资本理论"是基于传统的新古典主义经济学中自由竞争及边际生产力的基本假设并采用均衡分析的方法，由此引出"单一工作市场"、劳动力自由流动、劳动力过剩和短缺的自我补偿、自我均衡机制的假设。但实际上，由于愚昧、缺乏流动性、资产阶级政府的经济政策和法律干预、垄断企业的现实存在、工会和企业协会的垄断权、国际流动障碍以及多元的被分割的劳动力市场等原因，现实劳动力市场的特征是有限的流动性、同等人力资本的不等报酬、持续的各种形式的劳动力剩余与短缺。因此，资本主义的劳动力市场是不完全竞争的。

据此，激进派提出了"双元劳动市场论"，用一级和二级两大市场、三种类型的劳动力市场模型来描述当代资本主义经济中被分割的劳动力市场。一级市场的工作相对稳定，工作技能受到认可，工资相对较高并且存在晋升机会。它的内部又分割为"从属型"和"独立型"两个层次或工作形式。从属型工作是指在详尽的工作规则和行政程序下从事的常规性工作，它鼓励员工的相互依存关系、保持良好的纪律性、对权力和条例的服从及追求公司共同目标。与之相对，独立型工作需要并鼓励创造性、解决问题的能力、首创能力并有其职业化准绳，由高科技的、职业性的、经理性工作组成。内部人员流动率较高，但其革新成果的回报较高。二级市场则不需要也不鼓励稳定的工作习惯，劳动者的工作工资较低，晋升机会很少，且具有严格的人身监督，在本质上是非常规性的。在双元的劳动力市场结构中，每一层次都具有稳定性、常规性和排他性，面对被割裂的劳动力市场，劳动者根本无法自由流动。

2. 产业分割理论

巴里·布卢斯通、兰德·霍德森和霍华德·瓦赫特尔提出"产业分割理论"，从而进一步系统化了"双元劳动市场论"。通过对人力资本模型和双元劳动市场模型的比较研究，他们概括出人力资本模型的四个特征：一是工人们可以从一个工作转换到另一个工作，以达到收入最大化；二是可观察到的收入水平不同只存在于人力资本不同的情况；三是具有相同人力资本的工人赚取相同工资；四是一个工人的人力资本越多，其收入也越多。显然，这种单一的劳动市场是根本不存在的。

他们所构建的双元劳动市场模型也有四个特征：一是工人不能从一个工作（市场）换到另一个工作（市场）来实现收入最大化；二是由于存在劳动力市场分割，即使人力资本相同也可能存在明显的收入水平的差异；三是不论在市场内或在两类市场之间，具有相同人力资本的工人可能收入不同；四是较多的人力资本不一定导致收入的增加，因为缺乏流动性的个人难以找到最充分实现其人力资本价值的工作。这个模型表明被分割的多元劳动力市场阻碍着劳动力自由流动，其阻碍因素主要是流动性的个体和产业障碍。

在此基础上，瓦赫特尔进一步指出，必须从社会制度，而不是从劳动者的个体特性中探寻造成资本主义社会不平等和贫困的根源。他运用马克思主义观点，总结了资本主义社会的三个制度性因素：社会阶级结构、劳动市场和政府。

首先，社会阶级结构意味着占有生产资料的资本家靠股票和债券获利，生病和年老并不对资产阶级的生计构成直接威胁。与此相反的是，挣工资的劳动者阶层则主要依赖他们持续的健康和技能。其次，劳动市场结构表现为层次化。社会中贫困人群由六类人（老年人、病残患者、失业者、城市工作穷人、农村工作穷人、以妇女为主的单亲家庭）构成，他们不可能向具有高工资、高效率特征的第一市场转移。劳动力市场层次难以跨越，进一步加剧了这一层次人们的贫困。最后，政府对贫困的形成和加剧负有不可推卸的责任。政府资助有钱的企业家，在资产阶级和工人阶级之间制定差别微小的税收制度。资产阶级从政府那里得到更多实惠，而贫困者得到的政府帮助却十分有限。

（四）经济危机与资本积累

资本主义经济危机是激进政治经济学家论述最多的一个理论问题。1978 年，美国"激进政治经济学学会"出版了《美国资本主义在危机中》的论文集，收集了有关讨论资本主义经济危机问题的 60 篇新著。从目前看来，激进政治经济学派关于资本主义经济危机问题的理论观点主要有以下几种类型①。

（1）斯威齐和哈里·马格多夫"消费不足论"的经济危机理论。他们认为，

---

① ［日］伊藤诚：《欧美马克思研究的新发展》，《经济》评论 1978 年 11 月号。［美］谢尔曼：《马克思主义的经济周期理论》、韦斯科普夫：《马克思主义危机理论和战后美国经济中的利润率》，《现代国外经济学论文选》第 6 辑，商务印书馆 1984 年版。

在资本主义经济周期的扩张阶段，资本的利润率提高，而工资在国民收入分配中的份额下降，由此会引起整个国家平均消费倾向的下降，这样，生产能力的增长会超过受资本主义生产关系限制的消费需求的增长；又因为投资只不过是消费需求提高的一个函数，因此，如果消费需求提高较慢或下降，投资必然会下降，而投资的降低会导致一切生产和就业的降低。

（2）多布和赛克等人主张的"资本有机构成提高论"。根据马克思的分析，资本有机构成是指不变资本价值和可变资本价值的比率，从长期看，由于科学技术的进步和劳动生产率的不断提高，资本有机构成有提高的趋势。据此，多布等人认为，在剩余价值率不变的条件下，资本有机构成将提高，利润率将趋于下降。利润率的下降将导致资本家的投资相对减少，从而引起生产、就业、消费的相对下降，导致经济危机的爆发。有些经济学家不同意这一理论观点，认为萧条是由于利润率在短期中的较大变动所造成的，而不是由于数十年的微小变化所导致的，因此，用有机构成提高引起利润率下降说明经济危机的发生，在经验和理论上都站不住脚。

（3）格利等人的"工资推动理论"。他们认为，在经济扩张的后半期，资本的积累总会赶上劳动的供给，即总会耗尽失业劳动后备军的供给，这时经济接近充分就业，在劳资斗争中，对劳动供给一方有利，工人在国民收入中的工资份额趋向于提高，利润率下降，以致投资减少，从而引起衰退甚至萧条，在收缩阶段，则会出现相反的过程，最后导致复苏。

日本激进经济学家伊藤诚认为马克思的经济危机理论是不完善的，"马克思给我们留下了四个不同的未完成的理论"，即消费不足论、比例失调论、劳动力短缺论、资本有机构成提高论等。前两者可归结为"商品过剩论"，后两者可归结为"资本过剩论"，这两种理论难以调和。伊藤诚提出应将对经济危机原因的探讨局限于某一类型。他倾向于"工资提高论"，认为资本的过度累积以及随之而来的工资的上升，原则上不可能避免一场由于通过信贷制度的资本主义竞争作用而引起的尖锐和普遍的危机。

美国激进经济学家谢尔曼则将西方马克思主义者的经济危机学说概括为资本有机构成提高、劳动后备军耗竭（或工资推动理论）和消费不足论三种类型，认为马克思没有将这三种理论统一起来，从而导致了后来彼此对立和混乱的观点。他通过定量分析方法，综合制定了一个可容纳三大危机论的周期模型，力图对这三种危机理论进行综合。在他的综合模型中，既重视与消费不足论相关的需求因素，又考虑了与工资推动论和资本有机构成提高论相关的工资成本、劳动生产率，以及资本—产出率等因素。

发达资本主义国家的经济正在发生变化。道格拉斯·多德认为："我们所处的时代与马克思所处时代的宏观方面的最大差别和金融相关。不仅仅是从表面看到的那些令人吃惊的外部债务。美国政府 3 万亿美元，并以每年 400 亿美元的速度增加，美国家庭的负债超过了家庭收入的 100%，金融公司 7 万亿美元，还存在大量的一般性商业负债。然而最重要的是这些负债背后的动机和推理：它主导的短期繁荣，本质上是投机的。"①

罗伯特·布伦纳在《繁荣与泡沫》一书中写道："我试图提出一个兼具理论性和历史性的概念框架，以便把繁荣、泡沫和萧条都纳入进来。……我深信，当今资本主义经济，也包括美国所面临的各种问题不仅是根深蒂固的，而且是长期形成的。……美国经济的两个主要发动机——制造业的复苏和股市的财富效应——现在都出现了故障。"② 而激进政治经济学家赫尔曼的判断很好地概括了可能导致不稳定和危机产生的原因：巨大的全球信用结构、普遍的投机、风险承担方式的创新、政府权力和角色的收缩与私有化，全球范围内的相互依赖和全球最后贷款人的缺位使整个体系比以前更为脆弱。

综上所述，激进政治经济学从各个层面和领域对现代资本主义制度展开了全面深入的反思与批判，充分显示了其巨大顽强的活力、生命力与理论的吸引力。同时，激进政治经济学也对现代资本主义生产的延续、衰退与危机的原因进行了学术理论构筑。

法国调节学派的米歇尔·阿格利埃塔强调，20 世纪 70 年代以来，国家调节方式转变的目标和任务是改变战后经济增长方式，使之适应新技术发展和国际竞争日益加剧的需要。阿格利埃塔认为，20 世纪 80 年代起，在发达国家中首先是美国，在国家干预下形成了一种新的增长方式，即金融资产增长方式，它以增加供给、扩大投资的理论为基础。其特点是：在生产和技术方面，强调对劳动的集约投资和信息投资，重视资本生产率的提高；在企业治理方面推行雇员股东制和机构投资；在企业效益评估标准方面，强调股市营利水平；在劳资关系方面，强调在价格的制约下，尽量降低工资成本，采用个别谈判方式决定工资标准；在市场

---

① Doug Dowd, "Depths below depths: the intensification, multiplication, and spread of capitalism's destructive force from Marx's time to ours", *Review of Radical Political Economics*, 2002, 34 (3): p. 257.

② [美] 罗伯特·布伦纳：《繁荣与泡沫》，王生升译，经济科学出版社 2003 版，第 2—3、270 页。

竞争方面，强调产品价格由国际价格加汇率决定。金融资产增长方式是内生增长方式。从战后的福特主义增长方式向金融资产增长方式的转变是国家宏观调控的结果，这一转变在微观层次的反映是：企业股权分散化，企业管理者把部分权力转让给股东，投资者把投资风险转让给企业，企业到资本市场寻求风险资本以分散风险，从而获得新的投资和发展动力。有学者把这种国家调节方式的转变称为"从财政赤字政府向企业投资政府的转变。①

罗伯特·布伦纳认为资本主义危机的根本原因是全球生产能力过剩和利润率的长期下降并难以恢复。其实，随着全球化的逐步推进，经济比较容易陷入低迷。这是因为全球化使得利润率不断下滑。主要原因在于全球制造业持续性产能过剩。德国、日本、新兴工业化国家等先后进入世界市场，其生产的产品与那些先发展的经济体生产的产品基本一样，只是更加廉价。这就造成了众多产业供过于求的不良后果，既压低了产品价格，又减少了利润。然而，那些利润受挤压的企业并不会主动放弃自己的产业。它们会依靠自身的创新能力，加大对新技术的投资从而免于倒闭或破产的风险。在这种情况下，生产过剩的形势就更加严峻，由于资本投资回报率下降，资本家获得的利润会变得更少。因而，他们只能减少厂房、设备和雇佣工人，并为了保持利润率而减少对工人的补偿。这会造成减少总需求，使经济陷入低迷状态。②

全球化进程的推进除了引发积累过剩的危机外，还加速了世界范围内社会两极分化的进程，使社会再生产陷入更深的危机。富人和穷人之间的差距正以现代人类史前所未有的速度变成巨大的鸿沟。这就形成了新的全球性社会分裂。伊藤诚指出，在全球化背景下，资本主义货币金融体系的不稳定性急速加剧，对资本主义经济造成了极大的打击。20 世纪 90 年代，随着日本等国家的巨大泡沫的破灭和资产价格的大幅度下降，导致了不良债务的堆积和增大，从而造成严重的金融危机。而且，全球化格局的逐步推进促进了国际投机资金的流动，最终造成了亚洲国家由大规模泡沫及其破灭所决定的货币、金融危机，而且使美国股票市场也出现了巨大 IT 泡沫的膨胀，其破灭又导致严重的打击。伊藤诚认为，投机的不稳定性因国际投机资金的大规模移动而导致当代汇率和利率波动幅度增大，对全球

---

① 李其庆：《西方左翼学者对当代资本主义的研究——第三届巴黎国际马克思大会述要》，《马克思主义研究》2002 年第 1 期。

② ［美］罗伯特·布伦纳：《布伦纳认为生产能力过剩才是世界金融危机的根本原因》，蒋宏达、张露丹译，《国外理论动态》2009 年第 5 期。

资本主义经济产生了不利的影响。① 而且在浮动汇率制条件下，信息技术的高度发展和应用成为资本主义世界金融体系的投机性动荡加大、由泡沫膨胀和破灭所引起的对经济的打击反复出现的助推器。

大卫·科茨则从积累的社会结构角度阐述了资本主义全球化面临的危机。他认为，现代的资本主义全球化，无论是从资本主义世界不断增加的经济一体化意义上，还是从世界资本主义的地理大扩张来看，都给发展新的调节主义的国家设置了障碍。如果没有调节主义的国家，就很难有新的积累的社会结构的产生，也没有资本主义快速发展的新阶段。没有新的社会结构的产生，就有可能从国际方面和国家内部出现冲突和不稳定升级、不平衡发展加剧的趋势。随着经济增长的放慢或者完全停滞，劳动和资本之间、资本家之间的冲突就具备了零和博弈的特征，并且有加剧的势头，缺乏有效的国家调节将使得经济更容易走向波动甚至危机的状态。从资本主义黄金时代末期以来不断扩大的不同地区、不同产业和不同职业之间的利益差别，就有可能进一步地扩大，社会秩序的压力越来越大。②

科茨还指出，当今资本主义采取的全球化新自由主义模式导致一般民众的实际生活条件在各个方面进一步恶化。其中包括：（1）一国内部的不平等进一步加剧，极少数的富人在迅速地变得更加富有，中产阶级勉强维持他们的生活水准以及大多数人的生活水平下降。（2）国家间的不平等进一步加剧，许多国家经历了持续的或者迅速的经济衰退。（3）工人、小农场主和小商业主的生活保障更差。（4）经济和金融系统的不稳定性加剧。（5）商业价值化观念进一步渗透到社会的各个层面。（6）跨国公司和富豪更加直接或间接地凌驾于国家之上。（7）对经济和人类社会可持续性发展的环境威胁进一步加剧。（8）在以美国和英国为首的资本主义领导力量采取了更具有扩张性的帝国主义开放政策，加剧了世界军事冲突。③ 这就在全世界范围内引发了抵抗全球化的运动，使得全球资本主义的发展面临更严峻的危机。

而约翰·贝拉米·福斯特则强调，资本主义发展过程中出现的三个关键矛盾构成了现代资本主义危机：（1）当前的金融危机和经济处于停滞或萧条状态。

---

① ［日］伊藤诚：《幻想破灭的资本主义》，孙仲涛、宋颖、韩玲译，社会科学文献出版社 2008 年版，第 89 页。

② ［加拿大］罗伯特·阿尔布里坦等主编：《资本主义的发展阶段——繁荣、危机和全球化》，张余文译，北京：经济科学出版社 2003 年版，第 119—120 页。

③ ［美］大卫·科茨：《社会主义和全球化新自由资本主义》，周平轩译，《红旗文稿》2005 年第 12 期。

（2）地球面临着日益严峻的生态崩溃威胁。（3）世界霸权转移和对资源的争夺引起全球不稳定。新自由主义全球化、监管的放松等引发了金融危机，使经济停滞不前。同时，他认为，当前最危险的问题是地球正面临日益严重的生态崩溃威胁。生态崩溃的危害远比全球经济危机更加严重。在全球经济范围内，这些危险来自物种灭绝、对热带雨林的破坏（包括对森林生态系统的破坏）、对海洋生态的污染和破坏、淡水资源供给的减少、拥挤的城市、大型水坝带来的有害影响、世界饥饿、人口过剩等问题。除此之外，与世界经济危机与生态危机相伴发生的是美国霸权地位的衰落，美国试图通过所谓的恐怖主义战争从军事上恢复其全球霸权的行为可能引起全球不稳定。而导致上述三大危机的共同因素是失败的资本主义制度，即全球经济和社会秩序在现实与理论之间呈现出越来越多的致命性矛盾。①

三、关于帝国主义的理论

关于帝国主义的问题，是激进政治经济学派较多涉及的经济理论问题。他们认为，有必要结合现代资本主义的实践，对帝国主义问题做出新的全面的探讨。在这方面，激进政治经济学家发表了一些较有影响的著作，其中有保罗·巴兰和保罗·斯威齐的《垄断资本》、迈克尔·赫德森的《超帝国主义》、哈里·马格多夫的《帝国主义时代：美国对外政策的经济学》、法国激进政治经济学家皮埃·雅莱的《七十年代的帝国主义》和理查德·爱德华兹、迈克尔·赖克、韦斯科普夫合著的《资本主义制度》等。

帝国主义是指宗主国对附属国、殖民者对殖民地人民的统治和剥削。罗纳德·奇尔科特认为，帝国主义是指一个国家或一个民族对其他国家或民族的统治，前者从这种统治中获得利益，而后者则受到损失。这种传统帝国主义观强调的是工业资本和银行资本融合在一起后形成的金融资本和资本输出的扩张以及军事生产和军国主义的增长。

然而，在西方激进学者眼里，当代帝国主义的形成和内容已经发生了许多变化，特别是经济全球化使传统的帝国主义发展到了一个新的阶段，一种"新帝国主义"正在形成之中。一些激进学者强调，全球化已经成为这种新帝国主义的代名词，全球化就是帝国主义的最新变种，发达资本主义国家正在利用全球化对广大的发展中国家进行新的剥削和压迫。

---

① ［美］约翰·贝拉米·福斯特、吴娓、刘帅：《失败的制度：资本主义全球化的世界危机及其对中国的影响》，《马克思主义与现实》2009 年第 3 期。

美国激进经济学派的主要代表马格多夫在其 1968 年出版的《帝国主义时代：美国对外政策的经济学》一书中，阐述了帝国主义发展中的一些新现象，尤其是垄断资本主义国家国内经济与国际经济的关系及其对外政策，对当代帝国主义的现代特征进行了新的理论概括，从而完善了巴兰和斯威齐的垄断资本主义理论。马格多夫赞同列宁关于帝国主义是资本主义发展的一个特殊阶段的学说，认为列宁的学说仍然是适用的，同时又阐述了帝国主义的现代特征。他将美国经济发展中出现的新现象、新变化和新特征归结为"新帝国主义"，其特征主要表现在：（1）主要的重点已经从分割世界的竞争转移到防止帝国主义体系缩小的斗争；（2）美国充当了世界帝国主义体系的组织者和领导者的角色；（3）具有国际性的技术的出现。马格多夫还阐述了美国对外政策的经济问题，主要有三个方面：（1）金融业的国际化问题。其标志是世界金融中心从欧洲转移到美国，美元成为世界货币，这将进一步扩大发达国家与不发达国家之间政治经济关系的不平等。（2）对外经济援助成为美国从政治和经济上控制其他国家，尤其是不发达国家的工具和手段，并使不发达国家处于附庸地位。（3）海外投资和军事活动与国内垄断资本相互勾结，海外投资成为垄断资本家的摇钱树，而军事活动对垄断资本经济有特殊好处和重要影响。[①]

詹姆斯·奥康纳以列宁的定义作为对应，将当代帝国主义的经济特征概括为以下五个方面："第一，资本进一步集聚和集中，世界资本主义经济并入了以跨国公司为基础的大美国的结构中，或者结合成联合的垄断企业；在这些大公司的控制下，技术变化加速。第二，'自由的'国际市场已被放弃，代之而起的是商品贸易和投资上的'操纵价格'，而边际利润则由跨国公司的内部会计制度决定。第三，国家资本积极参与国际投资；对私人投资进行资助和担保；为全球利益适合于跨国公司的观点，出现了一种全球性的对外政策。第四，国际上统治阶级地位的巩固，继续以对跨国公司的所有权和控制为基础；由于发达资本主义国家力量强大而产生的国家间的对抗随之衰落；由世界银行和国际统治阶级的其他代理人创立了国际化的世界资本市场。第五，所有这些趋势的强化，都源于世界社会主义体系对世界资本主义体系的威胁。"[②]

激进经济学派主要代表之一的阿明不但认为帝国主义在经济上剥削第三世界的发展中国家，而且强调今天的全球化时代，帝国主义在充分利用其垄断力量来

---

① ［美］哈里·马格多夫：《帝国主义时代：美国对外政策的经济学》，伍仞译，商务印书馆1975 年版。

② James O'Connor, *The Fiscal of the State*, New York：St. Morlin's Press, 1973.

从事这样的经济剥削。阿明的主要观点是，全球化并没有改变帝国主义的垄断本质，全球化和帝国主义是合二为一的事情。"我所提出来的资本主义全球化的理论，我这之前所作的深刻的描述，说明全球化和帝国主义是一回事。……帝国主义不是资本主义的一个阶段，不是它的一个最高阶段，帝国主义是一个始终存在的特征。""全球化这个词就是帝国主义的代名词，当代大量的研究文献是不会这样说的。"① 阿明强调，当代资本主义在全球范围内的扩张是同以下五个方面垄断的加强联系在一起的：（1）对新技术的垄断；（2）对全球范围内资金流的操纵垄断；（3）对地球上自然资源的控制和垄断； （4）对通讯和媒体手段的控制；（5）对大规模杀伤性武器的垄断。这五个方面的垄断，阿明在他20世纪90年代以后的著述中多次提起，在他1996年出版的《全球化时代的资本主义》中有更详细的论述。② 阿明认为，这些垄断力量决定了全球范围内价值规律新的作用方式，使得占统治地位的资本得以把剥削劳动者所获得的利润和超额利润，按照有利于自己的方式转移到作为中心的发达国家去，这是一种不同于劳动市场各自分割的时代的剥削方式。全球范围内起作用的价值规律发展到这样一个新阶段，已经不允许新兴的边缘国家通过工业化来赶超中心发达地区，而只能建立一种新的不平衡的国际分工。在这样的国际分工体系中，生产放在边缘国家进行，像垄断资本的附属工厂一样，去生产一些次要的产品。

罗伯特·阿尔布里坦和伊藤诚等认为全球化使发达国家的资本积累方式延伸到全世界的角落，全球的资本过多积累造成了一个国家的阶级力量对比的失衡。③ "20世纪七八十年代，劳动生产力、工资和利润的差距，在参与全球性积累的资本和受到国家保护的资本之间逐渐地显露了出来。但是，差距越大，就越难以缩小。落后资本既没有金融资源，又没有技术资源来重建已经在世界市场上失去地位的国内经济。重组国内生产资本的唯一可能就是依靠先进的外国资本直接投资，但是前途不仅依赖于贸易的自由化，而且依赖于资本流动的自由化和稳定的政治环境。20世纪后25年的'全球化'并不是自发的过程，而是民族国家水平上经济和

① ［埃及］萨米尔·阿明：《不平等的发展：论外围资本主义的社会形态》，高铦译，商务印书馆1990年版。

② ［埃及］萨米尔·阿明：《全球化时代的资本主义：对当代社会的管理》，丁开杰等译，中国人民大学出版社2013年版。

③ ［加］罗伯特·阿尔布里坦等主编：《资本主义的发展阶段——繁荣、危机和全球化》，张余文主译，经济科学出版社2003年版。

政治危机的扩展，其结果是逐渐地在全球范围内改变了阶级力量的对比"①。全球性的资本积累以及资本主义竞争的加剧，直接导致全球范围的工人与资本家的冲突，全球性的阶级斗争的基础因此而建立起来了，"资本的过度积累和不平衡发展不仅以金融危机的形式戏剧性地表现出来，而且还体现在日常的资本主义竞争事实中。为此，资本家不断地提高劳动强度，延长劳动时间，竭力压低工资，发展生产力，以便在竞争中生存下来。资本主义的竞争迫使每个资本家提高剥削其雇佣工人的程度，这样整个工人阶级的被剥削程度也随之提高了。正是这种平常的、个别地点和地区的、对剩余价值生产和占有的斗争，才建立了全球性阶级斗争的基础"②。

内森·里利则强调全球化不仅改变了生产区域，它同时也改变了各个洲之间的力量对比，产生了一种新的阶级冲突，"资本主义生产与积累的地理转移也是阶级冲突的部分表现，资本通过全球市场和跨国生产的网络榨取剩余价值。就像工厂劳动分配论，跨国生产允许资本更多地控制生产过程，模糊生产关系，使得工人更难参与剩余价值的分配"③。

四、关于不发达国家的政治经济学

第二次世界大战以后，许多殖民地和附属国政治上的独立并未带来经济上的繁荣。发达资本主义国家的经济有了迅速增长，而经济落后的地区则出现了所谓的"不发达的发展"。以保罗·普雷维什为代表的结构主义理论认为，国际贸易中有着强大的中心经济体和相对弱小的外围经济体，生产者和供给者并不是自由地签订贸易合同，互贸互利。和正统的新古典主义不同，结构主义强调从现实出发，关注发展中国家自然形成的经济活动，而不是直接采用市场自动调节模型来分析。结构主义明确拒绝和反对新古典主义的市场供求均衡模型，抛弃了正统西方经济学的发展理论和模式，探求通过直接、务实地分析国际贸易中的"外围"来形成和发展进口替代工业政策理论，为发展中国家政府发展经济和制定国家发展规划提供依据。

---

① ［加］罗伯特·阿尔布里坦等主编：《资本主义的发展阶段——繁荣、危机和全球化》，张余文主译，经济科学出版社 2003 年版，第 99 页。

② ［加］罗伯特·阿尔布里坦等主编：《资本主义的发展阶段——繁荣、危机和全球化》，张余文主译，经济科学出版社 2003 年版，第 101 页。

③ Nathan Lillie, "Globalization and Class Analysis: Prospects for Labour Movement Influencein Global Governance", *Industrielle Beziehungen* Vol. 13 (3), 2006, pp. 223—237.

20 世纪 60 年代中后期，激进政治经济学派面对拉美国家工业的衰败和经济发展的停滞，提出了取代结构主义理论的"中心—外围"理论，强调和实施了更激进的经济政策和政治主张。在此基础上，出现了"依附"理论和"不平等交换"理论。根据"依附"理论的观点，拉美国家的经济发展的结果是最终附属于全球体系下的发达国家。而"不平等交换"理论则批判了资产阶级自由贸易学说和比较成本理论，强调工资差异是不平等交换、富国剥削穷国以及依附的主要原因。

（一）保罗·巴兰的《增长的政治经济学》

关于发展中国家的经济发展问题，"不发达政治经济学"一词最早出自巴兰的《论关于落后问题的政治经济学》（1952 年）一书。后来，巴兰在《增长的政治经济学》（1957 年）中专门论述了不发达国家的经济发展问题。巴兰也因此而成为不发达政治经济学和激进主义发展经济学的创始人。由于该理论把外围资本主义特有的依附现象，以及"不发达的发展"和摆脱依附状况的出路问题，放在了帝国主义理论的总体框架和资本主义的总体背景中加以考察，因此，也经常被称为"现代马克思主义的帝国主义论""激进主义发展经济学"和"不发达政治经济学"。

巴兰强调，经济增长是经济剩余的多少及对其利用的结果。这样，中心和外围的分化就取决于世界剩余产品在不同地区的分配，以及它们在这些地区被使用的方式。这种分化始于 16 世纪，那是西欧国家开始殖民扩张和原始积累进程的时期。西欧各国国内的和欧洲以外的经济剩余不断地被投入生产，这种剩余的转移破坏了拉丁美洲、非洲和大部分东南亚国家的经济增长，进而在这两类地区产生了分化。巴兰以印度和日本为例证明其观点。印度的经济剩余被英国殖民者吸收，而日本成功地逃脱了殖民控制，因此保持了自己的工业，完成了资产阶级革命，把经济剩余用于本国的生产性投资。

巴兰认为，在殖民地独立后这个过程仍在起作用，新帝国主义取代了殖民控制并继续造成不发达。经济剩余被吸收，主要通过外国投资利润转移的方式。这加剧了发达国家经济剩余吸收的问题，这些剩余不能通过外围地区自身扩大投资来缓解，因为这会威胁到其自身的垄断地位。

马格多夫和其他巴兰的追随者更是强调，不发达使资本有机构成更低、剥削率更高，因而可以获得比发达国家更高的利润率。并且，相应地从中心地区出口的工业制成品价格较高，而从外围地区进口的原材料价格更低，这种状况往往通过政治、经济权力的行使得以保持。技术垄断和第三世界国家日益增长的债务也发挥了重要的作用，这使得一些国际组织可任意干预它们的经济。

（二）安德烈·冈德·弗兰克的"不发达的发展"理论

20世纪60年代，弗兰克出版了《拉丁美洲的资本主义和不发达》一书，该书是巴兰的"不发达政治经济学"在拉丁美洲的成功运用。弗兰克对巴兰的理论作了修正和发展，在明确反对新古典主义的国际贸易理论、罗斯托的现代化理论，以及强调外围社会经济僵化及二元化的重要性的更激进的结构主义的基础上，提出了一种新的理论，使巴兰对殖民主义及垄断资本的论述更加普遍化了。

弗兰克强调，垄断从一开始就是资本主义世界经济的特征。这个体系中外围的经济剩余被中心榨取，而这些中心本身又可能是更高层次中心的外围。实际上，这种关系在一国内和国家之间都存在。弗兰克指出，资本主义世界经济在其产生以来的五个世纪中，发生了一些重要变化，但是其基本结构没有发生变化，经济发达和不发达是互补并存关系。

弗兰克用交换关系来定义资本主义：为了市场而不是为了直接使用而进行的生产使经济活动资本主义化。无论所有权关系是否包括雇佣劳动或奴役，只要产品是用来交换的，就足以把它定义为资本主义。弗兰克认为，所有的市场都只是一个唯一的世界市场的组成部分，因此每个资本家的活动都是全球劳动分工的一部分。不同的"劳动控制模式"仅仅是特殊环境下最佳的生产方式，它们都是利润最大化的产物。

弗兰克强调，发达国家的发达是不发达国家不发达的原因，后者对前者是一种依附。历史经验表明，只有当这种依附关系减弱时，不发达国家的经济才能发展。两百年来，有四个时期这种依附相对减弱：法国拿破仑一世忙于征战时、第一次世界大战、"大萧条"、第二次世界大战。在这四个时期中，拉丁美洲的经济都获得了长足的发展。弗兰克根据巴兰和依附学派的理论，提出外国企业将利润从第三世界回流本国、不发达国家富有阶段不合理消费模式对资源的浪费、不合理的国际分工导致贸易条件恶化、片面发展一两种初级产品和原材料是使其经济不稳定的因素是造成拉丁美洲经济不发达的主要的原因。

（三）多斯桑托斯的"依附"理论①

多斯桑托斯的"依附"理论包含四个方面的内容：一是划分了世界资本主义积累历史上不同依附阶段的分期，定义了依附国家内部结构的一般性质，并且定义了依附的再生机制。二是分析了第二次世界大战后世界经济和帝国主义的主要

---

① ［巴西］特奥托尼奥·多斯桑托斯：《帝国主义与依附》，杨衍永等译，社会科学文献出版社1999年版。

特点，讨论了周期理论（特别是 1967 年以后的周期理论），分析了经济周期对于世界经济的影响和主要效应。三是深入分析了法西斯主义，讨论独裁政权向民主政权过渡的可能性及其在拉丁美洲的可行性，研究了拉丁美洲的政治模式问题。四是从社会经济组织形式、政治运动和人类共处的理想角度，探讨社会主义问题。

多斯桑托斯认为，19 世纪以来，随着商业和金融资本主义的扩张，形成了垄断和排他性世界经济的基础。这种世界经济将各个民族社会变成了它的扩大再生产的组成部分。当生产性资本变成它的动力中枢时，这个世界经济就获得了一种系统的规模。[①]

多斯桑托斯认为，资本主义中心国家集中了世界经济扩大再生产所需活力的生产力，而依附国家则是世界经济再生产不可或缺的组成部分，但是，它们并不是活力的源头，它们必须依赖中心国家力量的扩展，才能获得扩大和普及。社会主义国家打破了资本主义社会关系的传统框架，开始了建立崭新国际经济关系的实践，但是，没有取得支配地位。为了与全球生产关系联系起来，社会主义国家将根据自身生产力的发展程度，与居于支配地位的资本主义世界经济形成不同水平的相互作用关系。

多斯桑托斯特别指出，多国公司是第二次世界大战后资本主义一体化进程的细胞和基础，其特点是，它们在国外的活动并非公司业务的补充，而是生产、金融和商业活动的基本成分。当前新阶段的依附关系，不再以一个民族中心霸权为基础，而是以霸权分享为基础。国际经济关系的更加社会化，要求有一种地区的次霸权体系，作为霸权中心的组成部分。留给依附国民族资本的只有一条路，那就是与外国资本合资，当作它们的小伙计，苟安于市场一角，从事夕阳产业，或者逐渐放弃生产领域，变成放高利贷者或者进行投机的有产者。

（四）阿吉里·伊曼纽尔的"不平等交换"理论

希腊经济学家阿吉里·伊曼纽尔基于马克思的价值论和生产价格论，用独自的国际生产价格理论来分析发达国家与不发达国家在国际贸易中的不平等交换关系，为解释不平等交换、国际剥削以及依附的形成机制和原因开辟了一条新的思路。

在 1969 年出版的《不平等交换：对帝国主义贸易的研究》一书中，伊曼纽尔在马克思劳动价值论、国际贸易理论和批判地继承古典经济学家李嘉图的比较成

---

① ［古巴］弗朗西斯科·洛佩斯·塞格雷拉：《全球化与世界体系》（上），白凤森等译，社会科学文献出版社 2003 年版，第 11 页。

本学说的基础上，对发达国家与不发达国家在贸易中的不平等交换关系进行了系统的论证。[①]

伊曼纽尔的不平等交换理论基于五个基本假设：（1）资本可以在国家间自由流动，而劳动力不能自由流动；（2）国际资本的自由流动导致了利润率的国际平均化；（3）工资是独立的变量，国家间劳动力的不流动性导致了国民工资的差异；（4）进入国际交换的商品对某些国家来说是独一无二的，因而这些商品具有"不可通约的使用价值"；（5）发达国家与不发达国家之间，国民工资的差异超过了劳动生产力的差异。

伊曼纽尔强调，"资本的竞争性"会导致利润率的国际平均化，而"劳动要素的非竞争性"则形成不均等的工资水平和剩余价值率。发达国家与不发达国家之间，工资水平的差异超过劳动生产力水平的差异，不发达国家由于工资水平低下，其剩余价值率高于发达国家的剩余价值率，由此产生的商品价格（作为独立自变量的工资水平在国际贸易中决定作为因变量的价格），导致国际贸易中的不平等交换。也就是说，工资的差异是不平等交换、富国剥削穷国（即价值无偿转移）以及依附产生的主要原因。

伊曼纽尔认为，狭义的不平等交换理论是对马克思的价值、生产价格、有机构成理论及国际贸易理论的修正和发展。但是，这种观点却引起了 20 世纪六七十年代的有关论战，推动了马克思的价值理论和生产价格理论在国际上应用研究的发展。

（五）萨米尔·阿明的"不平等发展"理论

普拉巴特曾经指出，帝国主义对外围的前资本主义和半资本主义地区的需求能够产生，其原因应当不仅仅是为了获得市场、原材料、劳动力以及有利可图的投资领域，更是因为需要居住在距离较合适的地区的产业后备军，以便实现经济和社会的稳定。现在世界上的绝大多数灾难和冲突都是殖民主义造成的结果，虽然殖民化的方式发生了变化，但是实质依然相同，只要殖民化的趋势仍然在继续，伴随着征服的这些灾难和冲突都会继续出现。[②] 而阿·伯罗诺耶夫通过对全球化的分析后强调了资本主义世界的新变化。当实行非常迅速的制度性变革和社会关系强化时，就会产生激烈的拥护者和激烈的反对者。跨国活动的发展，导致跨民族

---

① ［希腊］A. 伊曼纽尔：《不平等交换：对帝国主义贸易的研究》，文贯中等译，中国对外经济贸易出版社 1988 年版。

② Prabhat Patnaik，"On the Pitfalls of Bourgeois Internationalism"，in Ronald H. Chilcote，ed.，*The Political Economy of Imperialism*，*Critical Appraisals*，Dordrecht：Kluwer Academic Publishers，1999，pp. 169—180.

国家界限的商品流和金融流的强化，劳动分工的深化及跨国公司的数量、规模迅猛增加和发展。通信革命、自 1989 年产生的网络和其他手段，使大众传播具有的全球特征，形成了出现跨国大众文化的趋势。出现了全球人民的新的分层，层次化不是在民族国家基础上，而是在世界范围内把人类划分为确定的集团：非常发达的国家、一体化不强的国家、第三世界国家。①

萨米尔·阿明则认为，在当前帝国主义阶段，全球性的资本主义扩张本身在体系内产生了日益严重的不平等。这种全球化并不能提供发展的机会，一些国家想从落后的状态赶上来，社会与资本主义扩张的单边逻辑发生冲突。资本主义世界的特点是两极分化，这种特点表现为与全球化的价值规律相一致的形式。这种形式是由两个方面的结合产生的：一个方面是压缩市场的规律，劳动力市场被分割的状态继续存在；另一个方面是以把这些压缩的市场组织构筑成适当形式为目的的占主导地位的国家政治制度。②

萨米尔·阿明认为，当前世界体系有两大新的特征：中心民族国家衰退，在生产和积累之间的关系消失，原有完全以自我为中心的民族国家边界和政治对社会的控制也在弱化；在实现了工业化的中心国家和没有实现工业化的外围国家之间出现了新的两极分化。③ 阿明进一步指出，资本主义世界体系的新特征表现在：资产阶级民族国家构成了世界体系的核心，彼此处于侵略性的竞争之中；中心地区的工业化和外围地区的工业匮乏之间形成几乎绝对的发展。第三世界的工业化不会结束现存世界资本主义内在的两极分化，而是把这种机制和形式推向被金融、技术、文化、军事垄断所控制的其他领域，中心国家能够从这些垄断中获益。并且在西方发达国家，资本的相互渗透侵蚀民族国家以及建立在国家实体之上的政治和意识形态体系，使其持久性受到挑战。苏联体制崩溃已经扩大了外围资本主义扩张领域。

萨米尔·阿明还分析了全球化过程中两极分化的新形态。两极分化是由 20 世纪 50—60 年代资本主义世界高速增长引发的，这一时期塑造了不同于以往的世界体系。这就需要根据各国社会劳动力和产业后备军之间的比重来对众多国家进行

① ［俄］阿·伯罗诺耶夫：《全球化与俄罗斯的认识》，俞可平、谭君久、谢曙光主编：《全球化与当代资本主义国际论坛文集》，社会科学文献出版社 2005 年版，第 26—35 页。

② Samir Amin, "Capitalism, Imperialism, Globalization", in Ronald H. Chilcote, ed., *The Political Economy of Imperialism*, *Critical Appraisals*, Dordrecht: Kluwer Academic Publishers, 1999, pp. 157—168.

③ Samir Amin, *Capitalism in The Age of Globalization*, London: Zed books Press, 1997, pp. 3—5.

分类。心脏地带（即中心国家）的大量劳动力参加到现役劳动力大军中。在拉丁美洲、东亚和苏联这些已经工业化的外围国家中，存在着在岗的劳动力大军。但是，它不可能进一步吸纳来自农村和非正规经济中的后备劳动力。一方面因为现在的全球竞争所需要的是生产技术，生产技术的使用不可能吸纳大量的后备劳动力；另一方面因为针对大量的移民涌现缺乏有效的"安全阀"。第三世界的工业化进程并不能结束现存世界资本主义体系所固有的两极分化趋势，相反两极分化的趋势和机制将会被推广到其他地区。中心区国家的金融、技术和文化以及军事垄断权将控制两极分化的形式和机制，并通过全球化价值规律的新形式产生新的两极分化。①

　　萨米尔·阿明在后期的著作中进一步指出，在第二次世界大战之后资本主义呈现出的新特征。在建立国家资本主义经济、政治及社会框架后，国家资本主义国家也孕育而生，并在各国之间展开积累竞争。资本主义世界中心地区和边缘地区的两极分化状况更加严重，并反映为中心地区的工业化和边缘地区的非工业化之间的绝对对立。赢得政治独立后，资本主义世界的边缘地区开始进入工业化时代，但发展极不均衡。随着资本在所有资本主义中心国家间的渗透，国家生产体系宣告解体，各国之间重新组合资本，每个国家的生产都成为世界生产体系中的一个环节。第三世界的工业化发展并没有结束这种两极分化的现象，两极分化是资本主义经济本质所固有的。在发达国家中，资本在国家间的相互渗透削弱了国家内部生产效率，政治制度和思想制度的持久性正是建立在民族的基础之上，资本渗透的必然结果就与制度的持久性产生了矛盾，这一矛盾在很长时间内都不能解决。②

五、对未来社会的构想

　　基于对当代垄断资本主义的批判和对所谓的"中央集权的经济统制主义"的批判，激进政治经济学进一步通过对劳资关系、社会公平、社会财产组织形成、国家架构等经济制度和社会制度的讨论和研究，提出了他们的关于未来社会的设想，甚至包括各种社会主义的设想。他们认为，他们有责任使美国选择"社会主义的取向"和帮助美国建立一种"有效率的、民主的、参与的以及能把美国重新推向经济进步前列"的经济制度。

　　激进政治经济学派认为，在市场社会主义中，市场机制的成分应当多于社会主义的成分，市场机制应当在社会主义经济中获得更多的生存空间，而使市场发

---

① Samir Amin, *Capitalism in The Age of Globalization*, London: Zed books Press, 1997, pp. 48—55.
② ［埃及］萨米尔·阿明:《资本主义的危机》，彭姝祎、贾瑞坤译，社会科学文献出版社 2003 年版。

挥更大作用的关键又在于产权制度。分析学派强调，产权制度是一种工具而不是目标，公有制不是社会主义制度的本质，社会主义的目标是在自我实现和福利、政治影响与社会地位方面获得更多平等的机会。而合作制市场社会主义的代表人物米勒则认为，为了更好地实现民主、平等和自由，必须寻求一种既不同于资本主义私有制又不同于传统公有制的产权制度，使市场机制的效率与社会主义的平等结合起来，这是市场社会主义获得成功的基础。

激进政治经济学既否定传统的资本主义，又反对现实的马克思主义的社会主义，试图以市场社会主义概念来超越社会主义和资本主义，尝试将社会引导到"第三条道路"上去。1989 年，苏联和东欧国家的社会主义政权相继垮台，使作为一种实践的社会主义运动受到了前所未有的挑战并长期处于低潮状态，使得激进政治经济学重新关注和争论社会主义的定义，并对过去的社会主义理论和实践进行重新检讨与反思。

但是，市场社会主义理论借用了新古典经济学的分析工具，假定市场机制仅是一种资源配置的方式，是一个中性的概念，可以脱离特殊的经济和政治环境而独立存在并发挥作用。即使发展后的市场社会主义理论在某种程度上超越了新古典的范式，但中性论的假定却一直被沿用至今。所谓的中性论是指资源配置形式可以从社会制度中剥离出来，并可以从一种经济环境或制度移植到另一种经济环境或制度。关键在于，中性论者认为市场机制既可以与资本主义结合，也可以与社会主义联姻。他们的目标是要将市场与社会主义联系在一起，试图证明市场是能够用来实现社会主义的目的的。但是，历史没有让新古典的市场社会主义戴上胜利者的桂冠。新古典的市场社会主义理论无法解释社会主义经济改革面临的复杂局面，苏联和东欧市场社会主义试验的失败证明了这一理论所具有的局限性和片面性。

第三节　政　策　主　张

激进政治经济学家通过对主流经济学中的批判和对当代资本主义社会的分析研究，提出了他们的政策主张。

一、社会改良的政策主张

市场社会主义作为激进经济学派的一个独立分支，其基本特征是生产资料国有或集体所有，市场机制是资源配置或经济运行的主导机制。该理论试图将马克思主义与正统经济学派理论进行综合，模糊资本主义与社会主义制度的本质区别，主张两种制度的"趋同论"。而民主社会主义者在20世纪90年代苏联、东欧剧变之后，认为现代资本主义社会已经建立了多元的民主政治，实行了许多"积极的变革"，推行了社会福利，新科技革命使得经济高速增长，人民的生活水平有了很大的改善。他们错误地认为马克思有关资本主义经济危机的理论已不适用于现代资本主义社会，通过暴力革命解决现代资本主义社会的各种矛盾已经"钝化"，只有采用渐进的改良方法，遵循议会民主道路，倡导"自由、公正与团结一致"，才可能创建一种社会公正、生活美好、自由与世界和平的社会制度。

（一）诺夫的"可行的社会主义"政策

诺夫在《可行的社会主义》中从总体上概括了社会主义的基本轮廓：一是在所有制关系上，坚持国有财产、社会化共有财产及合作社财产占主导地位。二是政府向民选的议会负责，政治上是民主代议制。三是中央对微观经济的管理仅限于信息、科技及组织业务，加上重要外部因素而需要中央管理的。四是除了中央直接管理的部门、专卖部门以及私营企业有限制的领域外，经理部门要向劳动大众负责。五是货物与劳务的市场与分配，尽量由有关方面洽商确定。要明确承认竞争是必要的，是消费者得以选择的先决条件。六是工人有选择就业的自由，也有转业的机会，可以在合作社工作，也可自己负责。七是国家要确定所得政策、税收政策，限制垄断权利及市场竞争程序。八是承认物质上不平等，但精神鼓励要加强。九是统治者与被统治者、管理者与被管理者的区别还不能取消，但要实行最大限度的民主协调。①

诺夫认为，在计划管理方面，首先，国家的主要投资责任在中央；其次，计划直接通过银行系统，监督各地分权投资，避免重复投资和不合理项目；再次，中央要管理电力、石油和铁路这些关键部门，发挥重要作用，另外一项重要工作就是对于自治部门要订立章程，中央对其要保留干预的权力；最后中央要有对外贸易上的功能，并负责拟定长期计划，包括技术改革、施工项目、大众生活水平，并提交民选产生的代表大会。

（二）施韦卡特的"经济民主"的市场社会主义政策

施韦卡特认为"经济民主的市场社会主义"是资本主义制度的较好替代物。在对资本主义的认识上，施韦卡特强调，按照马克思的观点，资本主义只是人类历史的一个特殊阶段，它有三个特征，即生产资料私有制、市场和雇佣劳动。与

---

① ［英］亚历克·诺夫：《可行的社会主义经济》，唐雪葆等译，中国社会科学出版社1988年版。

人类早期的经济制度相比，资本主义制度在技术和组织的持续创新上还是有活力的。但是，应该看到，随着资本主义制度的成熟，它的内部矛盾也日益加剧。当前尤为突出的是，资本主义有四个问题值得注意：就业问题十分严峻；社会经济缺乏稳定性；富足之中存在赤贫；资本主义的发展缺乏理性。所有这些注定了资本主义制度本身必然要出现危机，同时，也为更好的制度取代它提供了可能。①

施韦卡特认为，"经济民主"的市场社会主义是能够替代资本主义的一种制度，不仅在经济上是可行的，而且还能克服资本主义的基本矛盾。② 具体来说，它包括以下两个方面：

一是企业的民主管理。企业民主是最直接的民主。企业的最终管理权属于企业的全体工人，他们拥有一个一票的表决权。毫无疑问，企业超过一定规模后，工人会建立起某种形式的代表会议，作用相当于资本家公司的董事会，由它指派企业上层管理者，批准重要的决定，讨论收入不平等问题，这样做的好处在于，同已失败的苏联体制相比，让工人自己控制工作条件，企业管理民主化，工人选择企业的管理者，因而避免了资本主义和以往苏联体制中存在的"民主赤字"。

二是"投资的社会控制"。"让工人集体控制社会剩余价值的分配，社会控制投资，而不是由市场控制"。在"经济民主"的市场社会主义中，这是一项基本要求。它包括两个问题：一是投资资金怎样产生，二是投资资金怎样分配？关于第一个问题，主要是采用税收形式募集投资资金，即国家投资基金主要来自企业的税收，而不是私人储蓄。因为在"经济民主"的市场社会主义中，每个企业都必须根据它拥有的资本财产纳税，企业资产是公共财产，是国家对工人集体的一种借贷。向企业征收这种税，可被认作付给社会的用于增加社会集体财产的租金。至于投资资金的分配，施韦卡特认为，来源于公共储蓄的投资资金可以直接分配，但这种分配应该通过公共银行体系按照促进共同利益的标准进行，这样做的目的在于克服市场分配的缺陷，但也不能完全排除市场分配，况且，制定这种标准也非常困难。

（三）韦斯科普夫的"民主自治"的市场社会主义政策③

韦斯科普夫所倡导的"以民主企业为基础的市场社会主义"或"民主自治的市场社会主义"的模式，主要包括以下几方面内容：

（1）企业必须实行民主自治的原则，把企业的控制权平等地授予直接影响企

---

① ［美］戴维·施韦卡特：《反对资本主义》，李智等译，中国人民大学出版社 2008 年版。

② ［美］大卫·施韦卡特：《超越资本主义》，宋萌荣译，社会科学文献出版社 2006 年版。

③ ［美］伯尔特·奥尔曼编：《市场社会主义——社会主义者之间的争论》，段忠桥译，新华出版社 2000 年版。

业管理的人们，把一些重大的经济决策事项纳入平等的社会决策范围。企业的所有成员按照"一人一票制"原则选举企业委员会，企业经理由委员会雇佣并对其负责，工人可以根据一定的规则自由加入某一自治企业，且必须拥有企业的投票权。企业可以采取任何方式的收入分配政策，但这些政策一定要民主制定。

（2）为了保证资本收入的公平合理分配，韦斯科普夫建议，给予每一个成年公民以平等地对所有企业生产性资本收益的索取权利，这可以通过一开始分配给每个成年公民相同数量的共同基金股票的办法加以实现。

（3）全国的、地区的以及地方的各级政府都要制定积极的经济政策，以期达到经济发展的社会合理目标。政府通过控制资本构成的总体比率和方式等办法来影响企业的决策。

（4）民主自治的市场社会主义由于资本所有权分散、总体收入分配较大程度的平等和工人自治制度而在效率方面具有总体优势。

（四）罗默的"证券社会主义"政策①

罗默的"证券社会主义"模式由"真正的"竞争性市场机制定价，以保证资源配置效率，并通过精心设计和改造的"证券"制度来保证公民在间接占有产权和分享企业利润上机会平等。因此罗默的市场社会主义的实质是利用资本主义成功的微观机制来解决效率问题，同时改变资本主义的财产和分配关系以解决平等问题，从而达到效率和平等的较圆满的结合。但是，罗默的模式既保留了利润最大化原则，也保留了资本主义企业的劳资供应关系，没有从根本上触动资本主义企业的内部结构，并且原封不动地保留了资本主义企业的决策结构、劳资雇佣关系及其运行目标。

罗默把市场社会主义概括为：生产资料、消费品和劳动力通过市场配置调节，面向市场的社会主义企业应追求利润最大化的目标，其方案是通过证券社会主义形式平等分配的经济理论模式。罗默认为，如果平等分配证券，企业股份只有通过证券才能交易，而且用制度强制不能用钱交换，那么不可能出现支配集团集中股份的现象。

二、对当代阶级关系的阐释与主张

埃尔斯特则认为阶级斗争有三种可能的形式。首先是公开的、彼此都承认的斗争。其次是另一个极端，虽有阶级利益的纯客观分歧，但没有一个阶级会主动

---

① ［美］伯尔特·奥尔曼编：《市场社会主义——社会主义者之间的争论》，段忠桥译，新华出版社2000年版。

地压迫另一个阶级。阶级利益的满足是通过他人的、非意向性的机制得以实现的。把这种阶级关系称为阶级斗争可能很不合理，但完全可以称之为阶级冲突。最后，介于这两个极端之间，有一种潜在的阶级斗争，它是一种中间状况。①

经济的发展通过扩大和组织工人阶级导致了阶级的冲突和社会反抗。他们概括了马克思和恩格斯有关资本主义发展的五种结果：一是资本家增加了对农民、工人和其他生产者的剥削，这些作为无产阶级的群体没有生产资料但是必须为了工资而工作；二是集中化生产减少了商业和小资产阶级，同时也减少了可供选择的生产模式，社会两极分化为一小部分资产阶级和大量增加的无产阶级；三是大规模的集中化生产有利于无产阶级中的工人组织和联合行动；四是随着罢工反抗行动日益高涨，规模逐渐扩大到国家的高度；五是机械化减少了手工技能生产，技能和工资的一体化增加了工人阶级的团结。这最终的结果是阶级的两极分化导致了工人阶级的队伍和力量越来越强大。

罗默提出，如果在一种社会制度下拥有技术知识优势，即生产力水平较其他社会制度高，那么通过阶级斗争社会形态就会发生相应的变更。在罗默的阶级斗争理论中，由两种对应关系推导出阶级斗争的两个因素。第一，基于阶级和财富对应关系，阶级斗争的产生则是由于工人阶级反对资产阶级的斗争，也是一种穷人反对富人的斗争，一种反对由不平等的初始分配所导致的结果的斗争。第二，基于阶级和剥削的对应关系，此时阶级斗争的因素是统治者与被统治者之间的冲突，这里的统治是雇主在生产地点上对工人的统治，即工作场所中的那种社会关系，这种关系中，工人对老板的从属受到各种超经济手段的强制。②

激进政治经济学派的学者强调，剥削理论并不能很好地解释阶级斗争，需要用异化理论代替剥削理论才更能够解释阶级斗争。他们认为，阶级关系决定了工人阶级反抗的主观和客观条件。他们在研究美国阶级斗争时，发现迫使男女进入城市和工厂的客观条件并没有使工人具有阶级意识和反抗情绪。或者说，在工业资本时代的美国只有微弱的工人阶级反抗声音。所以，虽然随着劳动过程中工作的转变已经改变了古典剥削理论的条件，但是一个人的劳动力和本质被固定为创造和销售商品，尽管剥削理论在促进工人阶级反抗中产生了巨大的作用，但它本身并不足以作为一个反抗的条件。相反，异化则可以作为一个强有力的因素影响反抗。事实上，在马克思后期的诸多作品里，异化的概念失去了它原有的位置并

---

① ［美］乔恩·埃尔斯特：《理解马克思》，何怀远等译，中国人民大学出版社 2008 年版。
② ［美］约翰·罗默：《在自由中丧失——马克思主义经济哲学导论》，段忠桥等译，经济科学出版社 2003 年版。

且逐渐被剥削概念所替代。

托马斯·韦斯科普夫、塞缪尔·鲍尔斯、大卫·戈登认为，[①] 资本主义经济危机产生的原因或许是资产阶级力量忽强忽弱，当资产阶级力量强大的时候，他们可以使得收入分配更有利于自己，这就导致了整个社会总需求的减少。当资产阶级的力量弱小的时候，工人阶级或者其他收入者则减少了剥削率，压缩了利润率和减少了投资水平。这些理论家认为 20 世纪 70 年代的滞胀则是由于资产阶级力量太弱，这种观点与 20 世纪 30 年代的滞胀是截然不同的，因为大多数学者认为在 30 年代的那场全球经济危机中资产阶级明显处于强势地位。然而以哈里·马格多夫和保罗·斯威齐为代表的许多学者则认为 20 世纪 70 年代的滞胀与大萧条时代是相似的，可以概括为资产阶级的力量太强大。

大卫·哈维则把目前阶级运动产生的条件分为两种：一种是围绕扩大再生产进行的运动，其中对雇佣劳动的剥削和确定社会工资的条件是问题的中心；另一种是围绕剥夺式积累进行的运动。美国科尔盖特大学的丹尼尔·利特尔认为发达的资本主义国家为什么目前没有像马克思所说的那样通过阶级斗争走向社会主义的道路，就是因为缺少条件，而阶级矛盾只是其中的一个因素，在缺少其他条件的情况下，剥削社会的统治阶级可以通过各种有效的政策手段促使革命不可能发生。他同时批评马克思只是在宏观上预测了社会变革，在微观基础上并没有证实这种变革的必然性，并通过微观视角解析了资本主义社会发生政治运动的因素：剥削和阶级冲突、现实的政治文化、组织、领导、随机性的政治环境等，但是即使拥有了这些因素，发生政治运动的可能性也成问题。[②]

激进政治经济学派的学者们通过近年来关于阶级斗争和政治暴力的跨国研究发现了经济发展这一因素，在阶级斗争、收入的不平等和政治民主等方面有重要的影响。在鲍斯威尔和迪克逊看来，在马克思的著作中，阶级剥削来源于对劳动者生产的剩余价值的剥削，剥削虽然是马克思关于阶级斗争和反抗的基本因素，但是还缺少经济发展这一因素。因为经济发展从某种程度上来说增加了对工人阶级剥削的范围，也增加了工人阶级的力量，这两者共同导致了革命的发生。

三、关于资源环境问题的政策主张

谢尔曼认为，资源浪费是指资本主义制度下完全滥用资源或者利用人力与资

① Thomas E. Weisskopf. Marxian crisis theory and the rate of profit in the postwar U. S. economy. Cambridge Journal of Economics，1979，(4).

② 张开主编：《国外马克思主义政治经济学人物谱系》，人民出版社 2018 年版。

源对人们的现时消费或未来增长无限制的挥霍活动。资源浪费主要有以下表现形式：（1）广告泛滥成灾；（2）高度垄断造成的资源错误配置；（3）竞争带来的变相浪费及急功近利的短期行为；（4）伴随经济增长所产生的环境的污染和恶化；（5）超级富翁穷奢极欲，带来生活资源的浪费；（6）实业、种族与性别歧视、劳动异化意味着人力资源的浪费；（7）贫困使儿童得不到足够营养和住房，造成对未来人力资源的损害；（8）庞大的军事开支浪费巨大的生产生活资源。[①]

美国学者沃勒斯坦承认资本主义的短期技术进步所带来的社会进步，但又对此造成的中期变化带来环境的恶化加以批评。他认为，正是那个曾使我们得以在短期介入自然生态的技术进步，在中期上却打乱了生态环境。森林的大量砍伐、大草原的沙漠化都不断地危害人类和破坏人类的长期食品供应。而对于 20 世纪非常突出的由化学、生物污染所造成的损害，人们到目前为止还没有能力进行充分的评估。他认为，伴随着资本主义的技术进步，一方面，食品生产的总产量和生产率有了明显的增长，而另一方面分配体系却是极度扭曲。对于世界上大多数人口，尤其是对处于底层的 50％到 80％的人口来说，这只不过是以中期威胁取代短期威胁。[②]

美国学者博尔丁深度剖析了环境问题的成因。他认为人类以及人类的环境都处于一个漫长的转变过程之中，这是为了适应世界状况的现实变化而发生的转变。从人类的原始时期开始，世界就被视为一个无限广阔的原野。博尔丁认为今天的"开放经济"这个概念就带有这样的含义，即资源取之不尽、用之不竭。但是，人类逐渐感受到了可利用资源的局限，认识到世界吸收人类的耗费物的局限。地球环境的变化推动了人类的这种意识的转变。但是，经济思想却没有相应地做出调整。[③]

博尔丁认为，在开放经济中，以生产和消费的最大化表现出来的产量最大化仍然是经济政策的主要目标。但是，在一个封闭的经济中，经济政策的目标是以最小的产量获得最大的满足，这是对投入和吸收耗费物能力的客观限制的一种反映。这种满足主要与现存资本存量能够带来的快乐相联系，而不是与产量的增长

---

① Howard J Sherman: The Business cycle: Growth and crisis in Capitlism, Princeton, N. J.: Princeton University, 1991.

② ［美］伊曼纽尔·沃勒斯坦：《现代世界体系 1—4 卷》，郭方等译，社会科学文献出版社 2013 年版。

③ Kenneth E. Boulding, The Economics of the Coming Spaceship Earth, in: Henry Jarrett, Environmental Quality in a Growing Economy, Baltimore: the John Hopins Press, 1966.

相联系。

如何解决社会环境和物质环境的污染问题，是激进经济学的主要课题。他们把这一问题归结为资本主义社会的基本特征，如私人获利动机；扩大与推动私人（尤其是富人）的消费，但却忽视公共消费领域；既定利益集团的干涉等。因此激进派主张：消除污染和保护资源的前提是消灭资本主义的私人利润制度，代之以一种社会拥有和指导的制度；不把经济增长视为唯一的甚至最重要的政治经济目标。他们认为主流经济学的主张——通过一些关于污染的法律，限制产量和技术、控制人口，尤其是在每个穷人和所有不发达国家中控制人口——是治标不治本。他们强调：防止和根治污染的根本解决办法，只能是"结束资本主义，建立一个美好的、和谐的、人道的社会之后"才会出现。

第四节   评   析

20 世纪 70 年代西方经济发达国家普遍陷入困境所引发的经济停滞、失业增加等一系列问题，暴露出现代资本主义表面繁荣背后隐藏的各种矛盾和危机。由于资本主义国家陷入经济"滞胀"，以英国和美国为代表的资本主义国家将国家干预主义理论和政策调整为实施和推行新自由主义的经济政策。进入 20 世纪 80 年代，全球化浪潮迅猛推进，资本主义国家的经济职能、调节方式也随着发生一些改变。法国学者热拉尔·杜美尼克指出，全球化的到来使资本主义国家进入了一个自我更新、自我调节、自我发展的大变革时期。资本主义的经济结构、社会结构和政治结构，国家调节方式以及国际关系都经历着深刻的变化。[1]

激进政治经济学派的理论与它的政策主张基本一致，因此放在一起进行评析。

一、基本理论与政策主张评析

（一）评该学派对现代资本主义的分析

20 世纪 90 年代以来，经济全球化、信息革命等因素促使全球化迅猛发展，随着全球化的深入发展，莱斯利·斯克莱尔认为，一个新型的阶级——全球资产阶级或跨国资本家阶级已经形成。这个跨国资本家阶级由四部分人组成：（1）拥有

---

[1]　李其庆：《西方左翼学者对当代资本主义的研究——第三届巴黎国际马克思大会述要》，《马克思主义研究》2002 年第 1 期。

和控制重要跨国公司的人，即跨国公司的执行官及其老板；（2）全球化的官僚和政客；（3）全球化的专业技术人员；（4）商人和媒体。[1] 这个跨国资本家阶级超越国界追求全球资本的利益，使得贫富两极分化越来越严重。维克多·基根把这种新的两极分化称作一种新的拦路抢劫。[2] 齐格蒙特·鲍曼则用一系列数据证明了两极分化的严重情况。他指出，358 名全球亿万富翁的总财富相当于 23 亿最穷人口（占世界人口的 45%）的总收入。实际上，只有 22% 的全球财富属于占世界人口大约 80% 的所谓发展中国家。然而，这绝不是目前这种两极分化可能达到的极限，因为当前指定给穷人的全球收入份额还要更小：1991 年，85% 的世界人口只获得了 15% 的收入。[3] 在这种情况下，国家要通过限定最低工资、调节高收入者的收入等收入分配政策来抑制贫富差距不断扩大的趋势。

资本主义主导的全球化不仅引发了经济危机，还带来人口、资源、环境等一系列世界发展问题。可以说，随着全球化的深入发展，现代资本主义面临着严重的危机。

全球化使得资本主义面临着以下三类危机：一是经济危机；二是以资本家阶级和雇佣工人阶级斗争形势不断深化和复杂化为表征的阶级冲突的危机；三是以自然资源短缺、生态环境恶化为主要特征的生态危机。可见，现代资本主义已经逐步进入了危机时代，现代资本主义的新危机也不断涌现，这些都是与全球化进程密不可分的。在全球化背景下，激进政治经济学对现代资本主义的深入分析和批判有着积极的意义。

首先，激进政治经济学在全面系统地批判西方主流经济学的基础上，对马克思主义政治经济学进行了深入的研究，并对激进政治经济学过去的发展历程进行了回顾和反思。他们不仅对具有强烈现实意义的理论进行探讨，比如对现代资本主义的劳动过程和经济危机的探究，而且着眼于某些抽象的"纯理论"的探讨，比如着力研究了"第三条道路"和各种社会主义的可能的理论问题。鲍莫尔强调，自由市场能够促进资本主义经济增长主要归功于竞争压力，这种压力在其他类型的经济中是不存在的，它迫使经济相关部门中的企业坚持不懈地投资于创新活动。[4] 伍尔夫则认为，国家资本主义的出现可以使私人资本主义的危机得以控制。

---

① 俞可平：《全球化时代的资本主义——西方左翼学者关于当代资本主义新变化若干理论的评析》，《马克思主义与现实》2003 年第 1 期。

② 俞可平：《全球化时代的资本主义——西方左翼学者关于当代资本主义新变化若干理论的评析》，《马克思主义与现实》2003 年第 1 期。

③ [英] 齐格蒙特·鲍曼：《全球化：人类的后果》，郭国良、徐建华译，商务印书馆 2001 年版，第 67 页。

④ [美] 威廉·鲍莫尔：《资本主义的增长奇迹——自由市场创新机器》，郭梅军等译，中信出版社 2003 年版。

这些研究发展和深化了激进政治经济学的经济理论，加深了人们对全球化背景下现代资本主义的理解和认识。[①]

其次，激进政治经济学家在对全球化背景下现代资本主义的分析和批判中，提出了一些较为新颖、很有价值的观点，在一定程度上丰富了激进政治经济学的理论与研究方法。阿德勒从生产力与生产关系的矛盾运动出发，重塑了资本主义劳动过程理论。他将生产力定义为技术、生产工具、物质资料和工人的生产性设备；而生产关系是对生产力的所有权和控制权。在双元的劳动力市场结构中，每一层次都具有稳定性、常规性和排他性，面对被割裂的劳动力市场，劳动者根本无法自由流动。因此，瓦赫特尔指出，必须从社会制度，而不是从劳动者的个体特性中探寻造成资本主义社会不平等和贫困的根源。这些学者的分析，结合现代资本主义的发展变化进一步拓展了传统激进政治经济学的论述，说明了现代资本主义在全球化背景下经济的新变化、新特征，刻画与描绘了现代资本主义经济的真实面貌。

最后，激进政治经济学家抨击了现代资本主义的种种弊端，揭示了现代资本主义存在的各种矛盾和危机。大卫·科茨从积累的社会结构角度详尽阐述了资本主义全球化面临的危机[②]。伊藤诚提出"资本的过度累积以及随之而来的工资的上升，原则上不可能避免一场由于通过信贷制度的资本主义竞争作用而引起的尖锐和普遍的危机"[③]。积累的社会结构学派则认为，积累的社会结构是一个连贯的持久的促进营利和作为资本积累过程的框架的体制结构，但并不一定能促进经济的快速增长，因为作为一个整体来快速积累并不是单个资本家的核心利益，一般也不是资本家能够克服困难来合作重建社会结构的基础。这些学者对现代资本主义各种危机的分析加深了我们对全球化背景下资本主义的认识，使我们更深刻意识到了资本主义表面繁荣背后隐藏着的各种无法克服和调和的矛盾。

（二）评该学派对帝国主义的分析

资本主义生产方式要求资本不仅要在国内增值，在国内剥削劳动，占有剩余价值，还要求资本跨越国境在全球范围内寻找能够带来剩余价值的机会。总体而言，资本主义的新特征仍然是原有矛盾发展延续的表现：垄断已经发展成高度集

---

① ［美］里查德·D. 伍尔夫：《2000 年的美国经济：一个马克思主义的分析》，《当代经济研究》2001 年第 1 期。

② ［美］大卫·科茨：《社会主义和全球化新自由资本主义》，周平轩译，《红旗文稿》2005 年第 12 期。

③ ［日］伊藤诚、商鼎：《欧美马克思研究的新发展》，《国外社会科学》1979 年第 4 期。

中的国际垄断，垄断组织的载体主要是跨国公司；金融寡头和金融垄断资本在发挥更加重要的作用；通过生产、资本和金融的国际化，推动了经济的全球化。

新自由主义经济学所鼓吹的经济全球化在一定程度上带来了社会进步和经济快速增长的同时，把资本主义国家的矛盾和冲突也带给了全世界。激进政治经济学派的学者们认为，新自由主义的全球化实际上是资本主义国家帝国主义的高级阶段，因此 21 世纪的全球化的矛盾是资本主义矛盾在全球范围内的一种影射，资本主义具有天生的剥削本质以及冲突，这种冲突将会导致资本主义社会的革命性转变。全球资本主义的阶级矛盾已经成为世界阶级冲突和斗争的主要来源。

帝国主义也是激进政治经济学探讨研究较多的重大经济理论问题之一。许多学者认为当代西方经济处于国家垄断资本主义阶段，但在对西方国家进入国家垄断资本主义阶段的时间、特点和历史作用等问题的认识上存在着差异。也有学者认为应是国际垄断资本主义，并对其形成的原因和其在经济、政治、社会、文化等方面的特征进行了总结。著名学者曼德尔更是在 20 世纪 70 年代初，提出了著名的"晚期资本主义"理论，认为从 18 世纪末以来的西方资本主义经济的发展可以划分为三个阶段：自由竞争的资本主义、古典帝国主义（即列宁所述的帝国主义时代）和晚期资本主义。①

首先，激进政治经济学派根据第二次世界大战后西方经济发展的特征与变化，对资本主义发展阶段和新的特征进行了分析和探究。虽然，他们的研究结论和理论观点既有共识也存在着明确的迥然不同的争议，但是，对现代资本主义发展前途做出了各种不同的预测。因此，这种共识和不同的争议观点为我们正确理解和认识现代资本主义的性质和特征提供了多种视角和有益的参考，具有重要意义和理论价值。

其次，激进政治经济学派关于帝国主义的理论研究和探索成果丰富和扩展了激进政治经济学的理论与经济政策的构建，并对认识当代帝国主义的性质具有一定的参考意义。激进政治经济学对现代资本主义发展过程中出现的新现象、新变化和新特征进行了论述，深入探讨和详细分析了帝国主义的表现形式、运作机制、内在矛盾以及金融资本与垄断资本对帝国主义的影响与作用。

最后，尽管研究视角的差异和关注侧面的不同，对于帝国主义的认识和理解也存在着差异，但是，激进政治经济学关于帝国主义研究的理论新意和研究方法的改进，无疑为我们充分认识当代资本主义的性质和历史发展趋势提供了新的思

① ［比利时］厄尔奈斯特·曼德尔：《晚期资本主义》，马清文译，黑龙江人民出版社 1983 年版。

路和新的分析方法。比如曼德尔的"晚期资本主义"理论就是迄今为止唯一把马克思关于资本主义生产方式的一般运动规律与 20 世纪资本主义具体历史相结合的系统尝试。

（三）评该学派的不发达政治经济学

古格列尔莫从依附性发展和资本积累角度，指出了当前帝国主义呈现出的一些新特征：（1）依附国家根据中心国家的市场相应地调整其生产以及经济活动。为了使这个过程能够得以延续，中心国家向依附国家输出后者所需要的资本和低端技术。（2）与帝国主义中心国家相比，依附国家运用劳动密集型方式生产前者所需要的东西，存在从依附国家到帝国主义中心国家的价值转移。（3）在先进技术方面，依附国家无法与中心国家竞争，意味着使用价值意义上的工资在中心国家相对较高，而依附国家则相对较低。帝国主义关系不仅存在于帝国主义强国和被统治国家之间，也存在于帝国主义国家内部、帝国主义集团与被统治阶级之间。[1]

约翰则强调，在当前世界只有很少的地区出现了真正的工业化。这些地区都是在早先时候已经拥有了规模可观的重工业基础。巴西、印度和墨西哥是特例，从数量上看这些国家拥有很多工业，有大量劳动力从事制造业，但是工业化与从事工业的人口的比例却很低，他们的工业化程度落后于一些发展中国家。在帝国主义国家，也存在着中心和边缘。[2]

第二次世界大战后，发达国家与不发达国家出现了和以前相比不同的特点，发达国家在旧的殖民体系逐渐瓦解后，通过经济殖民控制和剥削不发达国家。激进政治经济学从发达国家与不发达国家的所处地位与相互间的不平等交换，以及经济殖民的性质与特征等方面分析了不发达国家落后的成因，探索和研究了不发达国家经济增长和发展的途径与方法。

首先，尽管一部分激进政治经济学成员信奉马克思的理论，但是，不可避免地存在着背离、修正和抛弃劳动价值论的现象。巴兰用"经济剩余"的概念取代马克思的剩余价值概念，并把资本主义的基本矛盾理解为经济剩余"吸纳"或

---

① Guglielmo Carchedi, "Imperialist Contradictions at the Threshold of the Third Millennium: A New Phase?", In Robert Albritton, Makoto Itoh, Richard Westra and Alan Zuege, eds., *Phases of Capitalist Development*, London: Palgrave Publishers Ltd, 2001, pp. 215—229.

② John Willoughby, "Early Marxist Critiques of Capitalist Development", in Ronald H. Chilcote, ed., *The Political Economy of Imperialism*, *Critical Appraisals*, Dordrecht: Kluwer Academic Publishers, 1999, pp. 113—126.

"处理"的"自由"与"困难"程度的矛盾，则不单单偏离了劳动价值论，而且还无视第二次世界大战后资本流动和贸易多数是在发达国家之间进行的事实，从而受到众多的质疑与批评。但是，他是第一个对不发达国家进行系统论述的学者，详细阐述了为何没有社会主义革命的介入，发达国家中心地带之外的发展就不可能实现的理论，并且被弗兰克、沃勒斯坦和阿明等学者加以扩展和修正，不仅为不发达经济学的研究和发展奠定了理论基础，也最早在发展经济学中勾勒了依附理论的轮廓。

其次，弗兰克的不发达的发展理论的形成与发展主要受到了新古典经济化和现代化的理论、拉美结构主义的理论思想以及巴兰的"经济剩余"理论的影响。因此，其分析框架在综合了拉美经济学家和巴兰的研究成果的同时，还深入挖掘史实，用交换关系来定义资本主义，强调垄断从一开始就是资本主义世界经济的特征，这个体系中的外围的剩余被中心榨取，而这些中心本身又可能是更高中心的外围，从而使巴兰的不发达经济思想与理论在拉丁美洲获得了成功的运用与实践推广。

再次，"依附"理论采用了历史的、结构的和制度的分析方法，对发达与不发达国家的社会环境与经济结构进行了充分的描述。对世界经济和拉丁美洲经济变化的新格局进行了认真的研究，并重新评价和扩展了过去曾经坚持过的"依附"理论，提出了一些新的认识和见解。因此，"依附"理论借用新古典经济学的分析方法和马克思主义传统，构建和发展了一个"依附"分析的框架和理论，将拉美经济的发展置于世界资本主义经济体系中进行考察和分析，将其定位于该体系中的从属位置。从而使得"依附"理论可以基于全球视角来观察问题，具备了分析世界体系的能力。

最后，不平等交换理论丰富了激进政治经济学的理论，对正确认识发达国家和不发达国家的关系，促使不发达国家摆脱落后状态具有重要的参考意义。实际上，即使排除垄断等一些非经济因素，等价交换也会产生不平等的国际经济关系。不平等交换作为不等价交换的实质不难理解，而不平等交换作为等价交换的实质则较难理解，尤其在国际市场上。在国际市场上，资本流动和工资率的形成都有与其在一国范围内不同的特征。但是，伊曼纽尔却错误地把工资看成了外生变量。实际上，工资并非独立变量而是由生产力水平和生产关系的复杂结合所决定，落后地区的落后根源也在于此。

二、局限性及借鉴意义

激进政治经济学从理论和实证上对现代资本主义制度展开了全面批判与反思，

同时，也对现代资本主义生产的延续、衰退与危机的原因进行了探究与理论的重构，显示了它的活力与理论创造力。但是，激进政治经济学对现代资本主义的分析和批判还缺乏进一步深化与增强。

首先，从经济全球化与现代资本主义的关系来看，很多学者都积极分析了现代资本主义的种种弊端，深入批判了主流经济学的理论和方法，如维克托·利皮特曾经强调，激进政治经济学承认各种交互的特征以及社会制度的非稳定性，寻求发展一种能够分析基于行为复杂性和现实世界的经济行为的框架。虽然激进政治经济学主要关注社会公正，也就是一个没有剥削、没有种族主义、没有性别歧视、没有失业、没有不平等、没有任意划分等级的世界，尝试对考察经济行为和经济变迁提供一个更令人满意的框架。但是，却存在如何从多学科的角度对经济和社会问题进行研究，特别是存在如何更加有效地对西方主流经济学提出挑战和更加有效地对西方主流经济学狭隘的研究方法展开正面批判明显不足的问题。

其次，激进政治经济学揭露了全球化过程中现代资本主义遭遇的各种危机和存在的种种弊端，如收入差距扩大、劳动异化、经济危机、环境破坏等，特别是开展了对现行的资本主义制度、社会主义模式和国家与阶级等问题的研究与探讨。但是，新自由主义经济全球化、监管的放松等引发了长期的金融危机，使经济呈现停滞不前的局势，使得现代资本主义面临的关键矛盾诸如金融危机和处于停滞或萧条状态的经济发展、世界霸权和对资源的争夺引起的不稳定的全球关系和日益严峻的全球生态威胁等日益严重。因此，激进政治经济学还有待进一步深入探讨和分析在经济全球化过程中垄断资本、国际价值、跨国公司、资本主义的多样化等基本理论与现实问题上呈现出来的新变化、新趋势、新问题。从某种意义上来说，如果不能对资本积累、阶级斗争以及金融资本等呈现出的新特征进行深入分析，就无法透彻、全面地分析经济全球化中现代资本主义面临危机和矛盾的实质。

最后，虽然从20世纪90年代中期至今，激进政治经济学在研究领域上，更加关注现实生活中的问题，开始探索与研究全球化框架下的劳动、就业、平等、发展、贸易等问题，金融资本、新帝国主义、女性经济学、经济社会学等也成为其所关注的重要内容。但是，毫无疑问，激进政治经济学的个别理论还存在着仅从现象入手对现代资本主义面临的一系列问题进行描述和分析的现象，从而显示出对事物本质原因分析不足，并缺乏有深度和力度的理论基础，出现了逐渐远离马克思主义经济学并向新古典经济学靠拢的趋势。同时，在对马克思主义经济学的基本概念和观点的理解与认识上，个别理论也出现了偏差与误解，例如，分析马克思主义学派却向新古典经济学寻求帮助，对马克思的劳动价值论和剥削理论展开了猛烈的攻击与批判。因此，激进政治经济学还有待于在吸收其他流派的分析工具和理论要素的同时，坚守马克思主义经济理论的基本概念和理论基础，否则，必然无力抵抗新古典主义的侵蚀和继续保持其长期独特的声音与主张而走向衰退败落。

尽管激进政治经济学存在着明显的缺陷，但它相对于传统的社会主义政治经济学，仍然具有其独特的意义。概括起来，主要表现在以下几个方面。

（一）民主社会主义经济理论

民主社会主义在本质上是一种改良主义的思想体系，它反对以革命的方式建立社会主义制度，试图在不根本改变资本主义制度的前提下，通过所谓民主、和平、渐进的方式，和平进入社会主义，并克服资本主义制度弊端，达到社会主义的目的。其主要内容是：实行公有制与私有制结合的混合所有制；建立和发展工人参与管理和决策的经济民主；建立和发展社会福利制度，保障财产和收入的公平分配，核心是建立一种以全社会的利益为目标的经济计划和劳动者参与决定的经济制度。但是，由于没有从根本上改变资本主义制度，没有从根本上解决资本主义制度的弊病，随着资本的全球化、金融化和新自由主义的发展，民主社会主义日益走向衰落。

不过，在无产阶级已经取得政权的社会主义条件下，民主社会主义的一些主张和看法对于完善我们新时代的社会主义制度来说，与我们的核心价值观有一定程度上的一致性，因而具有一定的借鉴意义。

（二）市场社会主义经济理论

广义的市场社会主义是指那些试图在社会主义经济中引入市场机制的各种理论，而不论引入市场机制的努力是在多大程度上或何种范围内进行的。狭义的市场社会主义则是指这样一种经济模式，在这种模式中，生产资料公有或集体所有，而资源配置则遵循市场（包括产品市场、劳动力市场和资本市场）规律。在20世纪90年代后，苏联和东欧国家发生社会变革后，西方国家出现了所谓的第五代市场社会主义理论，主张社会主义的本质是追求社会公平而不是公有制，应当寻求实现社会公平的新的所有制形式。这种观点淡化了基本的社会性质，模糊了无产阶级社会主义和资本主义的根本区别，仅仅关注了发展经济的手段而忽视了其是否能够造成预期的社会公平的结果。市场社会主义理论在推动传统计划经济向社会主义市场经济的转型中发挥了积极作用，但是，这一理论并没有从根本上解决社会主义与市场经济兼容的问题，特别是没有解决公有制与市场经济的有机结合的问题。在这方面，我国的改革开放实践进行了有益的探索。

（三）生态社会主义经济理论

生态社会主义发端于 20 世纪 70 年代，它认为资本主义是通过对劳动的剥削和自然的掠夺，实现其无休止扩张的社会，通过全球化和帝国主义政策进行的资本主义扩张，造成了社会排斥、贫穷、战争和环境恶化。生态社会主义强调生态危机的根源在于资本主义制度造成的社会不公和资本主义积累本身的逻辑，深刻地批判了资本主义的经济制度和生产方式。生态社会主义在上述基础之上，明确提出了废除资本主义，由自由联合劳动者共同拥有生产资料的生态社会主义目标。尽管在特定意义上，该理论有其某种合理性，但是，这一理论目前仅限于主观空想，既没有提出完整系统的经济学理论，也没有提出进入生态社会主义的有效途径和实践方案。

上述各种激进政治经济学派的理论探索从不同方面丰富了社会主义政治经济学的内容，虽然具有一定积极意义，但是，激进政治经济学派毕竟不是真正的马克思主义理论。他们的理论观点都存在着明显的片面性和严重的缺陷。

关键词 狭义激进政治经济学　二元劳动市场　产业分割　依附理论　不平等交换　不平等发展　民主社会主义　市场社会主义　生态社会主义

思考题：

1. 激进政治经济学派是如何形成与发展的？
2. 激进政治经济学派包括哪些代表性的流派？
3. 激进政治经济学派是如何批判和质疑主流经济学理论的？
4. 激进政治经济学派是如何分析和质疑资本主义的？
5. 激进政治经济学派是如何分析和质疑帝国主义的？
6. 激进政治经济学派在分析和讨论经济不发达的原因时形成了哪几种理论？

第十四章　发展变化的新趋势

第一节　新新古典综合派的出现

新新古典综合派是 20 世纪 90 年代中后期出现的一个新的经济学流派，它是由实际的经济周期理论与新凯恩斯主义相互融合形成的，简称"新综合"。

一、概况

新新古典综合派从实际的经济周期理论中吸收了跨期优化方法和理性预期假说，并把它们融入动态宏观经济学模型；又从新凯恩斯主义中吸收了不完全竞争和价格黏性理论，并力图研发出各种经济波动的数量模型。虽然新新古典综合是新古典宏观经济学（实际的经济周期理论）和新凯恩斯主义的融合，但是新新古典综合的主要成分还是新凯恩斯主义，或者说，新新古典综合是以新凯恩斯主义为主体和基调，吸收、融合了新古典宏观经济学的一些有用成果而形成的。

"新新古典综合"这一提法或称谓最早见于古德弗伦德与金 1997 年合作发表的一篇论文①，该文首次以"新新古典综合"作为标题。这个学派的主要代表人物除了古德弗伦德与金以外，还有伍得福德、克拉瑞达、加利、格特勒、库泊、霍逊韦格、达福特、林勒曼、谢波特、芬得尔、伯南克等人。

二、基本理论与政策主张

伍得福德把新新古典综合派的方法、理论和政策主张概括为五个方面。

第一，宏观经济分析应当使用以逻辑一致的跨期一般均衡原理为基础的模型。这些模型可以使短期波动和长期增长在一个单一的、内在一致的框架内进行分析。新新古典综合派认为，经济增长模型和经济周期模型应当是有机联系在一起的，宏观经济分析和微观经济分析所使用的原理应当是相通的，这些原理既可以用来分析单个居民户的行为或单个厂商的行为，也可以用来分析单个市场的运行，还可以用来构建宏观经济模型。

---

① Goodfriend Marvin and Robert King, "The New Neoclassical Synthesis and the Role of Monetary Policy", *NBER Macroeconomics Annual*, 1997, 12: p. 289.

第二，政策量化分析应当以计量验证的结构模型为基础。在这方面，第二次世界大战后发展起来的宏观经济计量方法仍然有其生命力和用武之地。不过，出于政策评价实践的需要，新新古典综合派更多地关注把经济计量模型作为结构模型来处理的依据。在过去的凯恩斯主义时代，计量模型中的结构关系往往是根据松散的经济理论来加以说明；现在，结构关系的说明是从家庭或企业的决策问题推导出来的，并且承认存在调整时滞，这些时滞被设定为经济当事人追求最大化的约束条件。新新古典综合认识到观测到的数据的重要性。

第三，把理性预期作为内生变量纳入模型。特别是在做政策分析时，考虑到不同的政策会导致不同的预期是至关重要的。这个认识来源于著名的"卢卡斯批评"。不过，新新古典综合认为，接受理性预期假说和"卢卡斯批评"不意味着也接受"稳定政策必然是无效的"或"货币是完全中性的"这个新古典观点，因为存在各种黏性价格和其他刚性。

第四，实际干扰或不同类型的冲击是经济波动的根源。这个观点既超越了货币主义，也超越了凯恩斯主义。货币主义认为经济波动源于货币变量的无规则变动，凯恩斯主义认为总需求波动引起经济波动，总供给是稳定的。这个观点也与新古典宏观经济学和新凯恩斯主义不同。实际的经济周期理论不承认存在产出缺口，而是使用效率产出的变化来解释产出波动，他们认为效率产出的变化是由对经济的冲击引起的。新凯恩斯主义反对实际的经济周期理论的这种观点，认为效率产出的变化不足以解释更广泛的经济波动。新新古典综合认可存在产出缺口，但是他们认为这种产出缺口不是凯恩斯主义所说的实际产出（增长）与生产能力或潜在产出（增长）之间的差距，而是实际产出与效率产出之间的差距，潜在产出并不是持续增长的，而是在各种冲击的作用下增长或下降。

新新古典综合也不认同经济波动主要是由货币政策的外生随机变动造成的。他们认为，货币政策冲击虽然对宏观经济波动有影响，但是这种影响不是很大。

新新古典综合承认实际干扰会造成经济波动，但是新新古典综合所说的"实际干扰"不限于实际的经济周期模型所说的技术冲击，还包括偏好、政府政策（包括财政政策冲击）以及引起总的时间序列变化的那些冲击；只不过在这些实际干扰中，技术冲击是最重要的。

第五，货币政策是有效的，特别是作为一种控制通货膨胀的手段是有效的。新新古典综合认为，中央银行如果想控制或者被允许控制通货膨胀的话它就能够控制通货膨胀已经成为不争的事实，赋予中央银行把通货膨胀率保持在合理的范围内的职责是有道理的。

新新古典综合派的标志性理论成果是动态随机一般均衡模型（简称 DSGE）。这个模型最初是新凯恩斯主义从实际的经济周期模型发展出来的，新新古典综合派在新凯恩斯主义研究的基础上，进一步发展和完善了这个模型。DSGE 是在一般均衡理论框架内融入跨期优化选择和外生随机冲击而构建的一种宏观经济学模型，主要用来解释经济增长和经济波动这样一些重要的宏观经济现象，评价货币政策和财政政策的效果。DSGE 的一个显著特色是，它本质上是一种以微观经济学原理（特别是最大化原则和理性预期假说）为基础推导出来的宏观经济学模型，同时接受了新凯恩斯主义的一些基本假设（如不完全性假设和价格黏性）。它是一种计量经济学模型，但是与主要用于预测的计量经济学模型不同，它从代表性家庭和厂商出发寻找行为方程中的结构参数，从而回应了"卢卡斯批评"。本质上，DSGE 是一种研究宏观经济问题和评价经济政策的新方法、新思路。

三、新新古典综合派的发展趋势

新新古典综合出现 10 年就爆发了美国次贷危机和国际金融危机，这使得新新古典综合派的理论和政策主张遭遇了理论上和实践上的双重挑战。发达国家纷纷动用财政刺激，甚至是大力度的刺激；一些经济学家也从理论上对货币政策优先和决定性作用提出质疑。例如，英国利兹大学的芬塔纳（2009）认为："不难想象，未来不论流行什么形式的宏观经济学模型，都不能忽视现代经济中的公共部门的作用和不断提高的财政政策的作用。"也有学者认为，这场大危机告诉我们，有约束的相机抉择——既不是纯粹的相机抉择也不是规则的政策，应当成为通货膨胀目标制政策架构的重要内容。一些激进的学者甚至认为，西方主流经济学家之间的新共识已经破灭了。不但主流经济学家中几乎没有人预测到这场危机，甚至在金融危机冲击发生以后，在如何应对这次危机的问题上他们也没有达成共识。甚至西方主流经济学家一致认为，危机源于经济泡沫，但是主要的宏观经济学流派没有重视金融或资产泡沫理论：泡沫是如何形成的，如何认识泡沫以及如何才能控制泡沫。现代经济理论应对本次危机是失败的。

在国际金融危机爆发以后，新新古典综合派的发展动向主要有：（1）在动态随机一般均衡模型中更注重随机因素、复杂性和差异性分析。（2）更加注重分析货币金融因素对宏观经济的稳定性和可持续性的影响，特别是注重对经济泡沫形成的原因和形成机制的研究。（3）单纯依靠货币政策是不够的，为了应对大的经济波动，需要政府的适度干预，需要更多地依靠财政政策。

第二节 演化经济学的新发展

演化经济学可以简单地定义为，对经济系统中新奇事物的创生、扩散和由此所导致的结构转变进行研究的经济学新范式。

一、概况

现代演化经济学的起源可以追溯到 19 世纪下半叶，德国演化经济学界的元老乌尔里希·维特。他曾指出当时有两个学科几乎同时发生了库恩的"科学革命"，一个是自然史中或科学中的著名的"达尔文革命"，另一个则是经济学中的"边际革命"，这种巧合确实是对历史的讽刺，因为不可能再有比这两种革命所追求的目标更对立的。边际革命"受到杰文斯所创造的'效用和自利力学'的科学及其使经济学适合于牛顿科学观的思想的鼓舞。相应地，他们从重力系统的经典力学中引入基本概念，它又进一步被简化为只集中在静止状态——（总体）市场均衡，而非实际的市场过程。市场均衡不仅被看作是所有个体计划相容的一种状态，而且也是一种所有行为者的效用达到最大化的状态，受到相互强加的约束的制约——经典力学中均衡概念的双重表述——在经典力学中将静止状态与最小自由能联系在一起"[1]。

目前被国内许多经济学家称作是"现代经济学"的西方主流经济学就是"边际革命"的后裔。新古典主流经济学主要关心的是经济的均衡力量和最优状态，而无所不在的变化基本上被忽视了。边际革命所确立的是一种倒退的、牛顿主义的和反历史的经济学主流，在过了一百多年之后，现在是否到了逆转这种趋势的历史时期？维特认为，经济学现在确实有很好的理由做出类似于达尔文革命的范式革命。

在现代演化经济学家们看来，目前的西方主流经济学仍是以经典物理学所产生的机械的、还原论的和静态的世界观为基础的，它无法处理经济系统的许多关键性特征，如多样性、新奇、彻底的不确定性、报酬递增、系统协同效应和由这

---

[1] U. Witt, *The Evolving Economy: Essays on the Evolutionary Approach to Economics*, Cheltenham: Edward Elgar Publishing Limited, 2003, p. 141.

些因素所导致的结构转变等重大问题。面对现代日益复杂的经济世界，这种经济学存在着不可克服的缺陷，因此，经济学需要一种研究范式上的革命。达尔文革命和20世纪初的物理学大革命在西方世界催生了有机的、系统论的和动态的世界观，现代演化经济学就建基于这种新的世界观之上。因此，从这种角度可以说，演化经济学主要是一种科学新范式，而非一门定义狭窄的经济学分支学科。但在目前，有相当多的经济学者将演化经济学只看作是一种与行为经济学或者实验经济学相类似的经济学分支学科，这种看法低估了它的价值。

演化经济学这一术语是由美国老制度学派的创始者凡勃伦在1898年创造的，他广泛地利用了达尔文的思想，其目的是要运用达尔文主义重建经济学。[①] 自19世纪末以来，演化经济学的发展经历了非常曲折的历史。在第一次世界大战之前，演化这个术语和生物学类比在经济学界是非常流行的，以至于马歇尔宣称："经济学家的麦加在于经济生物学而非经济力学。"[②] 在20世纪初，老制度学派是美国的主流学派。然而，到了20世纪20年代，演化主义坠入了发展的"黑暗时代（1910—1940）"。特别是在20世纪四五十年代，随着实证主义科学哲学的兴起，经济学数学化的趋势日益加剧，老制度主义的命运岌岌可危，演化经济学在这个时期进入了沉寂状态。第二次世界大战结束后，这种趋势被逆转，演化思想开始在社会科学中复兴。从20世纪50年代到70年代，在忽视演化经济学先驱的情况下，著名经济学家阿尔钦、罗根、纳尔逊和温特等，对现代演化经济学的兴起准备了条件。20世纪80年代初，演化经济学开始复兴：1981年，博尔丁出版《演化经济学》；1982年，纳尔逊和温特出版了目前已成经典的《经济变迁的演化理论》，西方演化经济学界一般都把这本著作视作现代演化经济学开始起飞的标志。

在演化经济学的复兴或现代发展中，熊彼特成为非常重要的灵感来源，继承其传统的经济学家自称为"新熊彼特学派"。在经济学说史上，由于熊彼特强烈地反对把他的理论看作是达尔文的，反对生物学类比，所以经济学家们对熊彼特在多大程度上是演化经济学家曾经发生过争论。争论的结论是：新奇而非生物学类比是判断演化经济学的核心标志，在熊彼特的经济理论中，新奇是重要的本体论预设，他把创新看作是经济变化过程的实质，强调了非均衡和质变在经济体系中的重要作用，突出了企业家和技术创新在"创造性毁灭过程"中的核心作用，所

---

① ［美］索尔斯坦·邦德·凡勃伦：《经济学为什么不是一门演化科学？》，贾根良译，《政治经济学评论》2004年第1辑。

② ［英］阿尔弗雷德·马歇尔：《经济学原理》上卷，朱志泰、陈良璧译，商务印书馆1997年版，第18页。

以，熊彼特是不使用生物学类比的演化经济学家。然而，新熊彼特学派经济学家们发现，演化框架非常适合于对熊彼特的主题进行分析，因此，他们广泛地使用了生物学类比。正如纳尔逊和温特所指出的，"'新熊彼特的'这一名词是我们整个分析方法的适当名称，正像'演化的'一词一样适当。为了成为'新熊彼特'学派，我们才成为演化的理论家，因为演化的思想为我们详细说明和正规表述熊彼特看法提供了一种可以工作的分析方法"①。在 20 世纪 80 年代以前，人们倾向于将演化经济学等同于继承美国老制度学派传统的制度主义，而后者又被看做是与 19 世纪中叶以后的德国历史学派存在着密切的关系；20 世纪 80 年代以后，新熊彼特学派学者又倾向于将演化经济学等同于新熊彼特主义，以至于该学派在有关演化经济学的述评中曾经一度都是针对新熊彼特学派做出的。②

　　但是，演化经济学的发展并不局限于制度主义和熊彼特主义。自 20 世纪 90 年代以来，西方经济学界与"演化"术语有关的经济学文献急剧增加，以至于霍奇逊认为，现代演化经济学的兴起已成为 20 世纪末国际学术界主要的事件之一。现在，已有许多新老不同的研究传统聚集在演化经济学的旗帜之下，因此，学者对演化经济学所包括的范围并没有统一的意见。霍奇逊在 1999 年指出，至少有六支文献使用"演化"这个术语：老制度学派，新熊彼特学派，奥地利学派，斯密、马克思和马歇尔这些思想史上的大家，演化博弈论和复杂系统理论。③ 但在 2010 年的论文中，他却没有提到复杂系统理论。④ 在乌尔里希·维特看来，演化经济学包括了新熊彼特学派、老制度学派、演化博弈论和乔治斯库—罗根、哈耶克和诺斯等学者的学说。⑤ 而多普菲和波茨则将演化经济学的文献分为三类：首先是目前西方经济学的非主流经济学流派；其次是由有机的、系统的和动态的现代宇宙观

---

① ［美］理查德·R. 纳尔逊、悉尼·G. 温特：《经济变迁的演化理论》，胡世凯译，商务印书馆 1997 年版，第 47 页。

② 可参看 G. Dosi and R. Nelson，"An Introduction to Evolutionary Theories in Economics"，*Journal of Evolutionary Economics*，1994，4；［瑞士］库尔特·多普菲：《演化经济学：纲领与范围》，贾根良等译，高等教育出版社 2004 年版；J. Fagerberg，"Schumpeter and the revival of evolutionary economics: an appraisal of the literature"，*Journal of Evolutionary Economics*，2003，13；U. Witt，"Evolutionary economics"，*International Encyclopedia of Housing & Home*，2012，79（3）：135—138.

③ G. M. Hodgson，*Evolution and Institutions*，*Massachusetts*，Cheltenham：Edward Elgar Publishing Limited，1999.

④ G. M. Hodgson，"A Philosophical Perspective on Contemporary Evolutionary Economics"，*Papers on Economics and Evolution*，2010.

⑤ ［德］乌尔里希·维特、张林、李青：《演化经济学具体是什么?》，《演化与创新经济学评论》2010 年第 2 期。

在自然科学中产生的新理论，如演化理论、自组织理论乃至复杂系统理论等；最后是数学方法如演化博弈论和基于主体的计算方法等。①

二、基本理论与政策主张

与西方新古典主流经济学相比，演化经济学在其本体论假定、研究纲领和方法论上是迥然相异的，见表 14-1。

表 14-1 演化经济学与新古典主流经济学比较

	新古典主流经济学	演化经济学
本体论假定	同质性假定	多样性假定
	人性假定：自利（利己）	人性二重性（利己和利他）、创造者
	个体主义（原子论）	个体能动性与制度结构相互构成
	确定性、时间可逆、均衡	不确定性、时间不可逆、非均衡
	物理学隐喻	生物学隐喻
研究纲领的特征	资源配置的经济学	资源创造的经济学
	以交换为核心	以生产为核心
	价格竞争是政策关注的焦点	创新竞争是政策关注的焦点
	理论和政策的普适性特点	理论和政策具有时空特定性的特点
方法论特征	还原论	系统论
	以演绎主义为基础的数学建模、计量经济学、计算机模拟	以经验研究为基础的比较的、历史的、制度的、统计学的和解释学的方法

由于篇幅所限，我们将演化经济学的特征简单地概括为以下四个方面。

第一，达尔文主义是演化经济学的基本分析框架。在演化经济学界，虽然曾发生过是否要用自组织理论替代达尔文主义框架的争论，但目前占统治地位的看法是：达尔文主义包含着所有复杂系统演化的一般理论，它是无法用自组织理论取而代之的。与达尔文主义对生物演化的解释一样，有关社会经济演化的完整分析框架也是由三种机制所构成的：遗传、变异和选择，但其解释必须考虑人类经济活动的特定方面，它远比生物演化更为复杂。（1）遗传机制。正如生物基因一样，制度、习惯、惯例和组织结构等是历史的载体，它通过模仿而传递。凡勃伦观察到制度和惯例具有相对稳定和惰性的品质，因此可以历时传递其重要的特征，

---

① Kurt Dopfer and Jason Potts，"Evolutionary realism：a new ontology for economics"，*Journal of Economic Methodology*，2004，11（2）：pp. 95—212.

它是社会有机体的基因组织，是社会选择的基本单位，"社会结构的演进，是制度上一个自然淘汰过程"①。（2）变异或新奇创生机制。有目的地创造新奇和多样性是人类社会演化最重要的特征，新奇创生机制所研究的就是新奇为什么和怎样被创造的问题。（3）选择机制。选择机制所研究的是变异或新奇在经济系统中为什么、什么时候和怎样才能被传播。

第二，与遵循新古典经济学的标准西方经济学教科书、新制度经济学和演化博弈论等以交换为核心的资源配置经济学不同，演化经济学则是以生产和创新为核心的资源创造经济学。财富的交换是以财富的创造为前提，而财富的创造则主要是生产、技术和知识的问题。正如纳尔逊指出的，"我感到惊奇的是，我那些研究技术进步对经济影响的新古典同事们（竟然）不知道《研究政策》和《产业与公司变迁》杂志"②，因为"新古典经济学从根本上来说是一个与已生产出来的产品有关的交换理论，它根本不能解释生产条件多样性的形成原因及其对定价行为的影响"③。与之相反，目前，"演化经济学已经变成探索技术和生产'黑箱'的经济学分支"④。在演化经济学家们看来，要研究生产、技术和知识如何导致财富的创造，就"必须打破新古典假定不变的所有前提条件"⑤。因此，"演化经济学的问题并不是在给定个人偏好、技术和制度条件下，经济资源如何在均衡中得到最优配置，而是知识、偏好、技术和制度为什么和怎样在历史过程中发生变化，这些变化在任何时点上对经济产生怎样的影响"⑥。

第三，演化经济学的方法论基础是有机的、动态的、系统的和整体的宇宙观。有机的、动态的、系统的和整体的方法论表现在许多方面，对认识国民财富或社会共同福利得以增进的基本条件和机制具有重要性。赖纳特举例说，北欧国家的公共汽车司机的实际工资之所以 5 倍于生产率相同的玻利维亚同行，就来自于作为一种国家体系的分工和报酬递增活动，这种国家体系的系统和协同效应产生了从日常生活中我们可以观察的典型化事实："在有许多人使用机器工作的地方，商店

---

① ［美］索尔斯坦·邦德·凡勃伦：《有闲阶级论》，李华夏译，商务印书馆 1997 年版。

② Richard R. Nelson, "Economic Development From the Perspective of Evolutionary Economic Theory", *Oxford Development Studies*, 2008, 36（1）: pp. 9—21.

③ ［挪威］赖纳特、［中国］贾根良主编：《穷国的国富论：演化发展经济学论文选》，贾根良等译，高等教育出版社 2006 年版。

④ ［挪威］赖纳特、［中国］贾根良主编：《穷国的国富论：演化发展经济学论文选》，贾根良等译，高等教育出版社 2006 年版，前言第 X 页。

⑤ 贾根良："演化经济学译丛总序"，《演化经济学译丛》，高等教育出版社 2004 年版。

⑥ U. Witt, "Evolutionary economics", *International Encyclopedia of Housing & Home*, 2012, 79（3）: 135—138.

老板也比没有使用机器的其他地方的人更富裕"①。

第四，演化经济学是一种跨学科的交叉研究领域和方法。这种跨学科具有两种含义：其一，演化经济学的发展是在不断吸收自然科学的新思想和新方法并从与之互动中得到发展的，它广泛地吸收了进化生物学、自组织理论、协同论、复杂系统理论、演化心理学、认知科学和人工智能等自然科学学科的研究成果。其二，演化经济学的发展跨越了经济学和管理学等许多学科。实际上，演化经济学的思想最早被引入中国发生于管理学科的应用研究，自20世纪80年代末以来，演化经济学的思想一直就是我国科技管理研究的主导范式。演化经济学的这种跨学科和交叉研究方法为我们应对当代世界的许多重大挑战提供了广阔的视野，例如，演化经济学家博尔丁不仅是生态经济学这个概念的提出者，而且他还与同为演化经济学家的尼古拉斯·乔治斯库—罗根共同成为生态经济学的奠基者。演化经济学理应在资源、环境、生态、循环经济和人类社会可持续发展等重大问题上做出自己应有的贡献。

三、演化经济学发展的新趋势

2004年以来，西方演化经济学的发展出现了一个新趋势：通过盘点演化经济学目前已经取得的成就并反思其发展中存在的问题和缺陷，直面其研究范式面临的挑战，确定其新的发展方向。其标志性事件就是欧洲演化政治经济学协会在2013年1月于巴黎召开的年会中举办的两个关于制度与演化经济学未来的专门会议，其主要论文在2014年12月已由欧洲演化政治经济学协会的会刊《制度经济学杂志》出专刊发表。②

（一）对演化经济学研究现状的反思

从20世纪80年代末以来，演化经济学就一直是西方经济学界相当活跃的一个研究领域。在杂志方面，除了美国演化经济学会在1967年创刊的《经济问题杂志》以及《剑桥经济学杂志》等继续发表演化经济学方面的论文外，现在《演化经济学杂志》《制度经济学杂志》《产业与公司变迁》《经济行为与组织杂志》和《研究政策》等都是演化经济学的重要阵地。在世界许多地方特别是欧洲，出现一些重要的演化经济学研究中心，如丹麦奥尔堡大学的产业动态研究中心、由联合

---

① ［挪威］赖纳特：《国家在经济增长中的作用》，［挪威］赖纳特、［中国］贾根良：《穷国的国富论：演化发展经济学论文选》，贾根良等译，高等教育出版社2006年版，第244页。

② G. M. Hodgson, "The special issue on the future of institutional and evolutionary economics", *Journal of Institutional Economics*, Volume 10, Special Issue 4, December 2014.

国大学和荷兰马斯特里赫特大学合办的马斯特里赫特创新与技术经济社会研究所、英国苏克塞斯大学的科技政策研究中心、意大利的经济与管理实验室、爱沙尼亚塔林理工大学的纳克斯创新与治理学院等。

根据西尔瓦和泰泽拉对演化经济学研究状况进行研究时使用的分类，[①] 该学科所涉及的主要研究领域包括：经济思想史与方法论，博弈论，发展、环境与政策，消费者与组织行为，技术与产业动态学，制度，技术变迁、增长与经济周期，区域经济。在这些研究领域当中，温特认为，技术变迁、企业行为和制度问题是演化经济学取得特别成功的三个领域；霍奇逊认为，演化经济学在技术政策、公司战略和国家创新体系领域对经济政策制定的影响是非常突出的。除了在经济学领域外，演化经济学在西方发达国家的商学院（管理学院）和公共管理学院也有相当大的影响，实际上，在这些国家，演化经济学在商学院（管理学院）被接受的程度要高于经济学院。

但是，近年来对演化经济学研究现状的经验研究传递了一个明确的信息：该学科目前取得的成就是有限的。西尔瓦和泰泽拉通过对 1969—2005 年间在杂志上发表的带有关键词"演化"的文章进行分析，得出如下发现：在发表的全部论文中，"经济思想史和方法论"占 29.0%；"博弈论"占 18.4%，名列第二；而一直被认为发展滞后的形式化模型论文却占 1/3，在 1992—2005 年间纯粹经验研究的论文却只占 7%。[②] 西尔瓦和泰泽拉提供的这些数据说明，演化经济学的发展存在着许多值得讨论的问题：过多关注经济思想史和方法论削弱了该范式在解释现实世界上与主流经济学的竞争力；经验研究论文的稀少是特别令人吃惊的，因为演化经济学一直在强调它是一门关于真实世界的经济学；演化经济学是以反对经济学数学形式主义的批判实在论科学哲学为基础的，而"博弈论"和形式化模型论文的大量增加是与之矛盾的。

乌尔里希·维特通过同行调查的方法对演化经济学的状况进行了研究，他将凡勃伦以及新老制度学派、尼古拉斯·乔治斯库—罗根、哈耶克和诺斯等人所代表的研究方法称作自然主义学派，调查了教授和年轻学者们对新熊彼特学派、自

①　Sandra Tavares Silva and Aurora A. C. Teixeira，"On the divergence of evolutionary research paths in the past fifty years: a comprehensive bibliometric account"，*Journal of Evolutionary Economics*，19（5），October，2009，pp. 605—642.

②　Sandra Tavares Silva and Aurora A. C. Teixeira，"On the divergence of evolutionary research paths in the past fifty years: a comprehensive bibliometric account"，*Journal of Evolutionary Economics*，19（5），October，2009，pp. 605—642.

然主义学派和形式化工具感兴趣的程度，其结论是：在问卷调查中表现出来的对过去成就的全面排序中，新熊彼特主义的立场最为突出；而对未来有前途的研究的评价中，几乎没有证据表明自然主义学派被演化经济学所接纳，或者对这种方法的兴趣有真正复苏，似乎得到支持的是在形式化模型和相应的工具上的兴趣（"基于主体的建模工具和计算方法""网络模型"和"复杂经济动态学"）。特别是在年轻学者对"最有前途的新发展"的关键词评价上，虽然传统的主题"产业演化和生命周期"和"制度方面的整合"仍名列第一，但演化博弈论和基于主体的计算方法名列第二。① 乌尔里希·维特的研究不仅得出了与西尔瓦和泰泽拉相类似的结论，而且也揭示了演化经济学所面临的严峻挑战。

（二）对演化经济学面临挑战的讨论

在乌尔里希·维特看来，演化经济学所面临的最严重挑战是，只有建立在自然主义世界观基础之上的演化经济学，才能在实质上挑战以牛顿主义为基础的新古典主流经济学范式。但是，自然主义学派在今天的演化经济学中却很少有追随者。同时，他也指出，演化经济学（实际上他主要指的是新熊彼特学派）的多数研究活动都聚焦于创新、技术、研发、组织惯例、产业动力学、竞争、增长以及创新和技术的制度基础，这难免使人产生这种印象：演化经济学基本上是经典产业经济学的竞争者。② 据此，乌尔里希·维特认为，与演化科学中与人类社会经济行为有关的其他学科如演化生物学、演化心理学和演化人类学的成熟发展相比较，演化经济学的研究实际上是一种"拼凑物"，它在理论上是一个碎片化的领域，缺乏一种整合性的理论内核和理论框架，这是演化经济学目前所存在的最大缺陷。③ 温特的论文得出了和维特前述两篇论文相同的结论：自凡勃伦在 1898 年发表其经典论文《经济学为什么不是一门演化科学？》以来，演化经济学发展的宏大目标就是要提供一种替代新古典经济学的新范式，但是，现在看来，演化经济学在影响主流经济学的范式转变上是失败的。因此，他们对演化经济学未来发展的前景持有一种不乐观的看法④。

---

① ［德］乌尔里希·维特、张林、李青：《演化经济学具体是什么？》，《演化与创新经济学评论》2010 年第 2 期。
② ［德］乌尔里希·维特、张林、李青：《演化经济学具体是什么？》，《演化与创新经济学评论》2010 年第 2 期。
③ U. Witt,"The Future of Evolutionary Economics：Why the Modalities of Explanations Matter", *Journal of Institutional Economics*，Volume 10，Special Issue 4，December 2014.
④ S. G. Winter，"The Future of Evolutionary Economics：Can We Break Out of the Beachead?", *Journal of Institutional Economics*，Volume 10，Special Issue 4，December 2014.

　　然而，斯托尔霍斯特在其对温特和维特的 2014 年论文的评论中，对他们有关演化经济学现有成就和未来前景的判断提出了质疑。斯托尔霍斯特虽然同意温特和维特有关演化经济学理论碎片化和未能成功地促进主流经济学范式转变的观点，但却反对他们将促使主流经济学范式转变作为演化经济学主要目标的理念。在斯托尔霍斯特看来，即使演化经济学能够提供一种对新古典经济学范式成熟替代的理论框架，目前的主流经济学也将是置之不理的。在这方面已有先例，例如，在20 世纪 50 年代，技术变迁在经济增长中的核心作用对新古典经济学范式来说构成了"异常"，纳尔逊和温特的经典著作《经济变迁的演化理论》的最大成就就在于解决这种异常，但其理论对新古典经济学却几乎没有产生影响，这是托马斯·库恩有关科学研究中的"异常"将导致范式革命的科学理论无法解释的。

　　为什么新古典经济学具有免除"异常"的功能？斯托尔霍斯特认为，重要的原因就在于新古典经济学主要的不是一种经验科学，而是一种旨在说明经济人如何按照理性最大化原则实现资源最优配置的规范经济学，它关注的是均衡建模的演绎逻辑，实质上是应用数学的一个分支而非经验科学；而作为应用数学的一个分支，其判断标准是内在逻辑的一致性而非外部经验的有效性，在这种情况下，导致科学革命的库恩式"异常"是不能对其产生任何影响的，因此，寄希望于演化经济学能促使主流经济学发生范式转变无疑是徒劳的。斯托尔霍斯特实际上指出这样一个关键性的问题：按照库恩的范式不可通约性理论，新古典经济学是有关资源配置的存在性科学，而演化经济学则是关于资源创造的演化科学，两者在范式上是不相容的，只有跳出新古典经济学范式所支配的经济学界，演化经济学革命才能取得成功。

（三）演化经济学的发展前景

　　那么，如何应对演化经济学所面临的上述严峻挑战呢？斯托尔霍斯特指出，如果跳出经济学领域，从过去三十年作为整体的演化社会科学发展的潮流来看，演化经济学具有光明的前途。例如，当演化经济学在经济学中被主流经济学边缘化的同时，在管理学中却处于核心地位。因此，如果演化经济学家们愿意并且能够首先将自己视作演化社会科学家，其次才将自己看作经济学家，他们最终将建立完成一种替代新古典经济学的新的理论经济学框架。为此，斯托尔霍斯特综述了正在涌现的、作为演化社会科学之基础的行为、认识论和本体论研究的进展。

　　乌尔里希·维特认为，演化经济学未来的发展方向应该是通过将更广泛的主题囊括进来，其中包括复兴自古典经济学以来的传统论题和自然主义的议题，这种复苏不仅让长期发展、文化和制度演化、生产、消费、经济增长和可持续发展这些主题回归到演化议题，而且建立在达尔文主义（自然主义）世界观基础之上的演化经济学，也将在实质上挑战具有牛顿式思想和极端主观主义混合特征的新古典经济学。①

目前，演化经济学理论碎片化的症结在于缺乏一种整合的理论分析框架。显而易见，演化经济学的这种状况对其思想的传播、学科建设和理论创新产生了不利的影响，正如多普菲和波茨指出的，虽然演化经济学作为诸多理论和方法的结合使自身具有不断增加新奇的科学知识的优势，但是，这种庞杂状态极大地阻碍了理论研究的深化，也不利于对其经验研究的协调。演化经济学的这种跨学科性与开放性特征固然有利于吸收自然科学的新思想和新方法，但对于产生一种整合性的理论体系和方法却产生了非常不利的影响，因此，霍奇逊 2014 年的论文强调了新制度学派和新熊彼特学派的综合问题，在他看来，这两者在 2000 年以前基本上是处于分离的状态之中的，只是最近 10 年才建立了友好协作关系。因为两者有共同的起源，都起源于制度主义，因此，综合性发展是一种历史的必然。②

第三节 评 析

一、对新新古典综合派的评析

新新古典综合派是一个形成时间不长的学派，还处在发展过程中。它从理论体系、方法和政策主张上与新凯恩斯主义有很大的相似性。它是否会成为一个新的流派，还需要看其独特性和系统性方面的发展。特别是 2007 年以来的国际金融危机对西方主流经济学提出了新的挑战，新新古典综合派并没有对这些挑战给出令人信服的理论上的解读，也没有提出相应的应对之策。但是这种新综合的趋势值得我们关注，因为这是不同于以萨缪尔森为代表的新古典综合的一次新综合。

DSGE 模型是新新古典综合的标志性成果，被认为是对 RBC 模型的发展和超越，已成为在预测能力上能和 VAR 模型和 LSE 方法相媲美的又一宏观经济定量分析的基准模型。但是，和任何西方经济学理论或模型一样，DSGE 模型还存在不少问题。首先，如何把金融市场上的"动物精神"和"羊群效应"这样一些因素纳

---

① ［德］乌尔里希·维特、张林、李青：《演化经济学具体是什么？》，《演化与创新经济学评论》2010 年第 2 期。

② G. M. Hodgson and J. W. Stoelhorst，"Introduction to the special issue on the future of institutional and evolutionary economics"，*Journal of Institutional Economics*，10，2014，p. 514.

入模型？而这些因素很可能就是经济波动的"元凶"。其次，DSGE 模型中的一些参数还不能很好地与微观经济数据相吻合，这使得 DSGE 模型目前还只能用于货币政策分析。再次，DSGE 模型的预测能力特别是对经济周期的拐点的预测能力还较差，包括 DSGE 模型在内的西方主流经济学对 2008 年爆发的美国次贷危机以及随后的国际金融危机的"漏报"和"失声"就是例证。

二、对演化经济学的评析

库尔特·多普菲曾指出，在 18 世纪下半叶，古典经济学家使经济学脱离了道德哲学，把它发展成了一门独立的学科。[①] 新学科涉及两个宏大问题：首先，在没有政府干预的情况下，秩序怎样从自主个体的交互作用中突现出来？其次，随着蒸汽机和动力织机的发明，技术进步推动了快速的工业发展，这是在理论上需要得到解释的第二个历史现象。古典经济学对这两个宏大问题都有所处理，但在 19 世纪 70 年代的边际革命中，这种"新"学说以及在此基础上发展起来的新古典经济学基本上放弃了古典经济学对第二个重大问题即经济增长与发展的关注。[②] 然而，新古典经济学的主流地位只是在"二战"后才确立的。自 19 世纪中叶古典经济学解体后，一直到 20 世纪 80 年代，经济增长与发展问题仍是其他学派的宏大主题，德国历史学派、美国的老制度学派和熊彼特经济学对此都有所涉及。与这些"其他学派"一样，20 世纪 80 年代以来的现代演化经济学也再次接过古典经济学研究议事日程中的第二个重大问题：经济体系的演化，并取得了重大的进展。但是，西方演化经济学在经过 20 多年的迅速发展之后，在过去的十年中出现了重大理论创新乏力的迹象，这是西方演化经济学界为什么近年来对其研究现状进行反思的根本原因。

下面简单介绍通过演化经济学的综合建立一种整合的理论体系和分析框架的问题。

自文艺复兴以来，在西方经济思想史中就形成了两种不同哲学基础的经济学研究传统：一种是从重商主义、美国学派、德国历史学派、老制度学派和熊彼特

[①] 根据经济思想史家拉尔斯·马格努松有关重商主义经济学革命的观点，经济学脱离道德哲学从而成为一门独立的学科似乎应该始自重商主义经济学。马格努松认为，晚期重商主义经济学已经使经济现象首次成为值得单独研究的专门领域，而不仅仅是伦理、道德和法律探讨的一个副产品。见 Lars Magnusson, *Mercantilism: The Shaping of an Economic Language*, London: Routledge & Kegan Paul LtD , 1994.

[②] ［瑞士］库尔特·多普菲：《演化经济学：纲领与范围》，贾根良等译，高等教育出版社 2004 年版，第 2—3 页。

经济学等一直到目前由现代西方非主流经济学所构成的研究传统。这是一种以相对动态的和有机的世界观作为其哲学基础的研究传统；而另一种则是从重农主义、亚当·斯密、大卫·李嘉图、19世纪30年代后的"庸俗经济学"和杰文斯—瓦尔拉斯的边际革命等，一直到现代西方主流经济学的研究传统。这是一种以相对静态的、原子论的和机械论为哲学基础的经济学研究传统。这二者的分歧在"第二次世界大战"结束以来越发清晰。

现代西方非主流经济学诸流派具有一些共同特征也许可以使之在一个统一框架下进行演化经济学的新问题。

第一，在从重商主义一直到现代西方非主流经济学所构成的研究传统中，都具有一种相对动态和有机的哲学观，这也许是现代演化经济学的哲学基础；从德国历史学派以来的西方非主流经济学传统中，除奥地利学派外，他们在理论内核上都明显地与西方主流经济学的"理性—个人主义—均衡"的分析思路相对立，赞成"制度—历史—社会结构"的分析框架，现代演化经济学与此相一致。

第二，与现代演化经济学把批判实在论经济学方法论作为其科学哲学基础一样，现代西方非主流经济学主要派别如新制度学派、新熊彼特学派、奥地利学派、后凯恩斯主义经济学、女性主义经济学等也都明确地赞同批判实在论经济学方法论这种哲学基础。

第三，除新熊彼特学派以外，非主流经济学传统都坚决反对数学方法在经济学的过度使用，而致力于发展一种替代性的多元化的研究方法。

尽管如此，西方非主流经济学各流派基本上仍处于相对独立状态。它们在不同程度上存在着各自的片面性。到目前为止，演化经济学仅仅在动态看待经济的发展方面，具有方法论的某些一致性，但还没有形成统一的流派。而从阶级属性上看，西方演化经济学各派别仍然没有脱离资产阶级的利益框架。对于其理论中是否具有某些合理成分，是否具有借鉴意义，则同样需要具体分析。

关键词 新新古典综合 跨期动态一般均衡 达尔文主义 演化 变异

思考题：

1. 新新古典综合"新"在何处？

2. 新新古典综合与新古典综合有什么不同?

3. 演化经济学与新古典综合有什么不同?

结　束　语

　　西方经济学随着资本主义市场经济的发展已经走过了几百年的历史。从历史发展的角度看，在其发展过程中既有推动生产力发展、推动资本主义市场经济顺利发展的积极作用，也经常由于不适应经济形势的变化而出现阻碍经济发展的情况。西方经济学家之间由于他们所代表的不同利益集团立场和目的间的差异、研究方法的不同，对于相同的经济问题，往往存在不同的理解和看法，由此便产生出各种理论派别，提出不同的理论思路和政策主张。从基本政策倾向上看，形形色色的西方经济学流派可以大致分为主张国家干预经济的一派（如凯恩斯经济学、新古典综合派、后凯恩斯学派、新凯恩斯主义）和主张自由放任的一派（如货币主义、新古典宏观经济学、新制度经济学、公共选择学派、新奥地利学派）。但无论哪一种派别，从根本来说，都是站在资产阶级立场上维护资本家阶级利益和完善资本主义经济制度的。像新熊彼特学派和新制度学派，在本质上不反对资本主义制度，它们只是从独特的角度对资本主义市场经济运行规律提出看法或给予批评，对西方主流经济学提出异议。演化经济学则以经济自由主义所推崇的自然秩序的思想指导经济学的发展变化。尽管其强调经济理论随经济现实的发展而变化，但这仅仅是发展观的一种特点，与其他经济学流派相比，其本质并没有变化。至于激进政治经济学派，则代表了一些西方马克思主义和欠发达国家利益的学者对资本主义制度的批判和不满的呼声，尽管他们有时也接受马克思主义的一些观点，对资本主义制度体系提出批评，但和资本主义社会的主流舆论相比，深度有限，力量和影响还比较弱小。

　　尽管如此，西方经济学的不同流派在资本主义市场经济的特定历史背景和条件下提出的、对于市场经济运行中问题和某些规律的认识，还是有某些客观的合理因素的，因此，我们对西方经济学各家各派的理论不能采取虚无主义的态度。习近平指出："对一切有益的知识体系和研究方法，我们都要研究借鉴，不能采取不加分析、一概排斥的态度。马克思、恩格斯在建立自己理论体系的过程中就大量吸收借鉴了前人创造的成果。对现代社会科学积累的有益知识体系，运用的模型推演、数量分析等有效手段，我们也可以用，而且应该好好用。"[①]

　　西方经济学各流派的理论并不仅仅对一般的或普遍的市场经济问题提出看法。

---

① 习近平：《在哲学社会科学工作座谈会上的讲话》，人民出版社 2016 年版。

在很多情况下，它们往往是针对特定国家的经济问题提出看法的。由于西方经济学的理论首先是针对一些西方国家的具体情况和问题提出来的，因而看待其对于市场经济的适用性，首先就应该从那些理论所产生的环境和条件去看。由于时代和环境的变化，西方经济学的理论也在发生变化，这种变化在一定程度上表明它们并不是无条件成立的，也不是放之四海而皆准的理论，更不是固定不变的成熟理论。

当前，我国正处于中国特色社会主义市场经济发展的新阶段，为实现全面建成小康社会，为实现中华民族伟大腾飞的中国梦，必须深化改革，推动经济更好发展。在这个改革开放深入发展、进入新时代的关键时期，在深入贯彻中国共产党第十九次代表大会决议精神的同时，既需要实践上的创新和发展，也需要理论上的创新和发展。我们通过了解和研究西方经济发达国家的各种经济理论和经验教训，结合我国的实践加以借鉴和警示，对于这两方面，都具有积极的意义。

总之，对西方经济学各种理论和政策主张，我们既不能采取全盘照搬、直接套用的态度，也不能采取虚无主义的态度一概排斥拒绝。我们应取的态度是要历史地、客观地、辩证地对待它们。目前，我国正处于一个向社会主义现代化强国迈进和转化的新时代。从为我们国家进一步的改革开放，为我们实现中华民族伟大复兴的中国梦的社会主义市场经济道路寻求一些启发和借鉴方面来说，我们必须保持清醒的头脑，结合我国国情对其加以认真的分析与鉴别。唯有如此，才能真正吸收和借鉴各国经济思想的精华，有利于我们的经济建设。

阅读文献

绪论：

- 马克思、恩格斯：《共产党宣言》，《马克思恩格斯文集》第 2 卷。

- 马克思：《政治经济学批判序言》，《马克思恩格斯文集》第 2 卷。

- 恩格斯、马克思：《政治经济学批判（第一分册）》，《马克思恩格斯文集》第 2 卷。

- 胡代光、厉以宁：《当代资产阶级经济学主要流派》，商务印书馆 1982 年版。

第一章：

- 晏智杰：《西方经济学说史教程》，北京大学出版社 2002 年版。

- ［美］E. K. 亨特：《经济思想史———一种批判性的视角》（第二版），颜鹏飞译，上海财经大学出版社 2007 年版。

第二章：

- 丁冰：《原凯恩斯主义经济学》，经济日报出版社 2006 年版。

- ［英］约翰·梅纳德·凯恩斯：《就业、利息和货币通论》（重译本），高鸿业译，商务印书馆 1999 年版。

第三章：

- 高鸿业：《评萨缪尔森〈经济学〉》，中国人民大学出版社 1988 年版。

- 刘涤源：《凯恩斯经济学说评论》，武汉大学出版社 1997 年版。

- ［美］阿尔文·汉森：《凯恩斯学说指南》，徐宗士译，商务印书馆 1963 年版。

- ［美］罗伯特 W. 狄蒙德、罗伯特 A. 蒙代尔、亚历山德罗·维尔切利：《七十年后再读凯恩斯通论》，王汉昆译，中国金融出版社 2012 年版。

第四章：

- 马国旺：《后凯恩斯经济学研究》，天津社会科学院出版社 2012 年版，第 2 章。

- 张凤林等：《后凯恩斯经济学新进展追踪评析》，商务印书馆 2013 年版，第 1 章。

- 马国旺、贾根良：《后凯恩斯经济学 70 年——批判、重建与综合》，《国外社会科学》2005 年第 2 期。

第五章：

■ 冯金华：《新凯恩斯主义经济学》，武汉大学出版社 1997 年版。

■ Robert J. Gordon，"What Is New-Keynesian Economics?"，*Journal of Economic Literature*，1990，28（3），pp. 1115–1171.

■ N. Gregory Mankiw and David Romer，*New Keynesian Economics*，Cambridge：MIT Press，1991.

第六章：

■ 刘凤良、王艳萍：《货币主义》，经济日报出版社 2007 年版，第 1、3、4、5、7 章。

■ ［美］米尔顿·弗里德曼：《货币数量论研究》，瞿强、杜丽群、何瑜译，中国社会科学出版社 2001 年版，第一篇。

■ ［美］米尔顿·弗里德曼：《最优货币量》，杜丽群译，华夏出版社 2012 年版，第 1、2、3、5、6、7、9、10、11 章。

第七章：

■ ［英］布莱恩·斯诺登、霍华德·R. 文：《现代宏观经济学：起源、发展和现状》，佘江涛等译，江苏人民出版社 2009 年版，第 5、6 章。

■ Robert E. Lucas Jr.，"An Equilibrium Model of the Business Cycle"，*Journal of Political Economy*，vol. 83，issue 6，December 1975.

■ Thomas J. Sargent and Neil Wallace，"Rational Expectations and the Theory of Economic Policy"，*Journal of Monetary Economics*，Vol. 2，No. 2，April 1976.

■ Finn E. Kydland and Edward C. Prescott，"Rules Rather than Discretion：The Inconsistency of Optimal Plans"，*Journal of Political Economy*，Vol. 85，No. 3，June 1977.

第八章：

■ ［美］马克·R. 图尔：《进化经济学》（第 1 卷制度思想的基础），杨怡爽译，商务印书馆 2011 年版，第一、二部分。

■ ［美］威廉·M. 杜格、霍华德·J. 谢尔曼：《回到进化：马克思主义和制度主义关于社会变迁的对话》，张林、徐颖莉、毕冶译，中国人民大学出版社 2007 年版，第 1、2 章。

■ ［英］杰弗里·M. 霍奇逊：《制度经济学的演化——美国制度主义中的能动性、结构和达尔文主义》，杨虎涛译，北京大学出版社 2012 年版，第 1、2、3、19、20、21 章。

第九章：

■ 盛洪：《现代制度经济学》，北京大学出版社 2003 年版。

■ [美] 道格拉斯·C. 诺斯：《经济史中的结构与变迁》，陈郁、罗华平译，上海三联书店 1994 年版。

■ [美] 罗纳德·哈里·科斯：《论生产的制度结构》，盛洪、陈郁译，上海三联书店、上海人民出版社 1994 年版。

■ [美] R. 科斯等：《财产权利与制度变迁》，《产权学派与新制度学派译文集》，上海三联书店·上海人民出版社 1994 年版。

■ [美] 罗纳德·哈里·科斯、[瑞典] 拉斯·沃因、[瑞典] 汉斯·韦坎德编：《契约经济学》，李风圣主译，经济科学出版社 1999 年版。

■ [冰岛] 思拉恩·埃格特森：《新制度经济学》，吴经邦等译，商务印书馆 1996 年版。

第十章：

■ 方福前：《公共选择理论：政治的经济学》，中国人民大学出版社 2000 年版。

■ [美] 丹尼斯 C. 缪勒：《公共选择理论》，杨春学等译，中国社会科学出版社 1999 年版。

■ [美] 詹姆斯·布坎南、戈登·塔洛克：《同意的计算：立宪民主的逻辑基础》，陈光金译，中国社会科学出版社 2000 年版。

第十一章：

■ [美] 卡伦·沃恩：《奥地利学派经济学在美国：一个传统的迁入》，朱全红、彭永春、宋正刚、王军译，浙江大学出版社 2008 年版。

■ [英] F. A. 哈耶克：《个人主义与经济秩序》，邓正来译，生活·读书·新知三联书店 2003 年版。

■ [奥] 路德维希·冯·米塞斯：《货币、方法与市场过程》，戴忠玉、刘亚平译，新星出版社 2007 年版。

第十二章：

■ [丹麦] 埃斯本·安德森：《约瑟夫·熊彼特》，苏军译，华夏出版社 2013 年版，第 1、3、10 章。

■ [日] 金指基：《熊彼特经济学》，林俊男、金全民译，北京大学出版社 1996 年版。

第十三章：

■ 李其庆：《西方左翼学者对当代资本主义的研究——第三届巴黎国际马克思大会述要》，《马克思主义研究》2002 年第 1 期。

■［美］霍华德·谢尔曼：《激进政治经济学基础》，云岭译，商务印书馆 1993 年版。

■［埃及］萨米尔·阿明：《资本主义的危机》，彭姝祎、贾瑞坤译，社会科学文献出版社 2003 年版。

■［英］戴维·麦克莱伦：《马克思以后的马克思主义》（第 3 版），李智译，中国人民大学出版社 2005 年版。

■［美］大卫·科茨：《社会主义和全球化新自由资本主义》，周平轩译，《红旗文稿》2005 年第 12 期。

■［日］伊藤诚：《幻想破灭的资本主义》，孙仲涛、宋颖、韩玲译，社会科学文献出版社 2008 年版。

第十四章：

■ 贾根良：《演化经济学的综合：第三种经济学理论体系的发展》，科学出版社 2012 年版，第 1、2、8 章。

■ 方福前：《当代西方经济学主要流派》（第 2 版），中国人民大学出版社 2014 年版。

■［瑞士］库尔特·多普菲：《演化经济学：纲领与范围》，贾根良等译，高等教育出版社 2004 年版，第 1、3 章。

■ Goodfriend Marvin and Robert King, "The New Neoclassical Synthesis and the Role of Monetary Policy, NBER Chapters, NBER Macroeconomics Annual", *National Bureau of Economic Research*, Inc, Volume 12, 1997, pp. 231—296.

人名译名对照表

【美】	阿德勒，罗纳德	Ronald Adler
【加拿大】	阿尔布里坦，罗伯特	Robert Albritton
【美】	阿尔钦，阿门·阿尔伯特	Armen Albert Alchian
【法】	阿格利埃塔，米歇尔	Michel Aglietta
【英】	阿克洛夫，乔治	George Akerlof
【意大利】	阿雷西，德	De Alessi
【美】	阿罗，约翰·肯尼思	John Kenneth Arrow
【乌拉圭】	阿罗西纳，罗德里戈	Rodrigo Arocena
【美】	阿马里格利奥，杰克	Jack Amariglio
【法】	阿明，萨米尔	Samir Amin
【美】	阿普尔鲍姆，艾琳	Eileen Applebaum
【法】	埃尔斯特，琼	Jon Elster
【冰岛】	埃格特森，思拉恩	Thráinn Eggertsson
【爱尔兰】	埃奇沃思，弗朗西斯·伊西德罗	Francis Ysidro Edgeworth
【美】	艾尔斯，埃德温·克拉伦斯	Edwin Clarence Ayers
【英】	爱德华兹，理查德	Richard Edwards
【美】	奥尔森，曼瑟尔	Mancur Olson
【美】	奥康纳，詹姆斯	James O'connor
【美】	奥肯，阿瑟	Arthur Okun
【美】	奥斯特罗姆，埃莉诺	Elinor Ostrom
【美】	普兰纳布·巴德汉	Pranab Bardhan
【美】	巴兰，保罗	Paul Baran
【美】	巴罗，罗伯特	Robert Barro
【美】	巴纳德，切斯特	Chester Barnard
【美】	鲍尔，劳伦斯	Laurence Ball
【美】	鲍尔斯，塞缪尔	Samuel Bowles
【英】	鲍曼，齐格蒙特	Zygmunt Bauman
【美】	鲍莫尔，威廉·杰克	William Jack Baumol
【捷克】	鲍威尔，奥托	Otto Bauer
【美】	贝尔，丹尼尔	Daniel Bell

【美】	贝克尔，加里	Gary Becker
【美】	贝利，约翰·艾肯	John Iken Berry
【英】	庇古，阿瑟·塞西尔	Arthur Cecil Pigou
【新西兰】	波茨，贾森	Jason Potts
【匈牙利】	波兰尼，卡尔	Karl Polanyi
【英】	波兰尼，迈克尔	Michael Polanyi
【英】	波普尔，卡尔	Karl Popper
【爱尔兰】	伯克，埃德蒙	Edmund Burke
【美】	伯利，阿道夫	Adolf Berle
【俄】	伯罗诺耶夫，阿	Asahan Boronoev
【美】	伯南克，本	Ben Bernanke
【美】	博尔丁，肯尼思·艾瓦特	Kenneth Ewart Boulding
【美】	布坎南，詹姆斯	James Buchanan
【美】	布莱尔，约翰	John Blair
【英】	布莱克，邓肯	Duncan Black
【法】	布兰查德，奥利维尔	Oliver Blanchard
【美】	布雷弗曼，哈里	Harry Braverman
【美】	布林德，艾伦	Alan Blinder
【美】	布卢斯通，巴里	Barry Bluoston
【美】	布伦纳，卡尔	Karl Brunner
【美】	布伦纳，罗伯特	Robert Brenner
【美】	布什，保罗	Paul Bush
【英】	达尔文，查尔斯·罗伯特	Charles Robert Darwin
【美】	达格，威廉	William Dugger
【美】	戴蒙德，彼得	Peter Diamond
【美】	戴维斯，保罗	Paul Davidson
【美】	戴维斯，兰斯	Lance Davis
【美】	德布鲁，杰拉德	Gerard Debreu
【美】	德朗，詹姆斯	James DeLong
【美】	德姆塞茨，哈罗德	Harold Demsetz
【美】	邓洛普，约翰	John Dunlop
【英】	狄克逊，休·戴维	Huw David Dixon
【英】	迪金森，亨利	Henry Dickinson
【法】	笛卡尔，勒内	Rene Descartes

【美】	汉密尔顿，沃顿	Walton Hamilton
【美】	汉森，阿尔文	Alvin Hansen
【德】	汉施，霍斯特	Horst Hanusch
【美】	赫德森，迈克尔	Michael Hudson
【美】	赫尔曼，爱德华	Edward Herman
【美】	华莱士，尼尔	Neil Wallace
【英】	怀特海，阿尔弗雷德·诺思	Alfred North Whitehead
【英】	霍布森，约翰	John Hobson
【英】	霍布斯，托马斯	Thomas Hobbes
【美】	霍德森，兰德	Lander Hedersen
【英】	霍奇逊，杰弗里	Geoffrey Hodgson
【挪威】	基德兰德，芬恩	Finn Kydland
【英】	基根，维克多	Victor Keegan
【美】	加尔布雷思，约翰·肯尼思	John Kenneth Galbraith
【意大利】	加莱格纳尼，皮耶罗	Piero Garegnani
【美】	加里森，罗杰	Roger Garrison
【西班牙】	加利，霍尔迪	Jordi Gali
【英】	杰文斯，威廉·斯坦利	William Stanley Jevons
【美】	金，罗伯特	Robert King
【澳大利亚】	金，约翰·爱德华	John Edward King
【美】	金提斯，赫伯特	Herbert Gintis
【英】	卡尔多，尼古拉斯	Nicholas Kaldor
【英】	卡尔科迪，古格列尔莫	Guglielmo Carchedi
【美】	卡尔沃，吉列尔莫	Guillermo Calvo
【美】	卡甘，菲利普	Phillip Cagan
【波兰】	卡莱斯基，米哈尔	Michal Kalecki
【美】	卡普，卡尔·威廉	Karl William Kapp
【瑞典】	卡塞尔，古斯塔夫	Gustav Cassel
【英】	卡森，马克	Mark Casson
【英】	凯恩斯，约翰·梅纳德	John Maynard Keynes
【英】	凯恩斯，约翰·内维尔	John Nevill Keynes
【英】	康芒斯，约翰·罗杰斯	John Rogers Commons
【德】	考茨基，卡尔	Karl Kautsky
【英】	柯兹纳，伊斯雷尔	Israel Kirzner

【美】	科茨，大卫	David Kotz
【美】	科尔，克拉克	Clark Kerr
【美】	科姆，格哈德	Gerhard Colm
【英】	科斯，罗纳德·哈里	Ronald Harry Coase
【英】	克拉夫茨，尼古拉斯	Nicholas Crafts
【美】	克拉克，巴里	Barry Clark
【美】	克拉克，约翰·贝茨	John Bates Clark
【美】	克拉克，约翰·莫里斯	John Maurice Clark
【美】	克拉瑞达，理查德	Richard Clarida
【美】	克莱因，彼得	Peter Klein
【美】	克莱因，劳伦斯	Lawrence Klein
【美】	克鲁格曼，保罗	Paul Krugman
【美】	肯尼迪，约翰	John Kennedy
【法】	孔多塞，马奎斯	Marquis Condorcet
【美】	库泊，鲁塞尔	Russell Cooper
【美】	库恩，托马斯	Thomas Kuhn
【美】	库特，罗伯特	Robert Cooter
【德】	拉赫曼，路德维希	Ludwig Lachmann
【英】	拉卡托斯，伊姆雷	Imre Lakatos
【法】	拉马克，让·巴蒂斯特	Jean-Baptiste Lamarck
【美】	拉平，伦纳德	Leonard Rapping
【美】	拉塞尔，埃森	Essen Russell
【加拿大】	莱德勒，戴维	David Laidler
【美】	赖克，迈克尔	Michael Reich
【挪威】	赖纳特，埃里克·斯蒂恩费尔特	Erik Steenfeldt Reinert
【波兰】	兰格，奥斯卡	Oskar Lange
【俄】	勒纳，阿巴	Abba Lerner
【美】	莱斯尼克，斯蒂芬	Stephen Resnick
【美】	李，弗雷德里克	Frederic Lee
【英】	李嘉图，大卫	David Ricardo
【苏联】	李森科，特罗菲姆·邓尼索维奇	Trofim Denisovich Lysenko
【德】	李斯特，乔治·弗里德里希	Georg Friedrich List
【美】	里利，内森	Nathan Lillie
【美】	利伯曼，大卫	David Lieberman

【美】	利科克，埃莉诺	Eleanor Leacock
【美】	利皮特，维克托	Victor Lippit
【美】	利普西，理查德	Richard Lipsey
【瑞典】	林达尔，埃里克	Erik Lindahl
【德】	林勒曼，卢杰	Ludger Linnemann
【美】	卢卡斯，小罗伯特	Robert Emerson Lucas，Jr.
【英】	卢瑟福，马尔科姆	Malcolm Rutherford
【法】	卢梭，让-雅克	Jean-Jacq Rousseau
【丹麦】	伦德瓦尔，本特-阿克	Bengt-Aak Lundvall
【英】	罗宾逊，琼	Joan Robinson
【美】	罗根，尼古拉斯·乔治斯库	Nicholas Georgescu Roegen
【美】	罗默，大卫	David Romer
【美】	罗默，约翰	John Roemer
【美】	罗森伯格，内森	Nathan Rosenberg
【英】	罗斯，克劳斯·弗里德里希	Klaus Friedrich Roth
【美】	罗斯巴德，穆瑞	Murray Rothbard
【英】	罗斯金，约翰	John Ruskin
【美】	罗斯福，富兰克林	Franklin Roosevelt
【美】	罗斯托，华尔特·惠特曼	Walt Whitman Rostow
【美】	罗泰伯格，朱利奥	Julio Rotemberg
【美】	罗西斯，斯蒂芬	Stephen Rousseas
【英】	洛克，约翰	John Locke
【德】	马蒂克，保罗	Paul Mattick
【意大利】	马尔科，德	De Marco
【英】	马尔萨斯，托马斯·罗伯特	Thomas Robert Malthus
【美】	马格多夫，哈里	Harry Magdof
【美】	马格林，斯蒂芬	Stephen Marglin
【意大利】	马莱巴，弗朗哥	Franco Malerba
【英】	马歇尔，阿尔弗雷德	Alfred Marshall
【美】	麦克林，威廉	William Meckling
【比利时】	曼德尔，欧内斯特	Ernest Mandel
【美】	曼昆，格里高利	N. Gregory Mankiw
【美】	梅尔曼，西摩	Seymour Melman
【英】	梅特卡夫，斯坦利	Stanley Metcalf

【奥地利】	门格尔，卡尔	Carl Menger
【英】	孟德维尔，伯纳德	Bernard Mandeville
【法】	孟德斯鸠	Montesquieu
【英】	米德，詹姆斯	James Meade
【美】	米恩斯，加德纳	Gardiner Means
【美】	米切尔，韦斯利·克莱尔	Wesley Clair Mitchell
【奥地利】	米塞斯，路德维希·冯	Ludwig von Mises
【美】	米什金，弗雷德里克	Frederic Mishkin
【美】	明茨，劳埃德	Lloyd Mints
【美】	明斯基，海曼	Hyman Minsky
【瑞典】	缪尔达尔，贡纳尔	Gunnar Myrdal
【意大利】	莫迪利安尼，佛朗哥	Franco Modigliani
【英】	穆勒，约翰·斯图亚特	John Stuart Mill
【英】	穆勒，詹姆斯	James Mill
【美】	穆思，约翰	John Muth
【美】	纳尔逊，理查德	Richard Nelson
【美】	奈特，弗兰克	Frank Night
【德】	尼采，弗里德里希·威廉	Friedrich Wilhelm Nietzsche
【美】	尼尔森，彼得	Peter Nielsen
【美】	尼尔森，菲利普	Phillip Nielson
【美】	尼斯卡兰，威廉	William Niskanen
【英】	牛顿，艾萨克	Isaac Newton
【俄】	诺夫，亚历克	Alec Nove
【美】	诺斯，道格拉斯·塞西尔	Douglass Cecil North
【英】	帕金，迈克尔	Michael Parkin
【意大利】	帕累托，维尔弗雷多	Vilfredo Pareto
【美】	帕里，托马斯	Thomas Palley
【意大利】	帕西内蒂，卢伊季	Luigi Pasinetti
【德】	派卡，安德烈亚斯	Andreas Pyka
【奥地利】	庞巴维克，欧根	Euge Böhm-Bawerk
【意大利】	庞塔雷奥尼	Pantaleoni
【美】	佩尔森，萨姆	Sam Peltzman
【英】	佩蕾丝，卡洛塔	Carlotta Perres
【法】	佩鲁，弗朗索瓦	Francois Perroux

【美】	皮奥里，迈克尔	Michael Piore
【美】	皮尔斯，查尔斯	Charles Peirce
【英】	皮奇，詹姆斯	James Peach
【南斯拉夫】	平乔维奇，斯韦托扎尔	Svetozar Pejovich
【印度】	普拉巴特，帕特奈克	Patnaik Prabhat
【美】	普雷斯科特，爱德华	Edward Prescott
【美】	普雷斯曼，史蒂文	Steven Pressman
【美】	奇尔科特，罗纳德	Ronald Chilcote
【美】	乔根森，戴尔	Dale Jorgenson
【美】	瑞克，威廉	William Riker
【美】	萨金特，托马斯	Thomas Sargent
【意大利】	萨克斯	Sax
【英】	撒切尔，玛格丽特·希尔达（撒切尔夫人）	Margaret Hilda Thatcher
【美】	萨缪尔森，保罗	Paul Samuelson
【美】	萨默斯，拉里	Larry Summers
【法】	萨伊，让·巴蒂斯特	Jean Baptiste Say
【美】	塞缪尔斯，沃伦	Warren Samuels
【巴基斯坦】	赛克，安华	Anwar Shaikh
【德】	桑巴特，沃纳	Werner Sombart
【巴西】	多斯-桑托斯，西奥多	Theot Dos-Santos
【美】	施莱辛格，亚瑟	Arthur Schlesinger
【德】	施穆勒，古斯塔夫·冯	Gustav von Schmoller
【美】	施瓦茨，安娜	Anna Schwartz
【美】	施韦卡特，戴维	David Schweickat
【德】	舒尔茨，亨利	Henry Schulz
【美】	舒尔茨，西奥多	Theodore Schultz
【英】	斯宾塞，赫伯特	Herbert Spencer
【英】	斯蒂格勒，乔治·约瑟夫	George Joseph Stigler
【美】	斯蒂格利茨，约瑟夫	Joseph Stiglitz
【英】	斯克莱尔，莱斯利	Leslie Sklair
【英】	斯拉法，皮耶罗	Piero Srafa
【英】	斯密，亚当	Adam Smith
【英】	斯诺登，布莱恩	Brian Snowdon
【英】	斯皮托夫，阿瑟	Arthur Spitov

【荷兰】	斯托尔霍斯特，简-威廉	Jan-Willem Stoelhorst
【美】	斯威齐，保罗	Paul Sweezy
【乌拉圭】	苏齐，朱迪思	Judith Sutz
【丹麦】	索伯恩，克努森	Knudsen Thorbjørn
【美】	索洛，罗伯特	Robert Solow
【英】	索耶，马尔科姆	Malcolm Sawyer
【英】	塔克，乔赛亚	Josiah Tucker
【美】	塔洛克，戈登	Gordon Tullock
【美】	泰勒，弗雷德·曼维尔	Fred Manville Taylar
【美】	泰勒，约翰	John Taylor
【葡萄牙】	泰泽拉，奥罗拉	Aurora Teixeira
【美】	唐斯，安东尼	Anthony Downs
【美】	图尔，马克	Marc Tool
【法】	涂尔干，爱米尔	Emile Durkheim
【美】	托宾，詹姆斯	James Tobin
【美】	托马斯，罗伯特	Robert Thomas
【瑞士】	瓦尔拉斯，莱昂	Marie-Esprit-LéonWalras
【英】	瓦赫特尔，霍华德	Howard Waheter
【美】	威尔伯，查尔斯	Charles Wilber
【美】	威廉姆森，奥利弗	Oliver Williamson
【德】	韦伯，马克斯	Max Weber
【意大利】	维蒂，德	De Viti
【瑞典】	维克赛尔，克努特	Knut Wicksell
【奥地利】	维塞尔，弗里德里希·冯	Friedrich von Wieser
【德】	维特，乌尔里希	Ulrich Witt
【美】	温特，西德尼·格雷厄姆	Sidney Graham Winter
【美】	温特劳布，西德尼	Sidney Weintraub
【美】	沃恩，卡伦	Karen Vaughan
【美】	沃尔夫，理查德	Richard Wolff
【美】	沃勒斯坦，伊曼纽尔	Immanuel Wallerstein
【英】	沃尔特斯，艾伦	Allan Walters
【瑞典】	沃因，拉什	Lars Werin
【美】	伍德福德，迈克尔	Michael Woodford
【葡萄牙】	西尔瓦，桑德拉·塔瓦雷斯	Sandra Tavares Silva

【美】	西蒙，赫伯特	Herbert Simon
【美】	西蒙斯，亨利	Henry Simons
【英】	西尼尔，纳索·威廉	Nassau William Senior
【德】	希法亭，鲁道夫	Rudolf Hilferding
【英】	希克斯，约翰	John Hicks
【英】	谢尔曼，霍华德	Howard Sherman
【美】	熊彼特，约瑟夫	Joseph Schumpeter
【英】	休谟，大卫	David Hume
【法】	雅莱，皮埃	Pierre Jalee
【美】	耶伦，珍妮特	Janet Yellen
【法】	伊曼纽尔，阿吉里	Arghiyi Emmanuel
【美】	伊奇基尔，莫迪凯	Mordecai Ezekiel
【日本】	伊藤，诚	Makoto Itoh
【美】	尤伦，托马斯	Thomas Ulen
【美】	詹姆斯，威廉	William James
【美】	詹森，迈克尔	Michael Jensen

后　记

《西方经济学流派评析》是马克思主义理论研究和建设工程重点教材，由教育部组织编写，经国家教材委员会审核通过。

在教材编写过程中，得到了国家教材委员会高校哲学社会科学（马工程）专家委员会、思想政治审议专家委员会以及教育部原马工程重点教材审议委员会的指导。同时，广泛听取了高校教师和学生的意见建议。

本教材由王志伟主持编写，方福前、沈越任副主编。王志伟撰写绪论、第一章、第八章、结束语，方福前撰写第三章、第五章，第九章、第十四章第一节，沈越撰写第二章、第四章，杜丽群撰写第六章，文建东撰写第七章，贾根良撰写第十一章、第十二章、第十四章第二节，杨春学撰写第十章，薛宇峰撰写第十三章。

2019 年 6 月 6 日

意见反馈

为收集对教材的意见建议,进一步完善教材编写和做好服务工作,读者可将对本教材的意见建议通过如下渠道反馈至我社。

咨询电话　400-810-0598

读者服务邮箱　gjdzfwb@ pub.hep.cn

通信地址　北京市朝阳区惠新东街 4 号富盛大厦 1 座

　　　　　　高等教育出版社总编辑办公室

邮政编码　100029

防伪查询

用户购书后刮开封底防伪涂层,利用手机微信等软件扫描二维码,会跳转至防伪查询网页,获得所购图书详细信息。用户也可将防伪二维码下的 20 位数字按从左到右、从上到下的顺序发送短信至106695881280,免费查询所购图书真伪。

防伪客服电话　（010）58582300